Aulas Sobre a Vontade de Saber

Michel Foucault

Aulas Sobre a Vontade de Saber

Curso no Collège de France
(1970-1971)

seguido de
O Saber de Édipo

*Edição estabelecida sob direção de
François Ewald e Alessandro Fontana,
por Daniel Defert*

Tradução
ROSEMARY COSTHEK ABÍLIO

SÃO PAULO 2018

Esta obra foi publicada originalmente em francês com o título
LEÇONS SUR LA VOLONTÉ DE SAVOIR
Editions du Seuil
Copyright © Seuil/Galllimard, 2011
Copyright © 2014, Editora WMF Martins Fontes Ltda.,
São Paulo, para a presente edição.

1ª edição *2014*
2ª tiragem *2018*

Tradução
ROSEMARY COSTHEK ABÍLIO

Acompanhamento editorial
Luzia Aparecida dos Santos
Revisões gráficas
Maria Regina Ribeiro Machado
Ana Maria de O. M. Barbosa
Edição de arte
Katia Harumi Terasaka
Produção gráfica
Geraldo Alves
Paginação
Studio 3 Desenvolvimento Editorial

Dados Internacionais de Catalogação na Publicação (CIP)
(Câmara Brasileira do Livro, SP, Brasil)

Foucault, Michel, 1926-1984.
Aulas sobre a vontade de saber : curso no Collège de France
(1970-1971) / Michel Foucault ; seguido de O saber de Édipo ;
tradução Rosemary Costhek Abílio. – São Paulo : Editora
WMF Martins Fontes, 2014. (Obras de Michel Foucault)

Título original: Leçons sur la volonté de savoir : cours au
Collège de France (1970-1971).
"Edição estabelecida sob direção de François Ewald e Alessandro Fontana, por Daniel Defert"
ISBN 978-85-7827-759-8

1. Filosofia francesa – Século 20 2. Filosofia francesa –
Século 20 – Fontes 3. Foucault, Michel, 1926-1984 – Fontes
I. Título. II. Série.

14-11351   CDD-194

Índices para catálogo sistemático:
1. Filosofia francesa   194

Todos os direitos desta edição reservados à
Editora WMF Martins Fontes Ltda.
Rua Prof. Laerte Ramos de Carvalho, 133 01325-030 São Paulo SP Brasil
Tel. (11) 3293-8150 e-mail: info@wmfmartinsfontes.com.br
http://www.wmfmartinsfontes.com.br

ÍNDICE

Advertência... IX

Curso, anos 1970-1971 1

Aula de 9 de dezembro de 1970 3
Deslocamento do tema do saber para o da verdade. Elisão do desejo de saber na história da filosofia a partir de Aristóteles. Nietzsche restabelece essa exterioridade. – Leitura interna e externa do livro A da *Metafísica*. A teoria aristotélica do saber exclui o saber transgressivo da tragédia grega, o saber sofístico, a reminiscência platônica. – Curiosidade aristotélica e vontade de poder: duas morfologias de saber.

Aula de 16 de dezembro de 1970 21
Para uma análise da desimplicação entre o conhecimento e a verdade. – Primado obscuro da verdade em Aristóteles, para quem desejo, verdade, conhecimento formam uma estrutura teórica. Espinosa, Kant, Nietzsche procuram subverter essa sistematicidade. – Libertar-se do "velho chinês" de Königsberg, mas matar Espinosa. – Nietzsche afasta o pertencimento entre a verdade e o conhecimento.

Aula de 6 de janeiro de 1971 29
Os Sofistas: seu aparecimento e sua exclusão. – História da filosofia segundo Aristóteles, em suas relações com a verdade. O discurso filosófico não pode ter o mesmo estatuto que o discurso poético. – O modo de existência histórico da filosofia construído para séculos por Aristóteles. – A existência da filosofia possibilitada pela exclusão dos Sofistas. – O Sofista como personagem. O sofismo como técnica. – A sofística manipula a materialidade das palavras. – Papel diferente de Platão e de Aristóteles na exclusão dos Sofistas.

Aula de 13 de janeiro de 1971 51
O sofisma e o discurso verdadeiro. – Como fazer a história do discurso apofântico. – Manipulação lógica contra manipulação sofística. – Ma-

terialidade do enunciado, materialidade da proposição. Roussel, Brisset, Wolfson, sofistas de hoje. – Platão exclui o personagem do Sofista, Aristóteles exclui a técnica do sofisma. – O sofisma e a relação do discurso com o sujeito falante.

Aula de 27 de janeiro de 1971 65
Discursos que devem sua função na sociedade grega a estar ligados à verdade. Discursos judiciais, discursos poéticos. – Exame de um documento tardio, no limiar da civilização helenística. – Comparação com a *Ilíada*: uma disputa homérica quase judicial. Um sistema de quatro confrontos. – Soberania do juiz e soberania selvagem. – Um julgamento homérico, ou a famosa cena do "escudo de Aquiles".

Aula de 3 de fevereiro de 1971 75
Hesíodo. – Caracterização das falas de verdade em Homero e no discurso judicial. – Ritual ordálico grego e Inquisição cristã. – Prazer e prova de verdade no masoquismo. – Hesíodo cantor do *krínein* contra o *díkazein* dos juízes-reis devoradores de presentes. – *Díkaion* e *dike* em Hesíodo. – Extensão do *krínein* no espaço jurídico grego e novo tipo de afirmação da verdade. – A legislação de Drácon e a reparação. – *Díkaion* e ordem do mundo.

Aula de 10 de fevereiro de 1971 91
Distribuição da fala de verdade segundo *díkazein* e *krínein*. – Surgimento de um *díkaion* hesiódico como reivindicação de uma ordem justa. – Papel do vizinho no jogo entre a justiça e a injustiça. – Da verdade ordálica à verdade-saber. – Aporte dos saberes assírios e hititas. Sua transformação na Grécia.

Aula de 17 de fevereiro de 1971 105
O *díkaion* hesiódico (continuação). – Tirania e moeda: dois empréstimos vindos do Oriente. – A transformação grega: deslocamento da verdade, do ordálio para o saber; deslocamento do saber do âmbito do poder para o da justiça. – Recorrência de duas figuras oníricas: santo Antonio e Fausto. – Crise agrária e transformações políticas nos séculos VII e VI. – Hoplitas e camponeses. O artesanato. – Verdade-desafio homérica e saber-poder oriental transformam-se em verdade-saber.

Aula de 24 de fevereiro de 1971 119
A instituição da moeda. A moeda ou as moedas? – As três funções da moeda grega: metátese do poder, simulacro, regulação social. – A moeda como instauração do *díkaion kaì alethés*.

Aula de 3 de março de 1971 133

O nómos. Instituição contemporânea da lei escrita e da moeda (*nómos* e *nómisma*). – Lei escrita e ritual enunciativo (*nómos* e *thesmos*). – Os quatro apoios do *nómos*. Moeda coríntia e *nómos* ateniense. *Eunomía* hesiódica e *eunomía* soloniana. – Economia e política. A Cidade-Estado: uma noção absolutamente nova. Cesura entre economia e política. – Reflexão sobre o simulacro, a moeda, a lei. O que é um *nómos* dito por ninguém?

Aula de 10 de março de 1971 151

O puro e o impuro: a ablução homérica como rito de passagem. – Reversão do estatuto da conspurcação nos séculos VII e VI. – *Nómos*, moeda e novas práticas religiosas. – O proibido como substituto democrático do sacrifício suntuário. – Democratização da imortalidade. – Criminalidade e vontade de saber.

Aula de 17 de março de 1971 165

Crime, pureza, verdade: uma nova problemática. – A tragédia de Édipo. Emergência do testemunho visual. – *Nómos* e pureza. Pureza, saber, poder. – O Édipo de Sófocles *versus* o Édipo de Freud. – O que o lugar do Sábio mascara. – O que é um acontecimento discursivo? – Utilidade de Nietzsche.

Aula sobre Nietzsche 183

Como pensar a história da verdade com Nietzsche sem basear-se na verdade

O conhecimento não tem uma origem, e sim uma história. A verdade também foi inventada, porém mais tarde. – Desenvoltura de Nietzsche, que desfaz a implicação entre o saber e a verdade. – Sujeito-objeto, produtos e não fundamento do conhecimento. – A marca, o signo, a palavra, a lógica: instrumentos e não acontecimentos do conhecimento. – Um conhecimento que se desenvolve no espaço da transgressão. Jogo da marca, da palavra e do querer. O conhecimento como mentira. – A verdade como moral. O que articula vontade e verdade: a liberdade ou a violência? – Os paradoxos da vontade de verdade. Não há uma ontologia da verdade. Ilusão, erro, mentira como categorias de distribuição da verdade não verdadeira. – Aristóteles e Nietzsche: dois paradigmas da vontade de saber.

Resumo do curso 201

O saber de Édipo 209

Em *Édipo rei*, a tragédia de Sófocles, cinco saberes se defrontam e se ajustam. O mecanismo do *sýmbolon*, ou lei das metades, rege o confronto dos saberes. – Em que se vê o inquérito, procedimento judicial implantado nos séculos VI e V, frente a frente com o procedimento divinatório tradicional. – Édipo, o ignorante, é portador do saber do tirano; Édipo, brasão do inconsciente ou velha figura oriental do rei que sabe? – *Édipo rei*, ou o poder-saber transgressivo.

Situação do curso 239
Índice das noções 265
Índice dos termos gregos 293
Índice dos nomes de pessoas 297

ADVERTÊNCIA

Michel Foucault lecionou no Collège de France de dezembro de 1970 até sua morte em junho de 1984 – com exceção de 1977, em que desfrutou um ano sabático. O nome de sua cátedra era: *Histoire des systèmes de pensée* [História dos sistemas de pensamento].

Foi criada em 30 de novembro de 1969, por proposta de Jules Vuillemin, pela assembleia geral dos professores do Collège de France, em substituição à cátedra História do pensamento filosófico, que Jean Hyppolite ocupara até falecer. Em 12 de abril de 1970, a mesma assembleia elegeu Michel Foucault titular da nova cátedra[1]. Ele tinha então 43 anos.

Foucault proferiu sua aula inaugural em 2 de dezembro de 1970[2].

O ensino no Collège de France segue regras particulares. Os professores comprometem-se a dar 26 horas de aula por ano (metade das quais, no máximo, pode ser cumprida em forma de seminários[3]). Devem expor anualmente uma pesquisa original, o que os obriga a renovar todo ano o conteúdo de seu curso. A assistência às aulas e seminários é inteiramente livre; não requer inscrição nem diploma, e o professor não outorga diploma[4]. No vocabulário do Collège de France, diz-se que os professores não têm estudantes, e sim ouvintes.

Os cursos de Michel Foucault aconteciam toda quarta-feira, do início de janeiro ao final de março. A assistência, muito numerosa, composta de estudantes, docentes, pesquisadores, curiosos, entre os quais muitos estrangeiros, mobilizava dois anfiteatros do Collège de France. Foucault muitas

---

1. Michel Foucault encerrara um livreto redigido para sua candidatura com a seguinte frase: "Seria preciso empreender a história dos sistemas de pensamento." ("Titres et travaux", em *Dits et Écrits, 1954-1988*, ed. por D. Defert & F. Ewald, colab. J. Lagrange, Paris, Gallimard, 1994, 4 vols.: cf. t. I, p. 846.)

2. Ela será publicada pelas edições Gallimard em maio de 1971, com o título: *L'Ordre du discours*.

3. Michel Foucault assim fez até o início dos anos 1980.

4. No contexto do Collège de France.

X *Aulas sobre a vontade de saber*

vezes se queixou da distância que costumava haver entre ele e seu "público" e do pouco diálogo que a forma do curso possibilitava[5]. Sonhava com um seminário que fosse lugar de um verdadeiro trabalho coletivo. Fez diversas tentativas nesse sentido. Nos últimos anos, terminada a aula, dedicava um longo momento a responder às perguntas dos ouvintes.

Em 1975, um jornalista do *Nouvel Observateur*, Gérard Petitjean, descreveu assim o ambiente: "Quando Foucault entra na arena, rápido, arrojado, como alguém se jogando na água, tem de transpor corpos para chegar à sua cadeira; empurra os gravadores para poder colocar seus papéis, tira o casaco, acende uma lâmpada e arranca a cem por hora. Voz forte, eficiente, reproduzida por alto-falantes – única concessão ao modernismo numa sala mal aclarada por uma luz que se ergue de conchas em estuque. Há trezentos lugares e quinhentas pessoas aglutinadas, entupindo todo mínimo espaço livre [...]. Nenhum efeito de oratória. É límpido e terrivelmente eficaz. Nem a menor concessão ao improviso. Foucault tem doze horas por ano para explicar, em curso público, o sentido de sua pesquisa durante o ano recém-findo. Assim, ele aperta ao máximo e enche as margens, como esses correspondentes que ainda têm muito a dizer quando chegam ao final da página. 19h15. Foucault para. Os estudantes precipitam-se até sua mesa. Não para falar com ele, e sim para desligar os gravadores. Sem perguntas. Na balbúrdia, Foucault está só." E comenta: "Seria preciso poder discutir o que apresentei. Às vezes, quando a aula não foi boa, bastaria pouca coisa, uma pergunta, para recolocar tudo no lugar. Mas essa pergunta nunca vem. Na França, o efeito de grupo torna impossível toda e qualquer discussão real. E, como não há canal de retorno, a aula se teatraliza. Tenho uma relação de ator ou de acrobata com as pessoas que ali estão. E, quando acabo de falar, uma sensação de solidão total[6]..."

Michel Foucault abordava seu ensino como um pesquisador: explorações para um livro futuro, desbravamento também de campos de problematização, que talvez formulasse mais como um convite lançado a eventuais pesquisadores. Por isso os cursos no Collège de France não repetem os livros publicados. Não são seu esboço, ainda que entre livros e cursos possa

---

5. Em 1976, com a esperança – vã – de rarear a assistência, Michel Foucault mudou a hora do curso, que passou de 17h45, no final da tarde, para 9 horas da manhã. Cf. o início da primeira aula (7 de janeiro de 1976) de *"Il faut défendre la société"*, *Cours au Collège de France, 1976*, ed. s. dir. F. Ewald & A. Fontana, por M. Bertani & A. Fontana, Paris, Gallimard-Seuil (col. "Hautes Études"), 1997.

6. Gérard Petitjean, "Les Grands Prêtres de l'université française", *Le Nouvel Observateur*, 7 de abril de 1975.

Advertência XI

haver temas em comum. Têm seu próprio estatuto. Fazem parte de um regime discursivo específico no conjunto de "atos filosóficos" efetuados por Michel Foucault. Nos cursos ele desenvolve muito particularmente o programa de uma genealogia das relações saber/poder em função do qual, a partir do início dos anos 1970, redirecionará seu trabalho – em oposição ao de uma arqueologia das formações discursivas, que até então ele dominara[7].

Os cursos tinham também uma função na atualidade. O ouvinte que vinha segui-los não era apenas cativado pelo relato que ia se construindo semana a semana; não era apenas seduzido pelo rigor da exposição; encontrava ali também um aclaramento da atualidade. A arte de Michel Foucault estava em diagonalizar a atualidade por meio da história. Ele podia falar de Nietzsche ou de Aristóteles, da peritagem psiquiátrica no século XIX ou da pastoral cristã: o ouvinte extraía-lhes sempre uma luz sobre o presente e sobre os acontecimentos de que era contemporâneo. A força própria de Michel Foucault em seus cursos devia-se a esse cruzamento sutil entre erudição científica, engajamento pessoal e trabalho sobre o acontecimento.

*

Os anos 1970 viram o desenvolvimento e o aperfeiçoamento dos gravadores portáteis, que logo invadiram a mesa de Foucault. Os cursos (e alguns seminários) foram conservados assim.

Esta edição toma como referência o que foi falado publicamente por Michel Foucault, na medida em que se conservaram gravações. Apresenta a transcrição mais literal possível dessa fala[8]. Gostaríamos de poder oferecê-la sem modificação alguma. Mas a passagem do oral para o escrito impõe uma intervenção do editor: é preciso, no mínimo, introduzir uma pontuação e fazer parágrafos. O princípio foi sempre permanecer o mais perto possível do curso efetivamente proferido.

Quando parecia indispensável, suprimiram-se as retomadas e repetições; restabeleceram-se as frases interrompidas e retificaram-se as construções incorretas.

As reticências significam que a gravação está inaudível. Quando a frase for obscura, figura entre colchetes uma integração conjectural ou um acréscimo.

Asteriscos no rodapé mostram as variantes significativas das anotações utilizadas por Michel Foucault com relação ao que disse nas aulas.

---

7. Cf. principalmente "Nietzsche, la généalogie, l'histoire", em *Dits et Écrits*, t. II, p. 137.

8. Foram utilizadas mais especialmente as gravações feitas por Gilbert Burlet e Jacques Lagrange, depositadas no Collège de France e no IMEC.

XII   *Aulas sobre a vontade de saber*

Verificaram-se as citações e indicaram-se as referências dos textos utilizados. O aparato crítico limita-se a elucidar os pontos obscuros, explicitar certas alusões e precisar os pontos críticos.

A fim de facilitar a leitura, cada aula foi precedida de um breve sumário que aponta suas principais articulações.

Para este ano de 1970-1971 não dispomos de uma gravação do curso de Michel Foucault. Por isso o texto foi estabelecido com base no manuscrito preparatório. Em "Situação do curso", Daniel Defert especifica as regras de estabelecimento do texto.

Ao texto do curso segue-se o resumo publicado no *Annuaire du Collège de France*. Michel Foucault costumava redigi-los no mês de junho, portanto algum tempo após o encerramento das aulas. Para ele, esse era o momento de extrair, retrospectivamente, a intenção e os objetivos do curso; o resumo constitui sua melhor apresentação.

Cada volume encerra-se com uma "situação" cuja responsabilidade é do editor do curso. O objetivo é oferecer ao leitor elementos contextuais de ordem biográfica, ideológica e política, recolocando o curso na obra publicada e dando indicações sobre seu lugar dentro do *corpus* utilizado, a fim de facilitar o entendimento e evitar possíveis contrassensos por esquecimento das circunstâncias em que Foucault elaborou e apresentou cada curso.

As *Leçons sur la volonté de savoir*, de 1970-1971, seguidas de *Le Savoir d'Œdipe*, são editadas por Daniel Defert.

*

A edição dos cursos no Collège de France vem divulgar um lado novo da "obra" de Michel Foucault.

Não se trata de inéditos no sentido próprio, visto que reproduzem o que Foucault falou publicamente. O suporte escrito que ele utilizava podia ser muito elaborado, como atesta este volume.

Esta edição dos cursos no Collège de France foi autorizada pelos herdeiros de Michel Foucault, que decidiram atender à intensa demanda de que eram objeto, tanto na França como no exterior. E isso em incontestáveis condições de seriedade. Os editores procuraram estar à altura da confiança que eles lhes prestaram.

FRANÇOIS EWALD E ALESSANDRO FONTANA

Curso
Anos 1970-1971

AULA DE 9 DE DEZEMBRO DE 1970

Deslocamento do tema do saber para o da verdade. Elisão do desejo de saber na história da filosofia a partir de Aristóteles. Nietzsche restabelece essa exteriori- dade. – Leitura interna e externa do livro A da Metafísica. *A teoria aristotélica do saber exclui o saber transgressivo da tragédia grega, o saber sofístico, a re- miniscência platônica. – Curiosidade aristotélica e vontade de poder: duas mor- fologias de saber.*

[1]   A vontade de saber: é esse então o título que eu gostaria de dar ao curso deste ano. Na verdade, acho que poderia tê-lo dado também para a maioria das análises históricas que tenho feito até o momento. Também é ele que poderia caracterizar as que gostaria de fazer ago- ra. Em todas essas análises – passadas ou ainda por virem –, creio que se poderia reconhecer algo como "fragmentos para uma morfo- logia da vontade de saber"*.

[2]   Em todo caso, é esse tema que, sob uma forma ou outra, tentarei tratar nos próximos anos. Ele às vezes será investido em pesquisas históricas determinadas: como se estabeleceu o saber dos processos econômicos do século XVI ao século XVIII; ou como do século XVII ao XIX o saber da sexualidade se organizou e se dispôs. Outras vezes, e sem dúvida mais raramente, será tratado em si mesmo; e tentarei ver em que medida é possível estabelecer uma teoria da von- tade de saber que possa servir de fundamento para as análises histó- ricas que mencionei há pouco.

Portanto, eu gostaria de alternar assim, mas de maneira irregu- lar, ao sabor das exigências, as pesquisas concretas e as pontuações teóricas.

[3]   É uma dessas pontuações que eu gostaria de marcar este ano, ao mesmo tempo que começaremos, em seminário, uma investigação

---

* *La Volonté de savoir* será efetivamente o título do primeiro volume de *Histoire de la sexualité*, Paris, Gallimard, 1976.

4   *Aulas sobre a vontade de saber*

histórica que, por sua vez, talvez leve vários anos. O seminário terá como enquadramento geral a penalidade no século XIX, na França. O ponto preciso da análise será a inserção de um discurso com pretensão científica (a medicina, a psiquiatria, a psicopatologia, a sociologia) no interior de um sistema – o sistema penal – até então inteiramente prescritivo; deveria dizer *quase* inteiramente, pois basta pensar na intervenção dos médicos nos processos por bruxaria nos séculos XVI-XVII para ver que o problema remonta a muito antes. O ponto da análise, portanto, será essa inserção; o material preferencial será a peritagem psiquiátrica em matéria penal e, por fim, o horizonte da pesquisa será identificar a função e medir o efeito de um discurso de verdade no discurso da lei.

[4]   Quanto ao curso, já indiquei rapidamente, na última vez[1], *o jogo*[2] que eu gostaria de jogar: consistiria em saber se a vontade de verdade não exerce, com relação ao discurso, um papel de exclusão, análogo – numa certa parte e, admito, numa parte apenas – ao que pode desempenhar a oposição entre a loucura e a razão, ou o sistema de proibições. Em outras palavras, consistiria em saber se a vontade de verdade não é tão profundamente histórica quanto qualquer outro sistema de exclusão; se, na raiz, não é arbitrária como eles; se não é modificável como eles no decurso da história; se, como eles, não se apoia e, como eles, não é incessantemente reativada por toda uma [5] rede institucional; se não forma um sistema de coerção que se exerce não só sobre outros discursos mas sobre toda uma série de outras práticas. Em resumo, consiste em saber quais lutas reais e quais relações de dominação são mobilizadas na vontade de verdade.

[6]   É assim que eu havia caracterizado o tema deste curso.

É fácil ver toda a série de questões que tive a impressão de atravessar animadamente quando dei essas poucas indicações. E primeiro esta: quando se fala de vontade de verdade (fala-se da vontade que escolhe o verdadeiro contra o falso, ou de uma vontade mais radical que põe e impõe o sistema verdade/erro?), está em causa a vontade de verdade ou a vontade de saber? E, entre essas duas noções, o que acontece com aquela que não podemos deixar de encontrar, se analisarmos uma ou a outra – quero dizer: o conhecimento? Precisar, portanto, o jogo entre estas três noções: saber, verdade, conhecimento.

Outra questão, também de ordem semântica: o que se deve entender por vontade? Qual diferença fazer entre essa vontade e o que se entende por desejo, em expressões como desejo de conhecimento ou desejo de saber? Que relação estabelecer entre a expressão "vontade de saber" aqui isolada e a expressão mais familiar "desejo de conhecer"?

Essas questões semânticas, como na maioria das pesquisas desse tipo, só poderão ser resolvidas totalmente, sem dúvida, no final do percurso[3]. Pelo menos teremos de regularmente colocar balizas e propor definições intermediárias.

Mas há outros problemas. Primeiramente este: em que o estudo histórico de certos conhecimentos ou [de certos] saberes, de certas disciplinas, de certos acontecimentos de discurso pôde levar a essa questão da vontade de saber? Pois é preciso reconhecer que até agora poucos historiadores das ciências sentiram necessidade de recorrer a ela. Em que essa noção é requerida ou é indispensável?

Insuficiência dos instrumentos de análise histórica fornecidos pela epistemologia.

Segundo problema: relações entre vontade de saber e formas do conhecimento: em nível teórico; em nível histórico.

Terceiro grande problema: é realmente razoável, para uma análise dos saberes que procura não se referir a um sujeito fundador, extrair como noção central a noção de vontade? Não seria uma outra maneira de reintroduzir novamente algo como um sujeito soberano?[4]

Quarto problema: se está em causa descobrir, por trás dos fenômenos históricos do saber, uma espécie de grande vontade de afirmação (mesmo que anônima), será que não vamos voltar para uma espécie de história autônoma e ideal em que a vontade de saber é que determinaria por si só os fenômenos em que se manifesta? Em que isso seria diferente de uma história do pensamento, ou da consciência, ou da cultura? Em que medida é possível articular essa vontade de saber com os processos reais de luta e de dominação que se desenvolvem na história das sociedades?

E finalmente percebemos o que está em jogo, não diria o quinto problema, e sim aquele que permeia todos os que mencionei – e nem mesmo deveria dizer problema, e sim aposta aberta, sem estar seguro de poder fazê-la [tratando-se de saber]:

– se podemos, sob a história dos discursos verdadeiros, trazer à tona a história de uma certa vontade do verdadeiro ou do falso, a história de uma certa vontade de colocar o sistema solidário do verdadeiro e do falso;

– em segundo lugar, se podemos descobrir que essa aplicação histórica, singular e sempre renovada do sistema verdadeiro ou falso constitui o episódio central de uma certa vontade de saber própria de nossa civilização;

– por fim, se podemos articular essa vontade de saber, que tomou a forma de uma vontade de verdade, não com um sujeito ou uma força anônima, e sim com os sistemas reais de dominação.

– Então, resumindo todos esses passos, cada qual muito longo e muito complexo, teremos recolocado o jogo da verdade na rede de coerções e de dominações. A verdade – seria melhor dizer o sistema do verdadeiro e do falso[5] – terá revelado o rosto que há tanto tempo vem escondendo de nós, e que é o de sua violência.

[10]   É preciso dizer que nessa pesquisa o discurso filosófico é de bem pouca valia. Sem dúvida, praticamente não há filosofia que não tenha designado algo como vontade ou desejo de conhecer, amor à verdade etc. Mas, na realidade, pouquíssimos – exceto talvez Espinosa e Schopenhauer – lhe deram mais do que um estatuto marginal; como se a filosofia não tivesse de dizer primeiramente o que é efetivamente designado pelo nome que ela porta. Como se colocar como epígrafe de seu próprio discurso esse desejo de saber que ela retoma em seu nome lhe bastasse para justificar-se por existir e mostrar que é – de uma só vez – necessária e natural: todos os homens, por natureza, desejam saber... Portanto, qual homem não é filósofo e como a filosofia, mais do que tudo no mundo, não seria necessária?

Ora, o que eu gostaria de mostrar esta tarde é, partindo de um exemplo, como é feita, já logo no início de um discurso filosófico, a elisão desse desejo de saber que, entretanto, é designado na filosofia para explicar e justificar sua existência.

[11]   O exemplo escolhido será o de Aristóteles nas primeiras linhas da *Metafísica*.

Na próxima semana, mostrar como Nietzsche foi o primeiro a fazer o desejo de conhecer escapar da soberania do próprio conhecimento: a restabelecer a distância e a exterioridade que Aristóteles havia suprimido e cuja supressão fora mantida por toda a filosofia.

Dia 23 [de dezembro], ver o que *deveria* custar ao pensamento a colocação do problema da [vontade*] de saber.

* * *

[12]   Texto muito conhecido, muito banal e que a localização nas linhas iniciais da *Metafísica* parece manter na margem da obra: "Todos os homens têm, por natureza (φύσει), o desejo de conhecer; o prazer causado pelas sensações é prova disso, pois, além de sua utilidade, elas nos agradam por si mesmas e, mais que todas as outras, as sensações visuais."[6]

---

* O manuscrito comporta: verdade.

Aula de 9 de dezembro de 1970

De fato, este texto pode ser lido do próprio interior da obra: cada elemento recebe da filosofia de Aristóteles seu sentido, seu valor, suas funções: não há nenhum que não seja justificável por ela. E, apesar de seu caráter quase marginal, este texto transparente pode ser reenglobado no interior da obra. Presta-se a uma leitura interna. Mas se presta também a uma leitura externa: pode-se detectar nele uma operação que diz respeito ao discurso filosófico propriamente dito. E não só ao de Aristóteles, mas ao discurso filosófico tal como existiu em nossa civilização[7].

[...*]

[14]   Sobre este texto de Aristóteles – que é um pouco um texto limite – eu gostaria de dizer, como sobre alguns outros que ocupam uma posição semelhante e exercem funções análogas, que ele constitui um "operador filosófico"; com elementos internos ao sistema e inteiramente interpretáveis a partir dele, diz respeito à totalidade do sistema, sua possibilidade e sua justificação, sua origem e seu nascimento necessário; e, mais além do próprio sistema, recai e age sobre o estatuto do discurso filosófico em geral:
– operador filosófico: aquele texto de Descartes[8] em que ele expõe seu desejo de chegar à verdade, em que enumera as razões para duvidar e em que exclui para si mesmo a possibilidade de estar louco;
– operador filosófico: o texto de Espinosa no *Tratado sobre a reforma do entendimento*[9] sobre o desejo de uma vida nova, sobre a incerteza dos bens que possuímos, sobre a incerteza de alcançar um bem eterno e perfeito e a descoberta desse bem na [felicidade da] ideia verdadeira.

[15]   Sem dúvida também seria possível reconhecer em textos científicos o que poderíamos chamar de "operadores epistemológicos": eles se referem à própria possibilidade do discurso em cujo interior são considerados. E por possibilidade não devemos entender aqui os axiomas ou postulados, os símbolos empregados e suas regras de uso; devemos entender aquilo que torna possível não a coerência, o rigor, a verdade ou a cientificidade do discurso, mas sua existência. Penso, por exemplo, no início do *Curso de linguística geral* de Saussure; ou no texto de Lineu sobre a estrutura do aparelho sexual das plantas[10] (na medida em que funda a possibilidade de uma descrição taxonômica, descrição que tem como objeto precisamente sua própria condição de possibilidade – ou seja, justamente essa estrutura).

---

* Página 13 riscada.

8 *Aulas sobre a vontade de saber*

[16]   Voltemos para o texto de Aristóteles. [Para] a primeira frase: Todos os homens, por natureza, desejam o saber[11]. Frase que muito claramente envolve três teses:

1º existe um desejo que diz respeito ao saber,
2º esse desejo é universal e encontra-se em todos os homens,
3º ele é dado pela natureza.

a – Dessas teses Aristóteles vai apresentar as provas. Ora, essas provas, ou melhor, essa prova é apresentada como sendo um σημεῖον. Esse termo σημεῖον não deve ser traduzido exclusivamente por "sinal". Refere-se de um modo geral à prova, ao testemunho, àquilo que manifesta. É uma maneira tradicional de os filósofos e os oradores introduzirem uma prova qualquer (σημεῖον: como prova). Entretanto, em Aristóteles essa expressão introduz um tipo muito particular de raciocínio. Trata-se de um raciocínio não pela causa, e sim pelo exemplo, pelo caso particular. O caso particular está subsumido sob um princípio geral ainda hipotético; e a verdade do caso particu-
[17] lar estabelece a verdade do princípio geral. É o entimema (em todo caso, uma de suas estruturas possíveis)[12].

Que a prova de que todos os homens desejam o saber seja dada por um entimema não é indiferente – longe disso.

b – Essa prova é que as sensações causam prazer e, entre elas, as sensações visuais – e que causam prazer por si mesmas, independentemente de qualquer relação com a utilidade.

Ora, essa prova – ou antes, esse caso particular – comporta três deslocamentos que talvez não possam ser totalmente sobrepostos ao deslocamento que permite descer muito simplesmente do geral para o particular.

α – Isso porque se passa do conhecimento (εἰδέναι) para a sensação (αἴσθησις) e, por fim, para a sensação visual. Em que a sensação, com seu prazer, pode ser um exemplo do desejo de conhecer?

β – Segundo deslocamento: o desejo de conhecer estava inserido na natureza (φύσει); agora é apresentado como o prazer da sensação considerada em si mesma – *id est*, fora de qualquer *utilidade*, e de qualquer ação, como é dito um pouco adiante – como se a não--utilidade da sensação estivesse inserida na natureza.

γ – Passa-se do desejo (ὀρέγονται)[13], termo tradicional em Aristóteles, para o prazer. Mas o prazer não é designado pela palavra tradicional ἡδονή, e sim por uma palavra bastante rara em Aristóteles e que particularmente não intervém em sua teoria tradicional do prazer: ἀγάπησις.

[18]   Ἀγάπησις, que designa antes o fato de apresentar seus respeitos a alguma coisa ou alguém, testemunhar-lhe a afeição que lhe é devida, atribuir-lhe de bom grado o que lhe cabe por direito, e ficar satisfeito com essa outra coisa, reconhecer que ela lhe apresentou seus respeitos. ἀγάπησις designa a satisfação da ordem. O contentamento que obtemos de algo que nos contenta.

Portanto, temos uma tese
um argumento em forma de entimema,
um tripo deslocamento nessa argumentação.

[19]   A – Primeira questão: em que a sensação e seu prazer próprio são um exemplo satisfatório do desejo natural de conhecer?

É preciso provar três coisas:

– que a sensação é realmente um conhecimento;

– que a sensação é acompanhada de prazer;

– que o prazer que proporciona está realmente ligado àquilo que a faz ser conhecimento.

Primeira proposição: a sensação é realmente um conhecimento. Cf. os textos de *De anima*[14] em que é dito:

– que a sensação é uma atividade (ato em comum daquele que sente e do sensível);

– que é uma atividade da alma sensitiva;

[20]   – que essa atividade tem como resultado tornar atual a qualidade (ποιόν) de algo. A sensação é o ato do conhecimento qualitativo.

Segunda proposição: a sensação é realmente acompanhada de prazer. Cf. a passagem da *Ética nicomaqueia*, X, 6[15], em que é dito:

– que o prazer não deve ser considerado como a mesma coisa que a atividade, que é diferente dela;

– mas que, entretanto, ele acompanha a atividade quando esta decorre como deve ser;

– e que, aliás, há tantos prazeres distintos quantas são as atividades específicas de sensação.

Terceira proposição: é justamente o que a faz ser conhecimento que provoca o prazer da sensação.

E aqui, duas séries de justificações: uma que está implícita naquele texto da *Metafísica* e a outra, ao contrário, que [está] pelo menos parcialmente presente nele.

A justificação implícita é [re]encontrada na *Ética nicomaqueia*. Há coisas que para pessoas doentes parecem agradáveis e são desagradáveis para as sadias, e vice-versa. Ora, somente as coisas agra-

10 *Aulas sobre a vontade de saber*

[21] dáveis para as pessoas sadias são realmente agradáveis, apenas elas proporcionam prazeres verdadeiros, porque apenas tais sensações atualizam as qualidades reais do objeto. O prazer está ligado à própria verdade do conhecimento. E onde não houver conhecimento não há verdadeiramente prazer.

A justificação explícita nesse texto é mais curiosa, embora [reapareça] em muitos outros textos de Aristóteles. É esta: há um sentido que dá mais a conhecer do que os outros e é ele que proporciona mais prazer. Esse sentido é a visão.

A razão por que a visão dá mais a conhecer que os outros sentidos é esta: através das qualidades específicas que percebe (a cor, a luz), a visão permite captar também sensíveis comuns [que pertencem a outros sentidos] (como o repouso e o movimento, o número, a unidade; *De anima*)[16]; e, dando a perceber a unidade, ela permite distinguir, através de sensíveis como a cor, os indivíduos que são seus portadores.

Daí o texto da *Metafísica*: A visão é o que "descobre mais diferenças"[17].

Quanto ao fato de a visão, mais carregada de conhecimento que os outros sentidos, dar também mais prazer, o motivo é que os outros prazeres dos sentidos (como o tato ou o paladar) são ilimitados, abertos para a intemperança e, portanto, levados a inverter-se em aversão (*Ética eudemeia*). O prazer da visão permanece em seus próprios limites, permanece um verdadeiro prazer.

[...*]

[23] [Outro] deslocamento: [do dado por] natureza para a ausência de utilidade; ou ainda, do prazer sensível em geral para o prazer especificamente humano que o homem pode obter de suas próprias sensações.

B – Há de fato uma questão que é levantada pela questão anterior: se todas as sensações causam prazer e na medida de sua atividade de conhecimento, por que os animais, que têm sensações, não desejam conhecer? Por que Aristóteles parece atribuir o desejo de conhecer a todos os homens, mas apenas aos homens?

A razão disso está nas diferenças genéricas que caracterizam o homem e que, ao contrário dos animais, lhe permitem obter principalmente prazer das sensações inúteis.

[24] a – O primeiro conjunto de diferenças está ainda na sensação nos confins [d]a animalidade e da humanidade:

* Página 22 riscada.

Aula de 9 de dezembro de 1970 11

– a memória que é produzida pela sensação, mas apenas em certos animais;

– a audição, o ouvido. Um tema frequentemente repetido em Aristóteles é que a audição não existe em certos animais (as formigas e as abelhas). Ora, por audição Aristóteles entende um fenômeno muito amplo, pois se trata, num limite, da audição de sons inarticulados (τῶν ψόφων), diz o texto; mas também [d]a capacidade de entender a linguagem e, num nível ainda mais alto, de receber uma educação.

Aparece com a memória a propriedade de ser inteligente (φρόνιμος); e aparece com essa audição o fato de poder e estar disposto a aprender, a aptidão para ser discípulo; o fato de ser μαθητικκός ([de] ser disciplinável).

b – O segundo conjunto de diferenças que caracteriza o homem por oposição ao animal sensitivo é a τέχνη (a arte) e a ἐπιστήμη [a ciência].

[25] Ambas têm como característica poderem ser ensinadas, como será dito no mesmo livro da *Metafísica* ([A, 1,] 981 b): portanto, são elas que passam pelo ouvido. Caracterizam-se também pelo fato de levarem consigo um julgamento universal extraído a partir de uma "infinidade de noções que vêm da experiência*" (ἐκ πολλῶν τῆς ἐμπειρίας ἐννόηματων), ou seja, de se apoiarem na memória. Por fim, têm a particularidade de frequentemente ser menos eficazes que a experiência. A experiência sabe reconhecer os casos e aproveitar as oportunidades; a arte e a ciência colocam princípios gerais, mas não dão as regras, o esquema e o princípio de aplicação destes.

c – Por fim, a terceira diferença que separa a natureza humana do animal sensitivo é a presença da σοφία; σοφία é o conhecimento da causa, que está englobado no conhecimento da essência naquilo que ela tem de universal.

Ora, esse conhecimento das causas é o conhecimento supremo; serve apenas a si mesmo, é livre e ele mesmo é seu único fim; não se submete a nenhuma utilidade. Sendo fim para si mesmo, ele é o fim de todo conhecimento, é para ele que este se direciona.

[26] Prolongando um pouco o pensamento [das primeiras linhas] da *Metafísica*, consegue-se correlacionar dois princípios. Por um lado, há um modo de conhecimento específico do homem e que não é o da sensação: é o conhecimento que primeiramente tem como matéria (como causa material) as imagens da memória e os sons articulados;

---

* Trad. Tricot citada: experimentais.

12   *Aulas sobre a vontade de saber*

como forma (ou causa formal), a τέχνη e a ἐπιστήμη; como fim e
causa final, a sabedoria, a σοφία. Por outro lado, em cada nível as
ligações de utilidade se afrouxam; como se vê pelo exemplo das abelhas e das formigas, a audição não é necessária para a vida; a τέχνη
e a ἐπιστήμη são menos úteis que a experiência; finalmente, numa
última viravolta, o único fim da σοφία está em si mesma.

Portanto, agora é preciso dizer que essa famosa "satisfação que se
[27] obtém das sensações inúteis" não é tanto, não é apenas um caso particular do grande e geral desejo de conhecer que existiria em toda
parte na natureza, mas é principalmente – seguindo o fio dessa segunda análise – o modelo ainda rudimentar, o paradigma minúsculo
de um conhecimento cujo único fim é ele mesmo.

Sem dúvida, enquanto o homem permanecer no nível animal da
sensação, permanece no nível do que é útil para a vida. Mas, se encontrar satisfação em sensações que não são diretamente úteis, é que
já está se delineando o ato de um conhecimento que, por sua vez,
não estará subordinado a nenhuma utilidade, visto que é, em si mesmo, seu próprio fim.

[28]   * Poderia causar surpresa, agora há pouco, que o desejo de conhecer, dado a todos os homens pela natureza, tenha como prova a
satisfação das sensações inúteis (ao passo que as sensações são úteis
por natureza). É que a natureza de que se falava era na realidade uma
certa natureza do homem destinada a um conhecimento sem outro
fim além de si mesmo. E esse fim último é que já puxava para si a
simples atividade de sentir e já a tornava agradável, quando por um
instante a prova da utilidade se rompe em torno dela.

[29]   E agora fica fácil responder à terceira questão referente ao terceiro deslocamento: por que Aristóteles, para provar que "todos os
homens desejam conhecer", apresenta como argumento o prazer, o
contentamento que se obtém com as sensações?

A chave desse deslocamento é sem dúvida o emprego da palavra ἀγάπησις. O que acompanha toda e qualquer atividade, contan-
to que decorra em condições adequadas, é o prazer chamado ἡδονή.
Em contrapartida, o que acompanha a mais alta atividade, a da virtude e da contemplação, é algo diferente: é a felicidade, a εὐδαιμονία.

Ora, a sensação, quando é o paradigma da contemplação, quando se compraz com sua própria inutilidade e quando já é também a
imagem da teoria, de qual prazer específico é acompanhada de per-

---

* Três quartos da página 28 suprimidos.

Aula de 9 de dezembro de 1970   13

[30] to? Sem dúvida não do ἡδονή que pode acompanhar toda e qualquer sensação; também não da εὐδαιμονία, que implica continuidade, hábito, ἕξις. É acompanhada de uma categoria específica de ἡδονή, que é como o sinal, o paradigma da felicidade futura da teoria. É acompanhada de ἀγάπησις. Assim como a sensação inútil é o paradigma da contemplação por vir, o contentamento que a acompanha já delineia a felicidade futura: ἀγάπησις.

Portanto, dualidade dessa palavra ἀγάπησις, como se ela designasse a matéria do prazer sensorial e animal já assumindo a forma genericamente humana da felicidade.

[31]   *Assim, neste texto de Aristóteles há não tanto ambiguidades mas superposições de sentido:

– quando Aristóteles fala de natureza (φύσει), refere-se à natureza em geral, mas também à diferença genérica do homem por oposição aos animais;

– quando introduz uma prova chamando-a σημεῖον, está designando tanto o exemplo como caso particular de um princípio geral quanto o paradigma de algo por vir;

– quando emprega o termo ἀγάπησις, refere-se tanto ao prazer da sensação quanto a algo que prenuncia a felicidade da contemplação**.

Por intermédio dessas superposições, Aristóteles consegue, por um lado, inserir o desejo de conhecimento na natureza, ligá-lo à sensação e ao corpo e dar-lhe como correlato uma certa forma de gozo; mas, por outro lado e ao mesmo tempo, dá-lhe estatuto e fundamento na natureza genérica do homem, no elemento da sabedoria e de um conhecimento cujo único fim é ele mesmo e no qual o prazer é felicidade.

E imediatamente o corpo, o desejo são elididos; o movimento que no próprio nível raso da sensação leva rumo ao grande conhecimento sereno e incorporal das causas, esse movimento já é, em si mesmo, vontade obscura de alcançar essa sabedoria, esse movimento já é filosofia.

[32]   Assim a filosofia, que desempenha o papel de conhecimento supremo – conhecimento dos princípios primeiros e conhecimento das causas finais –, tem também o papel de englobar já desde o início

---

* Acréscimo do editor, com base em um fragmento conservado do curso dado oralmente. O manuscrito contém apenas este esquema:

	natureza	exemplo	prazer
	φύσει	σημεῖον	ἀγάπησις
	diferenciação	paradigma	felicidade

** Fim da transcrição da apresentação oral.

14 *Aulas sobre a vontade de saber*

todo desejo de conhecer. Sua função é assegurar que o que há realmente de conhecimento a partir da sensação, a partir do corpo já é, por natureza e em função da causa final que o dirige, da ordem da contemplação e da teoria. Sua função também é assegurar que, apesar da aparência, o desejo não é nem anterior nem exterior ao conhecimento, visto que um conhecimento sem desejo, um conhecimento feliz e de pura contemplação já é, em si mesmo, a causa desse desejo de conhecer que tremula no simples contentamento da sensação.

[33]   Se agora tomarmos alguma distância desse texto, podemos identificar um certo número de acontecimentos maciços que ele supõe ou torna possíveis.

1/ Poder dizer que, por natureza, o homem deseja saber e que esse desejo já se anuncia no prazer da sensação supõe que esteja excluído o tema de um saber transgressivo, proibido, temível.

Ora, é esse tema que encontramos constantemente na tragédia grega e singularmente [em] Ésquilo e Sófocles. [O] saber*, o herói trágico está longe de desejá-lo por natureza.

De fato, em primeiro lugar, se ele deseja saber, não é porque seja movido por um movimento natural, inserido em sua natureza já a partir da sensação. É porque uma fala foi proferida de longe e do alto – fala enigmática, de duplo sentido, que ele compreende e não compreende, com a qual se tranquiliza e que no entanto o inquieta.

[34]   Em *Os persas*[18], é o sonho da rainha, é a sombra de Dario. Em *As traquínias*[19], é a profecia do Centauro a Dejanira: Héracles será atingido pelo contato mágico "a ponto de não preferir nenhuma mulher que ele possa ver" (v. 569). Em *Édipo*, obviamente, é o boato relatado.

Ora, esse saber desejado (porque é ao mesmo tempo obscuro e promissor) é um saber temível:

a – De fato, ele é retido ciumenta e avidamente pelos deuses: "Os caminhos do pensamento divino vão para seu objetivo por matagais e sombras espessas que nenhum olhar conseguiria penetrar." (Ésquilo, *Suplicantes*, v. 93)[20]

b – Em seguida, ele cega justamente os mesmos a quem diz respeito: um saber que olha e cujo olhar ofusca aqueles que fixa. Édipo não olha na direção do segredo, mas o segredo olha em sua direção, não tira os olhos dele e procura captá-lo, atingindo-o no final. Ele cega as mesmas pessoas a quem diz respeito, a tal ponto que, quando

* Manuscrito: Com relação ao saber

Aula de 9 de dezembro de 1970 15

os deuses liberam um pouco seu segredo, o herói é o único a não reconhecer esse saber que se aproxima e o ameaça, ao passo que o público e o Coro já sabem. É o que acontece com Ájax[21]: foi iludido por Atena e disso todo mundo sabe; mas ele mesmo não vê essa temível presença a seu lado, não vê a grande figura que o destrói; e implora-lhe: "A ti peço apenas que estejas a meu lado e sempre como aliada, como és agora."

c – Por fim, é um saber que mata. No momento [em que] cai sobre o herói, este não lhe resiste. O raio da luz e o da morte confundem-se.

[35] Os temas aristotélicos de um saber que vai do prazer à felicidade, para a qual somos levados por um movimento natural, por intermédio de uma fala que ensina e não profetiza e de uma memória sem esquecimento nem enigma – todos esses temas se opõem ao saber trágico[22]. Aliás, um pouco adiante na *Metafísica* Aristóteles diz: os deuses não são ciumentos[23].

2/ Ao dizer que o homem deseja conhecer por natureza e que esse desejo de conhecer já é movido pelo movimento rumo à felicidade teórica, Aristóteles tira de jogo a questão sofística ou socrático-sofística do "por que desejamos conhecer?".

Questão que surgia sob múltiplas formas, [tais como]:

– se é por virtude ou porque já temos uma natureza boa que desejamos saber, então por que aprender? Já sabemos;

– ou então: se desejamos aprender por razões más (para levar a melhor sobre os outros ou para ganhar causas injustas), então será preciso mudar para aprender, ou o fato de aprender mudará aquele que aprende. Em resumo, o sujeito do saber não poderá ser o mesmo

[36] que o do desejo. *Eutidemo*: ensinar é matar[24] – e atrás de tudo isso se perfila a grande questão que a filosofia não cessou de mascarar, na mesma medida em que seu surgimento talvez não lhe seja totalmente alheio: o saber pode ser vendido? Por um lado, pode fechar-se sobre si como objeto precioso de uma avidez e de uma posse? E, por outro lado, pode entrar no jogo e na circulação da riqueza e dos bens?

Pois, se o saber é algo que desejamos, por que não seria um bem como os outros, entrando com eles na universalidade da moeda?

Essa questão Aristóteles tira de jogo: colocando o desejo de conhecer muito antes da realização do conhecimento, no nível mais baixo, [o] da sensação; porém fazendo com que esse desejo já pertença ao conhecimento, visto que é na sensação que ele aparece primeiro. Está contido no conhecimento, mas o conhecimento não é totalmente dado com ele.

16 *Aulas sobre a vontade de saber*

[37]   *Ainda com essa afirmação do caráter natural do desejo de conhecer, [Aristóteles] tira de jogo o tema platônico da memória e do mundo supraceleste.

[38]   Por um lado, em Aristóteles o desejo de conhecer anuncia-se no nível das sensações e nelas; não está de modo algum ligado ao projeto de desprender-se delas e ir mais além para lá encontrar uma realidade mais verdadeira. Ao contrário, se perigo há, é o de não nos desprendermos delas. Por outro lado, a memória, que é realmente indispensável ao desejo de conhecer em seu movimento todo, essa memória está ligada à sensação, visto que é a persistência e o rastro desta. O desejo de saber não afasta a φαντασία[25]; insere-se e apoia-se nela.

Vemos, porém, que afastando o tema platônico Aristóteles resolve o mesmo problema que Platão; pelo menos, obedece à mesma exigência teórica. Ou seja: fazer com que a vontade de conhecer se fundamente única e exclusivamente nas preliminares do próprio conhecimento; fazer com que o desejo de conhecer esteja inteiramente [39] englobado no interior do conhecimento; fazer com que o conhecimento já o tenha retomado logo no início e lhe dê assim, em seu primeiro aparecimento, seu lugar, sua lei e o princípio de seu movimento. Essa exigência Platão atendia com o mito da reminiscência: antes mesmo que saibas, antes mesmo de desejares saber, sabias, já havias sabido.

Costuma-se ler a teoria da reminiscência não apenas como o correlato da transcendência das ideias, mas como uma maneira de interligar o conhecer e o desejar conhecer. Na verdade, deve-se ler essa teoria como uma maneira de alojar o desejo de conhecer no interior do conhecimento.

Ao colocar a μνήμη exatamente no rastro da sensação, Aristóteles subverte a disposição, mas a faz desempenhar o mesmo papel: o desejo de conhecer, em sua natureza, em seu ato, em sua potência, não escapa a esse conhecimento que ele deseja.

[40]   Portanto, o texto aristotélico supõe a exclusão de três temas: o do saber trágico, o da aprendizagem-mercadoria, o do conhecimento-memória. Mas, como [Platão**] embora por um outro modo, ele procura proteger o conhecimento da exterioridade e da violência do desejo. O desejo de conhecer não é mais que um jogo do conheci-

---

* Três quartos da página riscados.
** Manuscrito: este último.

Aula de 9 de dezembro de 1970　　　　　17

mento com relação a ele mesmo, não faz senão manifestar a gênese, o retardo e o movimento deste; o desejo é o conhecimento diferido, mas já tornado visível na impaciência do suspense em que ele se mantém.

Esse englobamento, e em Aristóteles muito mais que em Platão, tem como consequência que o saber e o desejo não estão em dois lugares diferentes, em posse de dois sujeitos ou dois poderes, e sim que aquele que deseja o saber já é aquele que o possui ou que é capaz de possuí-lo; e é sem violência, sem apropriação, e sem luta, sem comércio [tampouco], mas pela simples atualização de sua natureza, que aquele que o deseja acabará realmente por saber; um único sujeito vai do desejo de saber ao conhecimento, pela boa razão que, se este não estivesse ali como precedência*[26] do desejo, o próprio desejo não existiria.

[41]　　E, inversamente, o desejo de conhecer já é, por natureza, algo como o conhecimento, algo do conhecimento. Não pode querer o conhecimento por outra coisa que não ele mesmo, visto que é a partir do conhecimento que quer conhecer. É ao mesmo tempo seu objeto, seu fim e sua matéria. É por isso que:

– por um lado, na diversidade dos desejos haverá aquele singular, separado e sereno que chamaremos de curiosidade, desejo de saber por saber etc.;

– e, por outro lado, nesse desejo não reconheceremos nenhuma violência, nenhuma vontade de dominação, nenhuma força de exclusão e de rejeição. No jogo de exterioridade entre o desejo e o saber, encontram-se substituídos o pertencimento de um pelo outro, o englobamento do primeiro pelo segundo, e algo como uma conaturalidade.

Daí compreendemos:

α – a necessidade de alojar os dois numa mesma instância – mesma alma, mesmo sujeito, mesma consciência;

[42]　　β – o escândalo que há em recolocar a vontade e o desejo fora da consciência, como fizeram Nietzsche ou Freud;

γ – a dificuldade para pensar filosoficamente uma vontade de saber que não seja considerada de antemão na unidade de um sujeito cognoscente.

Digamos, para precisar o vocabulário, que se chamará de conhecimento o sistema que permite dar uma unidade preliminar, um pertencimento recíproco e uma conaturalidade ao desejo e ao saber.

---

* Ambíguo. Pode-se ler também: providência.

18 *Aulas sobre a vontade de saber*

E que se chamará de saber aquilo que é preciso arrancar da interioridade do conhecimento para ali recuperar o objeto de um querer, o fim de um desejo, o instrumento de uma dominação, a meta de uma luta.

[43]   *Vamos continuar olhando um pouco mais longe. Existe há séculos um tema cuja banalidade chega a causar enjoo; é o tema de que no fim das contas todo mundo é um pouco filósofo.

Tema que o discurso filosófico afasta de imediato para ressaltar este [aqui, ou seja]: que a filosofia é uma tarefa específica, recuada e à distância de todas as outras e que não pode ser reduzida a nenhuma outra. Mas, tema que o discurso filosófico retoma não menos regularmente para afirmar que a filosofia nada mais é que o movimento da própria verdade, que ela é a consciência tomando consciência de si – ou que quem desperta para o mundo já é filósofo.

Ora, é preciso notar que esse tema, sempre descartado e sempre retomado, de uma filosofia ligada ao primeiro movimento do conhecimento em geral, é um tema que teria parecido muito estranho para os primeiros filósofos gregos. Mas sobretudo pode-se ver a função que precisamente ele exerce: já há contemplação no conhecimento mais raso e mais corporal; então é ela, essa contemplação, que vai provocar
[44] todo o movimento do conhecimento, de acordo com a lógica que lhe é própria ou com a necessidade do objeto que ela contempla. E consequentemente o desejo fica elidido, com sua eficácia. O desejo já não é causa: é o conhecimento que se torna causa de si mesmo (a partir da ideia ou da sensação, da evidência ou da impressão, não importa) – causa de si mesmo e do desejo que lhe diz respeito.

E, como consequência, o sujeito do desejo e o sujeito do conhecimento são um só e o mesmo. O problema sofístico (aquele que ainda não conhece e que deseja não pode ser aquele que conhece e não deseja mais), esse problema desaparece. A estranha discussão do *Eutidemo* em que o Sofista diz: "Se queres que teu amigo aprenda, é preciso que ele não seja mais o mesmo, é preciso que morra", essa irônica irrupção da morte entre o sujeito do desejo e o sujeito d[o] conhecimento – tudo isso pode agora desaparecer, pois o desejo nada mais é que o quase imperceptível tremor do sujeito de conhecimento em torno do que ele conhece. O velho tema milenar "todo mundo é mais ou menos filósofo" tem uma função precisa e determinável na história ocidental: não se trata nem mais nem menos que do fechamento do desejo de conhecer no próprio conhecimento.

---

* Segundo as notas de uma ouvinte, esta página 43 não teria sido dita.

Aula de 9 de dezembro de 1970   19

*

NOTAS

1. Na aula inaugural de 2 de dezembro, publicada com o título de *L'Ordre du discours* [A ordem do discurso], Paris, Gallimard, 1971.
2. Ao colocar logo de saída a metáfora do jogo utilizada por Nietzsche em *O nascimento da tragédia* antes de tornar-se um de seus conceitos-chave, estará Foucault evocando Eugen Fink, que faz Nietzsche escapar da interpretação heideggeriana por seu uso do jogo? Cf. E. Fink, *Le Jeu comme symbole du monde*, trad. francesa H. Hildenbrand & A. Lindenberg, Paris, Minuit, 1966 (ed. orig.: *Das Spiel as Weltsymbol*, Stuttgart, W. Kohlhammer, 1960). Não se trata de jogo estratégico, de jogo de verdade – ao qual Foucault recorreu mais tarde. (Cf. "Situação do curso", *infra*, pp. 252-5: "O jogo de Foucault" – em que o convocado é Deleuze.)
3. O verdadeiro final do percurso bem poderia ter sido a aula de 6 de janeiro de 1982. Cf. M. Foucault, *L'Herméneutique du sujet. Cours au Collège de France, 1981-1982*, ed. F. Gros, Paris, Gallimard-Seuil (col. "Hautes Études"), 2001, pp. 18-20.
4. Aqui Foucault desencontra totalmente o enfoque de sua pesquisa daquele, mais epistemológico, apresentado em seu dossiê de candidatura ao Collège de France no item "Títulos e trabalhos" (1969); in *Dits et Écrits, 1954-1988* [citado posteriormente: *DE*], ed. por D. Defert & F. Ewald, colab. J. Lagrange, Paris, Gallimard, 1994, 4 vols.: cf. t. I, nº 71, pp. 842-6; reed. em 2 vols., col. "Quarto": cf. vol. I, pp. 870-4.
5. M. Detienne havia descrito recentemente o par antitético formado por "*Alétheia*", a verdade grega, e "*Léthe*", o esquecimento, que ele diferenciava do par descrito por W. Luther in *Wahrheit und "Lüge" im ältesten Griechentum*, Leipzig, R. Noske, 1935, publicado em 1954 e 1958. Cf. M. Detienne, *Les Maîtres de vérité dans la Grèce archaïque*, prefácio de P. Vidal--Naquet, Paris, Maspero, 1967, pp. 45-9. (Cf. "Situação do curso", *infra*, p. 249)
6. Aristóteles, *La Métaphysique*, livro A, 1, 980ª 21-24, ed. e trad. francesa J. Tricot [edição de referência], Paris, J. Vrin ("Bibliothèque des textes philosophiques"), 1948, 2 vols.: cf. t. I, p. 1. Esta citação não consta do manuscrito nem da transcrição da sessão durante a qual Foucault a leu.
7. Na aula de 6 de janeiro de 1982, Foucault descreve Aristóteles: "aquele em quem temos reconhecido o próprio fundador da filosofia" (*L'Herméneutique du sujet, op. cit.*, p. 19).
8. Ver o texto do início das *Meditações* citado in M. Foucault, *Histoire de la folie à l'âge classique*, Paris, Plon, 1961, pp. 55-6: objeto de uma polêmica com Derrida, de 1963 a 1972; cf. J. Derrida, *L'Écriture et la Différence*, Paris, Seuil, 1967.
9. Aqui Foucault menciona o § 5 do *Tratado sobre a reforma do entendimento*, passagem muito mais cartesiana do que estoica, apesar de alguns paralelos, e que Foucault em outra época havia anotado bastante na edição Charles Appuhn (Paris, janeiro de 1929). Ele menciona novamente essa mesma passagem em 6 de janeiro de 1982 (in *L'Herméneutique du sujet*, p. 29).
10. Ch. Linné, *Système sexuel des végétaux*, [traduzido] por N. Jolyclerc, Paris, Ronvaux Imprimeur, Ano VI, 1798, t. 1, pp. 19-20; cf. M. Foucault, *Les Mots et les Choses*, Paris, Gallimard, 1966, cap. V, § VII: "Le discours de la nature".
11. Cf. *supra*, p. 6 e nota 6. G. Deleuze já propôs um comentário nietzschiano desse pressuposto em *Différence et Répétition*, Paris, PUF, 1968, pp. 172-3: "É inútil multiplicar as declarações filosóficas, desde 'todo mundo tem, por natureza, o desejo de conhecer' até 'o bom--senso é a coisa mais compartilhada' para verificar a existência do pressuposto [...]. Quando Nietzsche se indaga sobre os pressupostos mais gerais da filosofia, diz que são essencialmente morais, pois apenas a Moral é capaz de convencer-nos de que o pensamento tem uma boa natureza e o pensador, uma boa vontade, e de que apenas o Bem pode fundamentar a suposta afinidade do pensamento com o Verdadeiro [...]. A partir daí ficam mais claras as condições de uma filosofia isenta de pressupostos de nenhum tipo: em vez de apoiar-se na Imagem moral do pensamento, ela tomaria como ponto de partida uma crítica radical da Imagem e dos 'postula-

20   *Aulas sobre a vontade de saber*

dos' que envolve." Comentário que Foucault levou em conta; cf. "Ariane s'est pendue" (1969), *DE* n⁰ 64, ed. 1974, t. I, pp. 767-71/ "Quarto", vol. I, pp. 795-9; e "Theatrum philosophicum" (1970), *DE*, n⁰ 80, ed. 1974, t. II, pp. 75-99 / "Quarto", vol. I, pp. 943-67.

Não apenas essa passagem aponta para o diálogo subterrâneo que se estabelece entre *Différence et Répétition* e este curso de 1970, como a sequência do texto de Deleuze mostra que ele mesmo dialoga com *Les Mots et les Choses*. Note-se que esta passagem se refere também a Heidegger, *Qu'appelle-t-on penser?*, trad. A. Becker & G. Granel, Paris, PUF, 1959 (ed. orig.: *Was heißt Denken?*, Tübinger, M. Niemeyer, 1954).

12. As variedades de entimema – ou "raciocínios oratórios" – são descritas por Aristóteles em *Retórica*, I, 12, 1356a s. e em *Ret.*, I, 23: o entimema é o substituto do silogismo, que, por sua vez, é um raciocínio dialético (L. Robin, *Aristote*, Paris, PUF, 1944, pp. 53 ss. e p. 289).

13. " Πάντες ἄνθρωποι τοῦ εἰδέναι ὀρέγονται φύσει ." Cf. *supra*, p. 6 e nota 6.

14. Aristóteles, *De anima*, III, 2, 425b, 26 s. Cf. L. Robin, *Aristote, op. cit.,* pp. 182-93.

15. Aristóteles, *Éthique à Nicomaque*, X, 6, ed. e trad. francesa J. Voilquin, Paris, Garnier, 1940; edição particularmente anotada por Foucault.

16. Aristóteles, *De anima*, II, cap. 6 e III, cap. 1, 425a.

17. Aristóteles, *La Méthaphysique*, A, 1, 980a 21: "de todos nossos sentidos, a visão é aquele que nos faz adquirir mais conhecimentos e que nos revela mais diferenças" (ed. citada, t. 1, p. 2).

18. Ésquilo, *Os persas*, v. 780 s.

19. Sófocles, *Les Trachiniennes*, estr. 569, cf. estr. 555-575; ed. e trad. francesa P. Masqueray, Paris, Les Belles Lettres, 1942.

20. Cf. Ésquilo, *Les Suppliantes*, v. 93, ed. e trad. francesa P. Mazon, Paris, Les Belles Lettres ("Collection des universités de France"), 1923.

21. Sófocles, *Ajax*, v. 70 s.

22. Esta frase assume todo seu sentido comparada com a de Nietzsche: "Ich erst habe das Tragische entdeckt", *Der Wille zur Macht*, § 1029 (in *Nietzsches Werke*, XVI, 377, Leipzig, C. G. Naumann, 1901 [1899]; citado por Ch. Andler in *Nietzsche, sa vie et sa pensée*, t. VI: *La Dernière Philosophie de Nietzsche. Le renouvellement de toutes les valeurs*, Paris, Bossard-Gallimard, 1931, p. 358); cf. também *Le Crépuscule des idoles,* "Ce que je dois aux anciens" [O que devo aos antigos], § 5: "[...] o sentimento *trágico*, que foi ignorado tanto por Aristóteles como por nossos pessimistas [...]. *O nascimento da tragédia* foi minha primeira transmutação de todos os valores: com isso me recoloco no solo de onde cresceu meu querer, meu saber – eu, o último discípulo do filósofo Dioniso – eu, o mestre do eterno retorno..." (ed. e trad. francesa H. Albert, Paris, Mercure de France, 1943, p. 235; edição anotada por Foucault).

23. Aristóteles, *La Métaphysique*, A, 2, 983a, t. I, p. 10: "Não é admissível que a divindade seja ciumenta" ("fórmula antitrágica por excelência", acrescenta a transcrição).

24. Platão, *Euthydème*, 284d: "visto que vossa intenção é que ele [Clínias] deixe de ser o homem que é hoje [M. F. escreve: o mesmo...], vossa intenção não será simplesmente que ele pereça?" (*Œuvres complètes*, ed. e trad. francesa L. Robin, Paris, Gallimard, "Bibliothèque de la Pléiade, 2 vols., cf. t. I, 1971, p. 577).

25. A imaginação é tratada principalmente em *De anima*, III, 3.

26. Aubenque escreve: "A característica própria do silogismo é apoiar-se em uma verdade antecedente [...] *precedência* da verdade a ela mesma, em vez de círculo vicioso" (P. Aubenque, *Le Problème de l'Être chez Aristote*", Paris, PUF, 1966², p. 54; grifo do editor).

NB: *Hic et infra*, salvo menção explícita, as passagens em itálico que figuram nesta obra estão sublinhadas no texto.

AULA DE 16 DE DEZEMBRO DE 1970

Para uma análise da desimplicação entre o conhecimento e a verdade. – Prima-do obscuro da verdade em Aristóteles, para quem desejo, verdade, conhecimento formam uma estrutura teórica. Espinosa, Kant, Nietzsche procuram subverter essa sistematicidade. – Libertar-se do "velho chinês" de Königsberg, mas matar Espinosa. – Nietzsche afasta o pertencimento entre a verdade e o conhecimento.

[1]   Na semana passada, eu havia tentado analisar um texto, aparentemente muito banal, de Aristóteles. Esse texto tratava do desejo de saber e de seu caráter natural. Ora, examinando um pouco mais de perto os termos, havíamos percebido que esse desejo natural de saber era primeiramente manifestado por um *prazer* obtido da *sensação inútil*. Triplo deslocamento que revelava duas coisas:

1/ Na raiz do desejo, antes mesmo que ele se manifestasse e começasse a agir, havia o conhecimento. Um conhecimento ainda sensorial, é claro; mas, mesmo assim, um conhecimento, um conhecimento já presente, a partir do qual o desejo podia desenvolver-se.

[2]   De forma que o conhecimento precedia esse desejo que lhe dizia respeito; e esse desejo mesmo nada mais era que uma espécie de retardo do conhecimento com relação a si mesmo, desejo correlativo à demora que o retardava para alcançar de uma só vez sua verdadeira natureza, isto é, a contemplação.

2/ Mas esse triplo deslocamento também manifestava outra coisa. De fato, vimos no texto de Aristóteles:

– que, se a sensação podia ser considerada como um exemplo legítimo de conhecimento, a razão disso era que ela tinha acesso ao verdadeiro – às coisas em si mesmas, com suas qualidades próprias.

Vimos também:

– que, se na sensação podíamos obter uma certa forma de prazer (ἀγάπησις), era porque a sensação era capaz de apresentar-nos como que a figura avançada da contemplação, ou seja, do conhecimento do verdadeiro em si mesmo.

22 *Aulas sobre a vontade de saber*

[3]   Por fim, vimos:

– que esse prazer estava ligado à própria inutilidade da sensação, ou seja, ao fato de a sensação não ter simplesmente o papel de servir à vida animal e suas necessidades, e sim ela mesma poder ter acesso à verdade.

Em suma, por baixo do texto que falava de uma espécie de desejo natural de conhecer e aparentemente anterior a todo conhecimento – embaixo desse texto havia duas operações: uma que reintroduzia o conhecimento embaixo do desejo e em seu princípio mesmo; e a outra, ainda mais surda, que introduzia a verdade como terceiro elemento entre o desejo e o conhecimento. Todas as argumentações e provas que se encontram nos outros textos de Aristóteles e pelas quais se pode justificar esse triplo deslocamento, todos esses textos supõem que a sensação e seu prazer têm relação com a verdade.

Se há em geral desejo de conhecer e se o conhecimento pode fazer nascer, no interior de seu próprio movimento, algo como o desejo, é porque tudo já transcorre na ordem da verdade.

[4]   A verdade como garantia e fundamento do desejo de conhecer.

Ora, creio que aí está afinal o ponto mais importante: para efetuar a passagem do desejo para o conhecimento, há, é preciso que haja, a verdade:

– é porque no desejo já está em causa a verdade que o desejo pode ser desejo de conhecimento;

– inversamente, é porque a relação com a verdade é fundamental que o desejo de conhecimento já é, em si mesmo, em sua raiz, da ordem do conhecimento; e, por fim,

– é porque a relação com a verdade comanda ambos que o conhecimento e o desejo podem ter apenas um único e mesmo sujeito. O sujeito do conhecimento e o sujeito do desejo podem ser considerados o mesmo, visto que têm a mesma relação com a verdade.

Portanto, a verdade desempenha três papéis: assegura a passagem do desejo para o conhecimento; em contrapartida e como em resposta, fundamenta a anterioridade do conhecimento sobre o desejo; dá lugar à identidade do sujeito no desejo e no conhecimento.

[5]   Ora, é isso, esse jogo da verdade com relação ao desejo e ao conhecimento, que constitui o momento forte de toda essa sistematicidade.

Se nunca na filosofia ocidental até Nietzsche o desejo e a vontade conseguiram livrar-se de sua subordinação com relação ao conhecimento, se o desejo de conhecer esteve sempre acompanhado pelo pré-requisito do conhecimento, é por causa dessa relação fundamental com a verdade.

Aula de 16 de dezembro de 1970

É por isso que podemos dizer que, também aí, Espinosa foi até o limite: até o ponto mais alto dessa estrutura teórica, bem onde estava muito perto de sair dela e derrubá-la.

[Ver] o início da *Reforma do entendimento*: [" [...] por fim resolvi investigar se existia algum objeto que fosse um bem verdadeiro, capaz de transmitir-se e pelo qual a alma, renunciando a qualquer outro, pudesse ser afetada unicamente; um bem cuja descoberta e posse tivessem como fruto uma eternidade de júbilo contínuo e soberano."*][1] Não está em causa, como em Aristóteles, um desejo de conhecer, e sim um desejo de felicidade – de uma felicidade eterna e que nada poderia comprometer (e que nada ainda diz que será da ordem do conhecimento). Ora, é nessa busca da felicidade, ou antes no exame das condições pelas quais se poderia encontrar essa felicidade, no exame de suas incertezas ou de sua certeza, que se descobre (e pelo jogo dessa mesma busca) a ideia verdadeira, a felicidade própria da ideia verdadeira. É a partir daí que a resolução de procurar conhecer se desenvolve. Assim a verdade é apresentada como aquilo que fundamenta tanto o conhecimento como o desejo de conhecer. É a partir da verdade que todos os outros elementos se desenvolvem e se ordenam.

Como podemos ver, toda a disposição aparente do texto aristotélico é subvertida. Aqui há adequação entre a felicidade e a ideia verdadeira; a partir daí se desenvolvem a vontade de conhecer e o conhecimento. Em Aristóteles, há desejo natural de conhecer, manifestado discretamente pela feliz casualidade de sensações não muito úteis. Mas, na realidade, para que o texto de Aristóteles pudesse resistir seria preciso que já se delineasse a contemplação (contemplação do verdadeiro e felicidade contemplativa) e que, pelo menos potencialmente, ela se inserisse na felicidade sensorial e no desejo de conhecer.

Espinosa cita com clareza, e na ordem, o que tornava possível a metafísica clássica[2].

[7] Ora, é justamente isso, a relação vontade-conhecimento-verdade, que está em questão em Nietzsche[3].

Numa primeira avaliação, os textos de Nietzsche podem (e devem) ser lidos como uma tentativa para libertar o desejo de conhecer da forma e da lei do conhecimento.

a – Trata-se de mostrar que na raiz do conhecimento, no ponto histórico de sua irrupção, há um desejo; e que esse desejo não tem

---

* A citação não figura no manuscrito desta aula.

parentesco com o conhecimento. Nem parentesco quanto aos fins nem parentesco de origem ou de natureza.

Nenhum parentesco de origem, visto que, tudo bem, conhecer é viver – mas, como somos impelidos a deslocar, é execrar *[detestari]**. Nenhum pertencimento quanto aos fins, visto que conhecemos para dominar, para levar a melhor, não para conhecer.

[8]   b – Trata-se também de mostrar que, ao longo de toda a história do conhecimento, seu desenvolvimento é guiado não tanto pela necessidade interna do que é conhecido nem pela gênese ideal das formas do conhecimento, e sim por uma regra de vontade – que é o ascetismo.

c – Por fim, trata-se de mostrar que atrás do próprio ato de conhecimento, atrás do sujeito que conhece na forma da consciência, transcorre a luta dos instintos, dos eus parciais, das violências e dos desejos.

[9]   É claro que tudo isso se encontra, e abundantemente, nos textos de Nietzsche[4]. Mas todo esse esforço para passar do outro lado do conhecimento, esse esforço para atravessar-lhe os limites e achar-se fora com relação a ele, esse esforço está muito ameaçado e corre o risco de permanecer precário.

De fato, como é possível conhecer esse outro lado, esse exterior do conhecimento? Como conhecer o conhecimento fora do conhecimento? Será que devemos supor uma verdade fora do conhecimento e sobre a qual nos apoiaremos para definir do exterior os limites do conhecimento? Mas, como poderíamos ter acesso a essa verdade, se não for a partir desse conhecimento do qual está em causa sair?

Ou bem o que dizemos sobre o conhecimento é verdadeiro – mas isso só pode ser do interior do conhecimento –, ou bem falamos fora do conhecimento – mas nada permite afirmar que o que dizemos é verdadeiro.

Vemos perfilar-se, nos confins do discurso nietzschiano mas ainda pairando sobre ele, a ameaça de Kant[5].

[10]   O dilema kantiano é inevitável, a menos que... A menos que seja retirado o pertencimento entre a verdade e o conhecimento; a menos que conhecer não seja, por natureza ou por destinação ou por origem, conhecer o verdadeiro; a menos que o verdadeiro não seja o que é dado (ou recusado) ao conhecimento, o que tem com ele uma ligação comum que permite dizer igualmente que o conhecimento tem

---

* Cf. *infra*, "Aula sobre Nietzsche". (N. da T.)

Aula de 16 de dezembro de 1970   25

acesso ao verdadeiro, ou que o verdadeiro está irremediavelmente separado dele. Apenas se verdade e conhecimento não se pertencerem mutuamente de pleno direito é que se poderá passar para o outro lado do conhecimento sem cair no paradoxo de uma verdade simultaneamente incognoscível [e] desconhecida*.

(Diferenças com relação a Kant:

ideologia

– verdade inacessível

– e conhecimento limitado.)

[11]   Creio que toda a análise nietzschiana do desejo, do instinto, da vontade de conhecer, irredutíveis ao conhecimento propriamente dito, é acompanhada de perto pelo trabalho que permite desimplicar verdade e conhecimento; assim como a redução aristotélica do desejo de conhecer ao conhecimento narrava em surdina o parentesco do conhecimento com a verdade.

É essa desimplicação entre a verdade e o conhecimento – condição de possibilidade e fio condutor para uma análise do querer conhecer – que eu gostaria de analisar esta tarde. Mas, antes de começar, duas observações:

a – É a existência desse trabalho furtivo que pode explicar a ousadia e a candura com que Nietzsche, para passar ao outro lado do conhecimento e fazer-lhe a crítica, utiliza conteúdos de saber extraí-

[12]   dos maciçamente das ciências: da biologia, da história, da filologia[6]. Essa utilização incorreria de imediato no ataque da crítica se não se operasse ao mesmo tempo que ela, ou melhor, se ela mesma não operasse mas seguindo outra direção, a desimplicação entre o conhecimento e a verdade.

O positivismo de Nietzsche não é um momento de seu pensamento que estivesse em causa ultrapassar; não é um nível superficial cuja profundidade se devesse captar, talvez olhando-o de cima; é um ato crítico que segue duas direções ortogonais: uma que se dirige para o exterior do conhecer; a outra que se dirige para o não-lugar** do conhecimento e da verdade[7]. Portanto, não é o caso de tratar esse positivismo por preterição e com uma espécie de pudor. É no próprio interior dessa crítica positivista que o essencial acontecerá.

b – Quanto à segunda observação, ela se refere à relação de Nietzsche com Kant e com Espinosa. Kant é o perigo, o risco minús-

---

* Manuscrito: simultaneamente incognoscível desconhecida.

** Aqui Foucault parece jogar com dois sentidos de *non-lieu*: literalmente, "não-lugar" (contrapondo-se a "exterior") e, na linguagem jurídica, "improcedência" (da implicação entre conhecimento e verdade). (N. da T.)

26 *Aulas sobre a vontade de saber*

culo e cotidiano, é a rede de armadilhas; Espinosa é o grande outro, é o único adversário.

[13]   De fato, Kant é a armadilha que é montada para toda crítica do conhecimento. Ele afirma que nunca poderemos passar para o outro lado; ou que passando para o outro lado deixaremos escapar a verdade; e que o discurso que apresentaremos será forçosamente dogmático, visto que será dado como verdadeiro sem ter na frente e para afiançá-lo o conhecimento da verdade[8].

Mas Espinosa é o adversário, pois é ele que desde a *Reforma do entendimento* até a última proposição da *Ética* nomeia, fundamenta e reconduz o pertencimento entre a verdade e o conhecer na forma da *ideia verdadeira*.

Espinosa é para Nietzsche o filósofo por excelência, porque é ele que liga da maneira mais rigorosa a verdade e o conhecimento. Para escapar da armadilha de Kant é preciso matar Espinosa. Só escaparemos da crítica e do "velho chinês de Königsberg"[9] se desfizermos esse pertencimento entre a verdade e o conhecimento ao qual Espinosa tem realmente o direito de dar seu nome, visto [que] foi ele que o pensou de ponta a ponta – desde o postulado inicial até a derradeira consequência.

[14]   Espinosa é a condição de Kant. Só podemos escapar de Kant depois de nos libertarmos de Espinosa[10]. Ingenuidade dos céticos, dos neokantianos[11], do próprio Kant[12], que acreditava poder escapar de Espinosa a partir da crítica. Ingenuidade dos que julgam que podem escapar do idealismo do discurso filosófico recorrendo a Espinosa[13]*.

*

NOTAS

1. Spinoza, *Traité de la réforme de l'entendement [et de la meilleure voie à suivre pour parvenir à la connaissance vraie des choses]*, in *Œuvres*, traduzidas e anotadas por Ch. Appuhn, Paris, Garnier ("Classiques Garnier"), s. d. [1929], t. I, § 1, p. 224; exemplar anotado por Foucault, provavelmente nos anos 1950 (cf. *supra*, p. 19, nota 6).

2. Em sua edição, Appuhn destaca que a ciência segundo Espinosa não é contemplação estoica, e sim ativa, cartesiana, baconiana, transformando as coisas, o corpo, a alma; o sábio

---

* As anotações feitas durante a sessão pela sra. Hélène Politis indicam que aqui começava uma longa explanação sobre Nietzsche, que teve prosseguimento na sessão seguinte, de 23 de dezembro. Essa explanação não consta mais do manuscrito. Suas principais articulações são reencontradas numa conferência dada no continente americano; cf. Aula sobre Nietzsche, *infra*, pp. 183-200.

Aula de 16 de dezembro de 1970

não se absorve no Grande Todo, e sim procura assimilá-lo – Geração do verdadeiro pelo pensamento.

3. "Estou extremamente surpreso, extremamente encantado. Tenho um *precursor*, e que precursor! Eu mal conhecia Espinosa. Ter sentido agora desejo de lê-lo, isso é instinto. Primeiramente, a tendência geral de sua filosofia é a mesma que a minha: fazer do conhecimento a mais poderosa das paixões. E depois, reencontro-me também em cinco pontos essenciais de sua doutrina [...]: ele nega o livre-arbítrio, a finalidade, a ordem moral do Universo, o altruísmo, o mal." (Cartão-postal para Franz Overbeck, Sils, 30 de julho de 1881; citado in G. Walz, ed. *La Vie de Frédéric Nietzsche d'après sa correspondance*, Paris, Rieder, 1932, carta nº 147)

4. No "Resumo do curso" *infra*, p. 205), Foucault menciona apenas *A gaia ciência* (1883). Suas notas preparatórias fazem referência a *Humano, demasiado humano*. Mas desde os anos 1950 ele vinha anotando todos os textos de Nietzsche. Em "La vérité et les formes juridiques" (1974, *DE*, nº 139, ed. 1994, t. II, pp. 538-646: cf. p. 543 s./ "Quarto", vol. I, pp. 1406-90: cf. p. 1410 s.), Foucault menciona *Vérité et Mensonge au sens extra-moral* (1873), publicado "em pleno kantismo, pelo menos em pleno neokantismo", que teria sido o ponto de partida de sua reflexão aqui.

5. "Os metafísicos. Estou falando da maior desgraça da filosofia moderna, de Kant." (F. Nietzsche, *Œuvres philosophiques complètes*, XIV: *Fragments posthumes (début 1888 – début janvier 1889)*, ed. G. Colli & M. Montinari, trad. francesa J.-Cl. Hémery, Paris, Gallimard, 1977, p. 283)

6. Charles Andler cita os autores estudados por Nietzsche nessas diversas áreas, in *La Dernière Philosophie de Nietzsche, op. cit.* Foucault sem dúvida está lembrando a função dada na França aos trabalhos dos historiadores contemporâneos.

7. Toda esta discussão sobre o sentido do empreendimento nietzschiano deve ser contrastada com o texto de Heidegger *Qu'appelle-t-on penser?, op. cit.*

8. Cf. F. Nietzsche, *Le Crépuscule des idoles*, "Comment le monde-vérité devint enfin une fable" [Como o mundo-verdade por fim se tornou uma fábula], § 2:
"O 'mundo-verdade', inacessível, indemonstrável, que não se pode prometer, mas, ainda que seja apenas imaginado, uma consolação, um imperativo.
"(O antigo sol ao fundo, mas obscurecido pelo nevoeiro e pela dúvida, a ideia tornada pálida, nórdica, königsberguiana)." (ed. H. Albert, citada, pp. 133-4)
Cf. também Id., *La Volonté de puissance*, § 168, ed. e trad. francesa G. Bianquis, Paris, nrf/Gallimard, 2 vols., 1947-1948; cf. t. I, livro I, cap. 2, p. 90: "La volonté de trouver le vrai" [A vontade de encontrar o verdadeiro]:
"O ponto fraco do criticismo kantiano pouco a pouco se tornou visível até mesmo para olhos bastante grosseiros: Kant não tinha mais o direito de fazer sua distinção entre o 'fenômeno' e a 'coisa em si'; ele se privara do direito de perseverar nessa velha distinção, visto que repudiava como ilícita a conclusão que remonta ao fenômeno a *causa* do fenômeno, em conformidade com sua ideia de causalidade, à qual atribuía um valor estritamente *intrafenomenal*."

9. F. Nietzsche, *Par-delà le bien et le mal*, § 210. De fato, Nietzsche designa Kant como "o grande chinês de Königsberg [...] ele mesmo um grande crítico". Foucault retorna à relação de Nietzsche com Kant em "La vérité et les formes juridiques" (art. citado), que é uma retomada dos temas importantes deste curso.

10. Ver principalmente *Le Crépuscule des idoles*, "La morale en tant que manifestation contre nature", § 4, ed. citada, p. 140; *Par-delà le bien et le mal*, § 21.

11. Esta sobreposição da história da filosofia parece remeter às interpretações que opõem Heidegger em *Kant et le problème de la métaphysique* e os neokantianos. Sobre esse ponto, cf. J. Vuillemin, *L'Héritage kantien et la révolution copernicienne*, Paris, PUF, 1954.

12. Principalmente: *Critique du jugement*, § 72, § 73, § 80.

13. Esta alusão poderia visar Althusser, implicitamente lembrado várias vezes neste curso.

AULA DE 6 DE JANEIRO DE 1971*

Os Sofistas**: seu aparecimento e sua exclusão. – História da filosofia segundo Aristóteles, em suas relações com a verdade. O discurso filosófico não pode ter o mesmo estatuto que o discurso poético. – O modo de existência histórico da filosofia construído para séculos por Aristóteles. – A existência da filosofia possibilitada pela exclusão dos Sofistas. – O Sofista como personagem. O sofismo como técnica. – A sofística manipula a materialidade das palavras. – Papel diferente de Platão e de Aristóteles na exclusão dos Sofistas.

[1]   Eu havia partido de dois modelos de análise. Em um deles (que me parece caracterizar a tradição filosófica), a vontade de saber é considerada no interior de um conhecimento prévio do qual ela constitui o desenvolvimento, como que a defasagem e o retardo interior.

No outro modelo, o conhecer deve ser analisado como puro acontecimento na superfície de processos que, em si mesmos, não são da ordem do conhecimento***; vamos chamar de saber o conjunto desses acontecimentos. Quanto ao conhecimento (ou seja, a relação sujeito-objeto), ele seria um efeito interior ao conhecer. Efeito que não pôde ser evitado, mas que talvez não seja necessário. Por fim, a verdade não é o que está ligado de pleno direito ao conhecimento, mas os dois mantêm uma relação mútua de apoio e de exclusão ao mesmo tempo.

[2]   A proposta então é a seguinte. É possível fazer uma história que não tenha como referência um sistema do sujeito e do objeto – uma teoria do conhecimento – mas se volte para os acontecimentos do saber e para o efeito de conhecimento que seria interior a eles? O problema está em avaliar a possibilidade de uma reversão da confi-

---

* Sobre a aula de 23 de dezembro, cf. *supra*, nota da p. 26; cf. também aula sobre Nietzsche, *infra*, pp 183 ss.

** Título da aula manuscrita. A maiúscula inicial dada no texto à palavra "Sofistas" foi respeitada.

*** Isto é desenvolvido na aula sobre Nietzsche, *infra*, pp. 183-200.

30 *Aulas sobre a vontade de saber*

guração tradicional, que coloca como preliminar o conhecimento como forma ou faculdade, e depois os acontecimentos do saber como atos singulares[1] que atualizam essa faculdade e podem, em certos casos, modificar-lhe a forma.

É precisamente o que eu gostaria de fazer em primeiro lugar a propósito dos Sofistas. Analisar o aparecimento e depois a exclusão dos Sofistas como acontecimento do saber que deu lugar a um certo tipo de afirmação da verdade e a um certo efeito de conhecimento que em seguida se tornou forma normativa.

[3]   Vou deixar de lado os problemas de método; voltarei a eles no final desta primeira investigação. Hoje gostaria, como ponto de partida para essa análise, de tomar o que me parece ser o ponto de resolução da história da sofística: o que poderíamos [chamar] de seu ato de exclusão.

E é a partir daí que em seguida tentarei remontar até a própria sofística.

Não acho que esse ato de exclusão deva ser encontrado em Platão, nem mesmo em *O Sofista* (que entretanto dá sua definição), e sim em Aristóteles[2] – nas *Refutações sofísticas* e em alguns textos dos *Analíticos* e da *Metafísica*.

[4]   Para avaliar bem esse ato de exclusão, talvez devamos partir deste texto da *Metafísica*:

> "[...] quanto à sofística, é apenas uma filosofia aparente e sem realidade ([...] (ἡ δὲ σοφιστικὴ φαινομένη, οὖσα δ' οὔ)", (Γ, 2, 1004b 27)[3]

e compará-lo imediatamente com as análises que Aristóteles havia [feito] um pouco antes, no livro A, das filosofias que o precederam.

Como é feita no livro A a análise das filosofias anteriores, platônicas e pré-platônicas?

Sabe-se que Aristóteles procura confirmação de sua própria teoria das causas: se os filósofos anteriores a ele tiverem encontrado uma quinta causa, é que ele, Aristóteles, terá se enganado; se não tiverem descoberto, sua própria convicção, dele Aristóteles, está confirmada.

[5]   Portanto, os filósofos já estão, de uma certa maneira, no elemento da verdade. Mas, como estão nele e qual é a relação de todos esses diferentes discursos filosóficos com a verdade?

1/ Em primeiro lugar, cada filosofia se distingue de outra porque da verdade (das causas, das naturezas primeiras, das substâncias

Aula de 6 de janeiro de 1971 31

ou dos acidentes) cada uma pegou um ou vários elementos. Cada filosofia se determina em sua identidade singular por sua relação diferencial com a verdade (Tales porque nomeou a Água como causa material, Anaxágoras porque procurou a causa eficiente). Em resumo, é uma determinada relação com a verdade que constitui a causa formal de uma filosofia.

2/ Em seguida, o desenvolvimento próprio de uma filosofia ou a passagem de uma filosofia para outra é imposto pela coerção da verdade:

"Nessa altura, a própria realidade traçou-lhes o caminho e obrigou-os a uma busca mais aprofundada." ([A, 3], 984a 18-20)[4]

> "Depois deles, como tais princípios, uma vez descobertos, se mostrassem insuficientes para engendrar a natureza das coisas, os filósofos, coagidos novamente [...] pela própria verdade, recorreram a outro princípio causal" (princípio do Fogo heracliano, Νοῦς de Anaxágoras e de Hermótimo de Clazômenas) ([A, 3], 984b 7-11)[5].

[6]   Digamos, portanto, que a verdade é a causa eficiente da mudança ou do movimento no discurso filosófico.

3/ Porém há mais. A filosofia tem como objeto os princípios primeiros e são eles que já os primeiros filósofos buscavam à sua maneira. Ora, um texto [da *Metafísica*] nos diz isso:

> "Os princípios dos Seres eternos são necessariamente verdadeiros por excelência, pois não são verdadeiros apenas num determinado momento e não há causa de seu ser; ao contrário, são eles que são a causa do ser dos outros seres. Assim, uma coisa tem tanto de ser quanto tiver de verdade." (α, 1, 993b 26-32)[6]

Enunciando os princípios das coisas, os filósofos enunciam o Ser propriamente dito.

Portanto, pode-se dizer que a verdade é realmente a causa material da filosofia. Os princípios nela enunciados são, por si mesmos, aquilo que tem mais ser e aquilo que tem mais verdade.

4/ Por fim, não podemos esquecer que a filosofia é a ciência que não nasceu da necessidade, e sim do espanto[7], ou seja, do que faz reconhecer a própria ignorância e querer escapar dela unicamente pelo efeito e para o bem do conhecimento:

> "[...] se foi para escapar da ignorância que os primeiros filósofos se dedicaram à filosofia, está claro que perseguiam a ciência com

32 *Aulas sobre a vontade de saber*

o objetivo de conhecer e não com um fim utilitário." (A, 2, 982b 19-22)[8]

[7] Portanto, a verdade é a causa final da filosofia. (Aliás, A, 1, 993b 21 diz expressamente: o fim da especulação é a verdade.)

Mas, nessas condições, como é possível que a filosofia não seja verdadeira? Como é possível que comporte erros? Como é possível haver filosofias incompatíveis entre si?

É assim, diz Aristóteles, porque os filósofos se comportam "como, nos combates, se comportam os soldados mal treinados, que se lançam para todos os lados e frequentemente assestam golpes eficazes, sem que a ciência tenha algo a ver com isso". (A, 4, 985a 14-16)[9]

O que faltou ao filósofo foi justamente a ciência desses princípios, a ciência dessa verdade que ao mesmo tempo o guiava e o coagia; o que lhe faltava era o sistema dos princípios primeiros e das quatro causas.

O filósofo está na verdade; está nela de pleno direito, desde o início. É ela que está substancialmente presente naquilo de que ele fala; é ela que age de forma eficiente no desenvolvimento da filosofia; é ela que dá forma à singularidade de cada filosofia; é ela que serve de fim para todas as colocações do filósofo. O filósofo é guiado pela quádrupla causalidade da verdade.

[8] Mas há a margem de acaso, de cegueira e de silêncio que cerca todas essas primeiras filosofias. Elas são buscadas na necessidade da verdade, que atua com elas como sua quádrupla causa. Mas, como não conhecem essas quatro causas, falam delas sem saber disso e sem querer, como soldados novatos que respondem golpe com golpe, mas não compreendem a estratégia da batalha que entretanto os arrasta e os cerca. Daí a famosa metáfora da flecha e da porta:

"[...] acontece com a verdade [...] o que diz o provérbio: quem não acertaria a flecha numa porta?" (α, 1, 993b 3-5)[10].

E entretanto, se é inevitável cravar a flecha num alvo tão grande, não foi por acaso que se atingiu este ponto aqui ou aquele outro.

[9] *Conclusão*

Essa história da filosofia que Aristóteles narra como movimento simultaneamente de coerção e de acaso no elemento de uma verdade que nela se encontra ao mesmo tempo manifestada e oculta, essa história, em sua singularidade, tem uma importância tripla.

Aula de 6 de janeiro de 1971   33

1/ Aristóteles desprende o discurso filosófico de um certo número de técnicas de interpretação e de análise. E assim o separa de todos aqueles outros discursos que, eles sim, são dependentes dessas técnicas de interpretação e de análise.

a – Ao dizer que a verdade é ao mesmo tempo dita e não dita pelo filósofo (dita e não dita, no modo gaguejante), Aristóteles ainda se mantinha bem perto dos métodos de interpretação em uso entre os gramáticos quando comentavam poetas. Métodos simbólicos, ou alegóricos, que indicavam o que fora ocultado voluntariamente por Homero sob a figura de Nestor ou de Ulisses[11].

[10]   Porém há uma diferença, e capital: é que para Aristóteles o equívoco do dito e do não-dito, essa distância sem lacuna que faz a verdade estar ao mesmo tempo oculta e presente na fala do filósofo, essa luz que é sombra, é apenas o efeito de um segredo voluntário ou de uma reserva prudente, à maneira dos oráculos. Se os filósofos não dizem a verdade, não é porque sua indulgência queira proteger os homens de sua face terrível, é porque lhes falta um certo saber.

Mas é preciso acrescentar prontamente que essa carência também não é da ordem daquela ignorância da qual alguns comentadores (como os Sofistas, precisamente) acusavam os poetas. O filósofo, segundo a análise de Aristóteles, está na dimensão de um saber/não--saber que não é nem o segredo nem a ignorância, que não se caracteriza nem como jogo duplo nem como lacuna do conhecimento. Trata-se de uma certa carência que é constitutiva da própria relação com a verdade. O que o filósofo não diz e não pode dizer é aquilo pelo qual precisamente a verdade que ele pronuncia se determina.

Portanto, o discurso filosófico deve escapar da exegese alegóri-
[11]   ca [tanto] como da crítica positivista. O discurso filosófico não pode mais ter o mesmo estatuto que o discurso poético.

b – Ao mostrar em todo discurso filosófico um certo jogo entre o acaso, a cegueira de uma obra individual e depois a coerção da verdade, a lei que ela impõe, a trajetória que ela traça, Aristóteles descola o discurso filosófico de toda ligação de tipo político (ou, visto que a diferença quase não é marcada nessa época da história grega, de toda ligação judicial ou retórica).

Não importa o que diga o filósofo em seu discurso filosófico – e ainda que ele próprio fosse um homem de pouca virtude ou um mau cidadão –, de qualquer maneira estará com a verdade; alguma coisa da verdade passará para seu discurso; e seu discurso, em contrapartida, nunca passará totalmente para a história da verdade, nun-

34 *Aulas sobre a vontade de saber*

ca se apagará totalmente dela. De um modo ou de outro, se repetirá indefinidamente nela. O filósofo é alguém que nunca expulsamos totalmente ou que nunca matamos totalmente. Não há ostracismo [12] filosófico. As vitórias que o discurso pode conquistar sobre ele, os duelos nos quais pode ser vencido não atingem essa parcela de verdade que é proferida em seu discurso.

Está certo que o filósofo não é mais o θεῖος ἀνήρ de que falava Hesíodo[12] e que de pleno direito dizia o que é preciso (o que é preciso = o verdadeiro e o justo como um todo); mas também não é o homem da ἀγών retórica e política.

Ele é sempre dominado por aquilo que, da verdade, não disse; mas nunca é vencido nem excluído. Assim, nessa história ao mesmo tempo mítica e racionalizada da filosofia que narra na *Metafísica*, Aristóteles isola e tira de jogo, com relação a outras práticas discursivas, um discurso no qual a verdade é causa e no qual a verdade está em causa. Separa-o radicalmente daquela fala poética e mítica, separa-o também daquela discussão retórica e política na qual, em Platão, [o discurso filosófico] ainda estava parcialmente engajado. Designa-lhe um modo de encadeamento e de pertencimento histórico que não tem equivalente ou homólogo nos outros discursos.

[13] 2/ A segunda razão pela qual essa análise de Aristóteles é importante [é] que ela teceu, por séculos e até nós, sem dúvida, o modo de existência histórico da filosofia.

Obviamente, as variações foram muito numerosas e talvez não haja muitas histórias da filosofia que se assemelhem – no modo analógico – à de Aristóteles. Mas, nessa análise aristotélica, se não encontramos o modelo imitado pelos outros, em contrapartida encontramos a possibilidade deles.

A história da filosofia sempre se ordena por um certo jogo entre a obra individual e uma destinação da verdade através da história. A história da filosofia é sempre focalizada através das individualidades nomeadas; ela manipulou, sempre num certo nível, unidades que são designadas e só podem ser designadas por nomes próprios. E, com relação a essas unidades e esses nomes próprios que as designam, unidades como o empirismo, o panteísmo ou o racionalismo são construções abstratas.

A história da filosofia, no fundo, é sempre concebida como uma [14] dispersão de individualidades. Mas, se essas individualidades valem como momentos filosóficos, é porque, de uma forma ou de outra, a

Aula de 6 de janeiro de 1971   35

própria verdade se deu a elas; ou algo da verdade falou através delas. E não há nem mesmo erro seu que não seja portado pela verdade.

De modo que a verdade se encontra sempre pensada, como de pleno direito, por toda e qualquer obra filosófica (e pelo fato de ser uma obra filosófica). Mas o que faz esse pensamento da verdade ser ao mesmo tempo esquiva, esquecimento, negligência, inacabamento da verdade[13], isso é o não-pensado de toda filosofia.

E com relação a cada obra singular, toda filosofia nova terá de pensar o não-pensado de uma outra. Portanto, as filosofias são concebidas pela história da filosofia como mantendo uma relação recíproca de repetição e de comentário: para cada uma está em causa pensar esse não-pensado das outras pelo qual se define a relação singular delas com a verdade.

[15]   A tarefa que a história da filosofia não parou de se propor ainda é muito semelhante à que Aristóteles lhe propunha quando dizia:

> "A eles [aos filósofos] acontece [...], de certa forma, dizerem [...] e não dizerem [...]." (A, 7, 988b 13-14)[14]
>
> "Pode-se dizer, num certo sentido, que todos eles [os princípios] foram enunciados antes de nós e, num outro sentido, que nenhum deles o foi." (A, 10, 993a 14-15)[15]

Assim ficam garantidos para a história da filosofia alguns princípios:

– O da interioridade, ou da inacessibilidade da filosofia a partir do exterior. Visto que ela está no elemento da verdade e visto que seu discurso sempre carrega consigo uma relação fundamental e indelével com a verdade, então nenhum discurso, nenhuma prática que não fosse filosófica poderia efetivamente alcançá-la.

– O do retorno a... e do redobramento sobre si: visto que sempre a filosofia já disse de um certo modo o que ela tem para dizer, onde encontraria o que precisa dizer agora, a não ser nela mesma; a não

[16]   ser pensando no pensamento já pensado o que ainda era não-pensado; a não ser tomando simultaneamente como objeto de pensamento e como sujeito de repetição o que já foi dito?

Como podemos ver, essa anterioridade perpétua do discurso filosófico com relação a ele mesmo, esse direito ou essa necessidade da filosofia de pensar o que já estava pensado, essa eliminação de toda exterioridade, é a forma que Aristóteles deu, no livro A da *Metafísica*, à historicidade da filosofia[16]; é também a forma que Aristóteles dava ao jogo entre o conhecimento e o desejo, logo no início desse mesmo livro A.

36 *Aulas sobre a vontade de saber*

Pode-se dizer, por fim, que a teoria do conhecimento e a modalidade dada à história da filosofia não cessaram de corresponder-se ao longo de toda a história. Estava em causa eliminar o exterior. Na teoria do conhecimento, o exterior era o desejo, ou pelo menos o que era simbolizado pelo desejo. Na história da filosofia, o exterior é o que é representado ou simbolizado pelo Sofista e por tudo o que o personagem do Sofista trazia consigo.

[17]   Se insisti nessa passagem de Aristóteles é porque ela me parece definir e prescrever uma certa interioridade da filosofia, é porque me parece rejeitar um certo exterior do discurso filosófico – exterior cuja eliminação torna possível a própria existência da filosofia; exterior contra o qual se apoia obscuramente o discurso filosófico.

E se admitirmos que foi justamente do interior do discurso filosófico que a ciência se originou, vemos bem o que está em jogo no problema colocado. O gesto que definiu por exclusão um exterior do discurso filosófico e uniu de um determinado modo a filosofia e a verdade, esse gesto deve realmente caracterizar nossa vontade de saber. E é ele que temos de recuperar.

[18]   3/ Mas, se esse texto é interessante pelo que contém em si – a possibilidade de uma história da filosofia –, não é menos interessante pelo que exclui. E o que exclui aparece num outro texto, o último livro dos *Tópicos*, as *Refutações sofísticas* (que sem dúvida foi um dos primeiros; cf. Kneale[17]). Pois é basicamente nele (bem como em alguns outros textos) que os Sofistas estão presentes em Aristóteles. Ora, a maneira como Aristóteles fala deles, o espaço que lhes dá têm um sentido totalmente diferente [do sentido] que dava às filosofias pré-socráticas.

A primeira coisa a notar é que esses textos pouco tratam dos Sofistas nominalmente. Pouco tratam do personagem em geral do Sofista. Pouco tratam, exceto por alusão, do ofício de sofista – aquele ensino assalariado, aquela desenvoltura política e moral, aquele saber apressado e enciclopédico que os contemporâneos e os sucessores dos Sofistas lhes criticaram tão frequentemente[18].

Tratam da sofística, dos sofismas, dos argumentos, refutações e
[19] discursos sofísticos. Portanto, tudo ocorre como se o grande debate socrático e platônico com os Sofistas estivesse encerrado; como se do Sofista não restasse mais que o perigo abstrato dos argumentos sofísticos – argumentos que podem surgir no decorrer de qualquer discussão que seja.

Tudo decorre como se o sofisma e o Sofista tivessem sido destacados um do outro; como se esse par ainda mal dissociado em

Aula de 6 de janeiro de 1971　　　　　　　　　37

Platão agora finalmente tivesse sido definitivamente desmembrado; como se o Sofista tivesse sido expulso e o sofisma, ao contrário, incluído e dominado. Entretanto, deve-se observar de imediato que o sofisma não se integra sem problema e muito simplesmente na categoria geral do raciocínio falso ou dos erros de raciocínio. Nem mesmo faz parte das discussões dialéticas. Ocupa um lugar marginal e singular. E entretanto mesmo essa inclusão é duvidosa: a vitória sobre o sofisma talvez não esteja absolutamente clara nem seja decisiva.

[20]　　E essa leve perturbação que reconhecemos em Aristóteles não estará nem perto de desaparecer, toda vez que a filosofia ocidental tiver de ocupar-se dos sofismas – mesmo muito tempo [depois] que a lembrança dos insuportáveis Sofistas tiver sido esquecida.

Assim, na tradição escolástica[19]:

(1) a discussão sofística fazia parte dos exercícios escolares, ao lado de outros jogos de lógica.

– Havia os *insolubilia*[20], quando se podia deduzir a contraditória de uma proposição não necessária; ex.: *Dico falsum.*

– Havia os *sofismas*, sobre os quais se podia demonstrar indiferentemente que eram verdadeiros ou falsos:

ex.: *logica est scientia* – porque é adquirida pela ciência,

logica non est scientia – porque é unicamente *modus sciendi* (citado por Wallerand nas obras de Siger de Courtrai)[21].

Ora, o exercício dos sofismas devia ser concluído com uma intervenção do professor mostrando onde estava a ilusão de necessidade; ele devia dissipar a quimera e mostrar qual era a solução correta.

Enquanto os insolúveis eram monstruosidades ou dificuldades inerentes à lógica, os sofismas eram apenas efeitos provisórios que se devia poder dissipar.

[21]　　(2) Buridan, em seus *Commentarii* sobre as *Refutações sofísticas*, distingue:

– a *disputatio doctrinalis*[22], que deve chegar à ciência exata;

– a *disputatio dialectica*, que deve diminuir a incerteza de certas afirmações;

– a *disputatio tentativa*, que deve fazer valer os conhecimentos do aluno;

– a *disputatio sophistica*, na qual não há preocupação com a verdade.

E mesmo muito depois da escolástica, quando Peirce, no *Dictionnaire de philosophie* de Baldwin, define a forma mais séria, mais filosoficamente problemática do sofisma, apresenta-o como um ra-

38   *Aulas sobre a vontade de saber*

ciocínio cuja conclusão não é admissível, embora *aparentemente* o rigor lógico tenha sido respeitado[23].

Ora, o que é afinal essa preocupação que a filosofia tem com esses raciocínios que são aparências, que não se ocupam da verdade, que são ligados por um instante com efeitos ilusórios? Por que dar espaço para esse jogo de sombras? Será que é tão difícil livrar-se do que frequentemente não passa de artimanha e astúcia grosseira?

[22]

Por que se ocupar durante tanto tempo do que não existe? Por que essa atenção com o que só é apresentado como fingimento, teatro, luta desonesta? Por que um discurso que deveria ocupar-se apenas do verdadeiro e do falso ainda precisa exercer essa polícia moral? O que é esse jogo ético entre o honesto e o desonesto, sendo que se deveria dizer somente verdadeiro ou falso?

Para responder, sem dúvida, é preciso examinar a análise de Aristóteles; é preciso levar em consideração esse momento em que pela primeira vez os sofismas foram refutados na ausência dos Sofistas.

[23]

Ora, é preciso observar que ao longo de todo o texto Aristóteles faz uma diferença de natureza entre os sofismas e os raciocínios falsos.

Assim, em 176 b 30 [das *Refutações sofísticas*][24], na categoria geral dos falsos raciocínios, Aristóteles distingue os raciocínios falsos e os raciocínios não verdadeiros, "pois há raciocínio falso ou quando uma conclusão falsa foi obtida ou quando o raciocínio não é verdadeiro mas ao mesmo tempo parece ser".

O raciocínio falso, ὁ ψευδής συλλογισμός, Aristóteles caracteriza um pouco adiante no texto. Também o analisara nos *Primeiros analíticos* (II, 2). Há raciocínio falso ou quando a conclusão é verdadeira mas foi obtida a partir de premissas falsas ou quando a conclusão é falsa.

E essa forma de raciocínio falso também se subdivide: a conclusão pode ser falsa ou porque uma premissa é falsa ou porque as duas premissas são verdadeiras mas a conclusão não foi tirada como deve ser.

[24]

Em face desse raciocínio falso Aristóteles coloca o raciocínio sofístico, sobre o qual diz frequentemente que [não é um] raciocínio* a não ser na aparência.

Início do texto *[Refutações sofísticas]*:

"Que certos raciocínios sejam raciocínios verdadeiros (συλλογισμοί), enquanto outros, sempre parecendo verdadeiros, não o são é uma coisa manifesta." (164 a 23-25)[25]

---

* No plural no manuscrito: não são raciocínios.

Aula de 6 de janeiro de 1971   39

O Sofista não é de modo algum aquele que se engana voluntária ou involuntariamente. A diferença entre o Sofista e o ignorante (ou o tolo) não é a diferença entre um erro voluntário (no qual a própria pessoa cairia para fazer o adversário cair) e um erro involuntário (do qual ambos os interlocutores seriam vítimas igualmente). O Sofista não deve absolutamente ser interpretado como alguém que faça de um erro uma armadilha e que se sirva de um raciocínio falso como de uma arma maligna. Ele está numa dimensão diferente daquela do raciocínio verdadeiro ou falso; está do lado da aparência de raciocínio. Está na sombra e no reflexo; está numa miragem argumentado-

[25] ra, mas não raciocina verdadeiramente. Aliás, essa invalidação, que se dá não pelo erro mas pela aparência, atinge não só o raciocínio do Sofista mas toda sua sabedoria, toda sua σοφία:

> "(pois a Sofística é uma sabedoria aparente mas sem realidade (ἔστι γὰρ ἡ σοφιστικὴ φαινομένη σοφία οὖσοα δ᾽ οὔ)" (165a 21-22)[26],

e Aristóteles [prossegue] – teremos de voltar com detalhes a este ponto:

> "e o sofista, um homem que tira um proveito pecuniário de uma sabedoria aparente, mas não real), está claro que lhes [= para 'certas pessoas'] é necessário [...] parecer que fazem uso de sabedoria em vez de realmente fazê-lo sem parecer". [165a 22- -24][27]. Cf. também 171b.]

O dinheiro está no centro dessa aparência; é sua razão e sem dúvida também seu símbolo. O problema é saber o que é essa aparência de raciocínio, esse outro lado do raciocínio verdadeiro ou falso, esse elemento enigmático que se opõe à não menos enigmática realidade do raciocínio.

[26]   Como pode surgir a aparência de raciocínio?

À primeira vista, se seguirmos a análise de Aristóteles, a enumeração de todos esses raciocínios aparentes dá a impressão de uma imensa heterogeneidade que vai da astúcia mais grosseira a alguns jogos lógicos ainda bastante toscos:

– Há sofismas que provêm da simples homonimia, μανθανεῖν[28].

– Pior ainda, há sofismas que provêm de serem utilizadas duas palavras diferentes na pronúncia mas cuja ortografia é semelhante; e também há sofismas que, pelo menos para nós, trazem verdadeiros problemas gramaticais ou lógicos (cf. o emprego de οὖτος).

Ou ainda, são colocados entre as técnicas sofísticas o uso de proposições às quais não se pode responder nem com sim nem com

40   *Aulas sobre a vontade de saber*

não (às quais não se pode atribuir um valor de verdade) e, depois, técnicas como as que consistem em falar muito depressa ou em inverter a ordem das questões ou em esconder, no meio de todas as que são colocadas, aquela que é realmente importante.

[27]   E, nessa proliferação, a classificação que Aristóteles propõe não parece de grande ajuda, pelo menos numa primeira abordagem, visto que ele a divide não de acordo com a forma ou o princípio dos sofismas, e sim de acordo com o efeito obtido:

– sofismas que aparentam refutar;
– sofismas que aparentam revelar o erro do interlocutor;
– sofismas que aparentam fazê-lo defender um paradoxo;
– sofismas que aparentam fazê-lo cometer um solecismo;
– sofismas que aparentam fazê-lo cair na verborragia.

Mas um texto do início dessas *Refutações sofísticas* dá uma explicação geral dos sofismas. Para dizer a verdade, essa explicação é bastante estranha. Ela é dada como quase geral e entretanto abrange uma categoria muito pequena de sofismas. É a seguinte:

> "A refutação é um raciocínio com contradição da conclusão. Ora, isso os sofistas não fazem, mas apenas parecem fazer, por várias razões; uma dessas razões, que é a mais natural e a mais comum, é a que tem a ver com os nomes dados às coisas. De fato, visto que não é possível levar para a discussão as coisas propriamente ditas e em lugar das coisas temos de utilizar seus nomes como símbolos, supomos que o que acontece com os nomes acontece também com as coisas, como no caso dos pedregulhos que usamos para contar. Ora, entre nomes e coisas não há semelhança completa: os nomes são em número limitado, bem como a pluralidade das definições, ao passo que as coisas são infinitas em número. Consequentemente, é inevitável que várias coisas sejam significadas por uma mesma definição e por um [...] mesmo nome." (165 a 4-13)[29]

Vamos deixar de lado a extensão que deve ser dada a esse texto. Uma coisa está clara nele: é a localização do efeito sofístico. Ele é possibilitado pelo fato de, na prática do discurso, o que é *manipulado* não serem as coisas propriamente ditas, e sim seus símbolos verbais. Muito exatamente, seu nome.

[28]   Mas, se essa simbolização torna possível o sofisma, não o explica. O sofisma não é produzido nessa dimensão segundo a qual as palavras são signos. Produz-se numa certa diferença entre os nomes e as coisas, entre os elementos simbólicos e os elementos simbolizados. Em que consiste essa diferença?

Aula de 6 de janeiro de 1971   41

Não é aquela pela qual as palavras produzem um efeito de sentido, enquanto as coisas não o produzem. Também não é a diferença [entre] φύσις e νόμος, entre o caráter natural das coisas e o caráter convencional das palavras.

Ela está no fato de os nomes serem em número finito e as coisas serem em número infinito, de haver uma relativa escassez de palavras; de não se poder estabelecer uma relação biunívoca entre palavras e coisas. Em resumo, de a relação entre as palavras e o que elas designam não ser isomorfa à relação que permite enumerar.

Em outras palavras, é uma característica própria da materialidade das palavras – sua escassez – que possibilita o sofisma. O Sofista [29] é aquele que utiliza a mesma palavra, o mesmo nome, a mesma expressão para dizer duas coisas diferentes, de modo que diz duas coisas na própria identidade da coisa dita.

E se agora relembrarmos a definição de silogismo: "um raciocínio no qual, colocadas certas premissas, uma conclusão diferente do que foi colocado decorre naturalmente por meio dessas premissas" (*Primeiros analíticos*, I 24b 18)[30] (e se relembrarmos o que é a refutação do silogismo: um raciocínio que contradiz a conclusão do anterior)[31], vemos que o sofisma consiste não em dizer algo novo em virtude de uma imposição lógica e a partir de premissas menos aceitas, e sim em reter do mesmo enunciado a mesma coisa dita, em sua identidade material, embora os interlocutores não tenham na mente as mesmas premissas, e isso por causa da coincidência, da confusão, da semelhança, da identidade dos nomes que designam as coisas. Por causa dessa superposição aleatória devida à escassez fundamental das palavras.

[30]   Disso podemos tirar uma conclusão: que o sofisma não é uma categoria defeituosa de raciocínio, não é de modo algum um raciocínio; ou melhor, é a imagem invertida de um raciocínio: onde havia no raciocínio identidade das premissas acordadas, no sofisma há diferença; onde havia necessidade lógica, há escassez de fato e acaso; onde havia proposição nova, há repetição da coisa dita; e, por fim, onde havia coerção da verdade e convicção do outro, há armadilha pela qual o adversário se vê preso na coisa dita – na materialidade da coisa dita.

[31]   Mas imediatamente surge uma objeção: que no texto de Aristóteles a escassez material das palavras parece explicar apenas alguns sofismas, e não todos. Ela explica os sofismas que se devem à existência de sinônimos (por exemplo, uma única palavra, μανθανεῖν, para dizer "aprender" e "compreender"), ou à existência de anfibo-

logias[32] ("Espero do inimigo a captura") ou à existência de equívocos causados pela acentuação (nos textos escritos)[33].

Em resumo, ela explica o que Aristóteles chama de refutações ligadas ao discurso propriamente dito, mas não explica as outras. Aliás, Aristóteles diz que essa escassez de nomes é "uma das razões, a mais natural e mais frequente" (*[Refutações sofísticas]*, 165a 5)[34], mas só uma das razões.

[32] Ora, se agora olharmos toda a classificação de sofismas que Aristóteles propõe, percebemos que, de maneira direta ou indireta, é sempre a materialidade do discurso que está posta em jogo em seus diferentes aspectos. Além dos sofismas de escassez (uma única palavra pronunciada ou escrita, uma única expressão para dizer coisas diferentes), há:

• Os sofismas de dissociação. O discurso é feito de palavras que se seguem e, depois que essa sequência foi estabelecida, pode-se dissociar e agrupar como se quiser:

$$A, B, C \underline{\hspace{2cm}} A \text{ e } B, C$$
$$AB \text{ e } C$$

Ex.: como 5 é (2 + 3), pode-se dizer que 5 é par, visto que ele é 2, e que é ímpar, visto que é 3 (*RS.* 166a 33).

• Os sofismas de permutação. O discurso é feito de elementos que em certas condições podem vir ocupar o lugar uns dos outros:
Sócrates é branco
branco é uma cor
portanto Sócrates é uma cor.

[53] • Os sofismas de associação. O discurso é composto de elementos que formando grupo fazem sentido; mas um subgrupo dissociado do primeiro também forma sentido:
O indiano é negro
Ora, o indiano é branco quanto aos dentes
Portanto, o indiano é branco e negro[35].

• Os sofismas de confusão. Certos elementos sucessivos e distintos do discurso podem ser reunidos:
A e B é um homem?
Sim.
Então, golpeando A e B golpeia-se um homem, e não dois.

• Os sofismas de anterioridade. O discurso é uma sequência indefinida de proposições; em todo caso, uma sequência que é sempre

Aula de 6 de janeiro de 1971

possível alongar tanto quanto se quiser, de modo que o interlocutor não possa mais atualizá-la de ponta a ponta e torná-la simultânea.

Assim, discutindo bastante longamente pode-se fazer crer que uma proposição está demonstrada, sendo que não está:

– ou porque esteja precisamente a ser demonstrada (petição de princípio);

– ou porque seja falsa (mas não se percebe que ela é falsa).

E é assim que Aristóteles introduz na série dos sofismas o fato de falar muito depressa, de afundar o adversário numa torrente de palavras, [de] conturbar a ordem natural das questões.

[34] • Os sofismas de multiplicação indefinida. É o jogo entre a sucessão e a permutação.

• Os sofismas de repetição. Existem coisas que já foram ditas e que se pode repetir como foram ditas.

Assim, sobre um único e mesmo assunto há conjuntos de frases já pronunciadas. Conduzindo a discussão para um desses assuntos, pode-se sempre repetir esse conjunto de proposições que, entretanto, são contrárias.

Ex.: sobre o que é preferível, a natureza ou a lei.

• Os sofismas de gramática. O discurso é um conjunto de elementos dos quais alguns se referem ao mesmo tempo às coisas e também ao próprio discurso. Existem entre os elementos do discurso ligações (gramaticais) que não representam ou que não são isomorfas às relações entre as coisas. Há imposições e liberdades gramaticais que não têm equivalentes nas coisas.

Por exemplo, a gramática do neutro e do demonstrativo.

[35] Como vemos, a análise dos sofismas por Aristóteles situa-se inteiramente no nível da materialidade do discurso. O sofisma é uma tática interna a essa materialidade. Mas, como vemos também, essa materialidade específica do discurso, que à primeira vista aparecia como desigualdade numérica entre as palavras e as coisas, como escassez dos nomes, agora aparece em dimensões mais numerosas:

– em primeiro lugar, não é apenas a escassez das palavras, mas a sucessão necessária e os deslocamentos possíveis, uns em relação aos outros, dos elementos do discurso – caráter linear;

– mais amplamente, é o fato de todo enunciado inserir-se numa série imensa e, para dizer a verdade, nunca totalmente controlável de discursos anteriores – caráter serial;

44   *Aulas sobre a vontade de saber*

– ainda mais amplamente, é o fato de o discurso ser constituído de um certo número de acontecimentos reais (de *coisas ditas*)[36] que depois de produzidos não podem ser mudados. Dito é dito. Você disse isso, azar seu – caráter de acontecimento;

– por fim, é o fato de essa materialidade do discurso estar ligada à luta, à rivalidade, à situação de combate dos homens que discutem – caráter de estratégia.

[36]   Agora podemos opor o silogismo e o sofisma da seguinte maneira:

(1) O silogismo caracteriza-se por premissas que foram "postas", no sentido de que foram admitidas, acertadamente ou não, como verdadeiras – foram aceitas. O sofisma caracteriza-se por frases que foram postas, no sentido de que foram efetivamente ditas. Reconhecidas ou não, efetivamente aceitas ou não, pouco importa: são coisas ditas.

(2) O silogismo inteiro desenvolve-se entre dois limites: a concordância quanto às premissas, a verdade necessária da conclusão. O sofisma funciona em séries ilimitadas de enunciados preliminares.

(3) O silogismo obedece a uma imposição que é a do conceito, ou seja, do que é significado pelos nomes. O sofisma desenrola-se como uma tática livre no nível das palavras em si mesmas, independentemente do que significam.

(4) O silogismo produz um efeito de verdade (sancionado pela concordância dos interlocutores). O sofisma produz um efeito de vitória (sancionado pelo fato de o interlocutor não poder mais falar sem se contradizer).

Partindo disso, podemos compreender:

α – que o sofisma seja um falso raciocínio (e não simplesmente um raciocínio falso).

Ele está, no sentido estrito, fora do raciocínio, não é de modo algum um raciocínio. A operação do raciocínio faz-se no nível daquilo que é significado (dos conceitos); a operação do sofisma produz-se no nível da materialidade dos símbolos; e o que se produz com isso no nível do significado é apenas a sombra de uma operação real (que se dá no nível da materialidade dos símbolos).

[37] Sem dúvida devemos tomar no sentido estrito a metáfora que está no início das *Refutações*: "assim como [...] aqueles que não são hábeis em manipular seus pedregulhos são enganados pelos que sabem fazer uso deles, o mesmo acontece com os argumentos". (165a 14-15)[37]

Aula de 6 de janeiro de 1971 45

Segunda consequência:

β – que o sofisma seja resolvido pela introdução da diferença.

De fato, é a diferença que, por um lado, permite construir o conceito, controlar e organizar a idealidade do sentido, separar as espécies e os gêneros, distinguir as substâncias e os acidentes, os sujeitos e os atributos; em resumo, construir todo um universo do sentido a partir do qual poderão ser formulados enunciados verdadeiros ou falsos. Mas é também a diferença que vai barrar, quebrando-os ou controlando-os, a identidade da coisa dita, os deslocamentos ou confusões dos elementos do discurso, a rapsódia indefinida de sua sucessão.

Ao longo dos capítulos em que enumera os meios de escapar dos sofismas, Aristóteles mostra o papel da diferença. É preciso distinguir, diz ele constantemente.

[38]   É pelo pensamento da diferença[38] que se pode neutralizar a materialidade do discurso (e todas essas identidades, confusões, repetições que em última instância têm origem na escassez); é pelo pensamento da diferença que se pode atravessar a materialidade do discurso, dissipar a sombra de raciocínio que atua na superfície desta, organizar um raciocínio a partir do conceito e de sua necessidade ideal e em troca tornar o discurso transparente para essa necessidade (e, por isso mesmo, indiferente à sua própria materialidade). O λόγος, em seu desenvolvimento, poderá estar em pé de igualdade com a necessidade conceptual.

A diferença, pela qual é eliminada a realidade material do discurso, é a condição da apofântica como campo da verdade ou do erro das proposições.

[39]   A terceira consequência é que partindo daí podemos ver em que e por que a sofística nunca pode alcançar o plano da apofântica. O sofisma nunca é realmente declarativo. Só pode haver apofântica com a condição de, primeiramente, ser neutralizada a materialidade do discurso e de, em seguida, esse discurso ser tratado de acordo com o eixo da referência àquilo de que ele fala. É falso dizer que aquilo que é não é e que aquilo que não é é; é verdadeiro dizer que aquilo que é é e que aquilo que não é não é (cf. *Metafísica*, B, 996b 26-30).

A sofística, por sua vez, se mantém sempre no nível de uma certa "hilética" do discurso. Desenvolve-se a partir de acontecimentos reais (o que foi dito efetivamente); joga com qualidades ou determinações materiais (identidade dos sons, separabilidade das palavras, permutações possíveis dos grupos de palavras); e o resultado não é uma proposição verdadeira que deva ser reconhecida por todos, é o silêncio de um dos dois participantes, que não pode mais continuar a falar e se vê excluído do jogo dessa materialidade. Não se trata de, dizendo o verdadeiro, levar dois sujeitos a pensarem a mesma coisa; trata-se de, transformando as coisas no nível em que foram ditas, excluir do discurso um dos sujeitos falantes.

[40]

A apofântica define-se pela continuidade da relação com o objeto; a sofística, pela exclusão do sujeito.

Na apofântica, portanto, a materialidade do discurso não será mais que uma sombra reduzida e indiferente. Na sofística, é o raciocínio que será uma sombra; mas não a sombra-resíduo, a sombra que deixamos atrás de nós; será a sombra cênica, o sósia e o mímico atrás do qual esconder-se. E quando Aristóteles diz que o sofisma é apenas uma aparência de raciocínio, agora podemos compreender o que quer dizer: o Sofista faz como se raciocinasse, sendo que só manipula palavras; posiciona-se no espaço cênico de um raciocínio que não é mais que uma comédia e um jogo de máscaras com relação à materialidade do discurso. E essa materialidade do discurso Aristóteles sabe bem que é apenas uma sombra, um resíduo com relação à necessidade ideal da apofântica. De modo que, atrás de seu teatro de sombras no qual finge raciocinar, o próprio Sofista, nos bastidores, nunca mantém mais que a sombra de um discurso.

[41]

Assim, partindo disso, podemos compreender a grande cisão que ocorreu na história da lógica:

– uma lógica do conceito e da diferença, que logo de saída neutraliza a materialidade do discurso. O limiar dessa lógica será o individual e o conceptual;

– uma lógica do discurso, que procura definir o ponto onde se dá a emergência do sentido e do imaterial a partir da materialidade da coisa dita.

O limiar dessa lógica estará entre a materialidade do discurso e a imaterialidade do sentido. É esse episódio da lógica que se desenrola de Mégara[39] (e da descoberta do Mentiroso por Eubúlides) até os estoicos (e a diferença entre φωνή e λεκτόν)[40].

[42]

Por fim, podemos ver bem como Aristóteles se insere na linha que foi traçada por Platão, mas também o deslocamento que ele opera. No fim das contas, *O Sofista* destinava-se realmente a analisar as relações entre a simulação, o não-ser e o Sofista. O ponto central do diálogo era a demonstração de que o não-ser podia chegar ao λόγος. *O Sofista* tinha como objetivo refutar este argumento sofístico segundo o qual

Aula de 6 de janeiro de 1971 47

– se uma coisa foi dita, essa coisa dita existe; e
– se essa coisa existe, ela é verdadeira;
– portanto, o não-ser e o erro nunca podem afetar o discurso.

A isso Platão faz o Estrangeiro responder que pode haver um discurso falso, ou seja, um discurso que diz que o que não existe existe (que Teeteto aqui presente está voando [no ar])[41] ou que o que existe não existe – o que é a própria definição do λόγος ἀποφαντικός[42]. E, se pode haver um discurso falso, pode haver alguém que faz o discurso falso passar por discurso verdadeiro.

[43] Foi preciso toda a grande teoria platônica do ser, do não-ser e da participação para chegar a tornar possível o Sofista. Mas, como podemos ver, o Sofista se tornou possível pela existência de um discurso falso. O discurso falso tornou-se possível porque se pode dizer sobre o não-ser – e apesar de Parmênides – que ele é. Ora, nessas condições, o sofisma não está mais excluído do que qualquer outro discurso falso: até mesmo um pouco menos, visto que é um discurso falso que pode fazer-se passar por verdadeiro.

A verdadeira exclusão do sofisma dá-se em Aristóteles:
– quando ele define o sofisma não como um raciocínio falso que tenha a aparência do verdadeiro, e sim como uma aparência de raciocínio, o qual portanto não é verdadeiro nem falso;
– quando liga essa aparência de raciocínio não a alguma arte do simulacro, mas a um jogo com a materialidade do discurso;
– em resumo, quando tem a ousadia de fazer da coisa dita, em sua materialidade, uma sombra irreal que ronda a realidade ideal do λόγος.

*

NOTAS

1. Sobre a distinção saber-conhecimento, cf. M. Foucault, *L'Archéologie du Savoir*, Paris, Gallimard, 1969, cap. VI.

2. Aubenque, depois de Dupréel, deu ao estudo do raciocínio sofístico – à refutação sofística – um lugar decisivo para a compreensão da lógica e da ontologia de Aristóteles. Foucault parece segui-lo na primeira parte de sua argumentação; cf. P. Aubenque, *Le Problème de l'Être chez Aristote, op. cit.*, cap. II: "Être et langage".

3. Aristóteles, *La Métaphysique*, Γ, 2, 10004b 27 ed. J. Tricot, citada [*supra*, p. 19, nota 6], t. I, p. 117.

4. *Ibid.*, A, 3, 984a 18-20, t. I, p. 16.

5. *Ibid.*, A, 3, 984b 7-11, t. I, p. 17.

6. *Ibid.*, α, 1, 993b 26-32, t. I, p. 61.

48   *Aulas sobre a vontade de saber*

7. *Ibid.*, A, 2, 983a 13: "o espanto de que as coisas sejam o que são" (t. I, pp. 10-1).

8. *Ibid.*, A, 2, 982b 19-22, t. I, p. 9.

9. *Ibid.*, A, 4, 985a 14-16, t. I, p. 20.

10 *Ibid.*, α, 1, 993b 3-5, t. I, p. 60.

11. Para Hípias (A, 10) ou Antifonte (A, 6), Nestor era uma representação da sabedoria e Ulisses, da astúcia. Tanto um como outro supostamente haviam redigido em Troia artes oratórias: cf. *Grammatici Graeci*, ed. R. Scheider, G. Uhlig, A. Hilgard, Leipzig, 1878-1910, reimpr. Hildesheim, Georg Olms, 1965.

12. θεῖος ἀνήρ, como o poeta que revela os desígnios de Zeus (*Os trabalhos e os dias*, vv. 293-294). Foucault está citando M. Detienne, *Crise agraire et attitude religieuse chez Hésiode*, Bruxelas-Berchem (col. "Latomus" 68), 1963, pp. 42-51; nota extraída de uma ficha de M. F.: Ἀλήθεια na poesia de Hesíodo. Essas análises são retomadas por M. Detienne em *Les Maîtres de vérité dans la Grèce archaïque, op. cit.*, p. 25. Ver também L. Bieler, *Theios Anêr. Das Bild des "göttlichen Menschen"* in *Spätantike und Frühchristentum*, Viena, O. Häfels, 1935-1936, 2 vols.; reimpr. Darmstadt, Wissenschaftliche Buchgesellschaft, 1956, 1976².

13. A expressão privativa ἀ-λήθεια como desconstrução da noção tradicional da verdade-*adaequatio* é constantemente visada neste curso para finalmente ser atribuída a uma genealogia regional. A oposição *"Alétheia/Léthe"* vem diretamente de M. Detienne, *Les Maîtres de vérité..., op. cit.*, p. 51 s. – obra muito anotada por M. Foucault. Essa oposição permite a Foucault um contornamento crítico de Heidegger.

14. Aristóteles, *La Métaphysique*, A, 7, 988b 13-14, t. I, p. 35.

15. *Ibid.*, A, 10, 993a 14-15, t. I, p. 58.

16. W. Jaeger (in *Aristoteles: Grundlegung einer Geschichte seiner Entwicklung*, Berlim, Weidmann, 1923): "Aristóteles foi o primeiro a estabelecer ao lado de sua própria filosofia uma concepção de sua posição pessoal na história." (citado in P. Aubenque, *Le Problème de l'Être chez Aristote, op. cit.*, p. 71)

17. W. [Kneale] & M. Kneale, *The Development of Logic*, Oxford, The Clarendon Press, 1962, p. 13: *De sophisticis elenchis*, geralmente considerado uma das primeiras obras de lógica de Aristóteles.

18. H.-I. Marrou, *Histoire de l'éducation dans l'Antiquité*, Paris, Seuil, 1948.

19. *Refutações sofísticas (De sophisticis elenchis)* foi a obra de lógica formal de Aristóteles mais influente entre os lógicos medievais. Cf. W. & M. Kneale, *The Development of Logic, op. cit.*, p. 227. Eugenio Garin explica, em *L'Éducation de l'homme moderne, 1400-1600*, Paris, Fayard, 1968, pp. 62-4: "Depois de 1150, Aristóteles, com o *Organon*, a física e a metafísica, tem um peso decisivo na universidade parisiense, a escola episcopal voa em pedaços. [...] A partir do século XIII florescem na Europa as Universidades."

20. Variantes, entre os sofismas, do "paradoxo do mentiroso". Cf. W. & M. Kneale, *The Development of Logic*, pp. 228-9.

21. Siger de Courtrai caracterizava a gramática pelo valor significativo dos termos, *"ex parte vocis"*, e a lógica *"per relationem ad res"*, por sua ligação essencial com o objeto. Consequentemente, o filósofo é mais importante que o gramático, pois considera a essência das coisas. Segundo Ch. Thurot, *Notices et extraits de divers manuscrits latins pour servir l'histoire des doctrines grammaticales au Moyen Âge* (1868), Frankfurt/Main, Ed. Minerva, 1967, p. 128.

22. As disputas eram exercícios de habilidade lógica integrados durante mais de trezentos anos nas práticas universitárias. Cf. W. & M. Kneale, *The Development of Logic*, p. 300; Buridan, *Sophismata*, Paris, impressão por Jean Lambert, [s. d.].

23. Retomado in C. S. Peirce, *Collected Papers*, Cambridge, Harvard University Press, 1931-1958, iii-8 vols.

24. Aristóteles, *Organon*, t. VI: *Réfutations sophistiques*, 176 b 30, ed. e trad. francesa J. Tricot [edição de referências], Paris, J. Vrin ("Bibliothèque des textes philosophiques), 1969 [1939], p. 86. Cf. também *ibid.*, 165b 11-23, p. 6.

25. *Ibid.*, 164a 23-25, p. 1.

26. *Ibid.*, 165a 21-22, p. 3.

27. *Ibid.*, 165a 22-24, pp. 3-4.

Aula de 6 de janeiro de 1971 49

28. Cf. *supra*, pp. 18, 20, nota 24, e p. 34. Referência a Platão, *Eutidemo*, 275d-277e (duelo oratório entre dois sofistas e Clínias).

29. Aristóteles, *Réfutations sophistiques*, 165a 4-13, pp. 2-3.

30. Aristóteles, *Organon*, t. III: *Premiers Analytiques*, I, 24 b 18, ed. e trad. francesa J. Tricot, Paris, J. Vrin, 1936, pp. 4-5. Trad. Tricot: "um discurso..."; segundo esse tradutor, "*ratiocinatio*" é o termo empregado por Cícero (*De inventione*, I, 57).

31. Cf. *ibid.*, I, 25b 40-26a 1-2, ed. citada, pp. 13-4.

32. Lalande (*Vocabulaire philosophique*, I, p. 42) destaca que o grego e o latim fornecem numerosos exemplos de anfibolia ou anfibologia, em que a ordem das palavras não indica com certeza qual delas é sujeito e qual é complemento.

33. "Quanto a mim, considero que as coisas não são mudadas somente pela adjunção de uma outra coisa, mas também pela diferença de acentuação." (Hípias, citado por E. Dupréel, *Les Sophistes*, Neuchâtel, Ed. du Griffon, 1ª ed., 1948, p. 141)

34. Aristóteles, *Réfutations sophistiques*, 165a 5: "[...] a mais natural e a mais comum" (p. 2).

35. A cor, aqui, não especifica o homem, é acidente e não essência. Isso remete ao debate entre os platônicos e os peripatéticos; cf. Aristóteles, *Metafísica*, I, 9, 1058b 10-12.

36. Cf. Cl. Ramnoux, *Héraclite, ou l'Homme entre les choses et les mots*, Paris, Aubier-Montaigne, 1959; principalmente as fórmulas rituais, as narrativas sagradas por oposição às coisas mostradas. Foucault designava assim – "as coisas ditas" – o objeto de *A arqueologia do saber* em sua primeira versão depositada nos manuscritos da Bibliothèque Nationale.

37. Aristóteles, *Réfutations sophistiques*, p. 3. Alusão ao uso de pedregulhos para calcular.

38. Em *Différence et Répétition*, *op. cit.*, Deleuze havia analisado a diferença na *Metafísica* de Aristóteles (principalmente pp. 45-50) e mais geralmente na filosofia. Cf. M. Foucault, "Theatrum philosophicum" (1970), *DE*, nº 80, art. citado.

39. Fundada por Euclides, discípulo de Sócrates, a escola de Mégara é considerada um dos primeiros centros de pesquisas lógicas a partir da linguagem cotidiana. Os megaritas foram os primeiros qualificados como erísticos. Acredita-se que foi Eubúlides, sucessor de Euclides, que formulou o "paradoxo do Mentiroso" como uma das divisões entre o verdadeiro e o falso.

40. Além de uma teoria da voz distinta da palavra articulada, os estoicos distinguiam entre o significado (*lekton*) – incorporal –, o significante (*phoné*), a expressão linguística e o objeto expresso – corporais. Cf. Sexto Empírico, *Adversus mathematicos*, VIII, 11-12, citado in W. & M. Kneale, *The Development of Logic, passim*. Cf. também Diógenes Laércio, *Vie, doctrines et sentences des philosophes illustres,* VII, 55-63, in E. Bréhier, *Les Stoïciens*, Paris, Gallimard ("Bibliothèque de la Pléiade"), 1962, pp. 34-7.

41. Platão, *Le Sophiste*, 263a ("Teeteto, com quem converso neste momento, está voando no ar"), in *Œuvres complètes*, ed. e trad. francesa L. Robin, Paris, Gallimard ("Bibliothèque de la Pléiade"), t. II, 1970, p. 329, e 240e-241a, p. 294: "[...] uma linguagem será considerada falsa tanto quando sobre o que é se disser que não é como sobre o que não é se disser que é."

42. Λόγος ἀποφαντικός ou proposição declarativa, in Aristóteles, *De interpretatione*, 4-17 a 2 s.: " Nem todo discurso é uma proposição (ἀπόφανσις), mas somente o discurso no qual reside o verdadeiro ou o falso." Cf. *La Métaphysique*, Γ, 7, 1011b 26-28: "Parece realmente [...] que o pensamento de Heráclito, dizendo que tudo é e não é, faz com que tudo seja verdadeiro, e que o de Anaxágoras, dizendo que há um intermediário entre as contraditórias, faz com que tudo seja falso." (t. I, p. 154), e Θ, 10, 1051b 3 (t. II, pp. 54-5)

AULA DE 13 DE JANEIRO DE 1971

O sofisma e o discurso verdadeiro*. – Como fazer a história do discurso apofântico. – Manipulação lógica contra manipulação sofística. – Materialidade do enunciado, materialidade da proposição. Roussel, Brisset, Wolfson, sofistas de hoje. – Platão exclui o personagem do Sofista, Aristóteles exclui a técnica do sofisma. – O sofisma e a relação do discurso com o sujeito falante.

[51]   Na última vez, vimos como Aristóteles tirava de jogo o sofisma com relação à filosofia; como ele constituía um discurso filosófico que estava, de pleno direito, no elemento da verdade e como, com relação a esse discurso, a prática sofística não era mais que exterioridade e irrealidade. Sombra.

[2]   Ora, entre os historiadores que tratam dos Sofistas** há uma certa tendência a querer revogar essa medida de banimento; a reduzir a distância e dar novamente realidade ao discurso sofístico no interior do discurso filosófico (Grote, Gomperz no século XIX; Dupréel)[1]. Como se fosse somente desse discurso filosófico que os Sofistas pudessem receber sua seriedade e sua realidade; o que afinal e implicitamente equivale a concordar com a exclusão aristotélica – sob a seguinte forma: "Os Sofistas não são culpados daquilo de que os acusam; se fossem culpados, se tivessem dito e feito o que lhes criticam, é claro que os deixaríamos na pura aparência em que foram mantidos; mas, de certa maneira, também eles são filósofos, também eles, de algum modo, têm a ver com o discurso verdadeiro, com o discurso que diz o ser, com o discurso que está no ser; portanto, não são em absoluto sombras que vagam, sem vida nem corpo, além dos limites da filosofia. Têm nela sua posição, seu lugar e, portanto, sua realidade."

[3]   Eu gostaria de tentar uma outra análise, não me esforçar por reduzir a distância entre a sofística e a filosofia, não reintroduzir os

---

* Título da aula manuscrita.
** "Sofistas" e não "sofistas": respeito à grafia original.

Sofistas pela porta dos fundos da história revalorizante, e sim deixar valer a distância tal como foi percebida, a exclusão tal como foi decidida por Aristóteles, seus contemporâneos e seus sucessores.

E, em vez de estabelecer uma espécie de espaço comum em que as noções e os problemas dos Sofistas viriam juntar-se aos dos filósofos, tentar passar para o exterior; analisar o que pode ter sido, em seu modo de existência e de funcionamento, o discurso dos Sofistas no meio de uma sociedade como a sociedade grega. Em quais condições um tipo de discurso como esse pôde existir e desaparecer? Questão que nos fará passar para um tipo muito diferente de análise – não mais análises de história da filosofia, métodos que até agora [4] serviram para identificar os procedimentos de exclusão e o vazio deixado por eles.

Por hoje eu gostaria de ainda me manter no nível dessa exclusão. Medir bem, do ponto de vista da filosofia, a oposição que vale para ela entre o raciocínio verdadeiro ou falso e a falsa argumentação. Mostrar como, sempre permanecendo no interior da filosofia, pode-se reconhecer, pelo menos às cegas, um certo exterior do qual o Sofista é para ela o símbolo, do qual constitui o andarilho mais ameaçador, mais obstinado e mais zombeteiro.

Como Aristóteles procede a essa exclusão?

Definindo a sofística como uma φαινομένη φιλοσοφία ἀλλ' οὐκ οὖσα. Uma filosofia que não tem ser. Ora, como pode ela não existir e apesar disso aparecer?

[5] É porque existem justamente raciocínios que são aparências de raciocínio e não o são. O não-ser dessa não-filosofia tem sua razão de ser no não-ser do raciocínio aparente.

As *Refutações sofísticas* nos conduzem ao longo das variedades totalmente heterogêneas de raciocínios, argumentações, dificuldades, armadilhas. Por exemplo: são [os] que sabem que aprendem, visto que os gramáticos apreendem* o que seus discípulos lhes recitam.

> "Desejas para mim a captura do inimigo. Ou seja, desejas que o inimigo seja capturado por mim, mas desejas igualmente que o inimigo efetue a captura."
> Ou ainda: "O que pertence aos atenienses é propriedade dos atenienses? – Sim. – [...] Mas o homem pertence ao reino animal? – Sim. – Portanto, o homem é propriedade do reino animal."
> [17, 176b]

---

* O jogo de palavras é com o verbo francês "apprendre", que tanto significa "aprender" como "inteirar-se de", "ficar sabendo". (N. da T.)

Aula de 13 de janeiro de 1971

Ou ainda: Coriscos[2] é diferente de Sócrates; ora, Sócrates é um homem; portanto, Coriscos é diferente de um homem.

Ou ainda: Aquilo que não temos mais, perdemos; se, de dez ossinhos, deres um, não tens mais dez ossinhos; portanto, perdeste dez ossinhos [cf. 22, 178b].

Ou então ainda: fazer uma pergunta sem mostrar por que está sendo feita nem com que propósito. Fazer um grande número de perguntas para que o adversário não saiba mais a quantas anda; ou ainda falar muito depressa.

Ou então: utilizar certos fatos gramaticais, como o neutro (isto) para designar um homem.

[6] Ou ainda: conduzir a discussão até um ponto em que se poderá utilizar uma argumentação pré-fabricada e preparada de antemão.

Ou ainda: quando o interlocutor defender uma tese que é própria dos filósofos, dos eruditos, de alguns apenas, opor-lhe a tese popular, o que dizem os πολλοί; e vice-versa.

Esse conjunto de artimanhas, bastante pueris, Aristóteles distribui, pelo menos em primeira instância, de acordo não com a forma, mas com o resultado. É que, efetivamente – visto que são falsos raciocínios, raciocínios cuja única realidade é sua aparência –, seu único princípio é o efeito que procuram produzir. A aparência que assumem.

Daí a classificação com cinco termos que Aristóteles propõe:

– sofismas que simulam refutar, ou seja, provar a proposição contraditória daquela apresentada pelo interlocutor (refutação);

– sofismas que simulam revelar o erro do adversário (demonstrar, por exemplo, que uma de suas premissas é falsa) (erro);

– sofismas que simulam mostrar que o adversário defende uma tese singular que ninguém defende racionalmente (paradoxo);

[7] – sofismas que fazem crer que o interlocutor não sabe gramática e comete solecismos;

– por fim, os que fazem crer que o adversário fala mas não diz nada, que amontoa palavras umas sobre as outras até o infinito.

Em cada um desses itens gerais, Aristóteles indica quais são os sofismas utilizados com mais frequência para se obter um determinado resultado (por exemplo, a homonímia principalmente para a falsa refutação; o uso de discursos pré-fabricados para o paradoxo; as estranhezas da gramática para o solecismo).

Mas, se agora nos perguntarmos o que podem ter em comum todos esses procedimentos que colocam em forma de raciocínio jogos

54   *Aulas sobre a vontade de saber*

de palavras ou que emaranham discussões com procedimentos que nós – hoje – chamaríamos de "má-fé", é bastante fácil ver que se trata de uma certa manipulação material dos elementos do discurso.

* * *

[8]   Tentou-se apontar e classificar essas manipulações independentemente da classificação proposta por Aristóteles:

– repetir ou fazer repetir a mesma palavra em sua identidade material, mesmo quando não tem o mesmo sentido (se for preciso, tirar proveito dos equívocos da grafia, que até o século III não indicava a acentuação);

– dissociar, recompor, alongar definitivamente a série linear das palavras que constituem o discurso;

– introduzir e pôr em jogo séries já constituídas e que basta repetir termo por termo;

– [utilizar*] determinadas particularidades gramaticais.

[9]   Qual é exatamente a diferença entre essas manipulações consideradas ilegítimas por Aristóteles e pela filosofia e as que são utilizadas pelo verdadeiro raciocínio?

A – Primeiro conjunto de diferenças quanto à manipulação propriamente dita e suas regras:

– no fim das contas, qualquer raciocínio legítimo (do ponto de vista de Aristóteles) comporta manipulações que não estão tão distantes das encontradas na prática dos Sofistas: todo A é B, ora, todo B é C, portanto todo A é C.

Divide-se em dois os dois primeiros enunciados e substitui-se o final do primeiro pelo final do segundo. Mas uma manipulação supõe sempre duas coisas:

– primeiramente, uma definição das unidades constituintes do discurso e da composição delas. Sujeito, predicado, proposição;

– em segundo lugar, regras de substituição dos sujeitos uns pelos outros, dos predicados, das proposições. Portanto, categorias, equivalências, subordinações.

Em resumo, toda uma gramática, no sentido amplo: teoria dos elementos, de sua combinação, de sua substituição.

[10]   O sofisma, por sua vez, apoia-se não na estrutura elementar da proposição, e sim na existência de um enunciado[3]; no fato de que

---

* Manuscrito: utilização de.

Aula de 13 de janeiro de 1971 55

palavras foram pronunciadas e permanecem ali, no centro da discussão, como tendo sido produzidas e podendo ser repetidas, recombinadas de acordo com a vontade dos participantes; o que é dito está dito: não como uma forma ideal, regular e que pode receber certos tipos de conteúdo, mas um pouco como aqueles troféus que depois da batalha os guerreiros colocam no meio deles e de que vão se apropriar, não sem disputa e contestação εἰς μέσον[4].

O ponto de partida de o sofisma ser posto εἰς μέσον, no meio, seu caráter de comunidade com relação aos participantes dever-se não à sua forma geral e sim à sua posição nesse lugar, nesse momento, nesse meio, o que isso quer dizer?

a – Que ele foi produzido como um acontecimento, ou seja, que se produziu uma vez e de uma vez por todas; que permanece como tendo se produzido.

Ora, se as diferentes partes desse acontecimento não são de modo algum equivalentes do ponto de vista da forma da proposição, são homogêneas [pelo ângulo] do acontecimento.

[11] No enunciado "5 é 2 + 3", 5, 2, 3 são acontecimentos que se produziram da mesma maneira. E, consequentemente, não cabe manter 2 + 3 como indissociável[5].

O acontecimento é divisível em tantas partes quantas se quiser, e que são homogêneas umas às outras. Não pode haver teoria dos tipos de atribuição, regras de substituição dos elementos entre si. As únicas diferenças que contam são as diferenças entre:

– o interior e o exterior com relação ao jogo;

– a memória ou o esquecimento.

O pertencimento a uma certa atualidade, definida pelas falas conservadas e pela memória: não diferenças formais imutáveis, e sim as fronteiras flutuantes do campo de atualidade.

b – Mas o enunciado ter sido colocado εἰς μέσον quer dizer outra coisa. Para que haja argumentação sofística não basta levar em consideração o fato de uma coisa ter sido dita; é preciso levar em consideração o fato de ter sido dita por alguém. Mas isso também precisa ser examinado mais de perto.

A atribuição de um enunciado a um sujeito falante não remete ao sentido que ele quis dar-lhe, à sua intenção significante ou a seu pensamento. Se empregar o verbo μανθανεῖν, não importa se quis

[12] dizer "aprender"[6]. Essa intenção não fixa o uso da palavra na discussão, porém, mais radicalmente ainda: a partida sofística que é jogada não permite ao sujeito falante referir-se a regras (gramaticais

56   *Aulas sobre a vontade de saber*

ou lógicas) sobre o uso das palavras e que todos os adversários tenham aceitado. Não há recurso a um "nível de arbitragem metalinguístico". Cada sujeito está ligado, por uma relação imediata de pertencimento ou de imputação, ao que é dito: seja porque ele próprio o disse, seja porque respondeu sim.

Há aderência do sujeito falante ao enunciado, e nunca adesão a regras ou pretensão de sentido. E, se o sujeito puder manter até o fim sua afirmação, ela é seu saldo credor; pode apropriar-se dela; venceu. Se não conseguir mantê-la, então a perde, e perdeu. Pouco importa que tenha dito algo verdadeiro ou falso. Não resistiu. É obrigado a romper com sua própria frase, desistir da apropriação ou da imputação, e está excluído.

[13]   Sofisma não se demonstra: ganha-se ou perde-se.

Enquanto a manipulação lógica e legítima segundo Aristóteles supõe um sistema de regras anônimas, imutáveis, comuns, em cujo interior os indivíduos vêm colocar-se para produzirem seus enunciados e estabelecerem uma proposição reconhecida como nova e verdadeira, o sofisma é jogado no nível em que um acontecimento discursivo tomado num campo de memória determinado é imputável a um indivíduo, quaisquer que sejam as pretensões de sentido ou as regras formais que tenham presidido sua formulação.

Sob a aparente anarquia, má-fé e puerilidade do sofisma, é a posição recíproca do sujeito falante e do discurso que está em jogo (acontecimento produzido, memória, imputação, sustentação ou desistência).

O triplo caráter ordenado, honesto e adulto do verdadeiro raciocínio implica uma relação definida, apesar de muito geral, entre as regras, o sujeito, o enunciado produzido e a intenção significativa. Essa relação neutraliza o caráter de acontecimento do enunciado.

[14]   Ao contrário, uma relação do sujeito com o enunciado que se organiza em torno do acontecimento, de sua permanência e de sua repetição, de sua identidade mantida (sem regra de diferenciação interna), de sua imputabilidade (em função de uma forma que beira tanto a propriedade como o delito), toda essa relação que caracteriza o sofisma, tal relação a filosofia (e a ciência), o discurso filosófico ou científico exclui como formalmente desordenada, moralmente desonesta, psicologicamente pueril*. A lógica, a moral, a psicologia

---

* A tradução literal aqui seria: "[...] toda essa relação que caracteriza o sofisma, a filosofia (e a ciência), tal relação, o discurso filosófico ou científico a exclui [...]." Por parecer colo-

Aula de 13 de janeiro de 1971

zelam pela exclusão das infantilidades fraudulentas e anárquicas do sofisma.

O sofisma é, no sentido estrito, uma perversidade: nele os sujeitos falantes têm com o corpo, com a materialidade de seus discursos uma relação indevida, uma relação que a ordem da moral adulta reprova. Os verdadeiros sofistas hoje talvez não sejam os lógicos, e sim Roussel, Brisset, Wolfson[7].

[15]   B – Segundo conjunto de diferenças referentes ao efeito de verdade dessas manipulações. Desta vez vou começar considerando o sofisma e depois passarei, em seguida, para o raciocínio legítimo.

1/ A respeito do sofisma. Com muita frequência estão em questão a verdade e a contradição:
– quando uma proposição é afirmada ou admitida pelo interlocutor, ela está realmente afirmada como verdadeira; e
– quando o locutor que formulou um enunciado propõe em seguida um totalmente diferente, dizem-lhe: Alto lá, você está se contradizendo.
Ex. sobre a verdade: O que não perdeste continuas a ter; ora, não perdeste chifres, portanto tens chifres.
Ex. sobre a contradição: a *Eletra*[8].

[16]   a – Mas, quando olhamos mais de perto, percebemos que a afirmação feita ou admitida não diz respeito fundamentalmente à verdade da proposição, e sim à vontade do sujeito falante de sustentar o que disse. A afirmação é mais da ordem do juramento que da ordem da constatação. A declaração não enuncia um fato, não coloca uma relação entre o enunciado e uma realidade exterior a esse enunciado, a qual seria capaz de verificá-lo. Ela liga o locutor ao que este diz. É uma afirmação de fidelidade, mais que de realidade. Considerar verdadeiro, no sofisma, é comprometer-se a sustentar. Daí o fato importante de o sofisma trazer consigo uma ontologia bizarra, parcial, limitativa, descontínua e claudicante.

Efetivamente, a única coisa que o Sofista manipula, o único ser ao qual se dirige é o da coisa dita: é o do enunciado em sua realidade material. Materialidade paradoxal, visto que implica ou os sons ou

---

car também "a filosofia (e a ciência)" como objetos diretos de "caracteriza", ela poderia gerar uma interpretação equivocada que sem dúvida as pausas e inflexões da linguagem oral afastaram. (N. da T.)

58 *Aulas sobre a vontade de saber*

as letras e, por conseguinte, uma escassez como a das coisas; seu desenrolar linear e serial e [mesmo assim] sua manutenção.

[17] Ora, se as palavras têm sua realidade material específica, no meio de todas as outras coisas, está claro que elas não podem comunicar-se com essas outras coisas: não podem significá-las, ou refleti-las, ou expressá-las; não há semelhança entre as palavras e as coisas de que supostamente falam. No máximo podem ser impelidas, provocadas por essas coisas.

Mas, visto que elas não significam as coisas, então não se pode ter acesso às coisas a partir do discurso. O discurso é separado daquilo de que fala pelo simples fato de ele próprio ser uma coisa, como aquilo de que fala. A identidade do estatuto de coisa implica a ruptura da relação significante.

Mas, se não se pode ter acesso às coisas a partir do discurso, as palavras falam de quê, remetem a quê? A nada – quando se acredita falar dos seres, não se está falando de nada.

Mas, assim que se diz que o ser não é, que se empregam palavras, o que se diz, o fato de dizê-lo, tudo isso existe. Pelo fato de falar, faz-se com que o ser seja. E, do mesmo modo, faz-se com que o não-ser seja, visto que se enuncia "não-ser". Mas também se faz com que o não-ser não seja, visto que as palavras empregadas não

[18] [remetem] a nada e "não-ser" em particular não remete a nada, não mais que esse ser que lhe é concedido ou que lhe é recusado.

Vemos assim reagrupar-se em torno da prática sofística toda aquela ontologia pré-socrática que os eleáticos haviam elaborado[9] e que estará justamente em questão em *O Sofista*, quando Platão quiser dominar o Sofista. Para fazer isso, ele precisará dominar essa ontologia. Mas esses paradoxos que encontramos nos Sofistas não são jogos em torno da atribuição: não atestam relações difíceis entre a posição de existência e o enunciado de atribuição. Fundamentam, com exclusão de qualquer outra, a relação do acontecimento enunciado com aquele que o diz. Não é – com suas dificuldades próprias – a ontologia necessária para a verdade das proposições; é a ontologia perpetuamente desfeita e recomeçada que permite estabelecer a imputação de um enunciado a um sujeito.

O efeito aparente de verdade que vem atuar no sofisma é na realidade uma ligação quase jurídica entre um acontecimento discursivo e um sujeito falante. Daí o fato de encontrarmos entre os Sofistas as duas teses: Tudo é verdadeiro (assim que dizes alguma coisa, isso é ser). Nada é verdadeiro (por mais que empregues palavras, elas nunca dizem o ser).

Aula de 13 de janeiro de 1971

[19]   b – Poderíamos dizer a mesma coisa a propósito da contradição. Aparentemente, o sofisma utiliza a contradição para invalidar um enunciado. Mas, olhando mais de perto, trata-se de algo totalmente diferente. Não se contradizer no jogo sofístico é dizer a *mesma* coisa. A mesma coisa identicamente, substancialmente. Contradizer-se é simplesmente dizer outra coisa, não dizer a mesma coisa. Sabemos que numa filosofia do significado e da diferença pode-se perfeitamente dizer uma coisa e depois uma outra sem se contradizer; em contrapartida, na sofística, em que o único ser é aquilo que foi dito, só há duas possibilidades: ou dizer a mesma coisa ou então não dizer a mesma coisa (sustentar ou não sustentar, o que é bem contraditório).

E compreende-se por que a sofística, que conhecia como ontologia apenas os jogos do ser e do não-ser, conhecia como lógica apenas a oposição entre o mesmo e o outro. É por isso que ela utiliza todos esses paradoxos do pensamento pré-socrático, mas deslocando-os unicamente no nível do discurso.

[20]   Por mais que o sofisma ponha em jogo oposições familiares ser/não-ser, contraditório/não contraditório, verdadeiro/falso, é preciso notar bem a maneira como esse jogo é feito:

– verdadeiro/falso funciona como equivalente de: admitido/não admitido

– ser/não-ser funciona como equivalente de: dito/não dito,

– não contraditório/contraditório como não rejeitado/rejeitado.

Como podemos ver, todas são oposições que atuam no nível da existência do discurso como acontecimentos num jogo. E num jogo que culmina na oposição fundamental vencedor/vencido. É vencedor aquele que se mantém no lado esquerdo da oposição: que repete identicamente o que foi dito (efetivamente) e admitido por ele como podendo ser-lhe imputado em seguida.

O sofisma: manipulação perversa que tende a estabelecer uma relação de dominação.

Anagrama polêmico

Um tão cruel discurso

Os jogos entre o desejo e o poder.

[21]   2/ Discurso apofântico.

Relaciona-se com o ser – não no nível em que ele é, em que é acontecimento, em que se produz, mas no nível do *aquilo* que ele diz; é um discurso apofântico porque diz o ser ou o não-ser.

Em segundo lugar, é apofântico porque não é excluído da verdade (por sua não-semelhança com as coisas) ou incluído nela (visto

60 *Aulas sobre a vontade de saber*

que é uma coisa); é apofântico porque: dizendo que alguma coisa é, sucede ou [bem] que a coisa é (e então ele é verdadeiro) ou [bem] que ela não é (e então é falso); ou ainda porque: dizendo que uma coisa não é, ou bem ela é (e então é falso) ou bem não é (e então é verdadeiro).

O discurso é apofântico na medida em que a realidade e o ser não vêm ao mesmo tempo juntar-se e polemizar entre si no nível do acontecimento produzido, e sim na medida em que o ser e o não-ser são o que se diz no enunciado, e em que a verdade (e o erro) se define pela relação entre esse ser que se diz e o próprio ser.

O discurso apofântico deve manter entre parênteses a materialidade e o acontecimento do enunciado.

[22]   Visto que é essa sua relação com o ser, compreende-se por que a proposição verdadeira exclui a contradição. De fato, suponhamos que alguma coisa seja. A proposição só será verdadeira se disser que essa coisa é; não será verdadeira se disser que essa coisa não é; portanto, não pode ser verdadeira se afirmar simultaneamente que essa coisa é e não é.

Mas, como podemos ver, essa proibição de contradizer não concerne mais à identidade ou alteridade material do enunciado. Ela diz respeito ao próprio ato de afirmar ou negar; não se pode afirmar e negar a mesma coisa simultaneamente e sob o mesmo aspecto.

[23]   Nessas condições, é preciso manter sempre em mente que o λόγος ἀποφαντικός de que fala Aristóteles se estabelece em um duplo sistema de oposições:

– Ele se opõe explicitamente [*De interpretatione*, 4, 17a 2] à prece, à ordem, ao comando – em resumo, a todas essas formulações que não podem ser reduzidas a proposições verdadeiras ou falsas. O λόγος ἀποφαντικός, portanto, é um tipo de enunciação que se opõe a outras enunciações. O λόγος ἀποφαντικός, então, é um enunciado declarativo[10].

– Opõe-se implicitamente, ou em todo caso num outro nível, a enunciados que também têm a forma declarativa, mas que entram em jogo e funcionam no nível de sua realidade de acontecimento; enquanto coisas produzidas; enquanto coisas produzidas historicamente (*hic et nunc*) e por sujeitos determinados.

[24]   Nesse nível, a apofântica deixa de ser uma categoria de enunciados. É uma operação, é um gesto incessantemente renovado pelo qual a relação de um enunciado com a realidade, com o ser, com a verdade, é desfeita no nível do acontecimento enunciativo e transfe-

Aula de 13 de janeiro de 1971   61

rida para o que é dito no enunciado e para a relação entre o que é dito e as próprias coisas.

A apofântica é o que estabelece entre o enunciado e o ser uma relação unicamente no nível (sempre ideal) de sua significação. E é por essa relação que tem seu lugar na significação que o enunciado pode ser verdadeiro ou falso.

A apofântica aparece então como uma operação de deslocamento do ser para a idealidade da significação. E opõe-se não mais a outros tipos de enunciados (não declarativos), e sim a uma operação inversa, que consiste em manter a relação do enunciado com o ser unicamente no nível do acontecimento enunciativo. Vamos chamar essa operação inversa da apofântica de operação sofística, de erística[11].

[25] Comparada com o discurso apofântico, a manipulação sofística dos enunciados aparecerá sempre como um raciocínio impertinente, uma sombra, uma aparência de raciocínio. E, em comparação com a materialidade sofística, a apofântica aparecerá, portanto, como um recurso à idealidade. Um pelo outro, eles serão sempre da ordem da sombra.

Sem dúvida chegamos ao centro da grande oposição. Se a grande oposição a partir da qual a lógica se determina é realmente a oposição declarativo/não declarativo (a lógica, pelo menos em sua forma clássica, só se ocupa do declarativo), para a filosofia e para a ciência – e podemos dizer com certeza que para todo o saber ocidental – a oposição é entre a apofântica e a crítica sofística. Essa oposição, sem nenhuma dúvida, não é entre categorias de enunciados, e sim [entre] níveis.

[26] Afinal, não devemos esquecer que, se em Aristóteles a exclusão dos sofismas já está feita – se, pelo menos nele, os sofismas já estão suficientemente dominados para serem abordados só no final dos *Tópicos*, em apêndice, em forma de catálogos de monstruosidades, em forma também de receitas e de remédios –, em contrapartida, em Platão sabemos que o perigo do sofisma e dos Sofistas ainda está longe de ser afastado. O que está em causa não é mencionar, ainda como Aristóteles, essa sombra irreal do discurso filosófico; o que está em causa é fundamentar o discurso filosófico no seio [da] e contra a sofística[12]. Ora, quando e como o sofisma é dominado em Platão? O sofisma talvez nunca, pois sem dúvida foram necessárias a teoria aristotélica da proposição e a das categorias; mas o Sofista, ele sim Platão considera que subjugou. E em qual momento?

62   *Aulas sobre a vontade de saber*

[27]   É em *O Sofista* que se opera a vitória – ou essa dominação sobre o personagem do Sofista. E essa vitória tem um duplo ponto de apoio: na afirmação de que chegamos à verdade numa discussão que elaboramos com nós mesmos em nossa própria mente[13]; quanto ao outro ponto de apoio, que está ligado a esse, é a afirmação de que dizer algo falso é dizer que o que é não é: "[...] enunciar, acerca de ti [...], coisas diferentes como sendo as mesmas e coisas que não são como sendo, tal composição feita de verbos unidos a nomes é o que realmente, verdadeiramente, constitui um discurso falso." (*Sofista*, 263d)[14]

É a partir dessas duas proposições que Platão poderá definir o Sofista como o homem da aparência e do simulacro.

[28]   São essas duas mesmas proposições fundamentais que voltamos a encontrar em Aristóteles.

Na *Metafísica*, Γ[15], quando ele define o enunciado verdadeiro pelo fato de dizer que o que é é e o que não é não é, e nos *Segundos analíticos* (I, X, 76b), quando diz que o silogismo e a demonstração não têm a ver com o discurso exterior, e sim com aquele que acontece na alma: "ὁ εἴσω λόγος, ὁ ἐν τῇ ψυχῇ." E Alexandre de Afrodísias iria comentar: "οὐκ ἐν ταῖς λέξεσιν ὁ συλλογισμός οὗ τὸ εἶναι ἔχει, ἀλλ᾽ ἐν τοῖς σημαινομένοις."[16] A exclusão da materialidade do discurso, a emergência de uma apofântica dando as condições em que uma proposição pode ser verdadeira ou falsa, a soberania da relação significante-significado e o privilégio concedido ao pensamento como lugar de aparecimento da verdade, esses quatro fenômenos estão interligados e deram fundamento à ciência e à filosofia ocidentais em seu desenvolvimento histórico.

[29]   *Conclusão*

Se insisti nessa morfologia do sofisma tal como podemos percebê-la do ponto de vista que ainda nos comanda e que é o de Aristóteles, foi porque ela permite definir melhor o problema histórico que está por resolver:

α – Como a relação do discurso com o sujeito falante pôde – pelo menos numa prática discursiva determinada – deslocar-se de modo a dar origem ao discurso filosófico-científico?

β – Como as relações de dominação que atuavam nas discussões sofísticas puderam ser excluídas ou eliminadas ou postas entre parênteses – ou talvez esquecidas e reprimidas – para dar lugar a um discurso apofântico que pretende ordenar-se pelo ser no modo da verdade?

Aula de 13 de janeiro de 1971   63

Dessa dupla transformação é preciso fazer a história. É muito provável que os Sofistas sejam apenas seu último episódio.

*

NOTAS

1. G. Grote, *Aristotle*, Londres, J. Murray, 1872. Grote reabilitou os sofistas antes de Nietzsche, que, segundo Andler, adotou suas conclusões (*La Volonté de puissance*, § 427, § 437; cf. Ch. Andler, *La Dernière Philosophie de Nietzsche, op. cit.*, p. 213). Cf. Th. Gomperz, *Les Penseurs de la Grèce. Histoire de la philosophie antique*, trad. francesa A. Reymond, Paris, F. Alcan/ Lausanne, Payot, 1908-1910, 3 vols. (ed. original: *Griechische Denker: eine Geschichte der antiken Philosophie*, Leipzig, Veit & Co., 1896-1909; reed. dos caps. V-VII, t. III, por O. D'jeranian, com o título *Les Sophistes*, Paris, Ed. Manucius, col. "Le Philosophe", 2008); cf. Id., *Sophistik und Rhetorik. Das Bildungsideal des* εὖ λέγειν *in seinem Verhältnis zur Philsophie des fünften Jahrhunderts*, Leipzig-Berlim, B. Teubner, 1912; E. Dupréel, *Les Sophistes, op. cit.*

2. Coriscus/Coriscos: personagem frequentemente mencionado por Aristóteles; dirigia o círculo platônico de Cépsis, na Tróade. Seu filho Neleu teria recebido os manuscritos de Aristóteles. Cf. L. Robin, *Aristote, op. cit.*, p. 11.

3. Cf. M. Foucault, *L'Archéologie du savoir, op. cit.*, cap. III, pp. 140-8, para uma longa elucidação do enunciado com relação à proposição, à frase, ao signo etc.

4. Aquilo que diz respeito ao grupo é depositado no meio, um espaço político, que distingue a fala pública da fala privada, proferida fora do meio. Cf. M. Detienne, *Les Maîtres de vérité dans la Grèce archaïque, op. cit.*, p. 98.

5. Este sofisma (*Refutações sofísticas*, 166a 30-35), que apresenta 5 como sendo ao mesmo tempo par e ímpar, não corresponde ao comentário de Foucault sobre Aristóteles.

6. Este verbo significa tanto "aprender" como "compreender". Duplo sentido, objeto de um famoso duelo verbal (Platão, *Eutidemo*, 275 a-277d).

7. Estes três autores, bem como Zênon, já são comparados por Foucault em "Sept propos sur le septième ange" (1970), *DE*, nº 73, ed. 1994, t. II, pp. 13-25/ "Quarto", vol. I, pp. 881-93. Em 1970, Foucault publicou *La Grammaire logique* de Brisset (Paris, Tchou) e Deleuze prefaciou *Le Schizo et les Langues* (Paris, Gallimard) de Louis Wolfson. São diferentes tratamentos do discurso como coisa e não como significante; em *Raymond Roussel* (Paris, Gallimard, 1963), Foucault prefigura esse tipo de análise. Deleuze menciona os mesmos autores e seu regime dos signos em *Logique du sens* (Paris, Minuit, 1982 [1969], col. "Critique"), em que está em causa "derrubar o platonismo".

8. Referência em suspenso, provavelmente acompanhada de uma leitura por Foucault. É provável que se tratasse da *Eletra* de Eurípides, a mais sofisticada e panfletária das três (Ésquilo, Sófocles, Eurípides): "se Apolo é insensato, quem então é Sábio?" (*Eletra*, v. 972). Se Apolo pode ordenar um parricídio, isso equivale ao sofisma: não se pode ser justo sem ser injusto.

9. Que une duas teses, das quais a segunda é refutada por Platão e por Aristóteles:
1/ O ser é, o não-ser não é;
2/ Tudo é uno.

10. Cf. W. [Kneale] & M. Kneale, "Aristotle's Theory of Meaning and Truth", in *The Development of Logic, op. cit.*, pp. 45-54.

11. De ἔρις, disputa: "a ciência da disputa" (*Eutidemo*, 272 b). Termo bastante técnico ligado aos megáricos; cf. Diógenes Laércio, *Vitae*, II, 106.

12. Em *La Politique d'Orphée* (Paris, Grasset, 1975, p. 99), Gilles Susong escreve: "São os retóricos e os sofistas que vão substituir [os] discursos [da constelação mágico-religiosa] depois de desmantelada, enquanto as seitas pré-filosóficas (órficas, pitagóricas) elaborarão o

64 *Aulas sobre a vontade de saber*

protótipo da verdade platônica, na recusa da aparência enganadora, Apate, da opinião, Doxa, privilegiando o único lugar em que não reinam nem a trapaça nem a aparência: o do após--morte, o Outro Mundo."

Parece que Susong acompanhou o curso de Foucault de 1971; ele enfatiza sua convergência com as teses de Detienne: "E o fato de este ter retomado em seu curso magistral o essencial das teses de Marcel Detienne apresenta um forte interesse [...]. Visto que efetivamente é em *Les Maîtres de vérité* que pela primeira vez, creio eu, um helenista se valeu – e isso para o essencial de sua reflexão – de Claude Lévi-Strauss, desse ponto nodal de sua metodologia, a análise da ambiguidade." *(ibid.)*

13. Cf. Platão, *Le Sophiste*, 263a, 264a, 264b.

14. *Ibid.,* in *OC*, ed. L. Robin, citada, t. II, p. 330.

15. Aristóteles, *La Métaphysique*, Γ, 4, 1106a 35-38 *et passim.*

16. "Os modernos, que seguem as expressões (ταῖς λέξεσιν) e não o que elas significam (τοῖς σημαινομένοις), dizem que não se obtém o mesmo resultado [quando se substituem termos por suas expressões equivalentes]" (Alexandre de Afrodísias, século III d.C., o segundo dos grandes comentadores de Aristóteles, editado por M. Hayduck, Académie de Berlin, 1891. Cf. *Alexandri Aphrodisiensis,* in *Aristotelis Lib. I Commentarium,* ed. M. Wallies, Berlin, col. "Commentaria in Aristotelem Graeca" II (i), 1881; citado in W. & M. Kneale, *The Development of Logic*, p. 158).

AULA DE 27 DE JANEIRO DE 1971*

Discursos que devem sua função na sociedade grega a estar ligados à verdade. Discursos judiciais, discursos poéticos. – Exame de um documento tardio, no limiar da civilização helenística. – Comparação com a Ilíada: *uma disputa homérica quase judicial. Um sistema de quatro confrontos. – Soberania do juiz e soberania selvagem. – Um julgamento homérico, ou a famosa cena do "escudo de Aquiles".*

Introdução

[1] – Definir formalmente a sofística por sua oposição retrospectiva à apofântica.

– Voltar para um pouco antes, para além da sofística, a fim de tentar ver como ela se constituiu.

– Voltar para trás, não para recuperar o pensamento pré-socrático, e sim para analisar os tipos de discurso que estavam institucionalmente ligados à verdade: não o que se teria pensado ou dito sobre a verdade, mas como ela encontrou seu lugar de emergência, sua função, sua distribuição e sua forma obrigatórias na sociedade grega.

O estudo tratará do discurso judicial e do discurso poético.

[2]   I – O ESTÁGIO TERMINAL E O ESTÁGIO INICIAL

1/ Numa extremidade do percurso, a que está mais próxima de nós, encontramos regras de estabelecimento da verdade que não estão tão distantes assim de nossa prática.

Conservou-se nos papiros egípcios um certo número de textos jurídicos referentes às colônias gregas do Egito e singularmente a Alexandria. Vejamos como devia transcorrer um testemunho (sobre uma matéria penal ou civil) pelas regras desse procedimento judicial grego:

---

* A sessão de 20 de janeiro não ocorreu.

(1) O defensor ou o requerente escrevem numa tabuinha o nome da testemunha que mandam citar, o assunto do depoimento e a tese que a testemunha deve defender. Ele entrega essa tabuinha ao magistrado.

[3]

(2) A testemunha jura, de acordo com as formas legais, que o que está escrito nas tabuinhas é verdadeiro.

(3) Depois ela depõe "sobre os fatos a que assistiu ou que viu" e "não acrescenta outros testemunhos".

(4) Pode haver nesses fatos um certo número de elementos que ela não conhece: "[...] que testemunhe sobre o que diz conhecer e preste o juramento que a isenta de testemunhar sobre os fatos que diz não conhecer." (*Pap. Ital.*, linhas 222-233)[1]

(5) Em caso de falso testemunho, pode-se reformar o julgamento e a falsa testemunha será condenada a pagar uma vez e meia o valor do litígio.

Como se pode ver, a validade do julgamento baseia-se – pelo menos em parte – na veracidade de certos enunciados. Se forem falsos, o julgamento pode ser modificado; sua validade não se deve simplesmente à regularidade de sua forma; não se deve simplesmente ao fato de a causa ter sido procedente, o procedimento judicial ter

[4] sido observado e a sentença ter sido corretamente dada. É necessário que a verdade tenha sido dita. E que tenha sido dita seguindo um modo e uma grade muito particulares: a propósito de elementos determinados previamente e que são reconhecidos pelo magistrado como sendo, por um lado, pertinentes para a causa e, por outro, passíveis de verdade ou de falsidade; é preciso que essa verdade seja dita por indivíduos que intervêm no processo apenas a título de portadores de verdade. Não intervêm porque estejam ligados à causa por um interesse qualquer ou porque estejam ligados a uma das partes por laços de sangue ou por uma solidariedade qualquer. Intervêm apenas como sujeitos ou enunciadores de verdade: [um indivíduo] é enunciador de verdade não por alguma autoridade que detenha por natureza ou por direito, e sim porque viu ou ouviu, porque presenciou; porque estava lá. E aquilo a que não presenciou cai automaticamente fora do testemunho.

[5] A relação de percepção fundamenta a enunciação jurídica da verdade. É o que a torna possível. O testemunho organiza-se em torno da experiência do ver. (A partir da época romana em Alexandria e talvez também antes, admite-se ademais o testemunho dos peritos: médicos, passagem para o saber.)

Aula de 27 de janeiro de 1971

Na mesma época, Demóstenes: "A lei prescreve que testemunhemos sobre o que sabemos, sobre os atos a que assistimos; tudo consignado por escrito, para que não se possa suprimir nem acrescentar nada. Quanto ao testemunho por ouvir dizer, a lei proíbe-o, a menos que o autor da fala tenha falecido." (*Contra Stephanos*, II, § 6)[2]

Essa enunciação da verdade é apoiada por dois procedimentos que vêm somar-se a ela, mas sem se identificarem com ela:

– o juramento de dizer a verdade, e

– a punição.

O juramento remete às penas e castigos de ordem religiosa; a punição, às penas impostas pelos tribunais.

[6] Por fim, a enunciação da verdade é tomada no sistema da escrita. É mostrado que ele permite:

– a determinação prévia do ponto do testemunho (aquilo que pode ser verdadeiro ou falso e aquilo de que tratará),

– a fixação do sentido do testemunho (o que ele dirá, o que afirmará ser verdadeiro),

– a constituição do testemunho como objeto, por sua vez punível e passível de um novo procedimento judicial. Sua constituição como objeto de uma inculpação possível.

Portanto, no interior do processo judicial grego, a enunciação da verdade é um elemento com determinações múltiplas[3]. Ora, essas determinações têm como efeito a verdade não ser dita em toda parte, não importa quando, pela boca de qualquer um e a respeito do que quer que seja. O enunciado da verdade é localizado quanto àquilo de que fala. Apenas certos fatos constatáveis podem ser passíveis de um enunciado verdadeiro ou falso.

Ele é localizado quanto ao sujeito que o profere: deve vir de [7] sujeitos que não pertençam à causa em si, mas tenham sido espectadores dela. Deve vir de sujeitos que supostamente a conhecem e portanto têm uma relação não de parte com a causa, e sim de saber com os fatos da causa.

É localizado quanto a seu efeito, visto que, pelo menos por um lado, determina o julgamento e sua falsidade resulta no caráter incorreto do julgamento; visto que, falso, pode resultar numa reforma [do] julgamento e numa inculpação.

Portanto, no processo judicial grego clássico, temos para os enunciados de verdade um recorte da referência, uma qualificação do sujeito enunciante e uma distribuição dos efeitos.

2/ Ora, se em face desse estágio terminal (no limiar da civilização helenística), levantarmos o estágio inicial, ou pelo menos aquele

68 *Aulas sobre a vontade de saber*

sobre o qual temos o testemunho mais antigo, como se apresenta a formulação da verdade na contestação judicial ou pré-judicial?[4]

[8]   Contestação entre Menelau e Antíloco[5].

– A corrida de carros. Havia sim um "vigilante", Fenice, posicionado perto do marco "para que se lembrasse da corrida e relatasse a verdade". Mas não é a ele que recorrem no momento da contestação.

– Menelau propõe que se leve a causa perante os "guias" dos argivos, de forma que eles julguem diante de todo o povo.

– Imediatamente depois ele muda de ideia: "Eu mesmo julgarei." E propõe, "de acordo com a regra", que Antíloco jure, "por aquele que sustenta a terra, que abala a terra", que não entravou o carro de Menelau.

– Antíloco esquiva-se, reconhecendo sua culpa.

Embora o termo "verdade" não seja empregado, é realmente a verdade que está em questão nesse procedimento. Mas ela se distribui de modo muito diferente: sua localização, sua repartição, seus efeitos e, mais ainda, aquilo que a afirma como verdade obedecem a uma lei muito diferente.

[9]   A verdade não é o que a pessoa diz (nem a relação entre o que diz e o que é ou não é). É o que ela enfrenta, aquilo a que aceita, ou não, fazer frente. É a força temível à qual se entrega. É uma força autônoma. Mas temos de compreender bem qual é sua natureza: não é uma força de coerção à qual a pessoa se submete como a um jugo. Não é moral ou juridicamente obrigada a submeter-se a ela. É uma força à qual a pessoa se expõe e que tem seu próprio poder de intimidação. Há nela algo que aterroriza. A verdade não é tanto uma lei que acorrenta os homens, é antes uma força que pode desencadear-se contra eles.

No sistema clássico, a verdade é dita por um terceiro personagem, a testemunha; e esta é encarregada de dizer que a verdade está do lado de uma das partes.

Aqui, é a verdade que é a terceira personagem. Ela não está nem de um lado nem do outro. E o desenrolar do processo judicial não consiste em determinar de que lado está a verdade, e sim qual das duas partes é a que ousará enfrentar – ou desistir de enfrentar – o poder da verdade, esse foco temível.

[10]   Portanto, ela não está sediada no discurso; ou não é o discurso que a manifesta. É pelo discurso que a pessoa se aproxima dela; é o discurso que designa, sob forma de juramento e de imprecação, aquele que se expõe a seu olhar insustentável.

Aula de 27 de janeiro de 1971   69

Se alguma coisa se desvenda no juramento de verdade, não é em absoluto o que ocorreu, não são as próprias coisas, e sim a nudez desarmada daquele que aceita ser apanhado por ela ou, ao contrário, a esquiva daquele que tenta escapar-lhe. Ora, uma das duas partes concordar em expor-se assim não resulta da ação do juiz. O que introduz o poder da verdade não é uma intervenção arbitral. É uma das duas partes lançando à outra um desafio: aceitarás ou não passar pela prova da verdade?

[11] Isso faz com que o juramento em que se afirma a verdade seja sempre colhido na série das rivalidades. É uma das peripécias do ἀγών, uma das faces da luta.

Portanto, a relação com a verdade não tem uma natureza diferente da própria luta. Num certo sentido, não se desenvolve numa outra dimensão. Não é: agora que cessou a querela, vai começar a revelar-se a verdade. Esta não se constitui num lugar neutro (a mente do juiz)*, e sim no espaço do ἀγών[6].

Entretanto, a prova da verdade é terminal com relação ao ἀγών: é nesse sentido que ela é singular e irredutível a todas as outras. Qual é então essa força operadora?

– Se o réu aceitar a prova, imediatamente é vencedor;

– Se a recusar, imediatamente está derrotado e aquele que lançou o desafio é vencedor.

A prova de verdade opera sem que a própria verdade tenha de manifestar-se. Permanece silenciosa e recuada. Só é indicada indiretamente, pelo gesto, pelo juramento, pela imprecação daquele que não teme aproximar-se dela. Mas, se essa prova é decisória, é na medida em que efetua um deslocamento. Ela faz o jurador entrar [12] num outro espaço de ἀγών: aquele que se desenvolve com ou contra os deuses. Pela imprecação o jurador se entrega ao poder dos deuses. É este que decidirá. Mas decidirá no sentido da verdade? O fato é que nada diz o que acontece ao jurador após a prova do juramento: sabe-se apenas que está em poder dos deuses, que estes podem castigá-lo, a ele ou a seus descendentes; que podem atingi-lo em seus bens ou em seu corpo; que podem protegê-lo ou submetê-lo a um castigo severo.

Portanto, o juramento introduz em outro universo, um universo que é dominado pelo poder dos deuses. Mas os deuses não estão ligados pela verdade: se o jurador prestou um falso juramento, a cólera dos deuses pode destruí-lo, porém isso não é infalível nem auto-

---

* Ou: a mente do sujeito. Grafia indeterminável.

70 *Aulas sobre a vontade de saber*

mático; e se castigo pode haver, até o derradeiro momento seu tempo e sua forma permanecem velados.

Só uma coisa é certa: é que, no dia em que os deuses decidirem punir, não se poderá escapar de sua ira fulminante. Portanto, o juramento não introduz no reino invisível de uma verdade que eclodirá um dia; ele desloca o combate para uma região onde os riscos são incomensuráveis com os da luta e onde as leis a que obedece são absolutamente obscuras para o olhar dos homens.

[13]   Nesse estágio do pré-direito[7] a verdade aparece no interior de um sistema de quatro lutas; quatro confrontos e quatro riscos:

α – a luta, a violência ou a fraude que deram origem à atual contestação (no caso, a corrida de carros);

β – o confronto que segue essa primeira violência, a reivindicação daquele que se considera lesado, com os dois adversários fazendo valer seus direitos. Essa segunda contestação vem em seguida e em réplica à primeira. Pode assumir formas variadas e ir até o infinito;

γ – o desafio ao juramento de verdade: ousarás jurar? Essa terceira contestação é uma das possibilidades oferecidas pela segunda: esta poderia assumir o aspecto de uma longa série de retorsões, ou a forma desse desafio; mas este tem como função pôr fim ao conjunto (primeira e segunda séries). Portanto, é terminal e só pode assumir duas formas: sim ou não;

δ – por fim, o confronto com os deuses, que tem o triplo caráter de: deslocar a contestação de dois adversários para um único mais os deuses (o lançador do desafio fica excluído do jogo); substituir todos os confrontos anteriores; abrir para uma nova série indefinida.

[14]   Se compararmos essa verdade com a que opera na época clássica, podemos medir todas as diferenças:

α – num caso, a verdade é dita, e em forma de constatação; no outro, é aproximada em forma de imprecação;

β – é dita por uma testemunha que está na terceira posição; no direito arcaico, é lançada como um desafio por uma parte na direção da outra, que pode aceitá-lo ou não;

γ – no direito clássico, ela desempata; em Homero, torna-se o quinhão de um dos dois adversários, ou melhor, um dos dois adversários se torna seu quinhão e sua presa;

δ – é um elemento da decisão do juiz no direito clássico; faz a decisão no direito arcaico.

[15]   Um ponto em comum, entretanto, é que a verdade está ligada a um certo exercício da soberania; pois é justamente na medida em

Aula de 27 de janeiro de 1971   71

que exerce uma certa autoridade que o juiz demanda a verdade e em
função dela impõe a sentença e sua execução; no juramento homérico, é justamente à soberania de Zeus (que abala as terras e os mares)
que se expõe o jurador quando aceita o desafio da verdade. Mas, no
caso do direito clássico, é no espaço já constituído da soberania que
a verdade é convocada, formulada, provada; é no espaço do tribunal
que é convidada a vir à luz; e é então, e só então, que determina o
ponto de aplicação e os limites dessa soberania.

No pré-direito, entre dois adversários que – nem um em face do
outro nem entre eles – não aceitam a relação de soberania, a prova de
verdade apela para uma soberania ilimitada e selvagem.

Entre as duas verdades, foi todo o sistema do poder que se mo-
dificou. E teremos a prova, ou pelo menos o sinal, de que entre essas
duas formas de verdade judicial é realmente o poder que está em
causa no fato de na época helenística ainda encontrarmos de maneira bastante regular o tipo de juramento "pré-jurídico".

[16]   E o encontramos nos casos em que os adversários querem resolver seu conflito fora do aparelho jurídico que a organização do Estado lhes propõe. Um texto[8] de 134 a.C.: "O ferimento que portas não
fomos nós que fizemos em ti e ignoramos quem o fez. Que Amônios
e Hermocles, nossos irmãos, jurem conosco que nosso juramento é
verdadeiro [...]. [Se prestarem esse juramento] sejam considerados
quites; senão, recorra-se ao epístata."[9]

Está certo que, sob uma forma bem diferente, voltamos a encontrar o princípio do juramento homérico: a aceitação do juramento tem valor decisório, pelo menos no que concerne aos adversários.
Mas mesmo assim esse juramento perdeu metade de sua eficácia,
visto que, em caso de recusa da prova, o juiz intervém.

Agora o problema é analisar a transformação do sistema verdade – decisão judicial – soberania política.

Essa transformação vamos estudar em dois tempos:

– o conjunto de modificações que levaram a Sólon;

– as que levaram à época clássica, *id est,* à época dos Sofistas.

[17]   II – O PRIMEIRO GRUPO DE TRANSFORMAÇÕES

Trata-se da implantação de uma organização político-judicial
que, numa época indeterminada e em condições pouco conhecidas,
superpõe-se aos procedimentos rituais privados e sem dúvida carac-
terísticos das sociedades de guerreiros cujo exemplo vimos.

Dessa organização arcaica temos um testemunho ambíguo
em Homero (o escudo de Aquiles)[10]; e logo em seguida vemos em

Hesíodo sua contestação[11]. Quanto aos documentos diretamente jurídicos, são constituídos basicamente pelas leis de Gortina.

[18]   1/ A cena do escudo de Aquiles é: dois litigantes; um deles afirma já ter pago o preço do sangue, o outro diz que não. Ambos têm seus partidários.

Os Anciãos dão seus pareceres. Cada orador se apossa do cetro. Uma recompensa de dois talentos de ouro é prometida àquele que der o melhor parecer.

Essa cena comporta um certo número de características importantes:

a – Cada juiz, no momento em que toma a palavra, está ligado à soberania. Dar seu parecer é ser soberano, pelo menos por um tempo. Só se fala do lugar da soberania. Apossar-se da palavra e tomar nas mãos o símbolo da soberania são dois atos concomitantes e ligados.

[19]   b – Entretanto, podemos ver que essa soberania é muito limitada e parcial. Isso porque o "tribunal" não tem de dar um parecer decisório e coletivo. Cada um dá seu parecer; haverá um parecer melhor que os outros, e essa opinião terá dois efeitos: provocará a decisão, mas, por sua vez, será recompensada por uma autoridade superior.

Portanto, ela aparece como uma espécie de "jogo", no sentido estrito, entre um caso privado (de assassinato e/ou de dívida) e uma soberania que, por sua vez, só se ocupa da disputa.

A soberania só intervém indiretamente, visto que se limita a julgar os juízes e só está presente simbolicamente, no cetro que os juízes seguram.

c – Porém há mais: os juízes não estão encarregados do caso do assassinato em si; não têm de dizer quem é o assassino nem qual pena deve ser-lhe imposta. Devem apenas dizer se o preço do sangue foi realmente pago. Têm de decidir sobre o caráter correto ou incorreto, completo ou não, dos procedimentos que decorreram. Os juízes não intervêm a propósito do delito; intervêm a propósito da aplicação dos costumes de direito que os particulares põem em prática para resolverem seus litígios. Mais exatamente, a propósito da execução.

[20]   Os juízes estão em posição secundária. Controlam um andamento jurídico do qual a iniciativa e as peripécias não lhes cabem. Portanto, não têm de dizer o verdadeiro; não têm de estabelecer a verdade dos fatos, têm de dizer o que deve ser feito.

d – Em todo o redor da cena em que transcorre a contestação, os partidários dos dois adversários se comprimem; gostariam de lançar-se à frente para apoiar seu campeão, mas são contidos por guardas. Essa presença, essa pressão de um lado, essa interdição do outro são importantes. Não é o indivíduo enquanto tal que age no processo, que exige ou que paga o preço do sangue. É todo um grupo com o qual ele é solidário. Esse grupo, como um todo, ganhará ou perderá. O indivíduo não é sujeito de direito.

Mas o que significa o fato de os partidários não terem acesso ao lugar onde é dita a justiça? Uma individualização do direito? Sem dúvida que não, e sim o fato de nesse lugar em que é dita a justiça o jogo

[21] de retorsões interromper-se, os grupos cessarem de protestar uns contra os outros. A luta (ἀγών) está transposta, por uma espécie de metátese real, para um outro lugar que não deixa de lembrar o da competição atlética e onde há confronto, concurso, sentença, decisão e prêmio.

e – Por fim, vem um ἵστωρ[12], que não é a testemunha mas aquele "que sabe", que é capacitado, que tem o hábito das regras, dos costumes e da maneira como se resolvem as desavenças.

Além dos dois participantes, acima, diante ou ao lado deles, vemos aparecer um poder político que julga, e isso em duas etapas (os juízes são Anciãos e eles próprios são julgados); uma competência judicial que se impõe a eles, mas na forma bastante incerta do ἵστωρ; um julgamento que os desempata, mas que na realidade diz respeito apenas aos procedimentos de reparação, não ao dano em si.

Podemos ver nas características desse julgamento homérico o núcleo das transformações futuras:

– a identificação menos ou mais completa entre o poder político e o poder judicial (as sobreposições desaparecem);

[22] – a substituição do ἵστωρ por uma lei escrita;

– um julgamento que trata do fato estabelecido em sua verdade, e não mais simplesmente do procedimento judicial acionado em sua correção.

Em resumo, a constituição de um sistema de discurso em que o exercício do poder (o direito de formular uma decisão), a referência obrigatória à escrita e o estabelecimento da verdade estão interligados.

Mas não devemos antecipar.

2/ O segundo estrato de documentação coloca-nos diante do sistema cujo desenho é simplesmente adivinhado em Homero, e daquilo que o contesta, o derrota e o colocará fora do circuito*.

---

* Fim abrupto. O próprio Foucault inscreveu "incompleto" na primeira página.

74 *Aulas sobre a vontade de saber*

*

NOTAS

1. Fonte citada em Cl. Préaux, "Le témoignage dans le droit grec classique", in *Recueils de la Société Jean Bodin pour l'histoire comparative des institutions*, t. XVI: *La Preuve*, Bruxelas, Éditions de la Librairie encyclopédique, 1965, pp. 206-22.

2. Citado *ibid.* (Claire Préaux não parece contestar a atribuição a Demóstenes; Louis Gernet tende para Apolodoro.)

3. Cf. L. Gernet, "Introduction à l'étude du droit grec ancien", *Archives d'histoire du droit oriental (AHDO)*, II, 1938, pp. 281-9.

4. O conceito de pré-direito remete aos estudos de Louis Gernet: "Droit et pré-droit en Grèce ancienne", *L'Année sociologique*, 3ª série (1948-1949), Paris, 1951, pp. 21-119, em que os casos relatados aqui por Foucault são analisados; reed. in L. Gernet, *Anthropologie de la Grèce antique*, Paris, Maspero, 1968, e in Id., *Droit et Institutions en Grèce antique*, Paris, Flammarion (col. "Champs"), 1982.

5. Homero, *Iliade*, XXIII/Ψ, vv. 340-592, ed. e trad. francesa P. Mazon, Paris, Les Belles Lettres, 1938, t. IV, pp. 111-21.

6. Ἀγών, "assembleia convocada nos jogos, que deu seu nome aos jogos e depois, ao processo" (L. Gernet, "Droit et pré-droit...", art. citado); "designa a competição em um estádio, ou um processo" (G. Sautel, "Les preuves dans le droit grec archaïque", in *Recueils de la Société Jean Bodin*, t. XVI: *La Preuve, op. cit.*, p. 121).

7. L. Gernet: "Os símbolos do pré-direito são essencialmente eficazes: a mão que dá ou que recebe; o bastão que afirma o poder, que o abandona ou que o confere; a fala imprecatória, o gesto ou a postura que têm valor de imprecação [...] tudo o que age imediatamente e em virtude de sua própria Dúnamis" ("Droit et pré-droit...", p. 104).

8. Cf. Cl. Préaux, "Le témoignage...", art. citado, p. 221.

9. Epístata: o preposto, título de diversos "funcionários" da Antiguidade grega, principalmente aqueles encarregados da justiça.

10. Homero, *Iliade*, XVIII/Σ, vv. 497-508, ed. citada, t. III, p. 186. O que é descrito faz parte da decoração do escudo forjado por Hefesto, com três círculos: o universo no centro, depois a cidade no primeiro círculo, com a cena do tribunal, o trabalho da terra no segundo círculo, e a vida pastoril. A cena do escudo de Aquiles foi comentada por muitos autores. Cf. J. Gaudemet, *Les Institutions de l'Antiquité*, Paris, Sirey, 1967, pp. 139-40; H. J. Wolff; R. J. Bonner; G. Smith; A. Steinwenter; G. Glotz e L. Gernet, que declara essa cena "emblemática".

11. Hesíodo, *Le Bouclier*, ed. e trad. francesa P. Mazon, Paris, Les Belles Lettres, 1928.

12. Homero, *Iliade*, XXIII/Ψ, v. 486. Esta passagem também é comentada por G. Gaudemet (*Les Institutions de l'Antiquité, op. cit.*, p. 140), que dá à palavra *hístor* a raiz is = wid (latim: *video*; cf. o *Dictionnaire étymologique de la langue latine* de A. Ernout & A. Meillet, Paris, Klincksieck, 1951). Detienne, por sua vez, insiste no aspecto "testemunha", "aquele que *vê* e que *ouve* e, em sua qualidade de herdeiro do *mnémon*, é também *memorialista**". (*Les Maîtres de vérité dans la Grèce archaïque, op. cit.*, p. 101, n.80) [*termo grifado pelo editor]

AULA DE 3 DE FEVEREIRO DE 1971

Hesíodo*. – Caracterização das falas de verdade em Homero e no discurso judicial. – Ritual ordálico grego e Inquisição cristã. – Prazer e prova de verdade no masoquismo. – Hesíodo cantor do krínein *contra o* díkazein *dos juízes-reis devoradores de presentes. –* Díkaion *e* díke *em Hesíodo. – Extensão do* krínein *no espaço jurídico grego e novo tipo de afirmação da verdade. – A legislação de Drácon e a reparação. –* Díkaion *e ordem do mundo.*

[1]   Nos textos homéricos, dois tipos de julgamento.

No grupo dos guerreiros, praticamente não se trata de um julgamento, e sim de uma contestação que se encerra com o jogo do juramento e do desafio de verdade. Num meio urbano ou aldeão, intervenção de uma autoridade, mas no segundo nível, a propósito dos procedimentos judiciais de reparação, cuja iniciativa cabe unicamente aos indivíduos. A autoridade não zela para que haja reparação, e sim para que, transcorrendo as reparações, seu andamento seja realmente regular. Esses dois tipos de processo correspondem sem dúvida a dois tipos de grupos sociais e talvez a duas épocas diferentes.

[2]   Antes de ir adiante, eu gostaria de destacar que a afirmação de verdade esteve presente no discurso judicial já desde a origem, ou, em todo caso, nas formas mais arcaicas que conhecemos. Não foi acrescentada mais tarde, como uma peça de origem estrangeira. Já desde o início certos enunciados são institucionalizados como devendo ser falas de verdade, falas que se referem à verdade, falas que colocam em jogo a verdade, menos ainda: falas que entram num jogo aberto, incerto, perigoso, com a verdade[1].

E essas falas não têm simplesmente uma função externa e decorativa; seu papel operatório é decisivo, visto que é em torno delas, a partir delas, que se dá a passagem da série de retorsões para a vingança ameaçadora dos deuses.

---

* Título da aula manuscrita.

76 *Aulas sobre a vontade de saber*

Não há discurso judicial em que a verdade não ronde. Nesse sentido, deve-se endossar o que Dumézil dizia em *Servius et la Fortune*[2]: "Por mais longe que remontemos nos comportamentos de nossa espécie, a 'fala verdadeira' é uma força à qual poucas forças resistem [...] muito cedo a Verdade apareceu para os homens como uma das armas verbais mais eficazes, um dos germes de poder mais prolíficos, um dos fundamentos mais sólidos para suas instituições."

Mas o que se deve compreender bem é que essa fala verdadeira não é dada originariamente e como que em estado selvagem; não tem a forma imediata, universal e despojada da constatação de um fato. Não se deve imaginar que a instituição judicial recorra, a título de fundamento, de norma ou de justificação, a um conjunto de constatações verdadeiras que sejam feitas ou possam ser feitas fora dela. O discurso judicial não se ordena (finalmente ou primeiramente) por um enunciado do verdadeiro que seja anterior ou exterior a ele. Para o discurso judicial, a relação com a verdade se estabelece de acordo com formas e regras que lhe são próprias.

Como já vimos:

– A verdade não é constatada; é jurada: juramento e imprecações.

– A fala verdadeira não se apoia no que foi visto ou experimentado; ela se expõe, futuramente, à eventual cólera dos deuses.

– A fala verdadeira não desvenda o que ocorreu; visando os fatos, designa aquele que assume o risco, afastando aquele que recusa o risco.

– Por fim, não fundamenta uma decisão justa; por sua própria eficácia, carrega consigo a decisão.

No sistema que conhecemos hoje, nesse que é implantado já na época grega clássica, a fala verdadeira é acima de tudo a do testemunho: tem a forma da constatação; apoia-se no que ocorreu e sua função é revelá-lo. Tem como modelo, ou melhor, como equivalente não verbal a percepção: manifestar as coisas como se estivéssemos lá, como se as víssemos. A fala da testemunha é o substituto da presença.

Nesse sistema que descrevemos para o período homérico, o equivalente não verbal da fala verdadeira é o ordálio[3], é a provação física: expor-se ou expor alguém ao perigo indefinido. Prestar o juramento de verdade ou oferecer-se ao perigo dos golpes, do raio, do mar, dos animais selvagens – isso tem a mesma forma e a mesma virtude operatória. Na prática judicial arcaica, a fala de verdade não está ligada à luz e ao olhar sobre as coisas; está ligada à obscuridade do acontecimento futuro e incerto.

Aula de 3 de fevereiro de 1971

A comprovação de que esse é realmente o papel da fala de verdade está no fato de institucionalmente o ordálio ter sido utilizado com o juramento, como alternativa. Quando os dois adversários não eram da mesma condição social e o juramento de um dos dois não podia ser aceito, ele era submetido ao ordálio: era o caso das mulheres (com a prova do *rochedo*)[4]; era o caso dos enjeitados; era o caso dos escravos. O perigo físico a que os expunham, seu suplício, era seu juramento de verdade.

É curioso ver como essa prova de verdade pelo suplício dos escravos foi conservada ao longo da prática judicial grega, mas assumindo pouco a pouco um papel diferente: no século IV, trata-se de extrair a confissão de escravos que [poderiam] ter sido testemunhas das ações de seus amos, mas estariam impedidos de dizer a verdade devido a sua situação de escravo.

[6]   O suplício é incluído na ordem da verdade-testemunho, mas o amo tem o direito de recusar a prova para seu escravo; e a recusa funciona um pouco como uma recusa da prova ordálica; em todo caso, é um ponto desfavorável, um sinal negativo para a causa do amo.

Poderia ser feita toda uma história das relações entre a verdade e o suplício.

* * *

Glotz talvez tenha dito o essencial sobre o ordálio grego, mas é nessa perspectiva que se deveria estudar a Inquisição*. Nela, a prova de verdade é complicada pelo comportamento cristão da confissão. Mas na Inquisição não se trata de técnicas puras e simples para obter a confissão. Há toda uma rede de disjunções que sustenta a prova inquisitória:

– ou resistes à prova e não confessas ser bruxo; mas isso é porque o diabo te faz suportar o insuportável; assim sendo, és um sectário do diabo. Portanto, mereces um outro suplício, até o suplício derradeiro que fará tua alma escapar desse corpo e deste mundo carnal onde reina o demônio;

– ou não resistes à prova e confessas; portanto, realmente és sectário de Satã. Portanto, mereces ser punido. Punição da qual havíamos te prometido que escaparias se confessasses. Mas, como tua
[7]   confissão faz com que sejas perdoado, morrerás absolvido, e nós

---

* O mártir mantém a verdade até o suplício inclusive e, como eventualidade aleatória, com Deus vindo salvá-lo. (Nota de M. F.)

78 *Aulas sobre a vontade de saber*

não cometeremos um pecado mortal, visto que não é um pecador não arrependido que enviaremos serenamente ao tribunal de Deus.

Não é impossível que a autópsia dos corpos, seu suplício *post mortem* para estabelecer a verdade da vida e da doença, tenha apresentado certas dificuldades justamente por essa razão (pelo menos quanto à loucura)[5], por causa dessas relações historicamente sobrecarregadas entre a verdade e o suplício.

Masoquismo. O masoquista não é alguém que busca seu prazer no sofrimento. Talvez seja antes alguém que aceita a prova da verdade e a ela submete seu prazer: Se eu suportar até o fim a prova da verdade, se suportar até o fim a prova a que me submetes, então levarei a melhor sobre teu discurso, e minha afirmação será mais forte que a tua. E o desequilíbrio entre o masoquista e seu parceiro deve-se ao fato de o parceiro fazer a pergunta em termos apofânticos: Dize-me o que é teu prazer, mostra-o para mim; exibe-o através da grade de perguntas que te faço; permite-me constatá-lo. Utilização do paradoxo.

E o masoquista responde em termos ordálicos: Suportarei sempre mais dele do que podes causar. E meu prazer está nesse excesso, sempre deslocado, nunca completado. Não está no que fazes, e sim nessa sombra oca que cada gesto teu projeta à frente dele.

À pergunta apofântica de seu parceiro o masoquista replica não com uma resposta mas com um desafio ordálico; ou melhor, ouve um desafio ordálico e responde a ele: No limite do que podes imaginar ser eu, afirmo meu prazer.

[8]   A TRANSFORMAÇÃO

O núcleo da transformação consiste basicamente no surgimento de um novo tipo de julgamento, de processo e de sentença, ao lado de uma forma mais primitiva.

Essa oposição é assinalada pela existência de duas palavras: δικάζειν e κρίνειν. Ela atua num texto de Hesíodo[6] em que, por um lado, parece manifestar a existência de duas jurisdições diferentes e, por outro, parece coincidir com a oposição entre a boa justiça e a má.

"Ouve, vamos resolver aqui nossa pendência (διακρινώμεθα νεῖκος), por meio de um desses julgamentos retos que, feitos em nome de Zeus, são mesmo os melhores de todos. Já [...] tiraste e pilhaste o bastante dos bens de outrem, prodigalizando

Aula de 3 de fevereiro de 1971 79

muitas homenagens aos reis devoradores de presentes, sempre prontos a julgar de acordo com tal justiça (βασιλῆας δωροφάγους, οἳ τήνδε δίκην ἐθέλουσι δίκασσαι)."[7]

[9] Desse texto vamos extrair várias coisas:

a – O motivo pelo qual as duas justiças são citadas e contrapostas é uma disputa rural [a respeito de] bens e propriedades. A má justiça atribui aos litigantes o que não lhes pertence; a boa, por oposição, permite que cada um obtenha e conserve o que lhe cabe.

b – Tanto num caso como no outro recorre-se à autoridade; mas, no caso da boa justiça, parece que esse recurso envolve um acordo prévio (διακρινώμεθα) e dá-se perante uma autoridade que não se conhece; no caso da má justiça, ele ocorre perante a autoridade dos reis (chefes locais, chefes das famílias aristocráticas).

Esses chefes são sensíveis a todas as corrupções, ao passo que a outra justiça é prestada em nome de Zeus. [Esses julgamentos retos] são ἐκ Διός: vindos de Zeus, diz o texto. Isso parece indicar uma autoridade e, em todo caso, um outro sistema de garantia.

[10] Essa oposição apresenta analogias notáveis com a que é manifestada muito mais claramente nas inscrições de Gortina[8].

A lei de Gortina dá espaço para dois tipos de julgamento:

A/ Num deles, δικάζειν, apenas os litigantes prestam juramento – cada litigante chega com suas testemunhas, mas não são os que sabem ou que viram. São seus partidários. Elas também juram. Mas não juram dizer a verdade sobre a causa que é julgada. Seu papel não é desempatar os adversários a partir daquele terceiro elemento que seria a verdade.

Prestam o mesmo juramento que a parte que estão apoiando; comprometem-se com ela. Como ela, expõem-se à vingança dos deuses contra os perjuros. Mas ao mesmo tempo manifestam o peso social desse que acompanham.

A sentença, por sua vez, não é uma livre decisão sobre o fato ou o direito que está em causa. Registra a regularidade dos procedimentos empreendidos e seguidos. Especificamente, é decidida mecanicamente a partir do número de testemunhas e do peso que o juramento assume.

[11] Em um conflito de propriedade, a declaração que houver reunido *nove* testemunhas vencerá. O juiz está atado a esses testemunhos. O juramento das partes carrega consigo a decisão (um pouco como na cena do desafio de Menelau), mas o que desapareceu aqui foi o

80 *Aulas sobre a vontade de saber*

desafio de homem para homem e o jogo imediatamente decisório entre a recusa e a aceitação.

– O confronto igualitário é substituído pela diferenciação social dos indivíduos, de seu pertencimento, de sua clientela.

– O desafio lançado por um na direção do outro (e aceito ou recusado pelo outro) é substituído pelo confronto entre os dois grupos sociais.

– Por fim, o efeito imediatamente decisório do desafio aceito ou não é substituído pela decisão, em princípio mecânica, de uma autoridade terceira.

Portanto, nesse processo judicial a verdade é afirmada no juramento dos cojuradores, sob forma de risco aceito: expomo-nos à vingança dos deuses se não estivermos dizendo a verdade. Mas também é afirmada na sentença, sob forma de memória: as regras foram realmente observadas. E é dessa exigência de memória que os presentes corruptores podem desviar os reis.

[12]   Vingança futura dos deuses e memória exata dos reis de justiça[9]. Ameaça dos deuses, que se lembram de todas as afrontas; lembranças, sempre prestes a falhar, daqueles que devem recordar todas as regras: é no duplo elemento dessa memória que atua a verdade desse tipo de julgamento, o δικάζειν.

Temos, portanto, duas figuras temporais:

– a memória futura, entre os deuses, do juramento atual dos homens;

– a memória atual, entre os reis, das regras mais antigas.

Com essas duas figuras a verdade não tem a mesma relação:

– a verdade expõe os homens à memória futura dos deuses,

– e baseia-se na memória atual dos reis.

Essas duas relações não têm o mesmo ponto de emergência nem o mesmo suporte:

– num caso, é o jurador que em seu juramento estabelece a relação com a verdade;

– no outro, é o juiz-rei que em sua sentença efetua a verdadeira justiça.

[13]   Mas nos dois casos a verdade tem a forma do não-esquecimento: os homens exigem o não-esquecimento dos reis, na medida em que eles próprios se expõem ao não-esquecimento dos deuses. Essa verdade nada tem a ver com o velamento ou o não-velamento[10].

B/ Κρίνειν[11]. Ao lado dessa forma de julgamento, a lei de Gortina abre espaço para um outro, o κρίνειν. Parece que no início essa

Aula de 3 de fevereiro de 1971   81

forma de julgamento teve um papel essencialmente vicário: quando o costume fosse mudo ou insuficiente, talvez quando fosse preciso avaliar um dano.

Mas rapidamente esse julgamento assumiu grande extensão, a ponto de tornar-se absolutamente regular, exceto nos casos em que a primeira forma de julgamento, o δικάζειν, era explicitamente requerida (adição à lei). É ele, esse κρίνειν, que pouco a pouco vai ocupar todo o espaço da prática judicial grega. Em que consiste? Aparentemente, num simples deslocamento ou redobramento: o juiz presta o juramento, ou porque as partes não o prestam ou somando--se ao juramento das partes.

[14]   1/ Qual é a natureza e a função desse juramento?

Foi frequentemente interpretado como um juramento promissório (Dareste)[12]: o juiz compromete-se a respeitar a lei. Mas (além de não haver lei nesses casos), pela lei de Gortina vê-se que, pelo menos em alguns casos, o juiz deve jurar a verdade do fato. Mesmo assim, seria um juramento assertórico: juro que isto é verdade? (Latte)[13]. Em muitos casos (como nas partilhas sucessórias), o juramento assertórico não teria sentido.

Parece (Gernet) que é principalmente um juramento pelo qual o juiz pessoalmente expõe a si mesmo, assume o risco, e que ele liga seu destino ao valor de sua própria sentença. Mais ou menos como farão mais tarde os anfictiões de Delfos antes de se pronunciarem sobre um litígio[14]: "Chamado a decidir sobre os bens e o território de Apolo, julgarei todo o caso, tanto quanto possível, de acordo com a

[15]   verdade, sem furor e sem ódio, e de maneira nenhuma decidirei em falso. [...] E, se cumprir meu juramento, possa eu obter toda espécie de prosperidade. Se o violar, que Têmis, Apolo Pítico, Leto e Ártemis, Héstia e o fogo eterno me façam perecer miseravelmente e me recusem toda salvação." (citado in Glotz)[21]

O juiz tem de dizer a verdade e, nessa relação com a verdade, expõe-se à vingança dos deuses, nem mais nem menos que os próprios litigantes. Uma afirmação de verdade aparece agora na terceira posição, superpondo-se à das partes sobreordenando-se por elas, e é essa enunciação terceira que faz a decisão. O surgimento do juramento do juiz não é simplesmente uma formalidade suplementar. É toda uma nova disposição do discurso e da prática judicial.

2/ O que essa nova disposição implica?

a – Um deslocamento e um recuo funcional do juramento dos litigantes.

82 *Aulas sobre a vontade de saber*

Outrora esse juramento expunha os litigantes ao olhar insustentável da verdade, e à sua vingança. Agora, sabe-se que ele pode ser verdadeiro ou falso. Como Platão destacará mais tarde (*Leis*)*, é preciso inclusive que haja um dos dois que seja falso. E, podendo ser tanto verdadeiro como falso, não poderá mais servir de prova.

[16] Hesíodo: "O covarde atacará o bravo com palavras tortuosas que apoiará com um falso juramento" (*Trabalhos*, 195-196); "juramentos correndo no rastro das sentenças tortas" (*Trabalhos*, 219).

Ésquilo: "Afirmo que as pretensões injustas não poderiam triunfar por meio dos juramentos." (*Eumênides*, 432)[16]

As partes são desqualificadas como portadoras de verdade. Não se expõem à força da verdade; mantêm consigo o poder de dizer ou não dizer a verdade. (E é a respeito do que elas juram que o juiz poderá dizer o verdadeiro ou o falso.)

Mas esse recuo funcional é acompanhado de um deslocamento. De fato, o juramento subsiste para as partes, mas funciona como rito de introdução de instância. Pelo juramento as partes manifestam que recorrem ao juiz; indicam que uma e a outra defendem duas teses contraditórias e que simultaneamente decidem demandar (e, em certa medida, aceitar a causa).

Dizer "juro que não matei" e "juro que ele matou" não é enunciar uma verdade, é introduzir ritualmente uma instância.

[17] Nessa forma de julgamento, o juramento das partes não opera mais a decisão; já não tem exatamente o papel de prosseguir e encerrar a rivalidade dos dois litigantes. Sua função é transpô-la para uma cena diferente: está certo que o processo será sempre uma luta (até a idade clássica continuará a ser chamado ἀγών ou νεῖκος[17]); mas terá uma organização totalmente diferente, pois não se vencerá mais o adversário apenas pela força ou peso do juramento, e sim quando se tiver carregado consigo a decisão do juiz.

O juramento das partes serve para abrir ritualmente um novo espaço de luta no qual esta transcorre simbolicamente e no qual aceita a soberania do juiz. (E o que confirma isso, pelo menos negativamente, é uma disposição da lei de Gortina: quando não houver outro meio de julgar (porque a outra parte é revel ou está ausente), o juiz confiará no juramento do único litigante presente. O juramento decisório do litigante é um derradeiro recurso.)

---

* O manuscrito indica *Lois* IX, mas esse livro não contém referência ao juramento. A questão é abordada em termos um pouco diferentes no livro XII, 948b-949b, e assinala uma evolução a partir dos famosos juramentos pelos deuses na época de Radamanto.

Aula de 3 de fevereiro de 1971   83

[18]   b – Mas esse juramento do juiz implica também uma nova função da sentença. No κρίνειν a sentença do juiz não se limita a registrar a vitória de um dos adversários, a comparar e sancionar as forças em confronto; ela atribui a vitória. Num certo sentido, a constitui. Mas baseando-se em quê? Referindo-se a qual princípio de medida? O que autoriza essa sentença? E qual será a sentença que será considerada justa, boa, melhor que as outras?

1/ Evidentemente, alguns textos poéticos ou filosóficos dizem qual é. É justa a sentença que estiver conforme com a δίκη, que enunciar o δίκαιον[18]; mais precisamente ou mais enigmaticamente, aquela que enunciar δίκαιον καὶ ἀληθές[19]; ou, como Heródoto dirá mais tarde, aquela que prestar a justiça κατὰ τὸ ἐὸν[20].

Talvez o comentário desses textos pudesse revelar a relação com a verdade ou a relação com o ente que fundamenta a sentença e que essa justa sentença manifesta.

[19]   Mas sem dúvida a prática judicial grega será um fio condutor mais sólido.

Um dos princípios dessa prática judicial – princípio constante e que será encontrado até o final da Idade Clássica – é que toda ação judicial deve ser intentada por alguém contra alguém; coisas como procuradoria, promotoria, fórum judiciário não existem no direito grego. Deve haver sempre dois participantes, um dos quais acusa o outro, que por sua vez se defende[21].

a – Nos processos criminais (e esta é uma consequência do primeiro ponto) não cabe à cidade ou ao Estado ou à instância judicial atacar o suspeito; é uma tarefa que cabe à vítima ou a seus próximos; em caso de assassinato, cabe a um dos familiares do morto atacar o suposto assassino. E, se os herdeiros se omitirem, outros membros da família podem manifestar-se por sua vez, e responsabilizar não só o criminoso por seu crime, mas também o requerente legítimo por sua omissão.

Na outra extremidade do processo está uma disposição do mesmo tipo: quando a sentença é dada, cabe ao adversário pedir e iniciar, pelo menos simbolicamente, sua execução. (Em Atenas, no caso de pena dupla, a favor de um particular e a favor da cidade, esta só pode exigir o que lhe é devido depois que ele começar a exigir o que lhe cabe.)

[20]   A sentença tem seu lugar nos fundamentos de um processo de reparação que transcorre entre indivíduos. Ela legitima, limita, organiza reparações. Faz com que o crime seja compensado como deve

84 *Aulas sobre a vontade de saber*

ser. Não constitui o criminoso como criminoso. A grande pergunta na qual todo nosso direito penal se enreda (o acusado é verdadeiramente culpado?) não faz parte do direito grego; no fundo ele conhece apenas a pergunta: o crime foi verdadeiramente reparado?

É por isso que a legislação de Drácon[22], que continuará valendo até Demóstenes e depois, é uma legislação de reparação:

– ela especifica cuidadosamente quem tem direito de pedir a reparação e de declará-la suficiente ou interrompê-la (os filhos e pais, irmãos e irmãs, os primos, os descendentes, o sogro, a fratria);

– especifica também quando se pode exercer um direito imediato de reparação (na ἀγορά, na palestra);

– especifica ainda se é possível exercer um direito de reparação quando o criminoso está exilado ou quando a vítima é um escravo.

Em contrapartida, quanto à natureza do crime, quanto ao que ele é em si mesmo, a legislação de Drácon é rudimentar:

[21] – homicídio em legítima defesa (que já é uma reparação),

– assassinato e

– homicídio involuntário.

Em matéria criminal a sentença do juiz tem como finalidade principal presidir ao ordenamento das reparações.

b – E nos processos "civis"? Por paradoxal que seja, o papel que a sentença desempenha é o mesmo.

Por exemplo, nos processos sucessórios estudados por Gernet[23], quando alguém ataca um outro a respeito de uma herança de que este se apropriou, os dois adversários não são o requerente e o requerido, são dois adversários simétricos; não há um requerente que deva justificar seus direitos: há dois lutadores que, um diante do outro, devem justificar suas pretensões respectivas. Nesses processos não há autoridade da coisa julgada. Podem ser questionados sempre, fazendo valer uma nova razão. Um terceiro reivindicante pode intervir sempre. Por fim, só há prescrição cinco anos após a morte daquele que foi declarado herdeiro.

Nos processos a respeito de contratos, a não observação é sempre considerada um dano.

[22] Portanto, o papel da sentença não é declarar um direito que pertença a um sujeito. Ela não se fundamenta num direito subjetivo; não tem de reconhecer um sujeito de direito[24]. Tem de regular o jogo das retribuições e destituições. O objetivo não é cada qual ver reconhecido o direito que lhe é próprio; o objetivo é o jogo das atribuições, das compensações, das reparações, ser feito de maneira satisfatória.

Aula de 3 de fevereiro de 1971   85

A prática judicial grega não tem de apoiar-se na verdade dos direitos do sujeito[25]; tem de apoiar-se numa distribuição e numa reparação que sejam conformes com a atribuição e a circulação das coisas, com seu ciclo justo.

c – É por isso que vemos aparecer, correlativamente com essa justiça do κρίνειν, uma noção nova: a noção de δίκαιον, do justo.

Na *Ilíada*, o δίκαιον não existe. Δίκη aparece cinco vezes, designando a causa que é posta em contestação e em julgamento e a própria sentença[26]. Em Hesíodo, aparece várias vezes, sempre ligado à δίκη. E particularmente na grande passagem de *Os trabalhos e os dias* voltada para a felicidade e a infelicidade da Cidade (255-263)[27]. Nessa passagem célebre, vemos que, se os reis não prestarem justiça seguindo o princípio do δίκαιον, toda uma série de desgraças vem em seguida. Quais são as desgraças e como elas se distribuem?
[...*]

[24]   E a própria causalidade fica modificada. No *pre jure* homérico, era a vontade de Zeus que era imediatamente solicitada. Em Hesíodo, é Δίκη que serve de intermediária. Quando os reis não julgam bem, Δίκη ao mesmo tempo se ausenta da Terra e vai solicitar a vingança de Zeus (ela se refugia no colo de seu pai).

O efeito da injustiça é acima de tudo a ausência de justiça. Presente, a justiça é simultaneamente o sinal e a garantia da ventura das cidades; é nesse mesmo sentido que Arato menciona as três idades[28]: uma em que a Justiça está presente na praça pública e nas esquinas, idade de ouro; na idade de prata ela se retirou para o topo das montanhas, onde flameja quando o sol se põe; na idade de bronze só brilha à noite na abóbada celeste, para onde se retirou.

Portanto, o δίκαιον não está ligado a uma ordem do mundo. Presente no mundo, a Δίκη[29] garante que a felicidade dos homens corresponderá à justeza dos julgamentos; ausente, faz a cidade e os campos sofrerem julgamentos injustos.

Ao passo que o "justo" nas categorias do pensamento jurídico romano se refere ao verdadeiro direito do sujeito; ao passo que a sentença justa do juiz romano deve realmente dizer o verdadeiro direito;
[...**]

---

* A página 23 do manuscrito está suprimida e transferida para a aula seguinte (10 de fevereiro), onde se torna a página 6; cf. *infra*, p. 93.
** Página 25 faltando.

[26]   – *Por que o julgamento tem essencialmente a função não de declarar ou de constituir o direito, e sim de ele próprio inserir-se como reparação, redistribuição, compensação no ciclo das partilhas. A justiça antes corrige do que atribui. Cf. Aristóteles[30].

– Como o *verdadeiro* e o *falso* se distribuem e funcionam no julgamento; qual papel desempenham com relação aos juramentos dos litigantes, ao do juiz, ao justo e ao injusto.

– Por que a justiça é, imediatamente e de pleno direito, política. Ela é um dos meios de fazer reinar a ordem na cidade; não tanto de fazer reconhecer para cada qual o que lhe é devido naturalmente, e sim de atar adequadamente os laços da cidade, [de] zelar para que o lugar de cada um se equilibre harmoniosamente com o dos outros. Isso implica: (a) que é a autoridade política que se ocupa da justiça, e (b) que todo homem que se ocupa de justiça se ocupa, exatamente por isso, da política da cidade.

[27]   O discurso judicial é imediatamente reconhecido como discurso [político**].

– Finalmente, por que dizer o que é justo (δίκαιον) e ao mesmo tempo dizer – cantar ou saber – o que é da ordem das coisas? O fazedor de leis será ao mesmo tempo aquele que diz a ordenação do mundo; zela por ele, solidariamente, por meio de seus cantos ou seu saber, e por suas prescrições e sua soberania. E, inversamente, aquele que conhecer a ordem do mundo poderá dizer o que é o melhor e o mais justo para os homens e as cidades.

A noção de νόμος se torna central e equívoca. A partir dessa forma jurídica do κρίνειν surge um tipo singular de discurso verdadeiro que está ligado ao δίκαιον, ao νόμος, à ordem do mundo e à ordenação da cidade. Ainda está muito distante de nosso discurso verdadeiro de hoje, mas o nosso deriva dele por transformações múltiplas[31].

Nós pertencemos a essa dinastia do κρίνειν.

[28]   *Conclusão*

Com o κρίνειν, é todo um novo tipo de afirmação da verdade que se constitui no discurso e na prática judiciais.

Essa afirmação de verdade faz o discurso de justiça comunicar-se com o discurso político no qual se exerce a soberania, com o discurso do saber no qual se enuncia a ordem do mundo. Foi esse discurso que encontrou sua formulação mais alta em Sólon e em Empédocles,

---

* Nesta indagação e nas seguintes deste item, subentenda-se: ver, pensar. (N. da T.)
** O manuscrito repete: judicial.

Aula de 3 de fevereiro de 1971   87

reis de justiça, poetas da lei escrita e mestres de verdade. É esse tipo de afirmação que desaparece com os sofistas – ou melhor, cujos pedaços esparsos reencontramos nos sofistas, como se ela circulasse em estado selvagem num jogo no qual não se fixa nem se detém em lugar algum. Afirmação da lei opondo-se à natureza; afirmação de que não há verdade e de que todo discurso é verdadeiro; afirmação de um saber universal e de que o saber não é nada; afirmação de que se ensina a justiça e de que se pode fazer triunfar todas as causas. A embriaguez da velha verdade grega despedaçada.

[29]   Desse κρίνειν cantado por Hesíodo e oposto por ele ao δικάζειν dos reis devoradores de presentes, desse κρίνειν institucionalizado pela lei de Gortina até os mercadores de discursos e de argumentos esmagadores o caminho, de qualquer modo, foi longo. *Grosso modo*, passou por três etapas:

– Estabelecimento de uma lei escrita fixando, em certa medida, o νόμος que rege o justo e a prática judicial. É a primeira grande derrota da justiça aristocrática e guerreira, prestada a partir dos momentos decisórios. O dizer judicial que vence não é mais aquele cuja imprecação tiver mais peso, é aquele que for conforme com o νόμος. É a época de Carondas[32], Zaleuco e Drácon. [É] εὐνομία[33].

– Estabelecimento de um poder político-judicial que tem a forma da cidade e que, pelo menos em princípio, se exerce do mesmo modo para com todos os cidadãos, mesmo quando são desiguais quanto à riqueza ou ao nascimento. É a época de Sólon[34]. É ἰσονομία[35].

– Por fim, pelo menos em algumas cidades, a tomada de poder pelo povo, através ou a despeito ou na sequência da tirania[36].

[30]   Mas o que temos de reconstituir agora é a história política que pode explicar o surgimento do κρίνειν – dessa implantação, através das instituições e das práticas judiciais, de um discurso justo e verdadeiro. E que pode explicar suas transformações.

*

NOTAS

1. O juiz diz a verdade na Grécia arcaica; a ligação δίκαιος καὶ ἀληθής é encontrada com muita frequência: cf. Eurípides, *As suplicantes*, v. 855; Platão, *Leis*, IX, 859a; Demóstenes, *Harangues*, II (ed. e trad. francesa M. Croiset, Paris, Les Belles Lettres, 1925, pp. 110-2); Sófocles, *Édipo rei*, v. 1158 (segundo R. Hirzel, *Themis, Dike und Verwandtes. Ein Beitrag zur Geschichte der Rechtsidee bei den Griechen*, Leipzig, 1907, pp. 108-15; reimpr. Hildesheim, G. Olmes, 1966).

88   *Aulas sobre a vontade de saber*

2. G. Dumézil, *Servius et la Fortune*, Paris, Gallimard, 1943, pp. 243-4.

3. Sobre o ordálio, cf. G. Glotz, *L'Ordalie dans la Grèce primitive*, Paris, 1904; Id., *Études sociales et juridiques sur l'Antiquité grecque*, Paris, Hachette, 1906, pp. 81-4, 94; G. Sautel, "Les preuves dans le droit grec archaïque", art. citado, pp. 125-6.

4. A mulher culpada entregava-se às divindades marinhas atirando-se do alto de um rochedo (salto de Lêucade).

5. Foucault refere-se aqui à "produção teatral da loucura" experimentada no século XVII (cf. Z. Lusitanus, *Praxis medica*, 1637), descrita in *Histoire de la folie à l'âge classique, op. cit.*, pp. 400-5. "Era um hábito aceitar como por desafio a verdade do delírio do doente." O tratamento moral da loucura, comentado com frequência por Foucault, corresponde rigorosamente ao procedimento inverso dessa teatralização do delírio.

6. Hesíodo, *Les Travaux et les Jours* [citado *infra*: *Travaux*], vv. 35-39, ed. e trad. francesa P. Mazon [edição de referência], Paris, Les Belles Lettres, 1ª ed. 1928.

7. Hesíodo dirige-se a seu irmão Perses, que o teria espoliado de uma parte de sua herança. Cf. *ibid.*, p. 87.

8. Documento epigráfico constituído de várias inscrições; a principal deve datar de 450; mas na verdade a legislação de Gortina (Creta) deve ter permanecido aproximadamente em seu estado arcaico: inscrições fragmentárias do século VII e do século VI. Cf. F. Bücheler & E. Zitelmann, *Das Recht von Gortyn*, Frankfurt/Main, J. D. Sauerländer, 1885.

9. L. Gernet, "Le temps dans les formes archaïques du droit", *Journal de psychologie normale et pathologique*, LIII (3), 1956, pp. 379-406.

10. O caráter de velamento ou não velamento da verdade, sua essência ambígua, evidentemente remete à Ἀλήθεια de Heidegger e principalmente a *De l'essence de la vérité*, trad. francesa A. de Waelhens & W. Biemel, Paris, J. Vrin/Louvain, Neuwelaerts, 1948 (ed. orig.: *Vom Wesen der Wahrheit*, Frankfurt/Main, V. Klostermann, 1943). Mas o que Foucault retoma aqui é a descrição do par antitético "*Alétheia/Léthe*" de Detienne (também ele nunca citado neste curso), desenvolvida em *Les Maîtres de vérité dans la Grèce archaïque (op. cit.)*, para contorná-la a partir de uma reconstituição das práticas judiciais. (Cf. "Situação do curso", *infra*, pp. 244-58.)

11. Cf. L. Gernet, "Sur la notion de jugement en droit grec", *Archives d'histoire du droit oriental (AHDO)*, I, 1937, pp. 115-6.

12. R. Dareste, B. Haussoullier, Th. Reinach, eds., *Recueil des inscriptions juridiques grecques*, Paris, E. Leroux, 1ª sér., fasc. 3, 1894, pp. 352 s.; citado por Gernet, *supra* [nota anterior].

13. K. Latte, citado *ibid.*

14. Anfictiões: nome dado aos deputados das cidades gregas reunidos em confederação política e religiosa e cujas assembleias se realizavam na primavera em Delfos (e no outono em Antela, perto das Termópilas). Os anfictiões dispunham de uma força militar para punir os perjuros. Cf. J. Gaudemet, *Les Institutions de l'Antiquité, op. cit.*, pp. 176-7.

15. G. Glotz, *Études sociales et juridiques sur l'Antiquité grecque, op. cit.*, p. 145 (citação transcrita por Foucault em sua documentação).

16. Estas críticas do julgamento decisório são citadas por G. Sautel, "Les preuves dans le droit grec archaïque", p. 131.

17. Ἀγών ou νεῖος: luta ou discórdia.

18. Δίκαιον: o "justo"; cf. Hesíodo, *Travaux*, v. 225; a sentença decisória, segundo E. Wolf, *Griechisches Rechtsdenken*, Frankfurt/Main, Klostermann Verlag, 4 vols., 1950-1956 [1882].

19. Δίκαιον καὶ ἀληθές: o que é justo e verdadeiro; encontra-se uma equivalência dessas palavras nos trágicos (Hirzel).

20. Heródoto, *Histórias*, I, 97: "Dioces era renomado como juiz porque era capaz de pronunciar as sentenças de acordo com a verdade (τὰς δίκας ἀποβαίνειν κατὰ τὸ ἐόν)" (citado, com outros exemplos, por R. Hirzel, *Themis, Dike und Verwandtes, op. cit.*).

21. Cf. H. Frisch, *Might and Right in Antiquity. "Dike" I: From Homer to the Persian Wars*, trad. C. C. Martindale, Copenhague, Gyldendal Boghandel, 1949.

Aula de 3 de fevereiro de 1971 89

22. Aristóteles, *Política*, II, 1274b 15-16: "Existem leis (*nómoi*) de Drácon, estabelecidas em conformidade com a constituição (*politeía*) existente." Essas *nómoi* (leis) ou *thesmoí* (usos) atribuídos a Drácon são objeto de controvérsias entre historiadores; cf. F. Ruzé, *Délibération et Pouvoir dans la Cité grecque de Nestor à Socrate*, Paris, Publications de la Sorbonne, 1997, pp. 342-5.

23. L. Gernet, "Sur la notion de jugement en droit grec", art. cit., pp. 126-9.

24. *Ibid.*, pp. 111-44.

25. L. Gernet, *Droit et Société dans la Grèce ancienne*, Paris, Sirey (Publications de l'Institut de droit romain de l'Université de Paris, t. XIII), 1955, 1964[2].

26. E. Wolf, *Griechisches Rechtsdenken* (*op. cit.*, pp. 85-94), cita efetivamente cinco empregos, em 19-55; 23-539; 18-497; 16-542; 16-388.

27. H. Frisch, *Might and Right in Antiquity* (*op. cit.*, pp. 98-9), identifica todos os empregos de *díke* em Hesíodo.

28. Arato, *Os fenômenos*, poema astronômico extremamente popular em todo o mundo grego; cf. M. Detienne, *Crise agraire et attitude religieuse chez Hésiode, op. cit.*, pp. 30-1.

29. E. Wolf, *Griechisches Rechtsdendenken*, pp. 34-45.

30. Cf. L. Gernet, *Droit et Société dans la Grèce ancienne, op. cit.*

31. É inevitável lembrar aqui o comentário de Nietzsche por Heidegger: "A concepção grega inicial do ente ia solidificando-se até formar apenas, no momento presente, o que há de mais comum, como sendo evidente [...]. Inútil examinar aqui os pormenores dessa doutrina e seus derivados históricos que coincidem com os principais estágios da metafísica ocidental". (M. Heidegger, *Nietzsche*, trad. francesa P. Klossowski, Paris, Gallimard, 1971, 2 vols.: cf. t. I, p. 420; ed. orig.: Pfullingen, Günther Neske Verlag, 1961).

32. Os primeiros legisladores, qualificados pelos gregos de tiranos ou "patrões", palavra sem valor pejorativo antes do século V: Carondas em Catânia por volta de 600, Zaleuco em Locros, Magna Grécia, por volta de 663, e Drácon em Atenas por volta de 621. Cf. H. Frisch, *Might and Right in Antiquity*, pp. 116-8; ver também M. I. Finley, *The Ancient Greeks: Introduction to their Life and Thought*, Londres, Chatto & Windus, 1963.

33. Εὐνομία: harmonia, boa administração. Cf. Xenofonte, *Econômico*, IX, 14; Heródoto, *Histórias*, I, 65.

34. Sólon, arconte de Atenas, 594-591. Para Aristóteles a democracia começa com Sólon.

35. Ἰσονομία: igualdade perante a lei, de fato: a lei, verdadeiro soberano da cidade ateniense; os gregos usam frequentemente esse termo para designar o regime democrático. Cf. G. Vlastos, "Isonomia", *American Journal of Philology* (Baltimore, Md.), LXXIV, 1953, pp. 337-66.

Segundo Ed. Will, outra fonte de M. F.: *isonomía*, não igualdade perante a lei, e sim igual repartição (de *nemein*, distribuir); cf. Ed. Will, *Le Monde grec et l'Orient*, Paris, PUF, 1972, 2 vols.; cf. t. I, p. 73. Foucault consultou também P. Lévêque & P. Vidal-Naquet, *Clisthène l'Athénien*, Paris, Les Belles Lettres (Annales littéraires de l'Université de Besançon), 1964.

36. J. R. Dunkle, "The Greek tyrant and Roman political invective of the Late Republic", *Transactions and Proceedings of the American Philological Association* (Cleveland, Oh.), XCVIII, 1967, pp. 151-71.

AULA DE 10 DE FEVEREIRO DE 1971

Distribuição da fala de verdade segundo díkazein *e* krínein. *– Surgimento de um* díkaion hesiódico *como reivindicação de uma ordem justa. – Papel do vizinho no jogo entre a justiça e a injustiça. – Da verdade ordálica à verdade-saber. – Aporte dos saberes assírios e hititas. Sua transformação na Grécia.*

[1]   Os textos de Hesíodo e a legislação posterior de Gortina fizeram surgir uma oposição entre dois tipos de ações jurídicas: κρίνειν e δικάζειν:

– [uma] oposição formal: num caso, as duas partes prestam juramento; no outro caso, também o juiz pronuncia a fórmula ritual do juramento e da imprecação;

– [uma] oposição na maneira como a sentença é obtida: num caso, pela mecânica dos juramentos; no outro, por uma decisão do juiz que não está atrelada ao juramento das partes.

É toda a disposição da fala de verdade que é diferente de uma prática judicial para outra.

a – No δικάζειν, ela é pronunciada pelos litigantes. Longe de esse caráter necessariamente contraditório das duas afirmações de [2]   verdade constituir problema e invalidá-las mutuamente, é a oposição de ambas que, na forma da luta simbólica, de ἀγών, vai carregar consigo a decisão; a mais pesada dessas imprecações triunfará necessariamente. A sentença efetua-se não acima da oposição dos discursos, efetua-se no jogo e pelo jogo dessa oposição. O juiz pesa não o valor das provas avaliadas com total neutralidade por uma opinião terceira e indiferente, e sim pelo peso das afirmações proferidas, no jogo do choque real destas.

b – No κρίνειν, ao contrário, a fala de verdade desloca-se do litigante para o juiz. Segundo a fórmula ritual dos anfictiões[1], cabe ao juiz dizer o verdadeiro e expor-se à vingança dos deuses se não o disser. A forma ordálica da verdade – prova e suplício – ele retoma

92   *Aulas sobre a vontade de saber*

para si. E consequentemente os juramentos das duas partes tendem a não desempenhar mais que um papel declarativo: os dois litigantes declaram que introduzem uma instância, que se entregam à autoridade do juiz; declaram assim quais são suas teses, e então a sentença do juiz terá o papel de dizer qual delas é verdadeira, ou qual é a mais verdadeira ou a melhor. Não cabe mais à oposição real de duas falas [3] resolver-se por sua dinâmica própria; cabe a uma terceira instância escolher entre elas e dizer qual vale mais. A verdade é o que se diz de uma ou da outra a partir de um ponto que não é nem uma nem a outra.

Mas surge um problema: quando o juiz se expõe por juramento, para o caso de sua sentença não ser correta, qual critério utiliza? Em nome de quê, ele faz a separação? Qual é a regra a que esse terceiro discurso se submete para operar sua decisão?

[4]   A – O SURGIMENTO DO δίκαιον

Por que coisa a fala do juiz deve pautar-se no κρίνειν?

Não é pelo conjunto de leis existentes, como prova um certo número de disposições que podemos ver na lei de Gortina ou que podemos induzir a partir dela. É onde a lei falta, é onde a tradição é muda, é onde o papel atribuído ao litigante não pode mais ser regularmente desempenhado que o κρίνειν entra em jogo.

É possível que seja no caso das pendências interfamiliais (em que a tradição não estava bem estabelecida) (hipótese de Gernet)[2]; é [5] possível também que o κρίνειν intervenha quando se trata de estimar um dano, um bem, [de] fazer uma partilha. Em resumo, podemos legitimamente supor que o uso do κρίνειν esteja ligado ao desenvolvimento de uma sociedade em que as relações econômicas assumem cada vez mais extensão e extravasam cada vez com mais frequência o quadro familial.

Em todo caso, o que guia as sentenças do juiz no κρίνειν, aquilo a que ele está atado por seu juramento, não é a lei, o θεσμός[3]; é outra coisa.

É essa outra coisa que é designada pelo termo δίκαιον.

Essa noção e esse termo não existem em Homero. Na *Ilíada* ou na *Odisseia*, Δίκη aparece (cinco vezes na *Ilíada*, mais frequentemente na *Odisseia*)[4], mas com o sentido de:

– veredicto ou sentença (*Ilíada*, XVIII/Σ, 508 / *Od.*, XI/Λ, 570);
– exercício da justiça (*Il.*, XVI/Π, 542);
– processo legal ou legítimo, ação que alguém introduz, queixa que alguém formula de acordo com as regras (*Il.*, XXIII/Ψ, 542);

Aula de 10 de fevereiro de 1971 93

– direito e prerrogativa de cada um (*Il.*, XIX/T, 180);
– regularidade das ações e das sentenças (*Il.*, XVI/ P, 388).

[6]   Portanto, Δίκη é, em resumo, o que está em jogo no processo judicial, o processo em si com sua regularidade; a sentença e o que dela resulta. A δίκη não é o que rege a ação judicial, é antes seu transcurso, seu jogo e o que está em jogo nesse jogo. O que rege a δίκη é θέμις, *id est*, o costume – lei e regra.

B – O δίκαιον de Hesíodo

Em Hesíodo, ao contrário, o termo δίκαιον aparece ligado a Δίκη como seu correlativo[5]. Essa correlação δίκη-δίκαιον é desenvolvida com bastante clareza na passagem de *Os trabalhos e os dias* voltada para a felicidade e a infelicidade da Cidade: se os reis não prestarem a justiça de acordo com o princípio do δίκαιον, toda uma série de desgraças vem em seguida. Quais são essas desgraças e como se distribuem?

a – Quanto à própria natureza das desgraças, são as mesmas que atingem os perjuros segundo as velhas fórmulas homéricas e tradicionais da imprecação: morte dos indivíduos, esterilidade das mulheres, do gado e dos campos; guerra e desastres:

> "Os homens morrem, as mulheres deixam de parir, as casas definham, pelo conselho de Zeus Olímpico. Às vezes também o crônida* lhes destrói uma muralha, um grande exército, ou se desforra em sua frota no meio dos mares." (*Trabalhos*, 243-247)[6]

[7]   b – Em contrapartida, a distribuição dessas desgraças tradicionais muda. Na fórmula sacramental, é o próprio perjuro que paga, ou sua descendência e sua raça. A vingança de Zeus, garantia dos juramentos, segue as mesmas linhas que as retribuições humanas. O sangue, o γένος, a raça definem os limites, os pontos de aplicação preferenciais, as vias de comunicação dos castigos. Em Hesíodo, é a cidade inteira que é vítima da injustiça de seus reis; a parentela não marca previamente as vítimas possíveis; o Estado ou a Cidade engloba todos indiferentemente.

> "Frequentemente uma cidade inteira sente os efeitos do delito de um único que reina e trama o crime." (*Trabalhos*, 240-241)[7]
> "É preciso que o povo pague pela loucura de seus reis, que, com tristes desígnios, falseiam suas sentenças com fórmulas tortas." (*Trabalhos*, 262-263)[8]

---

* Por Zeus ser filho de Cronos, este é um de seus epítetos mais usuais. (N. da T.)

94

Aulas sobre a vontade de saber

c – Mas é também a teologia desse castigo que é em parte modificada. Em Homero, quando havia perjúrio, como a soberania de Zeus era ultrajada, este se vingava diretamente, mesmo que lhe acontecesse retardar a hora.

[8] Em Hesíodo, Δίκη serve de intermediária quando os reis não julgam bem; é Δίκη que é ofendida, que se ausenta da Terra e vai solicitar, refugiando-se em seu colo, a vingança de Zeus[9]. Os maus julgamentos provocam em primeiro lugar a ausência de Δίκη; e é o insulto a Δίκη que provoca secundariamente a cólera de Zeus.

O discurso e a prática de justiça não estão mais em relação direta com o Zeus que envia os decretos, que garante os juramentos e pune os perjuros; começam a relacionar-se com ele por intermédio de Δίκη. Estranha deusa correlativa das práticas humanas, visto que são os maus julgamentos que a expulsam, mas é porque ela está ausente que os maus julgamentos se multiplicam.

[9] d – Porém, mais ainda que essa outra causalidade teológica, é todo um novo sistema de correlações que se instala. O novo sistema caracteriza-se de várias maneiras:

– É assimilado ao perjúrio, aos falsos juramentos, às sentenças tortas e às impiedades todo um conjunto de condutas econômicas do tipo compra desonesta, fraude com os bens. É como se Hesíodo estivesse convocando em torno das transações as mesmas garantias sagradas que em torno dos juramentos judiciais; é como se procurasse dar a esses comportamentos a mesma estrutura jurídico-religiosa que às disputas e litígios.

> "A riqueza não deve ser arrebatada [...]. Pode-se ganhar uma imensa fortuna por meio da violência [...] pode-se conquistá-la com a língua, como acontece frequentemente, quando o ganho ludibria o espírito do homem e a desfaçatez passa à frente do sentimento de honra. Mas então os deuses não tardam a aniquilar o culpado, a arruinar-lhe a casa, e sua fortuna não o acompanha por muito tempo. O crime é semelhante ao de quem maltrata um suplicante, um hóspede [...]." (*Trabalhos*, 320-327)[10]

– O sistema engloba um parceiro novo que, nesse jogo entre a justiça e a recompensa, entre a injustiça e a punição, desempenha
[10] um papel ambíguo. Esse elemento novo é o vizinho: γείτων. Por um lado, o vizinho é como uma riqueza, como uma boa colheita: um presente dos deuses, uma recompensa pela piedade e pela observância das regras.

Aula de 10 de fevereiro de 1971

"Um mau vizinho é uma calamidade, assim como um bom vizinho é um verdadeiro tesouro. Quem tem um bom vizinho tem um bom quinhão." (*Trabalhos*, 346-347)[11]

Mas, por outro lado, o vizinho em si é um princípio de redistribuição: é ele que recompensa e enriquece, é ele que espalha a desgraça:

"Vosso boi não morreria se não tivésseis um mau vizinho [...] o que tomais de um outro sem seu consentimento, dando ouvidos apenas à desfaçatez, [...] gela vosso coração." (*Trabalhos*, 349-360)[12]

– Se o vizinho está nessa posição ambígua, é na medida em que é uma peça indispensável do sistema de trocas. Troca que, como na sociedade homérica, tem a forma da doação e da contradoação; mas aqui o desequilíbrio (devolver mais do que se recebeu) já não é uma questão de prestígio; é uma questão de cálculo, de medida:

"Deves medir com exatidão o que tomas emprestado de teu vizinho e devolver-lhe com exatidão, na mesma medida e mais ainda, se puderes, para em caso de necessidade teres certeza de sua ajuda." (*Trabalhos*, 349-352)[13]

A justiça toma forma no sistema medido de prestações, de dívidas e seu reembolso, em vez de expor às vinganças simultaneamente iminentes e indefinidas de Zeus.

[11]   – Por fim, essa ordem justa e mensurável da dívida está ligada a uma outra ordem, também mensurável, que é a das estações, do tempo, das colheitas, dos astros e dos dias. É pela oposição mendicância/subsistência que se estabelece a relação entre a ordem da vizinhança e das dívidas por um lado, a ordem do trabalho e dos dias pelo outro.

– Quem não der ao vizinho não receberá nada dele quando for preciso; não terá com que semear no momento certo; daí a miséria.

– Quem não semear, não trabalhar a terra no momento certo, ficará reduzido ao sistema não da dívida medida, e sim do pedido sem compensação, ou seja, à mendicância.

Trabalha... "se não quiseres um dia, com teus filhos e tua mulher, ir com o coração pesado mendigar teu viver de vizinho em vizinho, sem que nenhum deles se preocupe. Duas vezes, talvez três vezes serás bem-sucedido; mas, se incomodares mais, não conseguirás nada." (*Trabalhos*, 399-403)[14]

96   *Aulas sobre a vontade de saber*

A ordem das coisas, o momento do trabalho, as estações favoráveis e os dias fastos: são esses os elementos nos quais a conduta justa deve apoiar-se; assim como é essa ordem natural que, por sua vez, virá espontaneamente recompensar a conduta justa (cf. os últimos versos de *Os trabalhos*):

"Feliz e afortunado aquele que, sabendo tudo o que diz respeito aos dias, faz seu labor sem ofender os Imortais, consultando os avisos celestes e evitando cometer alguma falta." (826-828)[15]

[12]   Não devemos esquecer que a relação entre o decreto de Zeus, a disposição regular dos momentos, a justa retribuição e o jogo dos empréstimos e das dívidas saldadas sem conflito, essa relação é formulada na *Teogonia*[16]:

"[Zeus] desposou a brilhante Equidade (Θέμιν), que foi mãe das Horas (Ὥρας) – Disciplina (Εὐνομίην), Justiça (Δίκην) e a florescente Paz (Εἰρήνην), que zelam pelos campos [ἔργα[17], diz o texto] dos homens mortais [...]." (901-903)

Por fim, o justo no qual se apoia o κρίνειν e que deve servir de regra imanente a essa prática de justiça é totalmente diferente daquilo que regula a velha justiça do juramento decisório: esta só conhece a regra formal (θέμις); agora, o κρίνειν deve apoiar-se numa justiça que está:

α – ligada à própria ordem do mundo (e não mais simplesmente à cólera dos Deuses);

β – ligada ao tempo dos ciclos e das restituições (tempo do retorno prometido, retorno da dívida e retorno das estações, passagem para o mesmo ponto, e não mais para a iminência menos ou mais retardada da vingança divina);

[13]   γ – ligada à promessa, ao tempo do vencimento, ao momento em que a dívida deve retornar;

δ – por fim, ligada à medida: medida dos ciclos temporais, medida das coisas, de sua quantidade e de seu valor.

No sistema do desafio-verdade, o tempo era o do acontecimento-relâmpago, do acontecimento raio, que atinge sem que se possa evitá-lo, mas num momento que não se consegue prever: não há possibilidade de a vingança de Zeus falhar, mas não se sabe quando ocorrerá. Além disso, os pagamentos, as recompensas e as retorsões vêm, mas sempre em forma de desequilíbrio: quando Agamêmnon faz sua paz com Aquiles, propõe-lhe muito mais do que aquilo de que o privou.

No sistema do julgamento, as restituições são feitas seguindo a forma do equilíbrio e da medida, e os acontecimentos têm lugar, devem ter lugar em momentos bem determinados previamente e que podem ser medidos com exatidão. Esses dois sistemas de medida não são indiferentes um ao outro, visto que, como diz Hesíodo, se alguém devolve um pouco mais que a medida, é para em tempo útil poder pedir novamente.

[14] Esses quatro elementos – a medida e o "um pouco mais", o prazo e o "novamente" – alicerçam esse δίκαιον que constitui a regra imanente do κρίνειν.

Como podemos ver, é todo um conjunto de novas relações econômicas que embasam a aparição do δίκαιον, que a provocam e a tornam possível: a dívida rural (com o que isso implica em termos de dissociação do γένος da propriedade coletiva, em termos de constituição de uma pequena propriedade individual, em termos de superpopulação também; em termos de ausência de moeda e de padrão de medida).

Os trabalhos e os dias, poema dessa dívida do camponês, que o retorno das estações e do tempo fixado salda ou renova; que as medidas, na falta de moeda, tornam incerta. O calendário e a medida: o ciclo do tempo e o símbolo monetário são o que é exigido pelo endividamento rural; e é com isso que deve articular-se o κρίνειν.

[15] C – A CORRELAÇÃO δίκαιον-ἀληθές[18]

O juramento decisório é substituído pelo julgamento-medida (ou pelo menos começa a ser substituído...). Ao mesmo tempo, a verdade-desafio, a verdade ordálica, é substituída pela verdade-saber. (A verdade que fulmina ou protege. A verdade que se sabe.)

1/ De fato, para que o julgamento seja justo, para que o κρίνειν seja da ordem do δίκαιον e seja regulado por ele, é preciso:

– Por um lado, que ele leve em conta, que tenha como fundamento o exato retorno do tempo, a exata medida das coisas. Já não está em causa simplesmente lembrar-se das regras, ter Têmis na memória. É preciso lembrar-se das estações e dos tempos; é preciso ter medido os bens. É preciso que essa medida tenha sido feita e permaneça na memória.

Memória de um outro tipo: na justiça do juramento-decisão, tratava-se de guardar na memória as regras, os costumes, os decretos de Zeus. E era preciso lembrar-se deles no momento certo, para aplicá-los na ocasião certa. Como vemos, é uma memória exegética.

[16]   No κρίνειν, é necessária ademais uma memória nova, memória que deve guardar a medida ao longo do tempo para que o retorno do tempo traga de volta as mesmas medidas. Memória contábil que não deve lembrar a ocasião, e sim manter o idêntico. Escrita.

– Por outro lado, para que a sentença seja justa é preciso que manifeste a verdade, que diga simultaneamente o que deve ser (como as repartições devem ser feitas) e o que é (os elementos que são idênticos, as datas que voltam, o retorno do tempo).

Também aí, transformação importante: no juramento decisório, uma única formulação afirmava a verdade, arrebatava a decisão, expunha o formulador e designava-o para a vingança dos deuses. No julgamento-medida, realmente ainda se tem uma fórmula restrita que diz simultaneamente o que é e o que deve ser. Mas, como vemos, os elementos não são mais os mesmos:

– o julgamento-medida não designa mais o protagonista, ele desvela as coisas;

– o julgamento-medida impõe uma decisão, é uma fala de soberania.

[17]   O desvelamento do verdadeiro e o exercício da soberania são solidários e solidariamente substituem a designação do agonista e o risco voluntariamente aceito por ele.

Descobrimos, portanto, três características fundamentais do κρίνειν:

– a memória do idêntico e de sua medida,

– o desvelamento do verdadeiro,

– o exercício da soberania.

Já estamos no espaço em que se debaterão os Sofistas e Platão.

2/ Mas uma outra característica deve ser notada: é que esse δίκαιον καί ἀληθές que serve de regra para a sentença ultrapassa amplamente sua localização na prática judicial. Se a decisão de justiça é justa porque retém a medida e o tempo, qualquer outra fala que as retiver também será fala justa. De um modo ainda mais geral, será justo todo ato e toda pessoa que retiverem a medida e o tempo.

[18]   Disso, duas consequências:

– Ser justo já não cabe simplesmente ao rei de justiça, e sim a todo homem. Este será justo na medida em que houver prestado atenção, aguçado o ouvido e guardado na memória o que é justo. A justiça já não é simplesmente o que se diz, é o que se escuta; e o homem justo já não é simplesmente aquele que diz a sentença certa: é o homem, é todo homem que escutou a justiça.

Aula de 10 de fevereiro de 1971   99

"Quanto a ti, Perses[19], vê se pões na mente estes avisos: ouve a justiça (δίκης ἐπάκουε), esquece para sempre a violência." (*Trabalhos*, 274-275)

O devedor exato, o lavrador que faz cada coisa em seu tempo, aquele que sabe o que é preciso fazer e não fazer no tempo em que é preciso, esse, mesmo sem ter de portar o bastão de soberania, é um homem justo. Deve inclusive ser o modelo e a norma para aquele que tem de prestar a justiça.

"Esse é o homem completo que sempre, por si só, depois de refletir, vê (νοήσῃ) o que, mais tarde e até o fim, será o melhor." (*Trabalhos*, 293-294)[20]

"Deves observar a medida: o cabimento em tudo é a qualidade suprema." (*Trabalhos*, 694)[21]

[19]   Mas, se, por um lado, todo homem pode ser justo quando sabe escutar a fala verdadeira da medida e da ordem, inversamente, o verdadeiro ciclo das coisas, as proporções reais destas, o retorno do calendário, tudo isso é a própria justiça na repartição das coisas[22]. Segundo Hesíodo, Zeus zela para que a riqueza das colheitas venha recompensar com exatidão o trabalho dos homens. E permite-lhes até mesmo compensarem o esquecimento. Se alguém semeou tarde demais, apesar disso pode, porque Zeus assim quis, ter uma boa colheita...

E é esse tema do mundo justo que em seguida encontramos durante muito tempo na poesia ou na prosa "filosófica" dos séculos VI e V.

Anaximandro: As coisas fazem justiça umas às outras.

Heráclito: Se o sol se desviasse de seu curso, então as Erínias o perseguiriam e o puniriam.

[20]   O δίκαιον, tal como se delineia na prática de justiça, ultrapassa-a amplamente: torna-se regra da vida diária; torna-se ordenamento do mundo. Prescreve o que se deve fazer todos os dias e traça o percurso das coisas. É preciso tê-lo escutado para agir como se deve; mas, quando se olha para as coisas, é ele que se vê.

Com ele vemos relacionada a forma do saber. A justiça já não se ordena tanto por uma verdade afirmada e arriscada; está mais ligada a uma verdade que se sabe. Ser justo não é mais apenas aplicar as regras e arriscar a verdade. É não esquecer de saber a verdade; é não esquecer a verdade que se sabe.

É por isso que também Hesíodo pode apresentar um discurso de justiça. Claro, o que ele vai dar não é uma sentença, e sim pareceres.

100 *Aulas sobre a vontade de saber*

Pareceres para os reis de justiça, pareceres para um camponês como Perses. Ele pode dizer o justo da justiça; pode pronunciar sentenças sobre as sentenças, pareceres sobre as decisões. Pode julgar os juízes. O κρίνειν assume de repente, e sem dúvida no mesmo momento em que nasce, uma amplitude em que ainda não se distinguem a poesia sentenciosa, o enunciado da natureza e a reivindicação política.

[21] É um discurso que ao longo de todo seu desenvolvimento tem duas faces: a da justiça e a da verdade. Já bem no início do poema, ele diz a Zeus: "A Ti, que a justiça paute tuas decisões! Quanto a mim, vou fazer Perses ouvir verdades." (*Trabalhos*, 9-10)[23]

3/ Mas surge um problema. Essa verdade na forma do saber, da qual o κρίνειν necessita e na qual se apoia, qual é? Se seguirmos Hesíodo mas também seus sucessores, é a verdade dos dias e das datas; dos momentos favoráveis; dos movimentos e das conjunções dos astros; dos climas, dos ventos e das estações; ou seja, todo um certo saber cosmológico. É também a verdade da gênese dos deuses e do mundo[24], da ordem de sucessão e de precedência destes, de sua organização como sistema do mundo. Teogonia. O saber do calendário e da origem; o saber dos ciclos e do começo[25].

[22] Ora, esses dois saberes têm uma localização histórica e geográfica bem conhecida: foi nos grandes impérios do Eufrates e do Oriente Próximo que eles se formaram e se desenvolveram, entre os hititas, entre os assírios, na Babilônia[26]. E constituíram-se ali em relação direta com a forma do poder político.

Isso porque: (a) a estrutura estatal desses regimes e o sistema administrativo implicavam a manutenção exata de um calendário oficial onde estavam indicados os dias fastos e nefastos para as decisões, os trabalhos, as batalhas, a semeadura; (b) implicavam também a medição das quantidades e um sistema de equivalência para a cobrança dos impostos e, pelo menos, dos serviços e das rendas[27]; (c) por fim, o poder régio como estrutura simultaneamente política e mágico-religiosa era restabelecido regularmente e em data fixa, seguindo um mesmo ritual indo-europeu, por cerimônias que incluíam uma recita-

[23] ção: recitação da genealogia, das façanhas dos ancestrais, das façanhas do próprio rei. Uma espécie de recomeço a partir do começo. Eram as epopeias revigorantes do poder régio.

Os três grandes tipos de saber que haviam se desenvolvido entre os assírios – o saber de observação e de magia dos dias e dos astros, o saber técnico das quantidades e das medidas, o saber mítico-religioso das origens –, esses três saberes estavam ligados ao exercício

Aula de 10 de fevereiro de 1971   101

do poder em uma sociedade na qual o aparelho estatal estava relativamente desenvolvido[28].

Ora, são os saberes que convoca o δίκαιον, no qual, por sua vez, se apoia o κρίνειν. Podemos perceber bem o sentido dessa convocação:

(1) reivindicação de um poder político (ou de um *análogon* de poder político) acima do e contra o poder exercido pelos chefes tradicionais;

(2) assimilação por indivíduos de todos os poderes ligados a esse saber;

(3) referência, do outro lado da invasão dórica, a estruturas que eram anteriores ou que haviam permanecido exteriores.

[24] Mas é preciso observar de imediato que, se há realmente nos séculos VII-VI retorno e reaparecimento de formas míticas mais antigas; se a escrita, obliterada no momento da invasão dórica, retoma força; se toda uma rede de correspondências cosmológicas e mágicas é transplantada a partir do Oriente, esse saber assume imediatamente uma forma nova. Já não está socialmente localizado entre aqueles que detêm o poder político, exercem-no por delegação ou servem-lhe de instrumento.

Não será mais na Grécia o saber dos funcionários, dos escribas[29], dos contadores e dos astrólogos do poder; será o saber de que todo homem necessita para ser justo e reivindicar de cada um a justiça. O saber desloca-se do exercício do poder para o controle da justiça.

E, ao mesmo tempo, não está mais ligado ao segredo (ou pelo menos tende a dissociar-se da forma de segredo) e, seguindo uma linha necessária, tenderá a ser colocado em praça pública, tanto quanto a justiça.

[25] Por fim, é preciso observar que até certo ponto essas três grandes direções do saber oriental vão organizar o saber grego e ocidental.

(1) saber da origem, da gênese e da sucessão: saber das cosmologias, da filosofia e da história;

(2) saber das quantidades, das contas e das medidas: saber matemático, saber físico;

(3) saber do acontecimento, da ocasião, do momento: saber técnico da agronomia, da medicina; saber mágico[30].

NB: Os dois primeiros saberes finalmente organizaram a ciência ocidental: a origem e a medida; a sucessão e a quantidade; a ordem do tempo e a ordem numérica*.

---

* Em uma ficha preparatória sem referência, M. F. anota: "É a partir do século V que o mundo dos geômetras e dos astrônomos se separa do mundo da cidade. O físico do século V é

102 *Aulas sobre a vontade de saber*

Em contrapartida, o saber do momento foi pouco a pouco sendo empurrado para as margens: lógica estoica, conhecimento mágico; tradição médica que leva à medicina clínica, que substitui o conhecimento do momento, da ocasião médica, pela espacialização dos focos patogênicos.
[Foi na] estratégia militar, política e revolucionária que se desenvolveu novamente o saber do acontecimento, do momento, da ocasião.

Poderia ser também que a psicanálise tenha [...*]

*

NOTAS

1. Cf. *supra*, pp. 81 e 88, nota 14.
2. L. Gernet, *Recherches sur le développement de la pensée juridique et morale en Grèce*, Paris, E. Leroux, 1917, p. 449; retomado por G. Sautel, "Les preuves dans le droit grec archaïque", art. citado, pp. 147-60.
3. *Thesmos* não é originalmente a lei escrita ou *nómos*, e sim a instauração de um costume, seja por um colégio de magistrados seja por um único legislador (Drácon é um tesmóteta, Sólon é um nomóteta). Mas Sólon utiliza os dois termos como sinônimos. *Thesmos* desaparece no século V. Cf. P. Vinogradov, *Outlines of Historical Jurisprudence*, Londres, Humphrey Milford, 1920, vol. I, pp. 73, 75; J. Gaudemet, *Les Institutions de l'Antiquité, op. cit.*, pp. 185-92.
4. H. Frisch, *Might and Right in Antiquity, op. cit.*, pp. 46-7; também E. Wolf, *Griechisches Rechtsdenken, op. cit.*, pp. 85-94.
5. Cf. H. Frisch, *Might and Right in Antiquity*, pp. 98-9.
6. Hesíodo, *Les Travaux et les Jours*, vv. 243-247, ed. P. Mazon, citada [*supra*, p. 88, nota 6], p. 95.
7. *Ibid.*, vv. 240-241, *loc. cit.* M. F.: "reina"; P. Mazon: "se desencaminha".
8. *Ibid.*, vv. 262-263, p. 96.
9. *Ibid.*, vv. 256-262, pp. 95-6.
10. *Ibid.*, vv. 320-327, p. 98.
11. *Ibid.*, vv. 346-347, p. 99.
12. *Ibid.*, vv. 349-360, *loc. cit.*
13. *Ibid.*, vv. 349-352, *loc. cit.*
14. *Ibid.*, vv. 399-403, p. 101.
15. *Ibid.*, vv. 826-828, p. 116.
16. Hesíodo, *Théogonie*, vv. 901-903, ed. e trad. francesa P. Mazon, Paris, Les Belles Lettres, 1928, p. 64; cf. E. Wolf, *Griechisches Rechtsdenken*.

---

um personagem pan-helênico que, como se vê pelo exemplo de Anaxágoras, precede nesse caminho o Sofista, indo tanto contra as religiões tradicionais como contra as crenças cívicas [...]. Surgia assim um universo da geometria, o de um espaço qualitativamente indiferenciado e que nada mais tem em comum com o espaço cívico." (A fonte poderia ser G. Vlastos, ideia já mencionada por Nietzsche.)
* Faltam a sequência e a conclusão habitual ao desenvolvimento de cada sessão. As notas de Hélène Politis precisam o sentido da referência à psicanálise (cf. Lacan sobre o tempo de espera e o momento no desenvolvimento das estruturas lógicas).

Aula de 10 de fevereiro de 1971   103

17. Foucault destaca a tradução de *erga* por Mazon. Vernant aponta nos *Trabalhos* cerca de cinquenta ocorrências do termo, com o sentido, basicamente, de "labor agrícola"; cf. M. Detienne & J.-P. Vernant, *La Cuisine du Sacrifice*, Paris, Gallimard, 1979. Ch. H. Kahn, em *Anaximander and the Origins of Greek Cosmology* (Nova York, Columbia University Press, 1960, pp. 191-3), lembra que as Horas são as estações que vão tornar-se as Horas astronômicas, irmãs de *Moirai*, as sortes da espécie humana.

18. Uma ficha intitulada "Sobre justiça e verdade" destaca três obras: R. Hirzel, *Themis, Dike und Verwandtes, op. cit.* [*supra*, p. 87, nota 1], pp. 108-9; V. Ehrenberg, *Die Rechtsidee im frühen Griechentum*, Leipzig, [S. Hirzel], 1921, p. 59; G. Glotz, *L'Ordalie dans la Grèce primitive, op. cit.*

19. Hesíodo, *Travaux*, vv. 274-275, p. 96. Irmão de Hesíodo, em favor do qual os "reis" de Téspias, sem dúvida venais, "devoradores de presentes", haviam dividido desigualmente a herança paterna. O litígio corre ao longo de *Os trabalhos e os dias* (cf. *supra*, p. 88, nota 7), juntamente com a cólera de Hesíodo.

20. *Ibid.*, vv. 293-294, p. 97.

21. *Ibid.*, v. 694, p. 111.

22. Cf. J.-P. Vernant, "Travail et nature dans la Grèce ancienne", *Journal de psychologie normale et pathologique*, LII (1), 1955, pp. 18-38.

23. Hesíodo, *Travaux*, vv. 9-10, p. 86. A edição da Belles Lettres lembra que palavras análogas se encontram no Prelúdio da *Teogonia* (v. 28): Hesíodo só canta a verdade.

24. Compare-se com a análise de Detienne: "Em *Os trabalhos e os dias*, portanto, a *Alétheia* é dupla: é primeiramente a *Alétheia* das Musas que o poeta pronuncia em nome delas [...] em seguida é a *Alétheia* que o lavrador de Ascra possui por direito próprio. 'Verdade' que, esta vez, se define explicitamente pelo 'não esquecimento' dos preceitos do poeta" (M. Detienne, *Les Maîtres de vérité dans la Grèce archaïque, op. cit.*, p. 26).

25. W. Jaeger, *The Theology of the Early Greek Philosophers*, Oxford, at the Clarendon Press, 1947.

26. G. Vlastos, "Equality and justice in early Greek cosmology", *Classical Philology*, XLII, 1947, July; B. L. Van der Waerden, *Ontwakende wetenschap: Egyptische, Babylonische en Griekse wiskunde*, Groningen, P. Noordhoff, 1950 (trad. ing. por A. Dresden, *Science Awakening*, Nova York, Oxford University Press, 1954); O. Neugebauer, *The Exact Science in Antiquity*, Copenhague, Munksgaard/Londres, Oxford University Press, 1951.

27. Marshall Clagett, *Greek Science in Antiquity*, Nova York, Collier Books, 1955, 1963².

28. Cf. a ideia de Nietzsche segundo a qual o coro político exigia um corifeu, ou seja, o tirano, que prepara o advento da democracia. O século VI foi para Nietzsche a grande revelação da hora oriental que se apossou do povo grego.

29. Cf. Marshall Clagett, *Greek Science in Antiquity, op. cit.*

30. Ch. H. Kahn, *Anaximander and the Origins of Greek Cosmology, op. cit.*, pp. 208-9; J.-P. Vernant, "Géométrie et astronomie sphérique dans la première cosmologie grecque", *La Pensée*, 109, junho 1963, pp. 82-92; retomado in Id., *Mythe et Pensée chez les Grecs*, Paris, Maspero, 1966. (Cf. *infra*, p. 131, nota 9.)

AULA DE 17 DE FEVEREIRO DE 1971

O díkaion hesiódico (continuação). – Tirania e moeda: dois empréstimos vindos do Oriente. – A transformação grega: deslocamento da verdade, do ordálio para o saber; deslocamento do saber do âmbito do poder para o da justiça. – Recorrência de duas figuras oníricas: santo Antonio e Fausto. – Crise agrária e transformações políticas nos séculos VII e VI. – Hoplitas e camponeses. O artesanato. – Verdade-desafio homérica e saber-poder oriental transformam-se em verdade-saber.

[1]   Retomar dois pontos:

1/ A natureza desse δίκαιον de que fala Hesíodo e que ele reivindica contra a injustiça dos reis devoradores de presentes:

a – É a justiça dos retornos exatos: devolver exatamente o que se recebeu, e no dia marcado.

b – É a justiça da medida em comum: é preciso medir o que se empresta ou se toma emprestado para recebê-lo ou restituí-lo com uma igualdade exata (com uma mínima diferença: restituir um pouquinho mais para poder tomar emprestado novamente).

c – É a justiça do consentimento e do acordo mútuo: o que se aplica não é a justiça da regra; é a do entendimento voluntário que a pessoa estabelece com seu vizinho e que implica que ambos utilizam as mesmas medidas, conhecem o mesmo calendário.

[2]   d – Por fim, é a justiça que se coaduna com a ordem do mundo tal como os deuses a prescreveram: é a justiça que observa as oportunidades, os momentos propícios, as prescrições diárias do fasto e do nefasto.

Uma justiça assim é muito diferente da que atuava nas contestações de tipo homérico:

– Não está ligada ao exercício de uma certa soberania e ao momento em que é exercida ritualmente; é uma justiça de todos os dias e que é posta em prática por todo homem, a partir do momento em que trabalha e troca.

106 *Aulas sobre a vontade de saber*

– Não consiste mais em lembrar-se das regras imemoriais que devem resolver um conflito e restabelecer a igualdade; consiste em lembrar-se das quantidades, dos momentos e dos gestos que devem manter a igualdade.

– Não implica uma verdade-desafio que alguém lança de um lado e alguém aceita do outro; supõe uma verdade em forma de observação e de medida; em forma de oportunidade aproveitada e de igualdade constatada[1].

[3] – Por fim, supõe uma equivalência entre a justiça de Zeus e a verdade dos homens; pois, se a justiça dos homens consiste em seguir, em sua nervura, a verdade das coisas – a ordem exata dos astros, dos dias e das estações –, essa ordem nada mais é que o decreto de Zeus e sua lei soberana.

Hesíodo começava *Os trabalhos e os dias* [invocando] Zeus: "A Ti, que a justiça paute tuas decisões! Quanto a mim, vou fazer Perses ouvir verdades" (de maneira que ele seja justo). A verdade do mundo como forma visível entre essas duas justiças (*Trabalhos*, 9-10)[2].

Em comparação com a justiça exercida soberanamente pelos chefes tradicionais, pelos reis de justiça, pelos poderosos com sentenças tortas, esta, indo do decreto de Zeus para a ordem do mundo e desta para a vigilância, para a exatidão rural, para o jogo do bom entendimento e da dívida restituída, essa justiça hesiódica convoca toda uma transferência de soberania. Convoca-a mas não a constata, pois na época dos *Trabalhos* a justiça está institucionalizada apenas nas mãos dos reis de justiça. O que Hesíodo convoca em seu canto é uma justiça que se articule com um novo saber (o do calendário e das

[4] cronologias naturais); com uma nova prática da medida (a medida da troca e da restituição, algo como a moeda); com uma nova distribuição da soberania. A busca de um novo tipo de autoridade política, de uma medida monetária e de um saber das coisas e do tempo manifesta-se solidariamente nos textos de Hesíodo.

2/ Ora, o modelo desse saber, dessa medida monetária e dessa forma política os gregos vão encontrar no Oriente: nos Impérios e nos Estados do Eufrates, da Lídia, da costa mediterrânea da Ásia[3]. (Empréstimos ou ressurgências.)

Mas o importante é que esses empréstimos vão ser feitos dos séculos VII ao VI, em ordem dispersa e com um certo número de modificações essenciais.

No tocante à forma política, os gregos adotarão da Ásia apenas as formas gerais de um poder absoluto que se impõe à aristocracia

Aula de 17 de fevereiro de 1971 107

de nascimento e ao poder policéfalo da γενή. Mas entre os gregos essa forma política será transitória, precária: terá um papel na destruição da aristocracia, na fundação da Cidade-Estado, mas, desempenhado esse papel, a "tirania" desaparecerá[4].

[5] No que diz respeito à moeda, a Grécia toma emprestada da Lídia sua técnica; mas nos Impérios asiáticos o padrão monetário é, nas mãos do Estado, acima de tudo um instrumento que permite estabelecer os impostos e rendas (o uso comercial era secundário). Já a Grécia sem dúvida utilizará a moeda com o primeiro objetivo (na época da tirania), mas sem demora principalmente para fins comerciais e em suas relações com as colônias.

Por fim, o saber que a Grécia adota do Oriente estava originariamente ligado ao aparelho estatal. O estabelecimento preciso de um calendário era necessário para a cobrança dos impostos, para o andamento dos trabalhos de irrigação, para a determinação do momento das semeaduras e das colheitas e, portanto, para a determinação do momento em que se poderia guerrear. (No centro disso, o problema da intercalação: o calendário lunar determinava os meses, mas, como os doze meses lunares não preenchiam totalmente o ano solar, havia uma perpétua defasagem, que era recuperada pouco a pouco e, depois, de uma só vez pela intercalação de um décimo terceiro mês.)

[6] Em um império extenso, esses cálculos e as decisões subsequentes só podiam ser centralizadas. Quanto ao saber cosmológico ou teogônico, também estava ligado ao poder político; de quatro em quatro anos a soberania régia devia ser reforçada por meio de cerimônias mágico-religiosas; recitando a genealogia do rei, as façanhas dos ancestrais ou do deus que ele reencarna, narrando a fundação do mundo e da monarquia, volta-se a dar poder ao rei. O canto é verdadeiro na medida em que devolve vigor à soberania política.

Ligado dessas duas maneiras ao poder político e ao aparelho estatal, o saber encontra-se muito naturalmente localizado nas mãos dos funcionários: o saber é um serviço estatal e um instrumento político. Daí seu caráter necessariamente secreto. Não tem de circular nem de espalhar-se. Está ligado diretamente à posse do poder.

E esse caráter imediatamente secreto do poder se manifesta numa certa distribuição do escrito e do oral. Escrita pictográfica das tabuinhas assírias, complexa, difícil de manipular e que serve apenas para anotar resultados, tabelas, contas, pois os procedimentos são transmitidos oralmente e sem dúvida de modo esotérico entre as confrarias de escribas.

108 *Aulas sobre a vontade de saber*

[7]   Ora, é bem aí que a transformação grega atua[5]. O saber vai ser dissociado do aparelho estatal e do exercício direto do poder; vai ser descolado da soberania política em sua aplicação imediata, para tornar-se o correlativo do justo, do δίκαιον como ordem natural, divina e humana.

O saber que era o segredo do poder eficiente vai tornar-se a ordem do mundo manifesta, medida, efetuada em sua verdade, diariamente e para todos os homens. E a verdade que era memória da regra ancestral, desafio e risco aceito, vai assumir a forma do saber que revela a ordem das coisas e é conforme com ela.

Houve portanto duas transformações correlatas: uma que evidencia a verdade como saber das coisas, do tempo e da ordem, e outra que desloca o saber do âmbito do poder para a região da justiça.

[8]   Esse é sem dúvida um dos fenômenos importantes na formação da civilização grega. Por um lado, a prática judicial, ligada a funções políticas e sacerdotais e por isso reservada a um pequeno número de indivíduos, chefes tradicionais, vai estar ligada à verdade. Deixará de ser exclusivamente decisão e aplicação das regras tradicionais, conservadas na memória, rememoradas no momento certo pelos sábios, pelos peritos, pelos exegetas, e aplicadas adequadamente pelos reis de justiça. Agora essa justiça vai tender a articular-se inteiramente com a verdade.

Em seu fundamento, em sua fala inicial, a justiça deverá ser lei, νόμος[6], lei dos homens que só será realmente sua lei intransponível se for conforme com a ordem do mundo.

Em sua decisão a justiça deverá ser justa, a sentença deverá dizer o δίκαιον e o ἀληθές, o justo e o verdadeiro, o que está ajustado à ordem do mundo e das coisas, o que traz de volta essa mesma ordem caso tenha sido abalada.

Daí em diante a justiça está unida à verdade e é dirigida por ela. E a verdade em si é a ordem exata, é a distribuição adequada, é o ciclo e o retorno rigoroso.

[9]   Mas, por outro lado, o que não é menos importante, o saber que estava ligado ao poder, que nos Estados asiáticos era o instrumento e até certo ponto a condição de seu exercício, agora esse saber vai, ao contrário, estar ligado ao δίκαιον. Seu papel principal será garantir relações de justiça, ajudar a restituir a ordem, a recolocar as coisas no lugar e tempo certos. O saber será feito não tanto [para] triunfar, dominar e governar e mais para permitir e mesmo obrigar [a] entregar o que é devido. Estar com a verdade será mais estar com o que é justo do que estar com o poder.

Obviamente, isso é apenas uma espécie de gradiente. A ligação justiça-verdade e o corte saber-poder nunca estarão definitivamente assentes; serão constantemente questionados. Mas podemos dizer *grosso modo* que a posição de uma verdade-desafio ou [a] de um saber-poder (uma é [encontrada] na Grécia, a outra no Oriente arcaicos) [10] serão rejeitadas pelo Ocidente. E as duas figuras do justo que fosse alheio à verdade e daquele que só soubesse exercer a arbitrariedade ilimitada de seu poder, essas duas figuras pertencem aos sonhos simultaneamente obstinados e sempre reprimidos do Ocidente.

Essas duas figuras oníricas, desejadas, presentes, mas sempre no limite, são a de santo Antonio e aquela, inversa, de Fausto[7]. Santo Antonio, o justo sem verdade, o inocente, a absoluta justiça do coração na escória do não-saber e que por isso mesmo é presa para todas as desordens do mundo sob forma de tentação. E o outro, Fausto, o homem que, tendo chegado ao ápice do saber, o vê multiplicado no poder infinito que a ele vem somar-se. Esse poder é Mefistófeles; aparentemente ele se submete exatamente ao grande saber de Fausto[8], torna-se seu servidor. Mefistófeles é então como o fiel poder do saber. Mas a fábula ocidental quer que o fio do desejo e da inocência rompa o entendimento entre esse poder e esse saber.

[11] A – A CRISE AGRÁRIA NOS SÉCULOS VII-VI

As sucessivas ondas da invasão dórica haviam deixado a terra dividida em porções desiguais mas inalienáveis. Em princípio, não podiam ser vendidas nem confiscadas[9]. No máximo, podiam ficar sem herdeiros ou ser abandonadas.

Ora, muito rapidamente, sem dúvida, essa desigualdade se acentuou e ocasionou conflitos violentos:

1/ Empobrecimento dos mais pobres devido ao crescimento demográfico. Daí: cultivo de terras áridas; arroteamento de regiões de matas; irrigação de curto prazo e sem plano conjunto, visto que não há organização estatal, o que provoca uma diminuição da produtividade média das terras cultivadas. E dificuldades de entressafra, necessidade de tomar emprestado.

2/ Quanto aos mais ricos, evidentemente tinham os mesmos [12] problemas de partilha das terras no momento da sucessão. Prova disso são as medidas tomadas em diversos locais para impedi-la: um baquíada[10] emigrado em Tebas, Filolau, fez adotar leis sobre a "procriação", em todo caso sobre a sucessão. Em Corinto mesmo, outro baquíada (Fídon) impôs medidas para manter o número de propriedades e o efetivo de cidadãos[11].

110 *Aulas sobre a vontade de saber*

Mas [os mais ricos*] reagem a isso de outra maneira: passando pouco a pouco da criação de animais (que sem dúvida era a forma de agricultura preferencial entre [eles**]) para o cultivo da oliveira e para a fabricação do azeite, produto transportável.

Esse empobrecimento e essa transformação são atestados pela mudança do regime alimentar entre os gregos (da dieta cárnea na época homérica para a dieta vegetariana)[12].

Ora, essa situação não faz mais que acentuar-se com a solução conjunta que ricos e pobres encontraram para saná-la: o deslocamento dos indivíduos e a colonização.

[13] Mais tarde, para justificar sistemas de aliança, reivindicações territoriais ou financeiras, impostos e tributos, a colonização foi apresentada como obra coletiva das próprias cidades. M. Nilsson[13] supõe que os colonos provenientes de regiões diversas se reuniam em um porto (como Corinto ou Mileto) e entravam em acordo com um proprietário de barco a fim de irem instalar-se ou numa área de cultivo de trigo ou eventualmente num entreposto comercial. Em todo caso, mesmo essencialmente agrícola a colônia tinha o efeito de estimular a troca entre o azeite da metrópole e o trigo dessas terras novas. Daí um novo empobrecimento dos mais pobres.

[14] Duas consequências disso:

1/ Apesar do alívio demográfico proporcionado pela colonização, a situação dos pobres piora. Está certo que os lotes não podem ser vendidos nem confiscados. Mas, devido ao caráter pessoal do compromisso no pré-direito grego, devido também à relação simultaneamente simbólica e substancial entre o proprietário e a propriedade em caso de insolvência, ou a terra era oberada (um sexto de seus rendimentos era recolhido pelo credor) ou o devedor era escravizado[14].

2/ Podemos compreender então o que [os pobres***] requerem como meio de defesa contra essa deterioração constante:

a – Implantação de um sistema de cálculo do tempo que lhes permita saber quando fazer a colheita, o semeio, no melhor momento. E quando pagar sua dívida no prazo combinado.

Isso porque o calendário religioso que dividia o ano era um calendário lunar que não coincidia com o ano solar e com o sistema

---

* Manuscrito: eles.
** Manuscrito: os ricos.
*** Manuscrito: o que eles.

Aula de 17 de fevereiro de 1971

dos solstícios e das estações. Daí a busca de um calendário astral e de uma tabela das probabilidades meteorológicas como a que vemos em *Os trabalhos e os dias*.

[15] b – Implantação de um sistema de medida que permita converter em números a colheita, manter uma certa taxa de troca, calcular o que era devido. Sistema novo, ainda mais necessário para os camponeses porque até então as medições eram feitas adotando unidades como cabeças de gado, objetos de ouro ou de bronze, que estavam em posse dos ricos.

c – Implantação de uma nova forma de poder que proteja a propriedade do pobre, impeça a violência do rico (e todos os atentados que ele possa cometer contra a propriedade inalienável ou contra a vida do homem livre).

Simultaneamente e solidariamente, as classes mais pobres procuram um saber, um sistema de medida e uma forma de soberania. Ora, o problema histórico é entender como, no estado de deterioração em que se encontrava, a classe camponesa pobre pôde obter a constituição desse saber, o estabelecimento desse sistema de medida e a formação de um novo tipo de soberania.

Pois, no ponto em que estamos, o pequeno campesinato não tem mais aliados, não existe uma classe média de comerciantes se formando. Há apenas duas classes.

[16] B – O EXÉRCITO

O que permitiu ao pequeno campesinato resistir e ganhar parcialmente foram dois fatores parcialmente interligados:

1/ O primeiro é um dos desdobramentos da civilização do ferro.

Os dórios haviam trazido consigo as técnicas do ferro. Mas durante bastante tempo estas não ganharam muita importância. Ora, a colonização franqueou novos recursos metalúrgicos. E principalmente novas técnicas de exploração do minério. Daí uma baixa considerável do custo dos objetos de ferro. E a possibilidade de um armamento ao mesmo tempo sólido e barato. Surgimento de um novo tipo de exército, composto de soldados de infantaria portando no braço esquerdo um escudo, no braço direito um dardo ou uma espada. Isso implica outra estratégia: a da vanguarda cerrada de guerreiros bem alinhados uns ao lado dos outros e em número considerável. Por oposição aos combates singulares dos condutores de carros.

Indiscutivelmente essa nova estratégia revolucionou a relação de força não só entre as cidades, mas também no próprio interior dessas unidades políticas.

112 *Aulas sobre a vontade de saber*

[17]   a – Entre as cidades: é no início do século VII que as relações de força entre esses grupos que mal podem ser chamados de cidades se modificam em função da estratégia hoplítica. A guerra entre Cálcis e Erétria[15], que dividira a Grécia, havia transcorrido ainda de modo tradicional. Talvez tenha sido por não haverem adotado a nova estratégia que os baquíadas de Corinto foram derrotados na guerra contra Corcira. Uma coisa é mais ou menos certa: em 669 Argos derrota Esparta utilizando hoplitas, e isso sob direção de um tirano.

    b – Dentro das cidades: as relações de força mudam. O povo (λαός, δῆμος) torna-se indispensável para a defesa da coletividade; o guerreiro isolado com seu carro, cercado unicamente por seus serviçais, é desqualificado como unidade militar básica. Mas é necessário que "o povo" seja suficientemente rico para comprar armas, cuidar delas e substituí-las. Há um limiar econômico abaixo do qual o camponês nem mesmo pode mais ser soldado. (Não pode mais, não quer mais: talvez os baquíadas tenham vivenciado isso.)

    Ademais, essa nova estratégia implica uma relação de entendi-
[18] mento e de estreita harmonia entre os soldados – com o escudo à esquerda, o hoplita protege seu companheiro da esquerda e é protegido pelo companheiro da direita. Eles têm de marchar alinhados, coordenar a movimentação, passar juntos do dardo para a espada; a fuga deixa-os sem proteção. A reciprocidade do serviço e da ajuda, a sincronização dos movimentos, o ajuste espontâneo do conjunto para chegar à harmonia final fazem parte da estratégia hoplítica. Ora, é essa ordem comum aceita por cada um e espontaneamente realizada por todos, ou em todo caso obtida o mais rapidamente possível por um ajustamento recíproco, é essa ordem que propicia a força da cidade.

    2/ Ao passo que o Estado babilônico encarnava sua força numa soberania régia que precisava ser reconstituída regularmente por cerimônias mágico-religiosas; ao passo que sua força era propiciada por um saber da ordem do mundo e das origens, localizado entre os escribas e os poetas da corte, a força da cidade nascente encarna-se na ordem espontaneamente aceita e realizada pelos homens, na formação guerreira. E portanto o que mantém a coletividade não é um saber, e sim algo que é ao mesmo tempo coragem individual e aceitação da ordem: ἀρετή[16].

[19]   C – Aparecimento do artesanato

    O armamento traz consigo o desenvolvimento do artesanato. Mas é principalmente por razões comerciais que o artesanato se de-

Aula de 17 de fevereiro de 1971   113

senvolve na Grécia dos séculos VII e VI. De fato, parece que foi para assegurar as trocas com a Ásia Menor e as colônias da Sicília e da Itália que as cidades da Grécia e da Jônia começaram a fabricar objetos que não se destinavam ao uso imediato, e sim à troca.

É provável que esses artesãos fossem recrutados entre os camponeses pobres expulsos de suas terras e que iam para a cidade a fim de encontrar um meio de chegar às colônias. Eles não teriam recursos para tornarem-se artesãos se não houvesse pessoas ricas para fazer-lhes adiantamentos em matérias-primas, em ferramentas, em provisões; adiantamento que reembolsavam em objetos exportáveis que obedeciam a um tipo bem definido, prescrito pelo financiador[17]. Constitui-se então uma relação de produção totalmente diferente, baseada no adiantamento do empreiteiro para sua mão de obra, e não mais no endividamento, no arrendamento e na escravização.

[20]   Ora, é aí que vai ocorrer uma fratura na aristocracia[18]. Os proprietários mercantes têm produtos agrícolas para exportar (e para trocar por outros). Dificuldade de comercialização num mundo mediterrâneo em que praticamente só havia azeite, trigo e vinho para ser postos em circulação.

Em contrapartida, as prósperas colônias agrícolas da Itália e do mar Negro aceitam de bom grado os produtos artesanais (ao mesmo tempo porque é possível diversificá-los sob encomenda e porque a civilização urbana ainda não está muito desenvolvida). Daí o enriquecimento dos mercadores manufatureiros à custa dos proprietários-mercadores.

Se há conflito de interesses entre esses dois grupos de aristocratas, ele ainda não existe entre os camponeses e os artesãos. Em primeiro lugar porque frequentemente são os mesmos: são os mesmos pequenos camponeses que, no inverno ou nos momentos livres, complementam seus recursos com esse trabalho; em segundo lugar porque os artesãos, quando agrupados na cidade, tornam-se compradores de produtos hortícolas, enquanto os camponeses, se forem bastante ricos, podem comprar dos artesãos.

Daí uma aliança de classes entre uma fração da aristocracia e os artesãos-camponeses contra a aristocracia fundiária e mercante.

Pode ser que, num determinado momento, a escravidão tenha sido um instrumento e um foco de interesse da luta, já que alguns [21]   proprietários tentavam transformar seus escravos rurais em operários-artesãos a fim de concorrer com os manufatureiros. Em todo caso, as medidas pró ou contra a escravidão foram elementos importantes das lutas políticas nessa época. E até o século V os artesãos e

114 *Aulas sobre a vontade de saber*

pequenos camponeses conseguiram manter a escravidão nas margens da economia grega.

Com o artesanato, na Grécia e na Jônia, surge um tipo de saber cuja distribuição – se não o conteúdo – é muito diferente do que se via nos Estados asiáticos; nestes, o saber estava ligado ao exercício de uma função política ou a um papel particular no Estado. A extração e o trabalho do metal, a fabricação de objetos preciosos estavam reservados a grupos de escravos, sob direção e responsabilidade de funcionários estatais que deviam conservar-lhes o segredo e o monopólio.

O artesão grego tem pessoalmente acesso às técnicas de transformação; conhece-as, porque lhe foram ensinadas ou porque descobriu algumas; e, conhecendo-as, transmite-as aos outros. Está de posse de um saber das substâncias e dos momentos, das qualidades e das ocasiões, das oportunidades e das mudanças. Pode fazer com as próprias mãos o que outrora os deuses fizeram com as deles: e o que os deuses universalmente fizeram foi fabricar artesanalmente o mundo.

[22]   D – As transformações políticas dos séculos VII e VI

Foi por um sistema de aliança entre uma fração da aristocracia e o grupo ainda confuso dos artesãos-camponeses que se efetuaram as grandes reviravoltas políticas dos séculos VII e VI. Reviravoltas que são conhecidas muito desigualmente:

– de algumas só conhecemos o resultado terminal (a precoce democracia de Quios);
– de outras temos apenas uma versão mítica, como a reforma de Licurgo em Esparta;
– de outras [ainda], possuímos alguns fragmentos históricos (como sobre a tirania de Cípselo e de Periandro em Corinto)[19];
– sobre [as] que foram mais tardias, temos uma documentação histórica mais contínua (Atenas).

Em todo caso, a propósito dessas transformações podemos destacar com razoável certeza várias características fundamentais:

[23]   a – Que [elas] se efetuaram através de uma luta em que se defrontavam dois grupos: οἱ πολλοί, οἱ πλοῦτοι; o que os gregos traduziam por os pobres e os ricos.

Todos os testemunhos coincidem: toda vez que no século VII e no século VI o poder político foi tomado por um tirano, ele se apoiou nos mais obscuros, nos pobres, no que começava a ser chamado de δῆμος. É o caso de Teágenes de Mégara, que teria impelido o povo a massacrar os rebanhos dos ricos[20]. É o caso de Cípselo em Corinto. E, se com relação a Pisístrato se fala de três partidos, é provável que a diferença entre eles seja geográfica, e o que apoia Pisístrato bem poderia ser [o] dos artesãos (minas de prata do Láurion).

Deve-se observar que, se para os gregos essa oposição foi claramente o princípio das grandes transformações nos séculos VII-VI, ela permaneceu por muito tempo depois:

> Platão: Cada cidade contém em si pelo menos duas cidades inimigas uma da outra: a dos pobres e a dos ricos (*República*, 422e)[21].

[24]
> Aristóteles: "Na cidade, as duas classes mais distintas são os ricos e os pobres: são as partes da cidade mais opostas uma à outra." (*Política*, IV, 1291b)[22]

b – Foi a força armada dos hoplitas que, de modo menos ou mais violento, possibilitou a evicção dos aristocratas e o surgimento de uma nova forma de poder.

Frequentemente é na sequência de uma guerra vitoriosa que o chefe do exército se vê conduzido ao poder por aqueles que foram seus soldados. [Ex.] Ortágoras, primeiro tirano de Sicíone [*Política*, V, 12, 1315b 12 s.].

Vários tiranos haviam sido polemarcas antes de exercerem o poder (Ortágoras; Cípselo em Corinto). Não se tem absoluta certeza de que ainda naquele momento a função de polemarca tenha sido uma função militar. Em todo caso, aquela famosa guarda que cercava os tiranos indica o caráter militar do poder que exerciam e o apoio que encontravam na população.

Fídon era tirano em Argos havia cinco ou seis anos quando, em 669, derrotou Esparta em Hísias utilizando seus hoplitas contra um exército ainda do tipo aristocrático[23].

[25]
c – As transformações fizeram-se – numa medida evidentemente variável – em favor dos camponeses e dos artesãos:

α – Em favor dos camponeses; praticamente sempre houve modificação do regime fundiário:

– ou porque tenha havido recuperação violenta das terras de pastagem;

– ou porque tenha havido confisco das terras, com medidas de exílio;

– ou porque tenha havido abolição das dívidas (como com Sólon);

116   *Aulas sobre a vontade de saber*

– ou porque tenha havido redistribuição ou nova divisão das terras de um modo menos ou mais igualitário (reforma que a tradição atribui a Licurgo).

É provável que sempre tenha se tratado de um conjunto de medidas em que, dependendo do caso, era a redistribuição das terras ou a extinção das dívidas que prevalecia. No caso de Cípselo em Corinto, houve principalmente redistribuição das terras (a colocação em circulação de moedas deve ter possibilitado a extinção das dívidas); no caso de Sólon, ao contrário, houve perdão das dívidas, liberação das terras, mas não redistribuição (e, mesmo quando os camponeses recuperavam sua terra, não tinham [o] direito de arrancar as oliveiras).

[26]   β – Em favor do artesanato, a primeira grande medida foi a limitação da escravidão, que para os artesãos constituía a concorrência (Periandro proíbe a importação de escravos). [Igualmente:]

– desenvolvimento da civilização urbana: criação de grandes aquedutos (como o de Mégara por Teágenes); obras de melhoramento em Corinto (na época de Periandro); Samos (obras públicas de Polícrates)[24];

– implantação do que ainda não se pode chamar de uma indústria, e sim de um artesanato de exportação: homogeneização da produção, produção em série de objetos de cerâmica em Corinto.

Incentivo ao artesanato: Sólon, que não foi o mais radical dos reformadores, longe disso, prescreve que ninguém poderá recorrer à ajuda dos filhos se não lhes houver ensinado um ofício ($\tau\acute{\epsilon}\chi\nu\eta$ nunca significava ofício agrícola)[25]. Ele concede a cidadania a todos os artesãos que vêm instalar-se em Atenas com suas famílias.

Em todo caso, Corinto no século VI e Atenas no século V deveram seu poder político ao desenvolvimento do artesanato.

[27]   De modo geral, pode-se dizer que as transformações políticas que ocorreram na Grécia nos séculos VII e VI representaram uma vitória parcial, e frequentemente provisória, dos camponeses e dos artesãos; uma minoria da aristocracia ligou-se por interesse ou aos artesãos (foi o caso de Cípselo ou Pisístrato) ou ao campesinato (como Sólon).

E é essa aliança que explica as formas políticas assumidas por tais transformações: isto é, ou a tirania (que, apesar da lenda de Cípselo, parece nunca ter sido realmente exercida pelos homens do povo), ou a intervenção de um reformador ou de um grupo de reformadores instaurando o reinado da lei escrita.

Qualquer que seja a vivacidade da oposição tal como foi reconstituída mais tarde, é preciso não esquecer que frequentemente os tiranos governaram dentro do contexto legal, às vezes sem dúvida

Aula de 17 de fevereiro de 1971   117

para preservá-lo (Pisístrato)[26]; que também frequentemente a tirania ao chegar a seu final levou à organização de uma lei escrita e às vezes serviu de intermediária [para a democracia] (Sólon, Pisístrato, Clístenes).

[28]   *Conclusão*

Através dessas transformações, vemos redistribuírem-se na sociedade grega as relações entre o discurso de justiça e o discurso de saber; as relações entre o justo, a medida, a ordem, a verdade.

A verdade-desafio que era herdada da tradição grega e esse saber-poder cujo modelo, através da Jônia, o Oriente transmitira vão ajustar-se e transformar-se agora [em] uma certa verdade-saber ligada em sua raiz à justiça, à distribuição e à ordem, e apoiada numa moral da ἀρετή e numa técnica da pedagogia[27].

Tudo isso deve ser visto mais de perto, em três pontos:

– a instituição da moeda, que não é simplesmente uma medida da troca, mas que foi instaurada basicamente como instrumento de distribuição, de repartição, de correção social;

– a instituição do νόμος, da lei escrita, que não é simplesmente constituição política, e sim o próprio discurso da ordem social;

– por fim, a instituição de uma justiça de modelo religioso.

*

NOTAS

1. Cf. M. Detienne, *Crise agraire et attitude religieuse chez Hésiode, op. cit.*; Hesíodo, *Trabalhos*, vv. 765-768.

2. Hesíodo, *Les Travaux et les Jours*, vv. 9-10, ed. P. Mazon, citada [*supra*, p. 88, nota 6], p. 86; cf. *supra*, p. 100.

3. H. Michell, *The Economics of Ancient Greece*, Cambridge, W. Heffer, 1963[2] (ed. orig.: Nova York, Macmillan, 1940).

4. P. N. Ure, *The Origin of Tyranny*, Cambridge, Cambridge University Press, 1922.

5. Conceito introduzido na historiografia por B. L. Van der Waerden, in *Ontwakende wetenschap/ Science Awakening, op. cit.*, e retomado por J.-P. Vernant.

6. A mais antiga menção de *nómos* estaria em Hesíodo (*Travaux*, v. 276): "Tal é a lei que o crônida prescreveu para os homens" (ed. citada, p. 96). Cf. H. Frisch, *Might and Right in Antiquity, op. cit.*, pp. 98-9.

7. A comparação entre Fausto e santo Antonio já é abordada na *Tentation* de Flaubert; cf. M. Foucault, Postface à Flaubert (1964), *DE*, n⁰ 20, ed. 1994, t. I, pp. 293-325/ "Quarto", vol. I, pp. 321-53; Id., "La bibliothèque fantastique" (1970), *DE*, n⁰ 75, ed. 1994, t. II, pp. 27-9/ "Quarto", vol. I, p. 895.

8. "Faustus, o doutor Sortudo, cuja boa sorte consiste em reviver sua vida, encarna prestigiosamente os humanistas alemães da Reforma, alimentados com a noção platônica da remi-

118 *Aulas sobre a vontade de saber*

niscência [...]. [Esse símbolo] é acompanhado pelo conflito teológico entre o livre- e o servo-
-arbítrio, entre a danação e a eleição", lembra Pierre Klossowski em *Un si funeste désir*, Paris,
Gallimard, 1963, p. 12.

Foucault conhecia bem a *Histoire de la Légende de Faust*, de Ernest Faligan (1888), que
assim descreve Fausto: "Ele amava demais o que não deve ser amado e perseguia-o noite e
dia..." (Arquivos M. F.) Essa figura mítica reaparece em *L'Herméneutique du sujet*, em 1982
(*op. cit.*, pp. 296-7 e 300, n.39-41), e em *Le Courage de la vérité. Le gouvernement de soi et des
autres II. Cours au Collège de France, 1984*, ed. F. Gros, Paris, Gallimard-Seuil (col. "Hautes
Études"), 2009, p. 196. Evidentemente, a figura de Fausto é recorrente em Nietzsche.

9. Ed. Will, "La Grèce archaïque", in *[Actes de la] Deuxième Conférence internationale
d'histoire économique/ Second International Conference on Economic History* (Aix-en-Pro-
vence, 1962), Paris, Mouton, 1965, t. I, pp. 41-76.

10. Clã que confiscou o poder em Corinto entre os séculos VIII e VII. Proclamados descendentes do rei Báquis, os baquíadas foram derrubados por Cípselo, fundador da tirania. Cf.
Ed. Will, *Korinthiaka. Recherches sur l'histoire et la civilisation de Corinthe des origines aux
guerres médiques*, Paris, De Boccard, 1955, p. 317.

11. Aristóteles, *La Politique*, II, 6, 1265b, ed. e trad. francesa J. Tricot, Paris, J. Vrin, 1970.

12. Ed. Will, "La Grèce archaïque", art. cit., p. 62.

13. M. P. Nilsson, *The Age of the Early Greek Tyrants*, Belfast, Mayne, Boyde and son,
1936; A. French, "The economic background to Solon's reforms", *Classical Quarterly*, N.S. VI
(1-2), 1956, pp. 11-25.

14. Ed. Will, "La Grèce archaïque", art. cit., pp. 63-73.

15. Cidades da Eubeia, disputadas por grupos hereditários sucessores dos reis. Essa luta
havia dividido a Grécia em duas grandes coalizões. Última batalha pré-hoplítica. Cf. A. P. Andrewes, *The Greek Tyrants*, Londres, Hutchinson's University Library, 1956, pp. 12-4 e 39-42.

16. Ἀρετή: virtude, honra ou excelência, entendida como valor moral e intelectual; cf. J.
Tricot, in Aristóteles, *La Politique*, *op. cit.*, p. 385 (ἄριστος: homem excelente). "Teógnis e
Píndaro, poetas aristocráticos, erguem-se contra a ideia de que a ἀρετή pode ser aprendida."
(H.-I. Marrou, *Histoire de l'éducation dans l'Antiquité*, Paris, Seuil, 1948, 1964⁶) Cf. também
W. Jaeger, *Paideia. La formation de l'homme grec*, trad. francesa A. [Devyver] & S. Devyver,
Paris, Gallimard, 1964 (ed. orig.: *Paideia: die Formung des griechischen Menschen*, Berlim-
-Leipzig, Walter de Gruyter, 1936¹). (NB: J. Tricot traduz *paideía* não por "educação", e sim
por "alta cultura".)

17. M. P. Nilsson, *The Age of Early Greek Tyrants, op. cit.*

18. Cf. Ed. Will, "La Grèce archaïque"; A. French, "The economic background to Solon's
reforms", art. cit.

19. Cf. P. N. Ure, *The Origin of Tyranny, op. cit.*, pp. 257-64; Aristóteles, *La politique*,
livro V, que traz todas as narrativas sobre os tiranos.

20. A. French, "The economic background to Solon's reforms".

21. Cf. Platão, *La République*, IV, 422e, in *OC*, ed. L. Robin, citada, t. I, p. 984: "é um
formigueiro de Estados [...] em todo caso há dois, inimigos entre si, um dos pobres e o outro
dos ricos [...]."

22. Cf. Cl. Mossé, *La Fin de la démocratie athénienne*, Paris, PUF, 1962, pp. 234 s.

23. A. P. Andrewes, *The Greek Tyrants, op. cit.*, pp. 39-42. A batalha de Hísias foi provavelmente a primeira grande vitória hoplítica. Fídon é visto como o primeiro tirano a não ter uma
guarda pessoal, sem dúvida porque se apoiava na população de hoplitas.

24. M. P. Nilsson, *The Age of Early Greek Tyrants*; P. N. Ure, *The Origin of Tyranny*.

25. Ed. Will, "La Grèce archaïque", pp. 74-94.

26. M. I. Finley, *The Ancient Greeks, op. cit.*

27. Segundo as notas da ouvinte Hélène Politis, em sua exposição oral Foucault teria in-
sistido no papel de ἀρετή e παιδεία na organização do saber grego, mais do que o manuscrito
dá a perceber.

AULA DE 24 DE FEVEREIRO DE 1971

A instituição da moeda*. A moeda ou as moedas? – As três funções da moeda grega: metátese do poder, simulacro, regulação social. – A moeda como instauração do díkaion kaì alethés.

[1]   1 – A instituição da moeda

Vimos em Hesíodo a busca obscura de uma medida: medida cujo sentido e cuja função ainda estão pouco especificados, visto que se trata da medida do tempo, do calendário dos rituais agrícolas, da avaliação quantitativa e qualitativa dos produtos [e] que, além disso, se trata de determinar não só o quando e o quanto, mas também o "nem demais nem de menos"[1]. A medida como cálculo e [a] medida como norma.

Ora, essas medidas foram implantadas nos séculos VII-VI, na época da tirania; e frequentemente pelos próprios tiranos.

Heródoto (VI, 127) conta que Fídon, tirano de Argos, inventara um sistema de medida para os peloponenses[2]. Em todo caso, foi em seu reinado que Egina foi incorporada a Argos e que surgiu a moeda eginense[3].

Cípselo introduziu o uso da moeda em Corinto[4]; e é nessa época que é definida a dracma euboica (65 grãos de prata).

[2]   Evidentemente, é com relação a Sólon que conhecemos um pouco melhor essa grande atividade de medição:
– redefinição das propriedades individuais;
– estimativa dos rendimentos de cada um;
– atribuição a cada um de uma parcela dos poderes políticos, em proporção com a riqueza;
– colocação em circulação de um padrão monetário[5].

Seja tirano ou legislador[6], aquele que detém o poder é o mensurador da cidade: o medidor das terras, das coisas, das riquezas, dos direitos, dos poderes e dos homens[7].

---

* Título da aula manuscrita.

120   *Aulas sobre a vontade de saber*

Vamos lembrar apenas, na mesma época ou um só pouco mais tardiamente:

– o trabalho de urbanismo realizado (ou projetado) por Hipodamo de Mileto[8] e a instauração da planta quadriculada das cidades;

– o trabalho de cartografia empreendido nessa época (e o mapa do mundo desenhado por Anaximandro)[9];

– as pesquisas pitagóricas sobre as proporções geométricas e musicais[10].

[3]   Antes de inserir-se na consciência ocidental como o princípio de quantificação, de harmonia, de não-excesso clássico, a medida grega – é preciso não esquecer isso – foi uma imensa prática social e polimorfa de estimativa, de quantificação, de cálculo de equivalências, de busca das proporções e das distribuições adequadas[11].

Mensuração que vemos bem como está ligada a todo um problema de endividamento rural, de transferência das propriedades agrícolas, de liquidação das dívidas, de equivalência entre produtos alimentícios ou objetos fabricados, de urbanização e de implantação de uma forma estatal.

No centro dessa prática da medida está a instituição da moeda.

A – *As interpretações*

A interpretação tradicional faz o uso da moeda nascer do desenvolvimento de uma economia mercantil:

– os grupos de agricultores implantados ao redor do Mediterrâneo teriam pouco a pouco se descolado da economia de subsistência;

[4]   – o surgimento e o crescimento do comércio terrestre e principalmente marítimo (com o que ele comporta de distâncias, de demora, de imprevisto) teriam tornado necessário o uso de um padrão monetário reconhecido: fragmento de metal, pesado e autenticado por um selo – primeiro privado, depois estatal.

Origem mercantil, comercial, internacional da moeda. Interpretação mercantilista da moeda que a delimita já desde a origem em funções de representação e a expõe a esse "fetichismo" que consiste em tomar o signo pela coisa em si, devido a uma espécie de erro filosófico inicial e radical[12].

Na verdade, essa interpretação talvez explique certos usos precoces da moeda, seja na Lídia ou na Fenícia[13]. Mas não foi com base nesse modelo que a moeda foi adotada e utilizada na Grécia. É o que indicam certos fatos:

Aula de 24 de fevereiro de 1971 121

a – Enquanto vemos a moeda institucionalizada na maioria das grandes cidades comerciais, algumas cujo comércio não era nulo não a adotam; e parece que durante longo tempo muitas transações importantes entre particulares eram feitas em forma de escambo.

b – Em contrapartida, as primeiras estimativas de equivalência que vemos aparecer em Homero não são feitas tanto em termos de objetos de troca, e sim de objetos de sacrifício. São os tripés, são os bois[14].

[5] Mais precisamente, esses objetos não aparecem em números aleatórios (como seria o caso se sua função fosse de puro cálculo): figuram em quantidades (9, 12, 100) que são os números rituais utilizados nos sacrifícios.

Portanto, pode-se supor que os cálculos de equivalência, mesmo quando tinham como objetivo uma troca de tipo comercial, tomavam como modelo e fundamento não mais a estimativa de um valor idêntico, e sim o reconhecimento de uma substituibilidade religiosa. A forma da moeda não se esboça no céu abstrato da mercadoria e de sua representação, e sim no jogo do sacrifício e de seus simulacros.

c – A isso deve-se acrescentar que os primeiros grandes usos da moeda aparecem no interior da cidade: coleta dos impostos sem dúvida, distribuições de dinheiro pelos tiranos, estimativa das fortunas, classificação dos cidadãos e hierarquia de seus direitos políticos de acordo com suas fortunas.

[6] Parece, portanto, que num aspecto essencial o uso da moeda foi não comercial. Mas então o que é essa prática monetária da qual algumas dimensões remetem a rituais religiosos e outras a regulações sociais?

B – *Um exemplo*

A instituição da moeda é mais conhecida em Corinto[15] do que em outros lugares. Uma lenda conta que Cípselo, que seria filho de um artesão e de uma descendente dos baquíadas, teria feito a Zeus a seguinte promessa: se eu assumir o poder em Corinto, te darei seu território. Uma vez no poder, ele teria taxado todos os proprietários em um décimo de suas fortunas e ao cabo de dez anos o equivalente a toda a fortuna coríntia teria sido acumulado no templo de Zeus.

Na verdade, parece que o esquema foi mais ou menos o seguinte: Cípselo, que fora polemarca e conquistara vitórias graças ao [7] exército hoplítico de pequenos camponeses, teria expulsado a velha aristocracia dos baquíadas. E teria procedido a uma redistribuição

122   *Aulas sobre a vontade de saber*

não de todas as terras, e sim de algumas. (Nenhum texto diz isso precisamente, mas Sólon, um pouco posterior a Cípselo, faz alusão a um tirano demagogo que teria efetuado a partilha do solo.)

Porém essa redistribuição parcial das terras não resolvia o problema das dívidas existentes e principalmente das que iam aparecer novamente. Daí o recolhimento de dez por cento não sobre as propriedades, mas sobre os rendimentos mais altos, recolhimento que em seguida possibilitou: distribuições diretas aos pobres, financiamento de obras públicas, adiantamentos aos artesãos – e assim o pagamento das dívidas para com os ricos.

Mas esse sistema complexo (redistribuição das terras, taxação dos rendimentos, distribuição para os pobres, devolução aos credores) não teria sido possível por meio de gêneros. Foi preciso colocar em circulação um substituto constante nas distribuições e retribuições. E é bem provável que nesse momento a moeda lídia tenha servido de modelo (e a moeda argeia, ou mais precisamente eginense).

[8]   Porém o importante é que, enquanto a matéria do substituto e sua forma têm essa origem oriental, a disposição geral do sistema tem uma origem religiosa. De fato, o sistema – aporte coletivo, recolhimento de um décimo, redistribuição aos participantes – é o esquema do rito sacrifical (leva-se a vítima; o deus, o templo, os sacerdotes recolhem um décimo; depois é feita a redistribuição – redistribuição que transmite aos beneficiados uma força nova e um poder que derivam do sacrifício propriamente dito).

O jogo – sacrifício, partilha, coleta, redistribuição – é uma forma religiosa de revigoramento dos indivíduos e do grupo que foi transposta para uma prática social em que estava em causa resolver um conflito de classes.

É preciso acrescentar ainda o seguinte: Corinto não tinha minas de prata. Will supõe[16] que a primeira injeção de metal nesse sistema foi feita por derretimento de objetos preciosos que pertenciam às famílias ricas desapossadas; objetos que eram ao mesmo tempo riqueza taxada e objetos de culto. A transferência desses objetos para a coletividade só podia ser feita com o apoio e a intervenção de

[9]   [uma] autoridade religiosa externa e mais poderosa do que o culto familial. Assim se explica a intervenção de Zeus exigindo em seu nome próprio a posse da riqueza coríntia. Sacrifício dos objetos cultuais ao culto estatal de Zeus. E foi em seguida que esse uso do metal se articulou com a busca de recursos minerais: colonização da costa adriática e do sul da Itália, onde era encontrado minério de prata. E, apoiando-se nessa moeda, desenvolvimento comercial que

Aula de 24 de fevereiro de 1971   123

coincide com o reinado dos descendentes de Cípselo e principalmente de Periandro.

[10]   Assim, a política de Cípselo pode ser lida como um sistema com várias entradas:

– Leitura econômica: redistribuição, pelo menos parcial, das terras; manutenção dos créditos; colocação em jogo de uma circulação monetária estritamente controlada por uma taxação pesada; deslocamento da principal atividade econômica da agricultura para o comércio e da terra para o mar; desenvolvimento da colonização em busca de matérias-primas metálicas.

– Leitura religiosa: um sacrifício ritual em que os participantes deixam para o deus a parte que lhe cabe; revigoramento do corpo social pela redistribuição das riquezas assim sacrificadas e sacralizadas; reduplicação e deslocamento que leva e sacrifica ao deus da cidade, a Zeus, os objetos já levados, já sacrificados às divindades do γένος e já sacralizados por elas.

Como vemos, o encontro, o entrecruzamento, a superposição das duas operações constituem uma grade única. E é aí que a moeda começa a existir, a circular, a funcionar num espaço comum a essas duas transformações, no espaço de jogo definido por essas duas [11] transformações. Há moeda quando o mesmo objeto é sacrifício e imposto, salário dos mais pobres e redistribuição ritual, quinhão do templo ou do fogo e coerção ou rapina pelo poder, revigoramento mágico do corpo social e atividade cotidiana dos oleiros em seus tornos.

Escolhendo este exemplo, sei muito bem que é um exemplo.

Talvez não tenha havido nascimento de uma só vez da moeda em geral. O que do século VIII ao século VI surgiu no litoral do Mediterrâneo talvez sejam *moedas*:

– uma moeda lídia ligada ao aparelho estatal;

– uma moeda fenícia ligada a práticas comerciais;

– uma moeda grega ligada a um conflito e [a] alianças de classes caracterizadas por um endividamento rural, ao surgimento de um artesanato, à constituição de um exército semipopular, a uma fratura nos interesses da classe rica (comércio agrícola *versus* comércio artesanal).

Portanto, talvez não seja a moeda, em sua generalidade abstrata, que marque seu aparecimento em Corinto nas reformas do tirano [12] Cípselo. Mas sem dúvida a generalidade monetária é apenas o resultado de uma homogeneização posterior, ligada a um novo processo histórico (o desenvolvimento em grande escala de uma economia mercante).

124   *Aulas sobre a vontade de saber*

Em todo caso, esta análise histórica nos mostra que a essência mercantil da moeda não é sua raiz histórica. O começo da moeda não é uma origem solene que já inserisse sua natureza mercante e metafísica.

A moeda não foi instituída "na troca de produtos"; quando muito, pode-se dizer que ela se "desenvolveu" nessa troca (Marx, *O capital*, [I, 2, iv])[17].

C – *Três funções da moeda grega*[18]

O poder mantido e deslocado: a *metátese do poder*.

a – A moeda está ligada ao exercício do poder, mas não de um modo simples ([não é] por deter a moeda que alguém adquire e exerce o poder). É antes por certas pessoas terem tomado o poder que a moeda foi institucionalizada[19].

[13]   b – Mas não se trata da tomada de poder pelos grandes possuidores de bens (estes já o detinham) ou por novos possuidores, e sim por uma aliança entre um certo tipo de possuidores e a maioria dos camponeses pobres e dos artesãos.

O aparecimento da moeda está ligado à constituição de um novo tipo de poder, de um poder cuja razão de ser é intervir no regime da propriedade, no jogo das dívidas e das quitações. Daí o fato de ela sempre surgir ao mesmo tempo que uma forma "extraordinária" de poder político: tirano, legislador.

c – Qual função tem a moeda nessa tomada ou redistribuição do poder?

Se o tirano Cípselo põe em ação a instituição monetária, é porque:
– ele se recusou a praticar a partilha sistemática e integral das terras;
– não eliminou as dívidas, e sim manteve o jogo dos créditos e dos ciclos de endividamento;
[14]   – atraiu os camponeses empobrecidos para o artesanato ou o trabalho assalariado.

Mais tarde, quando Sólon fizer em Atenas sua grande reforma, a moeda terá um papel bastante parecido. Apesar da diferença de dados: Sólon elimina as dívidas, mas mantém a propriedade. Para diminuir as tensões, desenvolve o artesanato (recorrendo a mão de obra estrangeira) e as exportações (proibição de arrancar as oliveiras).

Tanto num caso como no outro, a moeda tem um papel político bem determinado:

Aula de 24 de fevereiro de 1971
125

– limitar as reivindicações sociais, que não pararam de aumentar desde Hesíodo e que a constituição dos exércitos hoplíticos torna mais perigosas;

– com isso manter ao mesmo tempo o regime da propriedade e a detenção do poder pela classe possuidora;

– deslocar [a detenção do poder*] de uma aristocracia agrícola para uma aristocracia mais comerciante e manufatureira;

– por fim, fortalecê[-la**] colocando nas mãos dos governantes o duplo instrumento do imposto e do salariato, acompanhado do poder de cunhar as moedas.

[15]   O que é inscrito na marca monetária – nessas figuras que são em Corinto o cavalo, em Egina a tartaruga e logo em Atenas a coruja –, o que é inscrito não é, em sua natureza semiológica geral, o signo: é uma luta pelo poder político e em torno dele; é um deslocamento, uma manutenção e um fortalecimento desse poder.

Certamente que não se deve ignorar, em sua função, o aparecimento dessa marca; mas, em vez de comparar a marca monetária com o signo linguístico, como se faz tradicionalmente desde Turgot[20], mais vale compará-la com os símbolos e os ritos do poder.

[16]   2 – A moeda-simulacro

Digamos de um modo muito esquemático:

a – O símbolo do poder na Grécia arcaica era o cetro, o bastão de comando[21], que circulava na Assembleia no momento em que cada um tinha de tomar da palavra, apresentar seu parecer, participar de uma decisão, prestar um juramento e expor-se ao castigo dos perjuros.

Ora, esse poder assim manifestado (poder simultaneamente partilhado e circulando entre os chefes de grupo) era o poder que lhes conferiam suas terras, seus bens, a amplitude de suas colheitas, a extensão de suas casas, a acumulação de tripés e de tecidos ricos no centro de seus lares. O cetro manifestava simbolicamente o poder numa sociedade em que o político e o econômico eram solidários.

b – Numa sociedade mercantil como a que os economistas clássicos estudaram, a moeda é o signo de uma mercadoria ausente; e a circulação visível da moeda, ao mesmo tempo que manifesta os circuitos comerciais e as equivalências mercantis, oculta as verdadeiras relações políticas. Pelo signo monetário, a riqueza aparenta circular,

---

* Manuscrito: deslocá-lo.
** Manuscrito: fortalecê-lo.

126 *Aulas sobre a vontade de saber*

[17] distribuir-se e dividir-se seguindo as vias que são simultaneamente as da natureza e da habilidade, da necessidade e da sorte; mas na verdade o poder se conserva.

O econômico e o político estão ligados, porém desalinhados entre si; sua dependência é mascarada e o signo monetário é o instrumento simultaneamente de sua dependência, de seu desalinhamento e da ocultação dessa dependência desalinhada.

Na sociedade grega dos séculos VII-VI, a moeda não é mais inteiramente, como o cetro, um símbolo mágico-político, mas está longe de já ser a representação ocultante da economia clássica. É o instrumento de um poder que está se deslocando (sem deixar de conservar-se) e que, por um jogo de novas regulações, garante a manutenção de uma dominação de classe.

[18] Nesse momento, a moeda já não é um símbolo que efetua, e ainda não é um signo representativo. Deve-se compreendê-la como uma série fixa de substituições superpostas [...*]:
– ela efetua uma substituição religiosa: possibilita uma coleta e uma redistribuição;
– efetua uma substituição econômica: fortuna, investimento;
– efetua uma substituição política: de um grupo social para um outro;
– efetua outra substituição: substitui a reviravolta social desejada por um leve deslocamento de poder.

Do mito narrado para a operação política tem-se toda uma série de substituições. Essas substituições se superpõem e se substituem mutuamente. É isso o simulacro: operações reais, séries indefinidas – criando a fixação (não a representação).

Ao passo que o signo "representa", o simulacro substitui uma [19] substituição por outra substituição. Foi sua realidade de simulacro que possibilitou que durante muito tempo a moeda continuasse a ser não apenas um instrumento econômico, mas uma coisa que emana do poder e que volta a ele por uma espécie de carga e de força interna; um objeto religiosamente protegido que seria ímpio, sacrílego, adulterar.

Desse caráter sobrecarregado do objeto monetário conseguiu-se descobrir um certo número de provas[22]:
– o fabricante de moeda falsa, na Grécia, tratado como sacrílego; os grandes centros religiosos [funcionavam] como bancos de depósitos e de empréstimos;
[20] – a partilha entre os cidadãos dos rendimentos das minas do Láurion, em Atenas (Temístocles opôs-se);

---

* O manuscrito acrescenta: que se substituem mutuamente.

Aula de 24 de fevereiro de 1971   127

– a redistribuição ao δῆμος dos tributos pagos pelos aliados de Atenas como reconhecimento de sua soberania, redistribuição que era feita por meio de indenizações pagas aos cidadãos quando iam exercer suas funções políticas ou judiciais;

– ou ainda as distribuições de dinheiro que os imperadores romanos faziam para manifestar e manter sua soberania;

– ou ainda, na época cristã, os presentes em dinheiro aos soberanos e as redistribuições de dinheiro;

– o jogo entre o rendimento e a caridade na ética cristã.

O que pode explicar o funcionamento da moeda não é uma teoria do significante, é antes uma análise do simulacro. A moeda foi simulacro antes de ser signo.

[21]   E talvez possamos ir mais longe. É como simulacro que ela é signo: sua colocação em funcionamento como signo numa economia mercantil é um avatar de sua história real de simulacro. Simulacro de uma natureza das coisas, simulacro de um valor que lhes pertenceria por direito próprio, simulacro de uma equivalência real. O que Marx chamou de "fetichismo". Digamos, para resumir tudo isto, que a moeda está ligada ao poder como simulacro[23].

[22]   3 – A MOEDA-MEDIDA

Portanto, a moeda aparece em uma figura cujo [desenho*] tem a forma do ritual religioso e cujos pontos essenciais são:

– a doação e a reunião,
– o sacrifício e a partilha,
– a redistribuição,
– a força restituída aos participantes.

A moeda, em sua origem grega, está mais próxima do consumo ritual e reconstituinte que da troca entre duas mercadorias.

a – Portanto, a moeda é antes de tudo um instrumento de regulação entre os diversos elementos que constituem a cidade[24]: pela distribuição de moeda [em] forma de presentes ou de doações, evita-se que os pobres se tornem pobres demais; pelo imposto cobrado dos ricos, evita-se que sejam ricos demais.

[23]   A moeda é realmente μέτρον – um instrumento de medida –, mas no sentido de que impede o excesso, a πλεονεξία, o ter-demais.

Mas impede também a pobreza excessiva, o endividamento indefinido; possibilita que os mais miseráveis resgatem suas dívidas e

---

* Manuscrito: desígnio. (Desígnio, *dessein*, em vez de desenho, *dessin*.) [N. da T.]

128 *Aulas sobre a vontade de saber*

escapem da escravidão que os ameaça. Se ela é μέτρον, não é porque proponha um padrão do valor respectivo de coisas diferentes, é porque coloca um limite para a riqueza e a pobreza. Não é como definição de uma quantidade em comum, é como exclusão dos excessos opostos (riqueza/pobreza) que ela constitui medida.

A fórmula soloniana "nem demais nem de menos"[25] segue a mesma linha da instituição monetária.

b – Ela é μέτρον também no sentido de que permite evitar a dupla violência política que acompanha o excesso de riqueza e o excesso de pobreza. A instituição da moeda permite que os pobres paguem suas dívidas; permite propor-lhes trabalho dando-lhes um salário (ou comprar os víveres que lhes são distribuídos).

[24] Mas, ao mesmo tempo, permite que os ricos evitem a grande reviravolta política e social; garante-lhes, no fim das contas e graças ao sacrifício pedido, que conservarão a maior parte de suas terras e de suas riquezas.

O instaurador da moeda é o regulador dos conflitos sociais; é aquele que, como Sólon[26], posta-se como um marco entre os partidos e não cede nem a um nem a outro; é aquele que estende entre eles o escudo que os impede de se baterem.

[vi] *c – Assim, a moeda
– faz reinar a ordem, a justiça;
– permite estabelecer a verdade do que se deve, do que isso vale. Instaura o δίκαιον καὶ ἀληθές. Mas ao mesmo tempo desempenha um papel fundamental no jogo do poder;
– implica a instituição do Estado: imposto, cobrança, acumulação, fixação do valor, distribuição;
– possibilitou a manutenção de um poder de classe.

Ela dá a cada um a possibilidade de avaliar verdadeiramente, de medir; possibilita a justiça (a medida como não-excesso).

O não-excesso e a verdade: profundo pertencimento grego. Portanto, a relação da moeda com a verdade é a seguinte:
– evitando o excesso,
– estabelecendo o equilíbrio (e a não-violência)[27],
– fazendo funcionar a ordem da cidade,
ela permite que as coisas se desvelem em sua verdade.

Portanto, não é por medi-las quantitativamente que a moeda enuncia uma verdade; é por excluir o excesso que ela as deixa vale-

---

* Síntese não paginada que, a julgar pelo papel utilizado, foi redigida em Montreal por ocasião de uma palestra na Universidade McGill.

Aula de 24 de fevereiro de 1971 129

rem e mostrarem-se em sua verdade. A moeda-medida: é no elemento da medida (do não-excesso) que as coisas são verdadeiras. Praticar a medida (isto é, servir-se de signos quantificáveis) será evitar o excesso, estabelecer o equilíbrio.

[25]   [Pode-se observar que ainda tardiamente no pensamento grego o Estado será considerado como sendo feito de ricos e pobres[28]:

República, IV, 422e: Cada cidade contém em si pelo menos duas cidades inimigas, a dos pobres e a dos ricos[29].

Aristóteles, *Política* [VI, III, 15]: Na cidade, as duas classes mais distintas são os ricos e os pobres[30].

Durante muito tempo, o excesso de riqueza e de pobreza será considerado um dos princípios de destruição da cidade:

República, VIII, 550e: A riqueza exclui a virtude[31].

República, IV, 421d: Quando é excessivamente pobre, o artesão nem pode mais trabalhar porque já não tem ferramentas[32].]

D – Por fim, como podemos ver, a instituição monetária está ligada não ao valor das coisas em sua verdade, e sim ao δίκαιον, à justiça que deve reinar na cidade e impedir que ela morra.

Ou melhor, se a moeda tem relação com a verdade é por ser instrumento de regulação, de correção, de retificação social. Foi ela [26] que permitiu a tiranos como Cípselo e a legisladores como Sólon fazerem a cidade viver de acordo com uma ordem que é a dela. A moeda é a harmonia e a força real da cidade. Durante muito tempo a tetradracma ateniense com a coruja será em todo o mundo jônico a força visível e circulante da cidade.

A verdade da moeda não é dissociável da ordem e do vigor do Estado; é como que a outra face da δίκη que nele reina.

Para que a moeda seja interrogada diferentemente (não mais sobre o que ela pode no corpo da cidade, e sim sobre o que representa na troca de mercadorias), para que apareça como signo (natural ou convencional), para que lhe seja perguntado se representa verdadeiramente ou ilusoriamente o valor das coisas, será preciso toda uma série de mudanças:

– será preciso, evidentemente, o desenvolvimento de uma economia monetária em escala mediterrânea, com os problemas de equivalência;

– será preciso que haja também um certo número de manipulações monetárias, como a desvalorização de Hípias[33];

– será preciso também que a acumulação das fortunas individuais (graças à economia monetária) provoque um novo desequilíbrio.

130   *Aulas sobre a vontade de saber*

[27]   Então a moeda deixará definitivamente a dupla região do δίκαιον
e do simulacro, do sacrifício e da justa distribuição, do ritual religioso e do apaziguamento social, para aparecer e ser manipulada como
signo – signo natural ou arbitrário –, signo que permite aferir verdadeiramente ou que permite apenas a troca do que se deseja. Uma
problemática do significante monetário será possível (e, de fato, necessária) e sua função de verdade deverá então ser interrogada.

Em pleno século IV, um texto de Aristóteles em *Política*[34] ainda
é muito revelador. Ele distingue:

– uma crematística natural que é da alçada da economia domés-
tica (que consiste em adquirir riquezas por meio da cultura; riquezas
que são necessariamente determinadas). O uso da moeda não está
excluído dessa economia, mas ela serve para outra coisa que não ela
mesma: serve para adquirir aquilo de que se necessita[35]. A moeda,
portanto, tem a dupla característica de ser subordinada a outra coisa
que não ela mesma, de só ser adquirida em quantidades limitadas;

[28]   – uma crematística no sentido estrito, que busca apenas a aquisi-
ção da moeda propriamente dita e, consequentemente, em quantidades infinitas. Baseia-se na troca. Está sujeita a crítica e não é natural.
Num certo sentido, não é verdadeira, e entretanto é a seu respeito que
se coloca a pergunta: não é a moeda a verdadeira riqueza, visto que
permite adquirir todas as riquezas, visto ser ela que permite fazer
todas as trocas? As coisas então valem seu equivalente em numerário.

Será que em vez disso a moeda não é "pura tolice"?[36] Algo inteiramente convencional e "sem nada de natural", visto que se pode
desvalorizá-la por decreto, desmonetizar o metal, visto que se pode,
como Midas, morrer de fome diante de montes de ouro.

A dupla problemática da moeda (arbitrária/natural, verdade/ilu-
são) está ligada a seu funcionamento tardio de signo. Anteriormente,
sua verdade estava ligada, mas de modo não apofântico, à δίκη e ao
νόμος – νόμος que ainda não é convenção[37].

*

NOTAS

1. Fórmula atribuída a Sólon, política favorável às classes médias, por oposição à fórmula aristocrática "nada demais", que fixava um teto mas não um limite inferior, in G. Thomson,
"La Philosophie d'Eschyle", doc. multigr., Paris, CERM, [s.d.].

2. P. N. Ure, *The Origins of Tyranny, op. cit.,* pp. 154 e 183: "No primeiro terço do século
VII, o reinado de Fídon iniciava a idade da tirania [...] foram Platão e Aristóteles que em segui-

Aula de 24 de fevereiro de 1971

da reinterpretaram a tirania como efeito de vitórias militares, porque tinham diante de si o exemplo tardio de Dionísio de Siracusa." (Notas conservadas por M. F. numa ficha sobre o desenvolvimento do trabalho servil na Grécia. Os tiranos teriam incentivado o trabalho manual, mas sob a tirania o estágio do trabalho artesanal começava a ser superado por empresas. A escravidão só se espalha com as guerras médicas, segundo essa ficha.) Na verdade, Aristóteles (*La Politique*, V, 10, 25-35) relata que Fídon transformou sua realeza em tirania.

3. A. P. Andrewes, *The Greek Tyrants, op. cit.*, pp. 78-83.

4. Ed. Will, "Réflexions et hypothèses sur les origines du monnayage", *Revue numismatique*, 5ª série, 17, 1955.

5. Ed. Will, "La Grèce archaïque", art. citado, pp. 74-94; Ch. Hignett, *History of the Athenian Constitution to the End of the Fifth Century B.C.*, Oxford, Clarendon Press, 1952.

6. "O legislador grego indica a maneira como a comunidade deve governar a si mesma." (M. I. Finley, *The Ancient Greeks, op. cit.* Ficha de M. F. sobre o legislador e o tirano)

7. "Diz-se que Licurgo baniu de Esparta o estudo da aritmética por ser democrático e popular em seus efeitos, e introduziu a geometria por ajustar-se melhor a uma estrita oligarquia e a uma monarquia institucional. É que a aritmética, por utilizar os números, distribui as coisas igualmente, enquanto a geometria, por utilizar a proporção, distribui as coisas de acordo com o mérito. Portanto, a geometria não é uma fonte de confusão do Estado; comporta um princípio de distribuição entre os bons e os maus, que não recebem sua parcela de acordo com o acaso ou com o peso, e sim pela diferença entre o vício e a virtude." (Plutarco, *œuvres morales. Propos de table*, livro VIII, 719a-b). Citação copiada por Foucault em suas notas preparatórias.

8. Hipodamo de Mileto (segunda metade do século V a.C.) teria trabalhado na reorganização do Pireu, segundo Ed. Will (*Le Monde grec et l'Orient, op. cit.*); também teria construído Túrio, Rodes, segundo B. Gille (*Les Mécaniciens grecs*, Paris, Seuil, 1980, pp. 50-1).

9. Ch. H. Kahn, *Anaximander and the Origins of Greek Cosmology, op. cit.*; J.-P. Vernant, "Géométrie et astronomie sphérique dans la première cosmologie grecque", art. citado. Nietzsche e Rohde comentaram Anaximandro, o que também é lembrado em algumas citações copiadas por Foucault em suas notas preparatórias, extraídas de W. Jaeger, *The Theology of the Early Greek Philosophers, op. cit.*

10. Cf. Ch. Mugler, *Platon et la recherche mathématique de son époque*, Estrasburgo-Zurique, Heitz, 1948.

11. G. Vlastos, "Equality and justice in early Greek cosmology", art. cit., pp. 164-8.

12. Althusser e seus alunos haviam perscrutado de um modo novo a gênese da forma moeda em Marx e criticado o "fetichismo" como processo antropológico de reificação das relações sociais (o dinheiro): "A categoria da coisa é a mais alheia a Marx." (L. Althusser, *Pour Marx*, Paris, Maspero, 1966, p. 237)

13. H. Michell, *The Economics of Ancient Greece, op. cit.*, pp. 311-4.

14. Provavelmente o primeiro a desenvolver essa tese foi B. Laum em *Heiliges Geld. Eine historische Untersuchung über den sakralen Ursprung des Geldes*, Tübingen, J. C. B. Mohr, 1924[1]; cf. Id., *Über das Wesen des Münzgeldes*, Staat. Akad. Braunsberg, 1929. Ed. Will refere-se a Laum, principalmente em "De l'aspect éthique des origines grecques de la monnaie", *Revue historique*, CCXII (2), 1954, pp. 211-3:

(1) o boi é objeto, não meio de troca,

(2) nos sacrifícios e nas avaliações reaparecem a mesma unidade (o boi) e os mesmos múltiplos (9, 12, 100).

15. A partir daqui M. Foucault segue principalmente os estudos de Edouard Will, entre os quais os *Korinthiaka (op. cit.)* continuam ainda hoje a ser uma suma de referência.

16. Ed. Will, "Réflexions et hypothèses sur les origines du monnayage", art. citado.

17. Referência à transformação dos movimentos M-D-M em D-M-D, muito comentada na época pelos althusserianos. Foucault mencionou em outro lugar a função diplomática de uma citação de Marx.

18. Será que é totalmente inútil lembrar as três funções da moeda universal para Marx: meio de pagamento, meio de compra e matéria social da riqueza em geral? Cf. *Le Capital*, 1ª se-

132 *Aulas sobre a vontade de saber*

ção, III, III, em *Œvres*, ed. M. Rubel, Paris, Gallimard ("Bibliothèque de la Pléiade"), t. I, 1963, p. 687.

19. P. N. Ure: "As tiranias na Grécia estão fundamentadas na economia monetária." (*The Origins of Tyranny*. Nota de M. F.)

20. Cf. Turgot, artigo "Étymologie" da *Encyclopédie*, o qual, segundo Foucault, estabelece o primeiro paralelo sistemático entre a moeda e as palavras (*Les Mots et les Choses*, ed. cit., p. 90).

21. Homero, *Ilíada*, II/B, 100 s.; *Il.*, I/A, vv. 234-239, 245-246; *Il.*, XVI/II, vv. 501-506.

22. B. Laum, *Heiliges Geld, op. cit.*; Ed. Will, "De l'aspect éthique des origines grecques de la monnaie", art. citado, pp. 211-3.

23. Uma conceptualização cada vez maior do simulacro – *versus* signo e símbolo – circula desde os anos 1960 entre Klossowski, que o liga ao "eterno retorno", Deleuze, que o associa à "diferença e repetição" e Foucault. Cf. P. Klossowski, *Un si funeste désir, op. cit.*; Deleuze, *Différence et Répétition, op. cit.*; M. Foucault, "La prose d'Actéon" (1964), *DE*, nº 21, ed. 1994, t. I, pp. 326-37/ "Quarto", vol. I, pp. 354-65.

24. Ed. Will, em "Réflexions et hypothèses sur les origines du monnayage", propõe para "regulação" o termo grego *nomisma*, "instrumento de apreciação do valor", da raiz NEM, *némesis, nómos, nómisma, nomizein*. Deleuze deriva daí também o tema do "Nômade" em *Différence et Répétition, op. cit.*, p. 54.

25. Cf. *supra*, nota 1.

26. Alusão a um poema de Sólon, in G. Vlastos, "Solonian justice", *Classical Philology*, 41, 1946, pp. 65-9.

27. Demóstenes dirá que toda parcela de violência faz injustiça; cf. G. Vlastos, *ibid.*

28. Cl. Mossé, *La Fin de la démocratie athénienne, op. cit.*, pp. 234-9.

29. Cf. *supra*, pp. 115 e 118, nota 21.

30. Cf. *ibid.* e nota 22.

31. Platão, *La République*, VIII, 550e: in *OC*, ed. L. Robin, citada, t. I, p. 1149: "[...] a diferença que separa a virtude da riqueza não será comparável à de duas coisas, cada uma das quais, ao ser colocada em um prato da balança, faz com que ele sempre se incline no sentido contrário?"

32. *Ibid.*, IV, 421 d, p. 982: "[...] se a pobreza impedi-lo de obter as ferramentas ou quaisquer outras coisas de que precisa para exercer seu ofício."

33. H. Michell, *The Economics of Ancient Greece, op. cit.*, pp. 331-2.

34. Aristóteles, *La Politique*, I, 3, 1253b e I, 9, 1257a-b.

35. Ou seja: a vida venturosa, "ἀγαθὴν ζωὴν" (*ibid.*, I, 8, 1256b 32).

36. Aristóteles, *La Politique*, I, 9, 1257b. Cf. também pseudo-Aristóteles, *Économique*, II, 2, 1347a 8-11, 1348b 22-30.

37. M. Ostwald, *Nomos and the Beginnings of the Athenian Democracy*, Oxford, Clarendon Press, 1969.

AULA DE 3 DE MARÇO DE 1971

O νόμος*. *Instituição contemporânea da lei escrita e da moeda (*nómos e nómis-ma*). – *Lei escrita e ritual enunciativo (*nómos e *thesmos*). – Os quatro apoios do* nómos. *Moeda coríntia e* nómos *ateniense. Eunomía hesiódica e eunomía solo-niana. – Economia e política. A Cidade-Estado: uma noção absolutamente nova. Cesura entre economia e política. – Reflexão sobre o simulacro, a moeda, a lei. O que é um* nómos *dito por ninguém?*

[1]   Na luta que fora travada nos séculos VII-VI, a moeda, seguindo o exemplo de Corinto, aparecera como um instrumento sutil e cir-cunstanciado; este permitia, ao mesmo tempo que operava uma divi-são das terras, manter o endividamento e todas as desigualdades li-gadas a ele; assim, permitia manter o poder político (pouquíssimo deslocado) nas mãos dos grandes possuidores de bens.

Ora, a outra grande instituição contemporânea, ou quase, do νόμισμα[1] é o νόμος, frequentemente caracterizado como lei escrita.

[2]   A respeito da moeda, procurei mostrar que ela não havia se in-troduzido inicialmente como signo na prática da troca, mas que aci-ma de tudo desempenhara um papel nas distribuições sociais em que figurara como simulacro.

A respeito da lei, procurar mostrar que ela não se introduz inicialmente como escrita; que a escrita não constitui nela a dife-rença fundamental[2]; que o surgimento da lei escrita se dá no inte-rior de um acontecimento em que estão em causa o poder e a luta pelo poder.

A oposição entre o escrito e o não-escrito é uma oposição tardia (século V). Não é ela que pode explicar esse νόμος pelo qual muitas cidades gregas vão caracterizar-se na época clássica. A "nova lei" opõe-se à antiga com base num outro modelo.

---

* Título da aula manuscrita.

134 *Aulas sobre a vontade de saber*

[3] Leis escritas e não escritas

A – O θεσμός

O θεσμός era uma regra não escrita. Isso não significa pura e simplesmente que era uma regra oral que se desenvolvia no elemento do λόγος, do discurso proferido ou da voz.

α – O θεσμός ser não escrito significa mais precisamente que está conservado numa memória e que deve ser lembrado na ocasião, no momento, quando o acontecimento ou a circunstância o exigirem.

Ex.: Quando, em Homero, está em causa trazer de volta para a Grécia o exército dos aqueus, a *regra* quer que se reúna o Conselho; quando há contestação, a regra quer que se aplique a prova do juramento decisório. O bom chefe é aquele que sabe lembrar a regra quando é o momento certo, é aquele que sabe reconhecer quando chegou o momento de aplicar a regra.

[4] β – Outra característica do θεσμός é que para entrar em jogo ele precisa ser proferido, e proferido ritualmente. Fora dessa emergência singular não tem existência ou, em todo caso, não tem atualidade. A memória que o guarda não é uma espécie de presença muda e sempre alerta.

Para que o θεσμός funcione[3] não basta estar enraizado na memória ou no hábito; deve ser enunciado como sendo o θεσμός, com todos os gestos e sinais de soberania adequados. Não há um reinado silencioso e contínuo do θεσμός; sua eficácia está ligada ao acontecimento ritual de sua enunciação. O poder do θεσμός se exerce no acontecimento.

γ – Terceira característica do θεσμός: é tomado num sistema estrito de pertencimento e de posse. Na sociedade grega arcaica a memória não é tanto uma questão de consciência individual ou coletiva; a memória é uma forma simultaneamente de propriedade e de poder: o que merece ser guardado na memória deve ser conservado zelosamente, por causa de sua eficácia, em grupos fechados que o

[5] utilizam como um instrumento de poder. A memória funciona como tesouro e poder em forma de segredo.

Daí essas instituições de memória constituídas por grupos que se transmitem esses segredos, com regras estritas de exclusão e processos mnemotécnicos muito particulares, conjuntos de discursos:

– por exemplo, nos grupos de aedos;

– por exemplo, nos templos, os "guardiões das coisas ditas".

Pelas regras jurídicas, os detentores do discurso eram também os detentores do poder e da riqueza. A memória das regras era uma

Aula de 3 de março de 1971   135

das riquezas das grandes famílias, uma de suas reservas, um modo de exercício do poder e uma maneira de conservá-lo. Existiam "exegetas" para dizer se chegara o momento de aplicar uma determinada regra, ou se uma determinada regra devia realmente ser aplicada no presente momento. Mas esses exegetas não eram especialistas neutros interpretando uma lei anônima que reinasse sobre todo mundo.

[6]   Os exegetas pertenciam ou estavam ligados a uma forma de propriedade familial: por exemplo, ainda tardiamente em Atenas haverá os ἐξηγηταί Εὐμολπίδων[4].

(Notar de passagem esta forma arcaica da exegese: que não está ligada à escrita, à busca do que isso quer dizer, à sua reatualização no λόγος; [que] consiste em correlacionar o momento, a memória e a regra, e isso a título de exercício do poder.)

Para resumir tudo isso, a respeito do θεσμός o essencial não é seu caráter oral, mas antes: que sua eficácia está sempre ligada à fulguração do acontecimento; que sua conservação é assegurada na forma gêmea da propriedade e da memória como instrumentos de exercício do poder.

[7]   B – O νόμος

[O νόμος] não deve ser identificado com a lei escrita, assim como o νόμος não pode ser resumido à tradição oral.

De fato, quando se presta alguma atenção nos textos percebe-se que νόμος designa várias formas de instituição muito distintas:

α – Está certo que a lei escrita, e de um modo mais preciso a lei inscrita, é gravada publicamente, aos olhos de todos, em tabuinhas de pedra ou em paredes que qualquer um pode olhar quando quiser e quando precisar.

Eurípides, em *As suplicantes* (v. 424), faz um arauto de Tebas discutir com Teseu; este diz que em Atenas:

– há leis escritas;

– graças a elas, o povo é que governa;

– os ricos e os fracos gozam de um mesmo direito.

E isso por oposição ao tirano.

β – Mas νόμος designa também uma lei não escrita: é assim que Heródoto fala de νόμος dos citas para designar um conjunto de regras que evidentemente não são escritas[5]. Mas principalmente se fala com frequência das leis de Esparta, enfatizando (e sempre como elogio) que não são escritas, e sim transmitidas pela educação, pelo exemplo, pelos conselhos, pelos hábitos de honra e de orgulho dos homens uns para com os outros.

136 *Aulas sobre a vontade de saber*

[8]   A escrita, portanto, é apenas uma das formas possíveis do νόμος, em face e ao lado da παιδεία. Educação e escrita funcionam conjunta ou alternativamente para garantir, proteger, manter o νόμος, cuja natureza própria não se esgota nesta nem naquela (por oposição ao θεσμός, que foi imposto e do qual as pessoas se lembram).

C – Talvez devamos ir ainda mais longe: se é verdade que o νόμος é escrito e que a escrita manifesta a intangibilidade da lei, seu caráter sagrado em cidades democráticas como Atenas, a lei podia ser mudada após discurso, discussão, deliberação, voto. (Até mesmo, em certos casos, eram previstas penas para quem, tendo proposto uma mudança na lei fundamental, não obtivesse ganho de causa – [isso] por oposição ao θεσμός, que por sua vez é intangível: no século IV, quando querem falar de uma lei intangível, chamam-na de θεσμός.)

Isso prova bem que a lei está exposta ao discurso, ao λόγος, que pode ser atingida pelo λόγος ou obtida a partir dele.

[8i]   *D – Por fim, νόμος tem o sentido de natureza, de conduta em conformidade com a natureza[6], ou, em todo caso, com o que deve ser: um uso no limite de sua conformidade com a natureza.

Superfície de contato natureza/lei.

Píndaro elogia[7] Xenócrates de Ácraga por criar cavalos de acordo com o νόμος (hábito, natureza).

Píndaro: Quíron ensinou a Jasão a maneira de fazer uso das drogas de acordo com a lei.

Hipócrates: Há leis que tornam resistente e corajoso em casos em que a natureza tornaria covarde.

(NB: A adequação efetua-se na forma do "como deve ser", conformidade, conveniência, harmonia, ajuste.)

A emergência da verdade dá-se aí e a partir daí.

Donde os sentidos que se cruzam e se opõem:

Escrita —————— Mudança pelo λόγος
Natureza —————— Pedagogia

Quatro elementos que se dissociarão sob efeito de mudanças políticas.

[9]   Isso leva a várias observações:

---

* Esta página foi reescrita muitas vezes.

Aula de 3 de março de 1971 137

α – Através desses quatro* pontos de apoio do νόμος (a escrita, o discurso, a pedagogia, a natureza**), podemos ver delinearem-se, do exterior, algumas características do νόμος por oposição ao que caracteriza o θεσμός.

Inscrito na pedra, presente no meio de todos sem que ninguém tenha de formulá-lo, o νόμος não é mais proferido por ninguém em particular: fala como que por si mesmo, em seu próprio nome, ele que não tem outro nome além daquele histórico-mítico de seu fundador. Colhido no ataque ou no jogo do λόγος, do discurso público, da discussão, também aí não pertence mais a ninguém; mas todos podem publicamente apropriar-se dele, submeter-se a ele ou modificá-lo. Transmitido pela pedagogia, imposto por exemplos que se perdem na noite dos tempos, também aí não pertence a ninguém. Ajustado à natureza, decorre dela.

[10] Nos quatro casos há ruptura do sistema de apropriação que caracterizava o θεσμός. Também nos quatro casos o νόμος está destacado do exercício singular do poder e do acontecimento particular ao qual estava ligado o θεσμός. De certa forma o νόμος está sempre lá, inscrito na pedra, colocado em jogo no λόγος, transmitido pelo zelo com os hábitos, legível na natureza***.

* Um "três" inicial foi corrigido para "quatro" em todos os lugares; parece que o quarto termo – ilegível – é: natureza.
** Todas as menções seguintes à natureza foram acrescentadas com uma tinta mais recente. A aula proferida no Collège de France não contém a palavra "nature" [natureza].
*** "Legível na natureza": o quarto elemento foi acrescentado, mas resta a página suprimida, bem como as duas seguintes.
Reconstituímos aqui um fragmento da redação com três elementos, que nos parece esclarecer essa discussão e que deve ter sido proferido nessa data:
"Estas três instituições da escrita, da pedagogia e da discussão pública simultaneamente manifestam e garantem
– a desapropriação da regra jurídico-política, sua liberação (ou seu descolamento) com relação à forma memória-segredo-tesouro,
– e seu estabelecimento como forma ao mesmo tempo coletiva e permanente.
Todas as três, portanto, remetem a uma redistribuição fundamental do poder político e de suas condições de exercício.
O problema é saber qual foi essa redistribuição; pois é aí, e não na escrita, que está a raiz do νόμος.
A título puramente indicativo, essa tripla instituição (escrita, pedagogia, discussão) é aquilo em que toma apoio o νόμος. Através deste ela remete a uma certa forma de poder político cujo princípio precisa ser compreendido.
Ora, é através dela que o saber ocidental se instaurou, se desenvolveu, se transmitiu em sua forma própria.
Portanto, a instauração do νόμος e o deslocamento do poder que está ligado a ele são decisivos para se compreender o lugar de emergência desse saber, seu modo de funcionamento. Está certo que o saber não reflete pura e simplesmente relações de poder, menos ainda forças de produção; mas o lugar e as condições de sua formação não podem dissociar-se da maneira.

138 *Aulas sobre a vontade de saber*

[11]   β – Essa organização semântica se dissocia muito cedo:
p. ex.: os Sofistas: pedagogia ≠ natureza
Sócrates: leis escritas – leis não escritas.

Foi a essa dissociação que a instauração da filosofia respondeu. Pela introdução de um quinto elemento, de um par: o Ser – a Verdade como princípio de implicação [ou complicação] desses quatro elementos:

– é quando o λόγος diz a verdade que ele alcança o ser da natureza;

– é quando as palavras de algum modo participam do ser que a verdade é ensinada.

Consequências:

α – A partir daí, vemos formarem-se as grandes questões filosóficas do Ocidente.

[12]   – Em quais condições o λόγος poderá dizer a verdade?

– Em que medida a linguagem participa do ser?

β – A verdade, que era efeito, passa a ser condição.

No pensamento do século VI, o verdadeiro era o efeito geral dessa disposição. A partir do século V, será a condição. É porque se detém a verdade que se tem boas leis, que a pedagogia alcança a natureza, que as leis que foram escritas são conformes com o λόγος e que o λόγος é conforme com a natureza.

O percurso do campo semântico é possível a partir da verdade e do ser.

γ – O campo semântico isola-se como instituição, como recorte social: a filosofia, a ciência, o discurso de verdade [são]:

– independentes do poder,

– fundadores do poder,

– críticos do poder.

Mas na realidade ele havia se organizado a partir do poder.

Todas as discussões que aparecem já no século V na Grécia a respeito do privilégio a ser concedido ao νόμος, à escrita ou à pedagogia, todas essas discussões para se saber o que é fundamental (escrita, fala ou formação), todas essas discussões só são possíveis a partir de um efeito de desconhecimento. Desconhecimento do fato de que, nessa distribuição variável da escrita, da fala e da pedagogia, é sempre o poder político que está em causa.

Por exemplo, os textos de Platão sobre o papel da escrita, do λόγος, da παιδεία devem ser decifrados não em termos de um recalque da escrita, e sim de uma luta história bem precisa pelo poder[a]."

a. É reconhecível aqui uma citação de Derrida: "Análise de um recalque e de uma repressão histórica da escrita a partir de Platão. Esse recalque constitui a origem da filosofia como *epistéme*; da verdade como unidade do *lógos* e da *phonê*" ("Freud et la scène de l'écriture" [1966], in *L'Écriture et la Différence*, Paris, Seuil, 1967, p. 293, n. 1).

Aula de 3 de março de 1971

[13]   *Economia e política

Quanto à moeda, Corinto era o exemplo menos mal conhecido. Quanto ao νόμος, sem dúvida é Atenas que oferece o material histórico menos fragmentário.

1 – Νόμος e εὐνομία

A primeira coisa a observar é que a instauração do νόμος sempre esteve associada ao estabelecimento de algo que muito cedo se chamou εὐνομία[8].

α – À primeira vista, Νόμος é a lei e Εὐνομία é a boa legisla-
[14] ção. Quando Sólon se gaba de ter estabelecido a εὐνομία em Atenas, estaria dizendo que substituiu as leis defeituosas do período anterior por um bom sistema legislativo.

Mais antigamente, quando Hesíodo diz que Εὐνομία é irmã de Εἰρήνη e de Δίκη[9], estaria dizendo que a boa legislação acompanha a paz no exterior e a justiça no interior.

β – Mas esse sentido de εὐνομία como boa legislação não pode ser mantido, pois o termo εὐνομία aparece em grego muito antes da palavra νόμος e muito antes da instituição que é designada pelo νόμος. (*Odisseia*, XVII/P, 487)

Além disso, Sólon, a quem se atribui e que atribui a si mesmo a instauração da εὐνομία ateniense, não emprega o termo νόμος. Exceto talvez em um texto, mas pode-se supor (Vlastos)[10] que ὁμοῦ é que foi utilizado.

Não é tanto εὐνομία que é derivada de νόμος significando uma melhora, um ajuste que vem somar-se à instituição, em si mesma neutra, do νόμος (boa ou má); é mais o νόμος que, a título de insti-
[15] tuição, foi pouco a pouco se desprendendo do princípio de εὐνομία. A εὐνομία precedeu o νόμος; ela foi seu elemento de formação. Porque se buscava a εὐνομία instaurou-se o νόμος.

γ – Sem dúvida deve-se relacionar diretamente εὐνομία com a raiz NEM[11], que está também em νόμος, mas da qual εὐνομία teria preservado melhor os valores antigos. Essa raiz nem designa a distribuição e a partilha.

(Em Homero, oposição: ὕβρις / εὐνομία.)[12]

É esse valor que se vê claramente no texto de Hesíodo em que Εἰνομήα aparece como irmã de Εἰρήνη e de Δίκη. E as três são designadas como filhas de Ὧραι: horas, estações, ritmo do tempo.

---

* M. F. eliminou um primeiro parágrafo, intitulado "A escrita e o tirano".

140 *Aulas sobre a vontade de saber*

Desses momentos regulares e regularmente observados deriva a paz entre vizinhos, entre credores e devedores, entre os mais ricos e os pobres; deriva também a justiça, a parcela justa que cabe a cada um; deriva como divindade central a distribuição regular das coisas, das riquezas e das terras.

[16] Portanto, a εὐνομία que Hesíodo canta e cujo reinado convoca não é uma boa constituição, um conjunto de leis justas e reconhecidas por todo o mundo; é uma repartição justa dos bens, uma boa distribuição das riquezas e de seu ciclo, um movimento regular no jogo dos gastos, das devoluções e das distribuições. É dessa reivindicação de εὐνομία que vai nascer o νόμος como estrutura jurídico--política da cidade, e isso por uma operação cujo desenvolvimento percebemos bem na obra de Sólon.

2 – A εὐνομία DE SÓLON

O próprio Sólon caracteriza sua obra como instauração de uma εὐνομία[13] por oposição à δυσνομία que reinava antes dele. O que é essa δυσνομία vemos claramente por sua segunda elegia. Os pobres são escravizados por causa de suas dívidas; são expulsos da parcela que possuem. Quanto aos *possuidores*, ao contrário, são perseguidos pela violência até o interior de suas casas; o mal salta por cima das barreiras e das paredes e atinge o lar, o lugar mais sagrado da família e da propriedade.

[17] Δυσνομία: duplo movimento de expulsão e de invasão, alteração violenta das parcelas.

A εὐνομία como remédio para essa δυσνομία assume em Sólon um duplo aspecto.

α – Aspecto econômico:

– extinção se não das dívidas pelo menos das hipotecas que pesavam sobre a terra; e sem dúvida retorno de um certo número de camponeses para suas terras liberadas. Mas nenhuma redistribuição geral das terras; manutenção das partilhas tais como existiam em sua desigualdade. E mesmo algumas terras liberadas não puderam permanecer muito tempo nas mãos dos camponeses que as haviam recuperado, pois a legislação proibia que se arrancassem as oliveiras;

– incentivo ao comércio e ao artesanato: o comércio, em favor dos proprietários de olivais (Plutarco diz que ninguém tinha direito de comprar mercadorias estrangeiras se não tivesse nada para dar em troca); o artesanato, que produz cerâmicas para exportação.

Aula de 3 de março de 1971 141

[18]   β – Aspecto político:

– distribuição dos poderes político-jurídicos em função da repartição econômica da riqueza;

– distinção de quatro classes censitárias (quatro categorias de cidadãos cujos direitos políticos, cujo acesso às funções, ao poder de deliberação e de decisão são determinados por suas fortunas);

– organização de diversos tribunais perante os quais todo e qualquer cidadão pode intentar uma ação contra qualquer outro.

Essa reforma de Sólon[14] merece atenção por várias razões.

1/ Nessa εὐνομία, nessa boa e regular repartição que substituiu a luta desregrada entre os ricos e os pobres, não é em absoluto a fortuna que finalmente é distribuída, é o poder jurídico-político.

[vii]   *Aspectos positivos**

Com relação ao princípio arcaico de distribuição do poder, evidentemente é uma distribuição em função da riqueza, mas com duas diferenças fundamentais:

a – Todos os cidadãos têm uma parte, mesmo os mais pobres; mesmo o mais pobre faz parte do sistema. O poder não é mais propriedade de alguns. Pertence a todos. Não provém de lugar algum que não seja a totalidade. Aplica-se a si mesmo.

b – No sistema arcaico, a mesma distribuição dividia as riquezas e o poder.

Com Sólon, dois princípios:

– quem se apossar de poder excessivo é punido pela cidade;

– quem se apossar de riqueza excessiva deve contar com a punição de Zeus.

[19]   *Aspectos negativos***

A εὐνομία instaurada por Sólon foi uma maneira de substituir a divisão das riquezas pedida (a ἰσομορία)[15] por uma distribuição do poder político: quando pedem terras, dão-lhes poder. O poder como substituto da riqueza na operação da εὐνομία.

---

* Página acrescentada por ocasição de uma apresentação, em março de 1972, na State University of New York, Buffalo, em francês. Depois de 1972 Foucault reescreveu em inglês suas conferências.

** Intertítulo acrescentado posteriormente para manter a simetria no texto original.

NB: Num certo sentido, o inverso da operação de Cípselo [em Corinto, vinte anos antes]. Este praticara uma redistribuição econômica importante, graças à qual mantivera o exercício do poder nas mãos da classe que já o detinha (com exceção de um deslocamento). No centro dessa operação atuava a moeda simulacro.

Sólon, inversamente, divide até um certo ponto o poder, para não ter de redistribuir a riqueza. A εὐνομία efetua essa divisão evitando a redistribuição.

[20]

A prova de que as duas soluções são inversas e de que a de Sólon se opõe muito claramente à de Cípselo está em uma das elegias de Sólon[16], na qual enfatiza junto aos atenienses mais ricos que ele próprio poderia – como um tirano – ter-se posto a dividir as terras.

Mas o importante para nós é que εὐνομία e νόμισμα são duas instituições que estão frente a frente, que funcionam em dois sentidos diferentes, mas cujo efeito geral é o mesmo:

– quando os ricos foram forçados a um sacrifício econômico, a moeda toma a frente, permitindo a conservação do poder por intermédio do tirano;

– quando os ricos foram forçados a um sacrifício político, a εὐνομία possibilita-lhes a conservação dos privilégios econômicos.

É claro que as duas instituições convocam uma à outra: a εὐνομία serve para limitar a redistribuição econômica quando a moeda desempenha o papel principal; e a moeda permite limitar a redistribuição do poder quando a εὐνομία assim exige.

Credita-se a Cípselo uma obediência à lei; e, inversamente, Sólon fez reformas ou operou transformações na moeda ática que dão início em Atenas ao desenvolvimento de uma economia monetária.

[21]

2/ A segunda característica da εὐνομία soloniana é ter, ao mesmo tempo que substituía a partilha econômica pela partilha política, introduzido relações novas e complexas entre economia e política.

É o que a reforma de Cípselo não conseguira fazer: o poder político simplesmente assumira a forma de tirania. A reforma de Sólon é muito mais tosca economicamente; teve talvez uma incidência histórica muito maior.

Quais são essas relações novas entre economia e política?

À primeira vista, uma correlação exata entre a quantidade de riqueza e o grau de participação no poder: os indivíduos são divididos em quatro classes censitárias, de acordo com suas riquezas (medidas quantitativamente: os pentacosiomedímnios[17], ou qualitativamente: cavaleiros, proprietários de bois).

Aula de 3 de março de 1971 143

Será que não ficamos ainda muito perto do grupo arcaico em que os poderosos eram sempre os mais ricos e os ricos eram poderosos de pleno direito? Na verdade, penso que não, e por duas razões.

[22]   α – Primeiramente, há uma diferença importante: é que na reforma de Sólon o mais pobre não é aquele que não tem poder, é aquele que tem a parcela menor do poder; aquele cujo único poder é participar da Assembleia[18], poder processar judicialmente qualquer outro cidadão, recorrer do julgamento que o condena, perante a assembleia popular. Portanto, não há ninguém – a menos que seja escravo ou estrangeiro – que não possua um pouco de poder.

E é assim que surge uma noção absolutamente nova: a cidade-estado, a πόλις, como conjunto dos cidadãos na medida em que são detentores de uma parte do poder e que o poder em sua totalidade se exerce através deles todos.

Portanto, o poder não é mais:

– o que é detido exclusivamente por alguns;

– o que é sofrido unilateralmente por outros;

– o que é exercido pontual e instantaneamente em gestos, em palavras, em ordens ou cobranças ritualizadas.

O poder é o que é exercido permanentemente através de todos os cidadãos. A totalidade de um corpo social começa a aparecer como o lugar onde o poder se aplica a si mesmo. O poder nasce de um corpo sobre o qual ele se exerce.

[23]   β – Mas há outra diferença entre a forma arcaica de poder e a εὐνομία de Sólon. Nas formas arcaicas, alguém tem o poder na medida em que for rico; e o poder é a possibilidade de adquirir riquezas. Quem exerce bem o poder se torna rico por dádiva dos deuses; quem se torna rico por meios censuráveis perde o poder, os deuses o condenam.

É o mesmo princípio de distribuição que reparte com um único gesto o poder e as riquezas. Em Sólon, realmente é na mesma proporção de sua fortuna que alguém detém uma parcela de poder; mas os mecanismos a que as partilhas da fortuna e a distribuição de poderes devem obedecer não são os mesmos.

O que faz alguém ser rico ou pobre fica fora da εὐνομία: é o acaso, a boa sorte ou a fatalidade, é a vontade dos Deuses*. Em contrapartida, o que faz alguém exercer mais poder quando é rico do que quando é pobre é aquele princípio que finalmente voltamos a encontrar: o νόμος.

---

* Letral D inicial maiúscula no texto em francês (*Dieux*). (N. da T.)

144   *Aulas sobre a vontade de saber*

Sólon diz em seus textos: se alguém quiser abusar de seus direitos e cometer uma injustiça por abuso de poder, então a cidade inteira sofrerá por isso, e imediatamente; portanto, é preciso que o νόμος [24] que reparte os poderes preveja sua punição. Em contrapartida, se alguém enriquecer desmedidamente e de uma maneira que não for justa, pois bem, que os Deuses o punam, a ele ou a seus descendentes, de acordo com as antigas crenças; o νόμος nada tem a ver com isso.

Νόμος é o nome dado a um princípio de distribuição do poder que serve para manter (mas ocultando-os) os princípios de atribuição das riquezas.

Νόμος é a forma que a cesura entre o político e o econômico assume – cesura que vemos bem que é a ficção de um corte real, visto que a repartição dos poderes políticos entre as *cinco** classes censitárias reproduz, reconduz, institucionaliza desigualdades econômicas; e visto que, acima de tudo, a instauração de um νόμος, de uma lei intangível prescrevendo a repartição do poder, tem a função de manter um certo tipo de relações econômicas.

[25]   Havíamos caracterizado o papel inicial da moeda como simulacro: simulacro religioso em sua forma, substituto e suporte metálico das cobranças, destruições e redistribuições que revigoram magicamente o corpo social inteiro, a moeda é o simulacro do poder repartido entre todas as mãos, enquanto assegura, à custa de um certo sacrifício econômico, a manutenção do poder em algumas mãos. Nos dedos do ateniense, a tetradracma com a coruja fazia por um instante brilhar apenas o simulacro de um poder que estava em outro lugar.

Podemos agora caracterizar o νόμος como cesura: um corte aparente entre as oportunidades irregulares da fortuna e a imobilidade de uma estrutura política que partilha regular e constantemente o poder; corte que esconde que a distribuição política do poder mantém e reconduz o modo de apropriação das riquezas.

Sob a moeda não encontramos a forma abstrata e semiológica do [26] signo, e sim o brilho de um simulacro que atua entre o poder e a riqueza. Sob a lei, não encontramos a gravidade da escrita, e sim a cesura que oculta a dependência do político com relação ao econômico.

A moeda e a lei ocupam um lugar diferente, não há dúvida, mas cumprem um papel complementar no jogo entre o político e o econômico, entre o poder e a riqueza. Jogo que sem dúvida existe em toda sociedade, mas cujas formas arcaicas as transformações econô-

---

* A reforma soloniana distingue quatro classes censitárias; estaria Foucault assimilando a uma quinta classe os metecos sujeitos a uma taxa, ou se trata de um erro?

Aula de 3 de março de 1971   145

micas dos séculos VII-VI e a luta de classes que se seguiu a elas haviam tensionado ao extremo.

[27] *Conclusão*

Nessa posição de cesura, o νόμος apresenta certas características:

É um discurso que não pode ser proferido por ninguém em particular. Nem entre os que detêm a riqueza (visto que ele a constata, registra, transcreve em termos políticos, mas não participa dela); nem entre os que detêm o poder (visto que é ele que o distribui).

Portanto, ele deve falar de lugar nenhum ou de um ponto mediano ou de um lugar comum

– ou ele é dado pelo oráculo (Esparta),

– ou pelo nomóteta,

– ou pela Assembleia.

É essa voz de lugar nenhum, essa voz do meio ou essa voz de todos que, dependendo do caso (ou seja, das relações de forças presentes), vai institucionalizar-se

– seja como escrita, imutável, intangível, como deve ser intangível a apropriação de riquezas que ela protege;

– seja como discurso pronunciado publicamente e por todos de modo que cada qual, por mais pobre que seja, possa exercer o poder, com total independência das relações econômicas;

– seja como pedagogia que ensina a indiferença pelas riquezas e [pelas] desigualdades, ensinando, ao contrário, o respeito à lei;

– seja como natureza*.

[28] A escrita, o debate, a pedagogia, a natureza baseiam-se, todos os três *[sic]*, nesse efeito de cesura em que o νόμος se instala. Não adianta pedir à pedagogia, à discussão ou à escrita que tragam de volta para a luz essa ocultação da qual elas são o efeito indireto, a partir da constituição de um poder político com a forma do Estado. Sua indiferença ética pelas riquezas, sua independência relativa com relação ao exercício do poder político não só não lhes dão nenhuma soberania ou liberdade [...] como também são apenas o efeito da ocultação que fundamenta sua existência e garante seu funcionamento.

Nas sociedades babilônicas, a apropriação do poder pelo soberano era renovada e reassegurada pela recitação ritual das narrativas legendárias, das genealogias, das teogonias. E agora esse νόμος que

---

* Natureza: acréscimo não datável. Cf. *supra*, a segunda nota da p. 137.

146 *Aulas sobre a vontade de saber*

não se apropria do poder mas que o distribui, como vai ser reforça-do, de onde vai tirar sua autoridade e seu vigor, ele que não é dito por ninguém?

[29]   Vemos esboçar-se a necessidade de um discurso que cantasse não o soberano, e sim o próprio νόμος, o princípio de distribuição, seu valor e sua sabedoria, a origem na qual ele se fundamenta, a ordem que faz reinar não apenas sobre os homens mas sobre os astros, os mares, os animais e as plantas.

Desse discurso que, a partir do νόμος, substitui o velho canto de soberania, podemos de imediato identificar algumas características:
– ele não tem mais de dizer os feitos e os acontecimentos conservados na memória;
– deve narrar a permanência das distribuições entre as coisas e os homens;
– não tem mais de rememorá-las como verdades secretas da memória, lembradas pelas musas: deve mostrá-las como uma verdade de outro tipo;
– não tem de colocar-se na esfera de uma soberania que teria de reconstituir;
– deve falar a partir desse espaço em branco, dessa cesura em que são ignoradas as relações entre o político e o econômico.

É aí que são identificados o lugar de um sujeito cognoscente e neutro, a forma de uma verdade desvelada e o conteúdo de um saber que não está mais ligado magicamente à repetição de um acontecimento, e sim à descoberta e manutenção de uma ordem.

É aí, nesse espaço, que se delineia a figura daquele que sob uma verdade, sem riqueza nem poder, vai desvelar a lei das coisas para dar força e vigor a uma lei dos homens que ao mesmo tempo é desconhecimento.

* * *

[Notas em estilo estenográfico acrescentadas em folhas com cabeçalho da State University of New York em Buffalo, e portanto suporte aforístico da conclusão do discurso:]

Εὐνομία, termo fundamental.
Νόμος é a regra institucional.
A εὐνομία pode ser   – aristocracia,
                        – democracia.
Ἰσομομία significará exatamente democracia.

Aula de 3 de março de 1971

Ora, essa εὐνομία

– por um lado, é profundamente distinta da posse assíria do poder:

• o rei é o poder, é todo o poder: só há poder para ele, ao passo que aqui o poder não é de ninguém;

• oposição εὐνομία / τύραννος.

– por outro lado, tem os mesmos efeitos, visto que sempre se trata de pôr as coisas em ordem: tornar fecunda a natureza, justos os homens, punir os culpados, suprimir as guerras.

Ora, [em] todos os povos indo-europeus o poder está ligado à palavra, de dois modos:

α – ele se exerce pela palavra

– ordem

– julgamentos

– profecia.

β – fundamenta-se na palavra: é a palavra que o proclama, fundamenta-o, fortalece-o.

Compreende-se que o discurso de soberania não pode ser o mesmo entre os assírios e entre os gregos

– nem em sua função,

– nem em sua distribuição.

γ – entre os assírios:

o discurso de soberania é realizado pelo duplo do poder régio

– seu desdobramento religioso (os sacerdotes)

– seu duplo familial (o irmão).

Ele narra os feitos do rei e dos ancestrais em sua ligação com o céu e a terra. Genealogia.

É cíclico; deve permanecer secreto.

δ – na Grécia:

o discurso de soberania deve ser permanente

– a permanência do escrito

– a permanência do poema.

Deve não pertencer a ninguém, visto que é a distribuição de todos.

Deve ser dito "de lugar nenhum" ou melhor, do centro, do meio.

Não deve pôr em jogo o desdobramento heroico: repetir o acontecimento, fazer o herói reaparecer.

Deve atuar num outro registro de dualidade: a da ordem das coisas, da ordem dos homens. O retorno de uns e de outros. Dizer a verdade, prescrever a justiça.

O par verdade-justiça.

A interiorização do ciclo.

A εὐνομία é a forma da cesura política/economia.

A ἰσονομία de Clístenes, mais ainda.

É a partir daí que se dará a ruptura em Atenas. Em todo caso, a εὐνομία é o princípio da partilha do poder político. O νόμος é a regra dessa partilha.

νόμος e νόμισμα

148 *Aulas sobre a vontade de saber*

partilha e medida
Mas como o discurso do νόμος vai manifestar-se e exercer-se?
• Nas civilizações babilônicas, recitações rituais.
• [N]a Grécia arcaica: o acontecimento.
Aqui, recitação permanente, não vestígio e sim ἐς ἀεί.
[Essa recitação] não é propriedade de alguns ou privilégio dos escribas, e sim [de] todo o mundo: λόγος.
Nem memória nem segredo, e sim distribuição para todos, pedagogia.
Por fim, esse discurso da lei tem a função de evidenciar e restabelecer a ordem das coisas, uma ordem que não é a das riquezas, dos bens, das oportunidades, e sim a ordem de uma outra ordem. Uma ordem permanente acessível a todos por meio do λόγος.
As riquezas têm sua ordem própria, ou melhor, sua medida: νόμισμα.
As cidades têm sua ordem, ou melhor, sua lei: νόμος.
A verdade é a ordem (menos a riqueza, menos a economia).
A moeda: é a medida menos a ordem
menos a ordem, a justiça.

*

NOTAS

1. Νόμισμα: moeda. Cf. Aristóteles, *Ética nicomaqueia*, V, 11: "ὅτι οὐ φύσει ἀλλὰ νόμῳ ἐστί" (porque ela é de instituição, νόμῳ, e não por natureza, οὐ φύσει); B. Laum (*Heiliges Geld, op. cit.*) destaca a diferença entre *nomisma*: "o que vale", meio de avaliação, e *chremata*: riqueza; ele traduz *nómos* por "regulamento de partilha", repartição.
2. Os ouvintes de Foucault entendiam então a alusão a um título publicado recentemente: *L'Écriture et la Différence*, de J. Derrida *(op. cit.)*.
3. Cf. P. Vinogradov, *Outlines of Historical Jurisprudence, op. cit.*, vol. II, pp. 76-8; H. Frisch, *Might and Right in Antiquity, op. cit.*
4. Os intérpretes eumólpidas estão ligados à família sacerdotal de Atenas, os eumólpidas que instituíram o culto de Elêusis; cf. P. Vinogradov, *loc. cit.* Os exegetas acabaram desempenhando o papel de conselheiros jurídicos.
5. Ver Heródoto (IV, 105); F. Heinimann, *Nomos und Physis. Herkunft und Bedeutung einer Antithese im griechischen Denken des 5. Jahrhunderts*, Basileia, Friedrich Reinhardt, 1945[1], 1965[2].
6. T. A. Sinclair, *Histoire de la pensée politique grecque*, trad. fr. [s. n.], Paris, Payot ("Bibliothèque historique"), 1953 (ed. orig.: *A History of Greek Political Thought*, Londres, Routledge & Kegan Paul, 1951).
7. Píndaro, *Olímpica V* e *Pítica IV*.
8. "Etimologicamente, *eunomia* não deve ser relacionada com *nómos*, e sim com *nemein*. Encontra-se *eunomía* em Homero (*Od.*, XVII/P, 487), não se encontra *nómos* [...]. Não é a lei, é o pensamento do legislador [...] *eunomía, dysnomia* expressam uma atitude moral da parte do cidadão." (V. Ehrenberg, *Aspects of the Ancient World*, Oxford, Blackwell, 1946, pp. 74-86; tradução M. F.)
9. Hesíodo, *Teogonia*, vv. 900-902.

Aula de 3 de março de 1971　　　149

10. G. Vlastos, "Ἰσονομία Πολιτική", in J. Mau & E. G. Schmidt, eds., *Isonomia. Studien zur Gleichheitsvorstellung im griechischen Denken*, Berlim, Akademie-Verlag, 1964.

11. E. Laroche, *Histoire de la racine NEM en grec ancien*, Paris, Klincksieck (col. "Études et Commentaires" 6), 1949. Laroche destaca as noções éticas associadas a essa raiz.

12. "Ὕβρις: ausência de ordem, desencadeamento de forças – tema abordado em *História da loucura*. Ed. Will diz que a noção é intraduzível em francês. Ela inclui o campo das relações dos homens entre si e dos homens com os deuses; cf. Ed. Will, *Le Monde grec et l'Orient, op. cit.*, t. I, p. 598.

13. Foucault utiliza um conjunto de citações extraídas de: – W. Jaeger, "Solon's Eunomia", *SPAW*, Berlim, 1926. – G. Vlastos, "Solonian justice", art. cit. [*supra*, p. 132, nota 26]. – I. M. Linforth, *Solon the Athenian*, Berkeley, Univ. of California Press, 1919[1]. – P. Lévêque & P. Vidal-Naquet, *Clisthène l'Athénien, op. cit.* [*supra*, p. 89, nota 35].

14. Ed. Will, "La Grèce archaïque", art. cit., pp. 79-94.

15. Ἰσομοιρία (ἡ), traduzível por "partes iguais", donde igualdade de direitos. Cf. P. Lévêque & P. Vidal-Naquet, *Clisthène l'Athénien*.

16. Segunda elegia de Sólon, citada in I. M. Linforth, *Solon the Athenian, op. cit.*

17. Pentacosiomedímnios (*pentakosiomedimnoi*): os que têm uma renda de 500 medimnos de cereais. (Primeira classe de cidadãos: *pentakosioi*.)

Apenas as duas primeiras classes censitárias davam acesso ao poder; nelas eram eleitos os arcontes. Essas duas primeiras classes representavam apenas 1/5 dos cidadãos cujas terras produziam mais de 500 alqueires de trigo.

18. Ed. Will escreve que: "Não se sabe se os tetas, a última classe, tinham sequer acesso à *ecclesia*, a Assembleia do povo que elegia os magistrados." (*Le Monde grec et l'Orient*, t. I, p. 65)

AULA DE 10 DE MARÇO DE 1971

O puro e o impuro*: a ablução homérica como rito de passagem. – Reversão do estatuto da conspurcação nos séculos VII e VI. – Nómos, moeda e novas práticas religiosas. – O proibido como substituto democrático do sacrifício suntuário. – Democratização da imortalidade. – Criminalidade e vontade de saber.

[1] IMPLANTAÇÃO DA CATEGORIA JURÍDICO-RELIGIOSA DO IMPURO

A purificação é um rito arcaico; mas, no decorrer de uma evolução que precisamos reconstituir, ela vai articular-se com duas oposições às quais originalmente era alheia: criminalidade/inocência
ignorância/saber.

I – A CATEGORIA DO "PURO" EM HOMERO

1/ À primeira vista, os ritos de purificação parecem de praxe após um assassinato, um massacre, um combate, um ferimento. A poeira e o sangue são as impurezas lavadas.

– Aquiles volta do combate coberto de sangue; apresenta-se junto a Ulisses e Diomedes, que ordena que o lavem[1].

[2] – Quando Ulisses e Diomedes voltam de sua expedição às fileiras troianas, mergulham no mar e depois banham-se numa banheira (*[Ilíada]*, XXII/X, 572-576).

2/ Mas não está provado que esse gesto ritual se destine a eliminar uma conspurcação. O rito da ablução volta-se tanto para o que vai acontecer como para o que acaba de acontecer.

Se o guerreiro se lava depois da batalha, é porque chegou ao limiar de uma nova atividade – uma atividade de caráter sagrado, religioso ou ritual.

– Quando Agamêmnon quer mandar lavarem Aquiles, é porque está lhe oferecendo uma refeição.

---

* Título da aula manuscrita.

152 *Aulas sobre a vontade de saber*

– Diomedes e Ulisses, ao voltarem da batalha, lavam-se antes de derramarem libações a Atena[2].

De modo geral, a ablução ocorre quando se passa de uma atividade comum ou cotidiana para uma atividade ritual:

– Antes de ir orar a Atena nos aposentos de cima, Penélope[3] lava-se e veste roupas limpas.

[3] – Depois de devolver Criseide, Agamêmnon quer ofertar uma hecatombe a Apolo e manda suas tropas lavarem-se [*Il.*, IX/I, 285-327].

Que não está em causa lavar algum delito, suprimir o crime, um outro texto da *Ilíada* prova ainda mais claramente: aquele que diz respeito aos funerais de Pátroclo:

– Aquiles manda lavarem cuidadosamente o cadáver de Pátroclo (que é a vítima e não o assassino). Ele não deve entrar conspurcado (ᾐσχυμένος) no Hades [*Il.*, XVIII/Σ, 179-180]. Mas Aquiles, por sua vez, se recusa a lavar-se antes de prestar a Pátroclo as homenagens devidas.

A ablução homérica não lava o assassino ou o culpado e não lhe devolve a pureza primitiva. Em vez disso, escande os diversos momentos do tempo e os diversos níveis da atividade.

[4] A ablução ocorre quando se entra no rito; quando chega o momento do sacrifício; quando se vai passar para o Hades; ou também quando o suplicante, o estrangeiro, é acolhido no lar. Inversamente, a ablução não ocorre quando, ao contrário, se deve manter o luto; não pode dar-se quando ainda não se acabou de prestar as homenagens devidas.

A ablução rompe os contatos; isola momentos, lugares, condutas; marca o limiar que é atravessado, o novo registro no qual se insere o comportamento; impede transmissões perigosas ou continuidades inadmissíveis: entre o massacre e o festim, entre o exterior e o lar, entre este mundo e o Hades, entre o cotidiano e a esfera de pertencimento do deus, entre o vivo e o morto.

Longe de circunscreverem, para isolá-lo, um lugar, um núcleo já constituído de conspurcação, deve-se dizer que os ritos de ablução antes marcam as descontinuidades de um espaço e de um tempo sociorreligioso complexo, heterogêneo; e que há conspurcação quando, voluntária ou involuntariamente, duas regiões heterogêneas são postas em contato.

[5] 3/ Ora, é preciso observar que o criminoso não é, em si mesmo, uma dessas regiões diferentes que precisam ser isoladas das outras;

Aula de 10 de março de 1971   153

em Homero, o assassino, enquanto tal, não é objeto de um tratamento especial.

– No momento em que Telêmaco está orando e fazendo libações, Teoclímeno, que é um assassino, se apresenta. Telêmaco recebe-o como a qualquer suplicante[4]. Licofronte serve na casa de Ájax sem que o assassinato que cometeu lhe confira um estatuto particular[5]. Está certo que Teoclímeno foi obrigado a deixar a cidade; mas foi porque os parentes e amigos de sua vítima eram muito numerosos e fortes demais para ele.

Temos um esquema habitual: 1 crime – 2 conspurcação – 3 ritual de supressão – 4 inocência recuperada. Mas esse esquema não vale para a época homérica: em vez dele temos descontinuidades ritualmente manifestadas e mantidas pela ablução; a partir daí, perigo de esquecimento, de violência, de comunicação indevida entre essas regiões separadas; depois, por fim, nesse caso, conspurcação – conspurcação que se dá de tal maneira que: (a) a região atingida fica contaminada pelo que irrompe nela; (b) o objeto que irrompe surge como conspurcado nessa região em que não deveria ter penetrado.

[6]

Conspurcação imediatamente dupla, portanto. É toda uma reversão do esquema que vai se produzir: com a conspurcação se tornando o fato primitivo ou pelo menos a consequência imediata do crime, a separação é então sua consequência necessária; por fim, o rito purificatório, destinado a suprimir a conspurcação.

Ora, essa reversão é importante para a constituição de uma moral do delito; mas é importante para a constituição de uma certa vontade de saber.

[7]

II – Como se deu essa reversão

Ela está ligada a toda uma série de mudanças na vida religiosa dos séculos VII-VI[6].

1/ Intensificação do ritualismo na classe popular. É verdade que os ritos rurais eram muito numerosos e sem dúvida muito restritivos já muito antes do período em questão. Mas parece que eles se fortalecem consideravelmente e sem dúvida se organizam a partir do século VII.

α – Importância e meticulosidade dos ritos em Hesíodo. Além dos ritos homéricos, vemos multiplicarem-se proibições, como não banhar-se na embocadura de um rio, não cortar as unhas no festim, não sentar uma criança de doze meses ou de doze anos sobre um objeto sagrado[7].

154   *Aulas sobre a vontade de saber*

β – Mas foi principalmente o orfismo que reforçou, organizando-as, toda uma série de prescrições rituais[8].

A que corresponde esse fortalecimento?

[8]   a – Esse gênero de ritos transmitidos de geração em geração se opõe (na forma e no modo de apropriação mais ainda que no conteúdo) às regras jurídico-religiosas que as grandes famílias detinham como propriedade exclusiva e secreta. Esses rituais, em forma de receitas eficazes, contrabalançam, em sua função de arcabouço jurídico-religioso da existência, os segredos e decretos das grandes famílias.

b – Essas prescrições são conhecidas; sua observância é fácil, se nem sempre de seguir, pelo menos de constatar. Cada qual pode determinar pessoalmente se o que fez está certo; cada qual pode ser seu próprio juiz; cada qual pode fazer sobre si mesmo um julgamento de qualificação religiosa[9].

c – Esses ritos permitem que cada qual seja pessoalmente responsável pelo sucesso ou fracasso de suas colheitas; pelo rito, cada pessoa pode tomar nas mãos sua boa sorte ou sua desventura, seu bom entendimento ou sua desavença com os deuses. Para o sucesso de seus empreendimentos ela não depende mais da piedade ou impiedade dos poderosos e dos reis. Um rito bem observado permite que seja amada diretamente pelos deuses. Mas é necessário que o rito esteja ao alcance de todos.

[9]   d – Ora, justamente, é preciso observar que esses rituais são totalmente diferentes do ato cultual mais conhecido e mais difundido: o sacrifício.

Nada daqueles sacrifícios de bois, de carneiros ou de cabras, que só podem aparecer no culto dos criadores ricos; nem mesmo oferendas, que sem dúvida eram frequentemente um imposto disfarçado quando se tratava de levar gêneros a um local sagrado pertencente a uma grande família. E sim gestos, abluções, proibições, mais do que sacrifícios; ritos arbitrários de que é preciso lembrar-se, mais do que objetos que devam ser oferecidos.

(A proibição como substituto do sacrifício suntuário quando este não é economicamente possível.)

Como podemos ver, de certo modo a arbitrariedade do rito é exigida por sua função social e política. É bem verdade que não é essa função que explica por que o rito é este ou aquele (e sim, sem dúvida, uma análise das significações mágicas). Mas essa arbitrariedade, enquanto tal, tem uma função; é por isso que, longe de atenuar-se, de

Aula de 10 de março de 1971   155

[10] racionalizar-se, ela se mantém durante muito tempo, às vezes até mesmo se reforça e se exaspera. É que, em face da regra que os poderosos possuem, ocultam, impõem do exterior – e [que] põe em jogo a exibição, mesmo que sacrificada, das riquezas –, em face dessa regra o ritual erige um sistema de regularidades acessíveis a todos, aplicáveis por cada um com relação a si mesmo, passíveis de um controle autônomo e, por fim, como efeito de uma relação mágica, arbitrária na forma, dissociadas da posse e do sacrifício de riquezas[10].

2/ O outro aspecto da transformação religiosa que ocorreu nos séculos VII-VI é o surgimento de formas religiosas que escapam ao jogo de apropriação pelas famílias ricas.

Na linha de frente, o culto dionisíaco[11]. Culto cujo caráter popular é bem conhecido:

α – importância dos ritos agrários e das referências agrícolas no culto que lhe é prestado;

β – testemunho de certos elementos legendários narrando a invasão de Dioniso, que submerge e vem bater às portas das cidades. Assim Penteu, rei de Tebas, tenta fechar as portas da cidade à invasão dionisíaca; as Mênades acabam estraçalhando-o (*As bacantes*, de Eurípides).

γ – organização em grupos cultuais, as tíases, confrarias que [*] nascem espontaneamente *ou sob efeito do proselitismo, mas sem nenhum pertencimento aos grupos tradicionalmente detentores da regra e do segredo dos cultos.

Ora, entre todas as características singulares do dionisismo, deve-se destacar: (a) que nele o pertencimento se opera individualmente, quer a pessoa seja jovem ou velha, homem ou mulher, estrangeiro ou cidadão; (b) que nele o sinal de pertencimento é marcado individualmente no transe; (c) que o sacrifício implica uma participação igual de todos. O deus ἰσοδαίτης[12]; (d) que o segredo não é posse de uma família ou de um clero, e sim de todo participante; (e) que a ligação com o deus é individual (mesmo quando o indivíduo se dissolve nela).

Estamos muito longe dos jogos entre os deuses e os homens em Homero: – luta
                          – ofuscamento
                          – substituições.

---

* Folha intercalar não paginada, com escrita e tinta diferentes.

156 *Aulas sobre a vontade de saber*

[11]   3/ Ao mesmo tempo, um deslocamento no culto dos grandes deuses e no modo de funcionamento dos rituais relacionados com ele: já se pode notar uma diferença importante entre os deuses homéricos e aqueles cuja história Hesíodo narra.

Indiscutivelmente os deuses homéricos haviam dividido entre si o mundo e nele faziam reinar seu poder e sua cólera. Mas também tinham a função de proteger, de prezar certos povos. Há os deuses que protegem os aqueus; outros, os troianos; e entre os que protegem os aqueus há os que protegem os argéadas etc. Mas essa proteção de cada grupo passa regularmente pela intermediação de um chefe. Era o chefe que, por seu nascimento ou com suas oferendas (ou, ao contrário, com suas ofensas), atraía as bondades ou o ódio do deus.

[12]   Em Hesíodo[13], os deuses não aparecem ligados por esses privilégios genealógicos ou por essas preferências singulares. Hesíodo narra o nascimento sucessivo dos deuses, a distribuição de seu poder, a hierarquia dinástica que se estabelece entre eles, a veneração que se deve a cada um de acordo com o reinado que exerce neste mundo. Os deuses de Hesíodo estão ligados a forças e domínios que certamente ainda não são pensados na unidade do κόσμος; mas não estão mais fechados no sistema de obrigações familiais para com seus descendentes aristocráticos.

4/ É difícil saber por quais processos exatos passou essa luta para apropriação dos cultos antigos ou para dominação de certas formas religiosas novas. Mas é bastante fácil reconhecer nesse âmbito pelo menos o resultado da grande reorganização do poder político que ocorreu nos séculos VII e VI. Foi a mesma constituição de um novo poder político que possibilitou a implantação da moeda, o estabelecimento de um νόμος e um novo tipo de prática religiosa[14].

[13]   a – É característico que a tomada de poder pelos tiranos ou a nova distribuição do poder imposta pelos legisladores nunca seja feita em nome dos deuses populares – *do* deus popular. Nunca houve uma legislação ou um poder "dionisíaco", assim como nunca houve partilha exaustiva das riquezas (não devemos esquecer que Dioniso às vezes portava o nome de ἰσοδαίτης [deus da partilha]).

A tomada de poder é feita em nome dos deuses tradicionais, cujo culto estava em mãos da aristocracia. Por exemplo, em nome de Zeus (em Corinto) ou de Atena (na época em que Pisístrato retorna do exílio). A legislação de Esparta ou a de Cirene são feitas em nome de Apolo.

Aula de 10 de março de 1971

b – Mas, ainda assim, com duas modificações importantes:

α – Eles são reintroduzidos do exterior, intervindo como árbitros entre os partidos; despojados, pelo menos aparentemente, de seus laços de pertencimento às grandes famílias.

[14] É pretensamente para fazer cessar os males que assolam a cidade que Apolo intervém em Esparta. Pisístrato, ao organizar sua reentrada em Atenas, organiza um cortejo que indica claramente que ambos retornam do exterior a fim de fazer reinar a paz.

Daí o importante deslocamento da localização cultual: o peso político assumido no interior de cada cidade por centros de culto na mesma medida em que são exteriores à cidade – Delfos e Olímpia principalmente. E é interessante observar que esse deslocamento tem muito mais um efeito de reduplicação. Por um lado, existem nas cidades lugares de culto que são dedicados a Zeus na medida em que está em Olímpia, ou a Apolo de Delfos (o Delfínion) – como se o deus devesse ser honrado em sua exterioridade com relação aos diversos partidos que disputam a cidade. Por outro lado, os grandes centros cultuais que permanecem exteriores aos limites da cidade e que lhe prescrevem leis (antes de lhe prescreverem uma política) permanecem nas mãos das famílias aristocráticas que continuam a assegurar o culto lá fora.

O deus interior à cidade é reimportado do exterior e, inversamente, a família detentora desse culto continua a assegurá-lo naquela localização externa.

[15] β – A segunda modificação importante no culto dos grandes deuses é que eles aparecem como deuses da cidade.

É Corinto inteira que é dada a Zeus; e a Atena que retorna com Pisístrato é não apenas uma deusa tradicional das grandes famílias da cidade: é a deusa dos artesãos.

A posse do culto (com suas tradições e seus segredos) por uma família, o jogo das dívidas, das rendas, dos serviços que ela mantinha com seu deus ancestral, tudo aquilo agora é substituído (pelo menos em parte) por um pertencimento recíproco entre o deus e a cidade. As festas são o símbolo disso.

Mas mesmo assim as famílias aristocráticas não são desapossadas de seus privilégios cultuais. São encarregadas, pela instituição, do exercício de um determinado culto, que antigamente era justamente o delas, mas que passa a ser o da cidade.

Por fim, as obras públicas, a construção dos templos (Zeus em Corinto, Atena em Atenas), o sistema de oferendas e de sacrifícios coletivos constituem o correlativo econômico desses cultos que agora assumem um aspecto de culto estatal.

158 *Aulas sobre a vontade de saber*

[16]   *Resumo*

O fortalecimento das prescrições rituais simultaneamente populares e individualistas, sua reassunção por movimentos religiosos gerais (como o orfismo) levam a uma certa qualificação religiosa do indivíduo, qualificação que depende do rigor e da exatidão de uma observância: o puro e o impuro.

O vigoroso desenvolvimento do culto dionisíaco obrigou, não sem lutas violentas, a um reajuste das estruturas religiosas e a uma coabitação das divindades tradicionais com essas formas novas.

Por fim, a intervenção da religião assim reajustada como justificativa do novo poder político vai possibilitar a integração, no sistema legal do Estado[15], dessas qualificações religiosas do indivíduo. Agora é o Estado, ou, em todo caso, é a partir da regulação do Estado que vai se dar a distribuição do puro e do impuro.

[17]   III – A conspurcação individual

O nascimento de uma economia monetária, a formação de um novo tipo de poder político, a implantação das estruturas religiosas de que acabamos de falar, tudo isso leva a uma certa definição jurídica do indivíduo. É essa definição jurídica que dá forma à nova distribuição do puro e do impuro[16].

Como se formula essa definição jurídica do indivíduo? Essencialmente numa legislação que vemos ligada de modo regular às grandes mudanças políticas da época.

Essa legislação diz respeito: – à herança

– aos ritos funerários

– aos assassinatos.

Como podemos ver, de um modo ou de outro ela diz respeito à morte. Foi assegurando seu controle sobre a morte, foi regulamentando o acontecimento e suas consequências que o poder político desenhou a forma da individualidade[17].

[18]   1/ Vejamos rapidamente as leis referentes à herança e ao sepultamento:

a – Elas desapossam em parte o γένος, a família no sentido amplo, de seus direitos coletivos sobre a herança. Dão ao indivíduo a possibilidade de manter até um certo ponto o caráter individual de sua fortuna ao transmiti-la a seus herdeiros diretos e, se preciso, a sucessores adotados. A individualidade começa a delinear-se como forma da propriedade (isso em relação com o desenvolvimento co-

Aula de 10 de março de 1971

mercial, com a necessidade de não dividir indefinidamente as terras). Não é de modo algum uma medida democrática.

b – Ao regulamentarem muito estritamente os ritos funerários, não se trata de uma medida suntuária, e sim de outra coisa. De que se trata?

– proibição de imolar o touro [sobre o túmulo de alguém que acaba de morrer];

– proibição de uma mamoa alta demais, de uma herma no topo;

– limitação do tempo e da extensão do luto;

– proibição de cantar trenos ou de chorar um morto antigo.

Como podemos ver, isso não é tanto da economia. Trata-se de limitar todos os processos mágico-religiosos por meio dos quais se prolonga, se revigora, se mantém na existência a sombra material, e sempre prestes a desaparecer, do morto ou de seus ancestrais. O alimento, as lágrimas, os elogios, os ritos, quanto mais numerosos e renovados forem, mais prolongam essa vida. De modo que apenas os ricos, por sua riqueza, têm direito à vida eterna.

[19]

Limitar os comportamentos de luto é abrir espaço, é tornar jurídica e ritualmente possível essa imortalidade para todos que as doutrinas órficas divulgavam entre o povo na mesma época. A jurisdição funerária de Sólon desapropriou a imortalidade privilegiada dos heróis e dos aristocratas (ou pelo menos aquela forma de vida *post mortem* que apenas as riquezas, o poder econômico podiam proporcionar). Ela deu forma à sua possibilidade de generalização.

(Costuma-se dizer que a crença na imortalidade é uma ideologia imposta pela classe dominante para fazer os mais pobres suportarem uma vida que seria recompensada em outro lugar. Na verdade, a imortalidade deve ser considerada antes de tudo como uma conquista de classe: a legislação de Sólon é prova disso. Os efeitos ideológicos do tipo "ópio do povo" só aparecerão depois.)

[20]

2/ A peça mais importante refere-se à jurisdição do homicídio. Foi implantada em Atenas por Drácon[18]; sem dúvida foi modificada, mas os atenienses sempre fizeram questão de relacioná-la com Drácon.

Ela comporta:

a – Reconhecimento da morte ao assassino como legítima; isso, evidentemente, não faz mais que sancionar uma prática já existente. Mas [o] importante é que: essa prática não é mais validada pelas regras tradicionais, é validada pela lei da cidade como tal; ao estabelecer o assassinato como sanção para o assassinato, ela limita a isso

160 *Aulas sobre a vontade de saber*

– a essa única morte recíproca – as consequências do assassinato. Consequentemente, rejeita o velho desequilíbrio indefinido das vinganças familiais. Um único revide e tudo fica bloqueado. Exclui o preço do sangue, a mutilação.

b – Uma certa qualificação do assassinato, não mais apenas quanto a seu efeito (morte de homem) mas quanto ao próprio ato:
– homicídio voluntário
– homicídio involuntário
– homicídio em legítima defesa.

O assassinato deixa de ser simplesmente aquilo que matou um homem: é um ato que, ao mesmo tempo que provocou a morte, pode ser de qualidade diferente e ser, em si mesmo, menos ou mais criminoso.

[21]   c – Aplicação de práticas de exclusão. Quem é acusado de assassinato vê barrado seu acesso a cerimônias, às festas, à ἀγορά[19].
– O homicida involuntário é exilado. Pode retornar se a família da vítima concordar (ou sua fratria, se ela não tinha família).
– Mas um assassino no exílio não pode ser morto. Matá-lo é considerado assassinato de um cidadão.

Também aí as leis de Drácon retomam as antigas regras de hospitalidade. Mas com duas mudanças importantes:

O exílio torna-se obrigatório em certos casos (ao passo que era um recurso quando o assassino tinha pela frente adversários fortes demais). E justifica-se então pelo fato de o homicídio (exceto se for em legítima defesa) provocar uma impureza qualitativa em quem o cometeu e essa impureza ser perigosa e intolerável para a cidade.

Entretanto, essa impureza não chega a propagar-se para fora da cidade: é a cidade que a decreta; é dentro da cidade e com relação à cidade que é perigosa; fora dali, está como que desativada.

[22]   d – Por fim, última característica dessa legislação draconiana: o julgamento ou a reconciliação assume valor de purificação. Porém não mais a purificação que separa e isola as regiões heterogêneas da existência e com relação à qual uma conspurcação é sempre possível. Trata-se de uma purificação que elimina uma conspurcação prévia, identificada com o próprio crime, e que permite reunir o que essa conspurcação havia forçado a separar.

Daí em diante, por intermédio da conspurcação, da impureza, da segregação, do julgamento e da purificação, o novo poder político tem domínio sobre as vinganças familiais e as reciprocidades indefinidas dos assassinatos. Na antiga jurisdição homérica, naquele

Aula de 10 de março de 1971

δικάζειν que a legislação de Gortina previa, o poder só intervinha a propósito da regularidade dos procedimentos. Agora o poder intervém em termos de uma qualificação jurídico-religiosa dos atos e daqueles que os cometeram.

O esquema é invertido: a conspurcação torna-se o elemento inicial (conspurcação do sangue) e depois [vem] a purificação.

Anteriormente a morte ocasionava a purificação por causa da passagem. Agora a morte ocasiona a conspurcação. Tudo gira em torno da manchinha indelével.

[23]   Vamos retomar tudo isso:

O novo poder político que se constitui através da obra dos legisladores ou dos tiranos e como sanção das lutas de classes que ocorreram no século VII, esse novo poder
– garante aos ricos a conservação de suas fortunas pela lei da herança; defende-os contra suas próprias tradições destruidoras de riquezas pelas leis sobre os sepultamentos, nos quais se afundavam fortunas inteiras;
– mas, ao mesmo tempo e pela mesma razão, [essa legislação] garante a todos a possibilidade e o direito a uma vida eterna, ou em todo caso uma igualdade nas chances de vida eterna;
– por fim, ela acaba com as lutas interfamiliais, também neste caso defendendo-os contra sua própria destruição. Mas isso provoca uma qualificação jurídico-moral dos indivíduos, [a qual] está nas mãos do poder político (por intermédio dos magistrados e dos tribunais).

Assim, vemos esboçar-se no cruzamento de todas essas medidas:
α – um sujeito de direito que pode fazer valer sua vontade para além de sua existência concreta;
β – uma identidade que pode sobreviver além da morte;
γ – um suporte singular de qualificações jurídicas e morais.

[24]   A individualidade aparece, pelo menos de modo mediato, como efeito desse deslocamento, dessa redistribuição, dessa nova organização do poder político.

Foi assumindo o controle dos efeitos econômicos e sociais da morte que o poder político suscitou como efeito essa forma de individualidade com a qual ainda estamos familiarizados.

* * *

[*]   *A oposição puro/impuro veio ajustar-se na oposição inocente/ culpado.

---

* Folhas intercalares não paginadas.

Está certo que essa evolução é bem conhecida: frequentemente se estudou a passagem do herói homérico, sujo de sangue mas não impuro, para o Orestes de Ésquilo, que apenas a intervenção dos grandes deuses pode livrar de sua conspurcação[20]. A ligação pureza--inocência ou [a ligação] impureza-crime não são vestígios de arcaísmos, e sim, ao contrário, formações relativamente recentes no sistema jurídico-religioso dos gregos. Mas o importante é compreender bem que essa transformação é efeito não de uma racionalização ou de uma individualização, e sim de um conjunto de processos complexos, entre os quais encontramos:

– o fortalecimento dos rituais como princípio de qualificação religiosa (autônoma) dos indivíduos;

– a organização de cultos populares sob formas coletivas em larga escala;

– a transformação ou a integração dos cultos familiais em religião da cidade;

– o estatuto jurídico-religioso concedido ao indivíduo (na transmissão dos bens pelas leis sobre a herança, no direito à vida eterna pelas leis sobre os funerais);

– a intervenção da cidade nos procedimentos de reparação que se seguem a um assassinato. As medidas legais de exclusão (morte, exílio) substituem a retorsão tradicional (simultaneamente regular e indefinida).

A exclusão aparece como o elemento final e decisivo com o qual termina de desenhar-se e de fechar-se em si mesmo um espaço social (sobre o qual, por outro lado, vimos que é, antes de qualquer troca, o lugar da circulação monetária e o lugar de exercício da εὐνομία, da boa partilha econômico-política).

É também por exclusão que termina de constituir-se e de fechar--se em si a individualidade como suporte de uma qualificação jurídica e religiosa que define [o] puro e [o] impuro.

Não é porque o espaço social se constituiu e se fechou em si que o criminoso foi excluído dele; e sim a possibilidade de exclusão dos indivíduos é um dos elementos de sua formação.

Do mesmo modo, não é porque se havia primeiramente pensado ou imaginado a impureza do criminoso que se introduziu a prática da exclusão. A prática da exclusão é constitutiva, e não resultado, da separação puro-impuro na prática grega. Assim como é constitutiva da separação razão-desrazão, assim como é constitutiva da oposição delinquente/não-delinquente[21]. E a prova de que a exclusão é constitutiva da impureza (e não consequência de uma teoria ou de uma

Aula de 10 de março de 1971 163

teologia ou de uma moral ou de uma magia da impureza) é que nenhum texto grego diz como se dá a transmissão da impureza, por qual suporte ou qual via de transmissão, com quais efeitos.

O impuro é aquilo que não pode ser tolerado: aquilo que faz a cidade correr perigo[22]; é o que a ameaça de ruína. A crença na impureza (aliás, crença mal articulada e sem figura imaginária) é efeito de uma prática: essa prática é aquela na qual toma forma a intervenção do poder político nos efeitos do assassinato.

Ora, que relação tudo isso tem com a verdade? Na realidade, agora estamos cercando de perto essa questão. O criminoso impuro é aquele que não pode mais aproximar-se:

– não pode mais aproximar-se do espaço onde transcorrem os ritos,

– não pode mais aproximar-se da praça pública onde transcorre a vida da cidade,

– não pode mais aproximar-se da cidade propriamente dita.

Ele é excluído pelo νόμος, mas é excluído do νόμος, do lugar e das formas em que este se exerce. É repelido para fora do princípio de distribuição.

[27]   O impuro não pode ter acesso à verdade. Mas, se a impureza é a qualificação individual efetuada pelo crime depois de cometido, e se a impureza é o princípio de contato perigoso e o foco de onde o mal se propaga por todo o espaço do νόμος, compreende-se quanto é necessário saber se o crime foi cometido e por quem. Em Homero, ou em todo caso na época arcaica, a verdade factual do crime não era o elemento inicial e condicionante da totalidade do processo judicial. O essencial era que o desenrolar dos desafios e restituições fosse correto.

(Se um crime havia sido cometido e a família não se vingava, era sobre ela que recaía a cólera dos deuses. Mas podia-se passar ao juramento decisório: Aceitas jurar que não mataste? Se aceitares, então que os deuses se entendam contigo.)

[28]   Ao contrário, a partir do momento em que o crime produz a conspurcação e em que a conspurcação atinge a cidade, então é essencial saber se efetivamente houve crime.

164 *Aulas sobre a vontade de saber*

*

NOTAS

1. *Ilíada*, XXIII/Ψ, vv. 31-73. Todos os exemplos extraídos de Homero são citados por Foucault na mesma ordem que na obra de Louis Moulinier, "Le Pur et l'Impur dans la pensée et la sensibilité des Grecs jusqu'à la fin du IVe s. av. J.-C.", Paris, Sorbonne, 1950 (exemplar de tese).

2. *Ilíada*, XXII/X, vv. 550-579.

3. *Odisseia*, IV/Δ, vv. 750-769 e XVII/P, vv. 45-50.

4. *Odisseia*, XV/O, vv. 260-285: "Teoclímeno que tem o semblante de um deus."

5. *Ilíada*, XV/O, vv. 423-464.

6. Cf. L. Moulinier, "Le Pur et l'impur...", tese citada, pp. 44 s.; G. Glotz, *La Solidarité de la famille dans le droit criminel en Grèce*, Paris, A. Fontemoing, 1904, p. 232.

7. M. P. Nilsson, *La Religion populaire dans la Grèce antique*, trad. fr. [s. n.], Paris, Plon, 1954, pp. 180-1 (ed. orig.: *Greek Folk Religion*, Filadélfia, University of Pennsylvania Press, 1940).

8. "O orfismo é 'um novo espírito infundido' nas religiões antigas." (L. Moulinier, *Orphée et l'Orphisme à l'époque classique*, Paris, Les Belles Lettres, 1955, pp. 60-1)

9. Segundo Moulinier, não há um culto órfico atestado.

10. Referência a Nietzsche, para quem o ritual e o ascetismo são substitutos do sacrifício.

11. A.-J. Festugière, "Les mystères de Dionysos", *Revue biblique*, XLIV (3), 1935; reed. in Id., *Études de religion grecque et hellénistique*, Paris, J. Vrin, 1972, pp. 13-23.

12. Ἰσοδαίτης: que distribui a todos igualmente; epíteto de Baco.

13. Hesíodo, *Teogonia* (que canta a genealogia dos deuses, em vez de cantar a lei do trabalho imposta aos homens em *Os trabalhos e os dias*).

14. Ed. Will, "De l'aspect éthique des origines grecques de la monnaie", art. citado.

15. M. I. Finley: "Involuntariamente os tiranos possibilitaram a constituição do Estado." (*The Ancient Greeks, op. cit.*; tradução M. F.)

16. H. Frisch, *Might and Right in Antiquity, op. cit.*, pp. 122-8.

17. Reencontramos aqui o tema subjacente em *Naissance de la clinique* (Paris, PUF, 1963).

18. H. Frisch, *Might and Right in Antiquity.*

19. Antifonte, *Discours, suivis des fragments d'Antiphon le sophiste*, II, γ, 8, ed. e trad. francesa L. Gernet, Paris, Les Belles Lettres, 1954 [1923].

20. Ésquilo, *L'Orestie*, ed. e trad. francesa P. Mazon, Paris, Les Belles Lettres, 1931. Sobre essa evolução, cf. L. Moulinier, "Le Pur et l'Impur...".

21. Aqui Foucault não só lembra a divisão de *História da loucura* (1961), da qual partiu na primeira sessão, como também anuncia *Vigiar e punir* (1975), cujos materiais começam a ser objeto do seminário desse mesmo ano 1970-1971.

22. Antifonte, *Discours, loc. cit.* [*supra*, nota 19].

AULA DE 17 DE MARÇO DE 1971

Crime, pureza, verdade: uma nova problemática. – A tragédia de Édipo. Emergência do testemunho visual. – Nómos e pureza. Pureza, saber, poder. – O Édipo de Sófocles versus o Édipo de Freud. – O que o lugar do Sábio mascara. – O que é um acontecimento discursivo? – Utilidade de Nietzsche.

[1]   I – A superposição jurídico-religiosa implica uma relação nova com a verdade. Isso porque:

α – a impureza é agora uma qualificação individual constituída pelo crime;

β – essa impureza é o princípio de contatos perigosos que se propagam por todo o espaço da cidade;

γ – portanto, é importante saber se o crime foi cometido e por quem.

A demonstração da verdade torna-se uma tarefa política. A impureza e seus efeitos comportam consigo a exigência de uma busca do que aconteceu.

> CREONTE – [...] O rei Apolo nos ordena expressamente que livremos esta região de uma conspurcação que ela alimentou em seu seio; que não a deixemos crescer e tornar-se incurável.
>
> ÉDIPO – Por qual *purificação**? De qual desgraça se trata?
>
> [2]   CREONTE – Exilando um culpado ou fazendo um assassinato ser expiado por um assassinato, pois esse sangue está causando os infortúnios de Tebas [...] [*Édipo rei*, vv. 96-101][1]; o deus hoje ordena claramente que punamos os assassinos, quem quer que sejam[2].
>
> ÉDIPO – Em que lugar estão eles? Onde descobriremos essa pista difícil de um crime antigo?
>
> CREONTE – Nesta região. Ele assim disse. O que procurarmos encontramos; o que negligenciarmos nos escapa[3] [vv. 106-111].

---

* Palavra sublinhada por M. F.

166 *Aulas sobre a vontade de saber*

Na época arcaica, a busca do que aconteceu não era o elemento inicial e determinante do processo judicial. Por duas razões:

1/ O essencial era que o andamento dos desafios e das restituições estivesse correto. A cena do escudo – não: houve crime? e sim: houve restituição? O julgamento não versava sobre o fato, e sim sobre o processo judicial.

[3]   O juramento decisório não serve para desvendar a verdade, e sim para colocar o jurador em risco duplo. Se houver cometido o crime e jurar que não, então será punido por esse delito duplo. Mas a demonstração do que aconteceu é deixada para os deuses, que a expressarão por meio de sua vingança.

Na contestação Menelau-Antíloco, não se recorre ao ἴστωρ[4]. Mas, em *Édipo*, quanto zelo em encontrar a testemunha!

2/ É que, a partir do momento em que o crime produz a conspurcação, em que a conspurcação atinge a cidade[5] e em que a exclusão é exigida, agora é preciso saber:

– se

– por quem

– como.

α – As leis de Drácon preveem que seja determinado o fato do crime e que, caso se trate de um crime involuntário, haja investigação. Evidentemente, ainda não é a cidade que se encarrega da demonstração. Os testemunhos são proporcionados pelas partes e as testemunhas são cojuradores.

[4]   A verdade ainda é colhida na forma da luta. Mas o julgamento, ao decidir pela vitória de uma das duas partes, acaba versando sobre o que aconteceu, não mais apenas sobre a realização de um processo, mas sobre a realidade de um fato.

β – É característico que, entre as provas do fato, ainda durante muito tempo encontremos sinais de pureza. Nas alegações [da época] clássica, frequentemente os acusados dizem: não sou culpado,

– visto que não me proibiram de entrar na ἀγορά[6],

– visto que não sofri naufrágio,

– visto que não tive nenhum infortúnio.

Isso indica principalmente que a provação ainda está presente, mas como sinal de verdade. Tanto é assim que o efeito da impureza e a realidade do fato estão interligados. É preciso que a realidade do fato seja estabelecida para que a pessoa escape aos efeitos da impureza.

Inversamente, os efeitos da impureza (ou a ausência deles) confirmam ou desmentem a realidade do fato.

Aula de 17 de março de 1971   167

[5]   γ – Toda a tragédia de Édipo é permeada pelo esforço da cidade inteira para transformar em fatos [constatados] a dispersão enigmática dos acontecimentos humanos (assassinatos, pestes) e das ameaças divinas.

A partir do momento em que o μίασμα[7] reina sobre a cidade, é porque há algo por saber. É porque há um enigma por resolver. E o Sacerdote diz isso a Édipo: as pessoas dirigem-se a ele, na medida em que soube responder à cruel cantora[8].

Os efeitos da impureza montam prontamente as armadilhas do saber. Mas esse saber não é o das regras a ser aplicadas; não é aquele que responde à pergunta: o que se deve fazer? É aquele que responde à pergunta: quem?

No início o Sacerdote e Édipo ainda falavam em termos de "o que se deve fazer", embora a resposta à Esfinge indique claramente [6]   que Édipo é o homem que responde à pergunta: *quem*? O oráculo de Apolo retifica a pergunta; ou melhor, à pergunta: o que se deve fazer? ele responde: o que se deve fazer é procurar *quem*. E procurar *quem* não para iniciar um complexo rito de purificação. E sim seguramente para excluir: exílio ou morte.

E esse "*quem*" não é Tirésias que dirá[9]. É claro que ele sabe, e em certo sentido o diz. Mas não o nomeia e não o viu. Em sua sentença falta o nome, assim como em seu rosto falta o olhar.

À pergunta: *quem*? responderá não o vidente, e sim aquele que viu. Ou melhor, aqueles que viram:
– o Serviçal que viu o nascimento de Édipo e que é justamente a única testemunha que sobreviveu ao assassinato de Laio;
– o Mensageiro que viu Édipo criança e que é justamente aquele que vem anunciar a morte de Políbio.

Para responder à pergunta *quem?* não era preciso nenhuma sabedoria. Dois serviçais amedrontados são suficientes para responder à pergunta feita por Apolo. Entre todos esses cegos, eles viram. E a verdade que os sacerdotes e os reis ignoravam, que os deuses e os adivinhos ocultavam em parte, estava no fundo de uma cabana, em posse de um escravo que fora testemunha, ἴστωρ.

[7]   *Conclusão*

1/ Como podemos ver, a conspurcação está ligada à verdade. A prática jurídica e social da qual a conspurcação é um elemento implica como peça essencial o *estabelecimento de um fato*: é preciso saber se um crime foi cometido e por quem[10]. Na época arcaica[11],

168 *Aulas sobre a vontade de saber*

transferiam para os deuses o cuidado de vingar eventualmente um crime caso tivesse sido cometido, e era o acontecimento dessa vingança que simultaneamente tornava evidente o acontecimento do crime e compensava-o além mesmo de qualquer retribuição humana. Havia dois acontecimentos, um dos quais, retrospectivamente, fazia o outro fulgurar, e a hora de aboli-lo: entre os dois, uma pura espera – indecisão, iminência indefinida.

Agora o rito de purificação exige que seja posta a verdade do fato. Do crime para sua punição, a passagem [se opera*] por intermédio de uma realidade mostrada e de um fato devidamente constatado. A verdade, em vez de estar no raio de luz entre dois acontecimentos, um dos quais manifesta e destrói o outro, constitui a única passagem legítima da conspurcação para o que deve eliminá-la.

O *acontecimento* é transformado em *fato*.

[8] 2/ E a verdade torna-se assim a condição inicial, ou pelo menos primordial, da purificação. No sistema arcaico, o raio da vingança portava, por um instante, a luz da verdade; esta só cintilava no acontecimento. (O rito não dizia respeito à verdade, e sim à transferência dos homens para os deuses.)

Agora ela é exigida pelo *rito* e faz parte do rito. A impureza não se tornará novamente pura, ou melhor, a impureza só será separada da pureza por intermédio da verdade estabelecida. A verdade assume lugar no rito. O rito abre lugar para a verdade. E a verdade tem realmente uma função lustral. A verdade separa. Função lustral da verdade.

A verdade é o que permite excluir; separar o que está perigosamente misturado; distribuir devidamente o interior e o exterior; traçar os limites entre o que é puro e impuro.

A verdade passa a fazer parte dos grandes rituais jurídicos, religiosos, morais exigidos pela cidade. Uma cidade sem verdade é uma cidade ameaçada. Ameaçada pelas misturas, pelas impurezas, pelas exclusões não realizadas. A cidade precisa da verdade como princípio de separação. Precisa dos discursos de verdade como sendo os que mantêm as separações.

[9] II – Mas a estrutura jurídico-religiosa da pureza encerra um outro tipo de relação com a verdade. Poderíamos especificá-lo assim:

α – Quem está impuro ameaça com sua impureza todos os que o cercam. É um perigo para a família, para a cidade, para suas rique-

---

* Manuscrito: se faz.

Aula de 17 de março de 1971   169

zas. Onde ele estiver, "a cidade submerge numa onda de sangue, perece em seus germes profundos, perece em seus rebanhos; perece nos abortos das mulheres" (*Édipo rei*, vv. 24-27)[12]. Em todo lugar onde reina o νόμος, ou seja, em todo o espaço que constitui a cidade, o criminoso é perigoso. Sua conspurcação compromete a ordem das coisas e dos homens.

β – É por isso que é preciso excluí-lo desse νόμος, desse "espaço social" que define a cidade.

"Ninguém deve recebê-lo, nem dirigir-lhe a palavra ou fazê-lo participar das preces e dos sacrifícios aos deuses; ninguém deve partilhar com ele a água lustral; todos devem afastá-lo de suas casas." (*Édipo rei*, vv. 236-241)[13]

[10] O impuro, em seus efeitos, é coextensivo ao νόμος, e também deve ser coextensiva ao νόμος a região da qual é excluído.

γ – Mas em que ele é impuro? Em que consiste essa impureza? Qual é afinal o gesto que o qualifica como impuro? É ter ignorado, voluntária ou involuntariamente, o νόμος.

No herói homérico, o castigo se dava ou porque ele (num momento de cegueira) tinha esquecido a regra, ou porque havia provocado o ciúme dos deuses.

Sob o reinado do νόμος, o delito consiste em ignorar uma lei que está ali, visível e conhecida por todos, publicada na cidade e decifrável até mesmo na ordem da natureza. O impuro é aquele cujos olhos estiveram fechados para o νόμος. É impuro porque é ἄνομος.

[11] δ – Mas, se alguém é impuro por haver estado cego para o νόμος, a partir do momento em que está impuro, a partir do momento em que é um princípio de perturbação para o νόμος, não consegue mais percebê-lo. Torna-se cego para sua regularidade.

O νόμος como princípio de distribuição, como princípio da justa repartição, é forçosamente inacessível ao impuro. O desvelamento da ordem das coisas que possibilita o enunciado do νόμος e que o justifica, esse desvelamento permanecerá impossível para quem for impuro. Inversamente, a pureza é condição para se ter acesso à lei: para ver a ordem das coisas e para poder proferir o νόμος. Esse lugar mediano que, como vimos, é o lugar fictício em que se coloca o legislador, como Sólon, esse lugar mediano apenas quem for puro pode ocupar.

A pureza é a condição exigida para se dizer e ver o νόμος como [12] manifestação da ordem. A separação pureza/impureza, portanto, está ligada ao νόμος de quatro modos:

170 *Aulas sobre a vontade de saber*

– a impureza produz seus efeitos no espaço do νόμος (é por isso que o exílio é, em si mesmo, a purificação) (a divisão, a separação, a não-mistura);

– a impureza deve ser excluída do νόμος, e isso em função do próprio νόμος. É a lei que diz que é preciso excluir;

– mas a impureza só teve lugar porque a pessoa já foi excluída do νόμος pela ignorância ou pela cegueira. E se está cega para o νόμος é porque é impura.

– As relações da impureza com a lei afinal se estabelecem por intermédio do saber. Para saber enunciar a lei é preciso não ser impuro. Mas para ser puro é preciso saber a lei.

Está sendo tecida toda uma ética da verdade, da qual ainda não escapamos, mesmo que desse formidável acontecimento não recebamos mais que os ecos amortecidos.

* * *

[13]   Em torno desse pertencimento pureza-desvelamento da ordem giram algumas figuras que foram importantes no pensamento grego.

1/ A figura do sábio.

É uma figura que está localizada no princípio de distribuição do poder político. Não onde ele se exerce violentamente e pela coerção. Mas onde sua lei é formulada. O sábio é aquele que tem seu lugar no meio. Pode ser que, como Sólon, não exerça poder e diga simplesmente a lei. E se alguns tiranos são considerados assim, é na medida (mítica) em que [a] deixam exercer-se por si mesma, em que não necessitam de guarda, em que o νόμος passa através deles sem violência.

Mas o sábio é ao mesmo tempo aquele que sabe a ordem das coisas. Aquele que conhece o mundo por haver viajado por ele, por haver recolhido ensinamentos de longe, por haver observado o céu e os eclipses.

Por fim, o sábio é aquele que não está conspurcado por nenhum crime.

[14]   Uma certa posição se define, que é a de fundador do poder político (mais que de seu possuidor)*, de conhecedor da ordem do mun-

---

* A transcrição oral parcial é ainda mais explícita:
"Assim fica definido um certo lugar, que é simultaneamente mais o de fundador do poder político do que o de seu possuidor, e mais o de conhecedor da ordem do mundo que o de detentor das regras tradicionais, mais o de homem de mãos puras que o de herói que enfrenta indefi-

Aula de 17 de março de 1971

do (mais que de detentor das regras tradicionais), de homem de mãos puras (mais que daquele que enfrenta indefinidamente o desafio das vinganças). Ora, deve-se reconhecer que essa é uma figura fictícia, sob cuja máscara se conservaram operações econômicas e políticas.

2/ Outra figura: a do poder popular.

Esse poder, cuja figura negativa se delineia em Platão, Aristóteles e menos [em] Aristófanes ou Tucídides, é um poder que não respeita o νόμος, mas que o muda pelo discurso, pela discussão, pelo voto, por uma vontade móvel. O poder popular ignora o νόμος. Está excluído do saber (do saber político e do saber das coisas).

Se é verdade que agora os procedimentos judiciais não estão mais nas mãos exclusivas das grandes famílias, esse saber da lei, do νόμος, da boa ordem da cidade encontra-se localizado nessa área fictícia que apenas os sábios podem vir ocupar.

[15] Mas ele não é simplesmente ignorante. É forçosamente impuro, visto que é ἄνομος. O poder popular escuta apenas seus interesses e desejos. É violento: impõe a todos sua vontade. É mortífero. E, de forma preferencial, mata o sábio, por ser aquele que ocupa o lugar onde as leis falam.

O poder popular é criminoso em essência – criminoso com relação a quê, visto que expressa a vontade de todos? Criminoso com relação ao νόμος, à lei como fundamento da existência da cidade. O poder popular é o crime contra a própria natureza da cidade*.

Portanto, o sábio, como puro detentor do saber e do νόμος, deve proteger a cidade contra si mesma e proibi-la de governar a si mesma[14]. A sabedoria: lugar fictício que funciona como uma proibição real.

3/ Entre os dois, o tirano
figura do detentor efetivo do poder:
– figura absolutamente negativa se aproximar-se do poder popular e se o encarnar;
– figura que se torna positiva na medida em que deixar-se convencer pelo sábio.

---

nidamente o desafio das vinganças. É isso que define a ligação a partir da qual vai desenvolver-se todo o conhecimento tal como os gregos o praticam: o conhecimento jurídico da lei, o conhecimento filosófico do mundo, o conhecimento moral da virtude... e a figura do sábio é a máscara atrás da qual são conservadas, mantidas e transformadas em instituições políticas as operações econômicas."

* A aula oral acrescenta: "O assassinato de Sócrates, refletido no pensamento aristocrático do século IV, é essa exclusão do sábio pelo poder popular."

172 *Aulas sobre a vontade de saber*

[16]   Esse pertencimento entre o saber e o poder, essa ligação do νόμος com o verdadeiro por intermédio da pureza, estamos vendo que são muito diferentes do que dizíamos há pouco a respeito da pureza e do acontecimento.

Vimos que a impureza colocava para o saber a questão do fato; mais exatamente, a pergunta: quem o fez? E que para a pureza importava essencialmente que o crime fosse estabelecido. (A verdade do fato que permite excluir a impureza, e a pureza que permite o acesso ao conhecimento da ordem.)

Vemos agora que a pureza é essencial para se conhecer não os fatos, mas a própria ordem do mundo; quem é impuro não pode conhecer a ordem das coisas.

Ora, nesse segundo tipo de relação (em que não está mais em questão o fato, e sim a ordem; em que não está mais em questão a impureza que exige saber, e sim a impureza que impede de saber),

[17] reencontramos Édipo. Édipo (está dito várias vezes no início do texto) é aquele que retificou, reaprumou (ὀρθός)[15] a cidade; são os termos empregados tradicionalmente para designar a obra do nomóteta. Ora, ele fez isso solucionando um enigma; portanto, com seu pensamento, seu saber etc. Mas se tornou impuro ao estar cego para o νόμος mais fundamental – pai e mãe[16]. E eis que agora não sabe mais o que fazer, pois, sem que saiba disso ainda, sua impureza colocou-o fora do νόμος. Não sabe mais qual é a ordem das coisas e a ordem humana.

Esse cujo pensamento mantinha bem reta a cidade já não sabe.

Daí o apelo a todos os que podem saber: do deus até o pastor. Ele próprio se desalinha com relação às fontes do saber. Já não está no meio da cidade. E toda vez que chega uma notícia, que aparece um fragmento de saber, ele reconhece (e não está errado) que um pouco de seu poder lhe está sendo tomado.

A discussão com Creonte está no centro da tragédia. A pureza liga saber e poder. A impureza oculta o saber e expulsa do poder.

[18]   E afinal Édipo, juntando essas duas formas de relação entre *pureza* e *verdade*, é aquele que ainda ignora a verdade do fato no momento em que todos já podem conhecê-la; e ignora-a porque está impuro e, [estando] impuro, ignora a ordem das coisas e dos homens. (Suspeita de um complô, ameaça, quer matar, exilar Creonte, é *injusto*, como ele mesmo reconhecerá quando a verdade tiver forçado acesso...)

Aula de 17 de março de 1971 173

* * *

Talvez a história de Édipo seja signalética de uma certa forma que a Grécia deu à verdade e a suas relações com o poder e a impureza*. Édipo talvez não narre o destino de nossos instintos ou de nosso desejo. Mas talvez manifeste um certo sistema de coerção ao qual, a partir da Grécia, o discurso de verdade obedece nas sociedades ocidentais.

A exigência política, jurídica e religiosa de transformar o acontecimento, seus retornos, suas fulgurações através do tempo, seus desequilíbrios, em fatos assentes e conservados de uma vez para [19] sempre na *constatação* das testemunhas; exigência política, jurídica e religiosa de fundamentar o princípio de distribuição do poder no saber de uma ordem das coisas à qual só a sabedoria dá acesso (portanto, exigência de fundamentar o νόμος num saber-virtude que é muito simplesmente o respeito ao νόμος) – são essas coerções históricas impostas ao discurso verdadeiro, são essas funções históricas confiadas ao discurso verdadeiro que Édipo narra.

Freud, avançando na direção das relações do desejo com a verdade, acreditou que Édipo lhe falava das formas universais do desejo[17]; ao passo que ele lhe contava as coerções históricas de nosso sistema de verdade (desse sistema no qual Freud vinha tropeçar). (Erro dos culturalistas a respeito do erro de Freud[18].)

Se somos submetidos a uma determinação edipiana, não é no nível de nosso desejo, e sim no nível de nosso discurso verdadeiro. É [20] essa determinação que submete o raio do acontecimento ao jugo do fato constatado e que submete a exigência de distribuição [do poder] ao saber purificado – purificador da lei.

O sistema do significante como aquilo que marca o acontecimento para introduzi-lo na lei de uma distribuição é realmente um elemento importante dessa coerção edipiana, é realmente ele que precisa ser subvertido.

Mas talvez essa determinação edipiana não seja o que se pode encontrar de mais essencial na determinação dos discursos verdadeiros tal como funcionam nas sociedades ocidentais. O mais importante seria talvez isto: na grande reorganização e redistribuição política dos séculos VII-VI, foi definido um lugar fictício no qual o po-

---

* A partir desta página 18 do manuscrito, correções, trechos reescritos parecem indicar que não se trata mais de uma única e mesma conferência, e sim de apresentações diferentes. (Cf. Anexo, *infra*, pp. 177 s.)

174 *Aulas sobre a vontade de saber*

der se fundamenta numa verdade que só é acessível com a garantia da pureza.

[21]   Esse *lugar fictício* foi identificado por projeção a partir de uma luta de classes, de um deslocamento do poder, de um jogo de aliança e de transação, que interromperam a grande reivindicação popular de uma partilha integral e igualitária das terras. Essa área fictícia exclui o reconhecimento do caráter simultaneamente político e acontecimental dos processos que permitiram defini-la.

Esse lugar só pode desconhecer a si mesmo como historicamente produzido. É desse lugar que é feito um discurso que vai apresentar-se:

– quanto a seu conteúdo, quanto àquilo de que fala: como discurso que desvela a ordem do mundo e das coisas até a singularidade do fato;

– quanto a sua função, quanto a seu papel: como discurso justo que rege as relações políticas entre os homens ou serve de modelo para elas e que permite excluir tudo o que for anômico;

– quanto ao sujeito que o profere: como discurso ao qual só se pode ter acesso mediante a inocência e a virtude, ou seja, fora do campo do poder e do desejo.

Ficção: é desse lugar *inventado* que vai ser feito [um] discurso de verdade (que pouco a pouco se especificará como discurso filosófico, científico, discurso político) –*

* * *

---

* Depois deste travessão, o restante da página do manuscrito está riscado. Pareceu-nos esclarecedor reconstituí-lo em nota:

"E é esse local fictício que vai qualificar para fazer esse discurso, sucessiva ou simultaneamente:

– o sábio (como nomóteta, como aquele que diz a Lei, como revelador e fundador da ordem),

– o teólogo (como intérprete da palavra de Deus, como revelador do pensamento, da vontade, do ser de Deus),

– o erudito (como descobridor da verdade do mundo, enunciador das coisas em si ou da relação entre elas),

– o filósofo (como enunciador da forma e do fundamento de toda verdade possível).

Ora, como vemos, se essa localização fictícia qualifica-os para dizer a verdade, é com duas condições:

– por um lado, permanecerem recuados com relação ao exercício do poder. Podem fundamentá-lo, podem dizer o que é a boa distribuição do poder, mas com uma condição: não tomarem parte nele e permanecerem fora do exercício efetivo de um poderio;

– por outro lado, imporem a si mesmos as condições restritivas de pureza, de inocência, de não-criminalidade."

Aula de 17 de março de 1971

[*]   *1/ Estava em causa analisar o que poderíamos chamar de acontecimentos discursivos[19], ou seja: acontecimentos que concernem o modo de apropriação do discurso (político-judicial), seu funcionamento, as formas e os conteúdos de saber aos quais ele dá o papel que desempenha nas lutas sociais.

Duas observações:

Por *acontecimento* não entendo uma unidade indivisível que pudéssemos situar de maneira unívoca em coordenadas temporais e espaciais. Um acontecimento[20] é sempre uma dispersão; uma multiplicidade. É o que passa aqui e ali; é policéfalo.

Por acontecimento discursivo não entendo um acontecimento que ocorresse num discurso, num texto. Mas é um acontecimento que se dispersa entre instituições, leis, vitórias e derrotas políticas, reivindicações, comportamentos, revoltas, reações. Multiplicidade que podemos reconhecer e caracterizar como acontecimento discursivo na medida em que tem como efeito definir:

– o lugar e o papel de um tipo de discurso,
– a qualificação daquele que deve fazê-lo,
– o âmbito de objetos ao qual se dirige,
– o tipo de enunciados que ocasiona.

Em suma, o acontecimento discursivo nunca é textual. Não é num texto que o encontramos.

2/ Tentar ver se a emergência da verdade tal como a encontramos em Platão ou Aristóteles não poderia ser tratada como um acontecimento discursivo

– ou seja, fora de toda e qualquer busca de origem: fora de toda pesquisa que quisesse, para além mesmo da história, [encontrar] o fundamento de possibilidade da própria história;

– ou seja, a partir de uma série de processos humildes e externos: endividamento rural, subterfúgio na implantação da moeda, deslocamento dos ritos de purificação, humildes origens modestas;

– ou seja, também a partir de uma história que não é a da luta travada em torno do poder político pelas classes sociais opostas.

Em suma, tentar mostrar a verdade como um efeito, no nível das práticas discursivas, dessa luta.

Recuperar esse algo totalmente diferente de que falava Nietzsche.

---

* Começam aqui três folhas não paginadas, com uma escrita um pouco diferente. Fazem parte desta aula, substituindo a página riscada do manuscrito, ou de uma retomada em outras circunstâncias? Difícil determinar.

176   *Aulas sobre a vontade de saber*

3/ Entre essas lutas e seu efeito no discurso, não procurar uma ligação que seja da ordem da expressão e/ou do reflexo. Ao contrário, está em causa mostrar:

– como num dado momento a luta de classes pode recorrer a certos tipos de discurso (o saber oriental); ou

– como esses tipos de discurso são o foco de interesse de uma luta em apropriação; ou

– como a luta de classes define o lugar fictício do discurso e a qualificação (real ou ideal) daquele que pode e deve fazê-lo; ou

– como tal tipo de objetos deve tornar-se objeto de discurso como instrumento dessa luta; ou

– como esse discurso exerce uma função de ocultação com relação à luta que o tornou possível.

É o conjunto dessas relações em termos de condições de possibilidade, de função, de apropriação, de codificação, que está em causa analisar. E não [em termos] de um reflexo.*

*

---

* Este final abrupto pode indicar que estejam faltando algumas folhas. Um fragmento conservado da transcrição oral corresponde fielmente às notas sintéticas da ouvinte Hélène Politis. Nós o apresentamos em seguida, anexo.

Aula de 17 de março de 1971

Anexo

Fragmento conservado da transcrição da aula oral

A história de Édipo é signalética de uma certa forma que a Grécia deu à verdade e às relações que a verdade mantém, por um lado, com o poder e, por outro, com a pureza. Talvez se devesse dizer que a fábula de Édipo não narra o destino de nosso desejo e de nossas instituições; é muito possível que, em vez disso, a fábula de Édipo fale de um certo sistema de coerções ao qual desde a Grécia o discurso de verdade obedece nas sociedades ocidentais. E esse sistema de coerções que a fábula de Édipo manifesta poderíamos caracterizar muito esquematicamente assim:

Por um lado, a exigência política, jurídica e religiosa de transformar o acontecimento, seus retornos e suas figurações através do tempo em fato assente e conservado de uma vez para sempre na constatação das testemunhas. Submeter o acontecimento à forma de fato constatado – é esse o primeiro aspecto da verdade edipiana.

Por outro lado, a exigência – também ela política, jurídica e religiosa – de fundamentar o princípio de distribuição do poder no saber de uma ordem das coisas à qual somente a sabedoria e a pureza dão acesso. Em outras palavras, o outro aspecto desse sistema edipiano da verdade seria fundamentar o *nómos* em um saber-virtude que em si mesmo é muito simplesmente o respeito ao *nómos*. A verdade só será dada àquele que respeitar o *nómos* e ele só alcançará a verdade do *nómos* com a condição de ser puro.

A transformação da fulguração do acontecimento em fato constatado e o acesso à verdade franqueado apenas àquele que respeitar o *nómos* são as duas grandes coerções históricas que partindo da Grécia foram impostas ao discurso verdadeiro das sociedades ocidentais; e é o nascimento, a formação dessas coerções históricas que seriam narrados em *Édipo*.

De modo que Freud, ao avançar na direção da relação entre o desejo e a verdade, estava enganado; ele julgou que Édipo lhe falava das formas universais do desejo, sendo que, em voz baixa, a fábula de Édipo lhe narrava a coerção histórica que pesa sobre nosso sistema de verdade, esse sistema ao qual o próprio Freud pertencia. Quando os culturalistas criticam na análise freudiana do Édipo o fato de Freud ter-lhe dado uma universalidade infinitamente excessiva, quando dizem que o Édipo só pode valer para certas sociedades europeias, sem dúvida estão enganados, mas estão só cometendo um erro sobre o erro do próprio Freud.

Freud julgou que Édipo lhe falava do desejo, sendo que Édipo, por sua vez, falava da verdade. É muito possível que o Édipo não defina a própria estrutura do desejo, mas o que Édipo narra é simplesmente a história de nossa verdade, e não o destino de nossos instintos. Somos submetidos a uma determinação edipiana, não no nível de nosso desejo, e sim no nível de nosso discurso verdadeiro. Ao

178 *Aulas sobre a vontade de saber*

ouvir o discurso verdadeiro do desejo, Freud julgou que estava ouvindo o desejo falar, sendo que era o eco de seu próprio discurso verdadeiro, sendo que era a forma à qual se subordinava seu discurso verdadeiro.

Vemos assim delinear-se o sistema de coerções, e essa determinação que é a que submete o raio do acontecimento ao jugo do fato constatado; é a que submete a exigência de distribuição universal, regularmente repetida, ao saber purificado e purificador da lei imóvel. Se a isso acrescentarmos que o sistema do significante é sem dúvida um sistema que permite marcar o acontecimento para introduzi-lo na lei de distribuição, vemos como o significante é o que permite submeter a fulguração do acontecimento ao jugo do fato constatado, e também o que permite reduzir a exigência da distribuição ao saber purificado da lei. O sistema do significante é o grande elemento instrumental nessa coerção edipiana; é por isso que é preciso subverter a ordem do significante.

Assim, procurei analisar em termos de história a relação entre a verdade e o sistema da purificação, mas o projeto de analisar a "Vontade de Saber" não foi cumprido.

A hipótese dessa análise era que o modelo aristotélico parecia caracterizar a filosofia clássica. Ele implica que a Vontade de Saber nada mais seja que a curiosidade, que o conhecimento sempre já esteja marcado na forma da sensação e, por fim, que haja uma relação originária entre o conhecimento e a vida.

O modelo nietzschiano, ao contrário, pretende que a Vontade de Saber remete a algo totalmente diferente do conhecimento, que atrás da Vontade de Saber há não uma espécie de conhecimento prévio que seria como a sensação, e sim o instinto, a luta, a Vontade de Poder. Além disso, o modelo nietzschiano pretende que a Vontade de Saber não está ligada originariamente à Verdade; pretende que a Vontade de Saber compõe ilusões, fabrica mentiras, acumula erros, se desenvolve num espaço de ficção em que a própria verdade seria apenas um efeito. Pretende, ademais, que a Vontade de Saber não é dada em forma de subjetividade e que o sujeito é apenas uma espécie de produto da Vontade de Saber, no duplo jogo da Vontade de Poder e da Verdade. Por fim, para Nietzsche a Vontade de Saber não supõe como preliminar um conhecimento já presente; a verdade não é dada de antemão; é produzida como um acontecimento.

A tarefa proposta era pôr à prova a utilizabilidade do modelo nietzschiano e aplicar os quatro princípios identificados na análise nietzschiana:

1 – Princípio de exterioridade: por trás do saber há algo totalmente diferente do saber;

2 – Princípio de ficção: a verdade é apenas um efeito da ficção e do erro;

3 – Princípio de dispersão: não é um sujeito que é portador da verdade, e sim a própria verdade passa por uma multiplicidade de acontecimentos que a constitui;

Aula de 17 de março de 1971

O σύμβολον

mântica	(1) *Apolo* É preciso punir Falta: aquele que se deve punir	*Tirésias* É Édipo
audição lembrança	(2) *Jocasta* Não és tu (a) Foi um assaltante na encruzilhada (b) E de qualquer modo ele devia ser morto por seu filho que foi eliminado	*Édipo* Sou eu Matei-o na encruzilhada Depois de fugir de meus pais
testemunho	(3) *Coríntio* Recebi-o daquele a quem foi entregue	*Serviçal* Recebi-o de seus pais Laio e Jocasta

O σύμβολον era o próprio Édipo. Dado por alguém, recebido por um outro. A esta metade da história em posse dos serviçais corresponde a outra metade em posse dos senhores. Apenas os deuses conhecem a história inteira. O rei Édipo estava preso entre os deuses que sabiam de tudo e os serviçais que haviam visto tudo. Ele mesmo não sabia de nada.

É preciso esse testemunho visual para que a profecia se efetue, se realize.

Mas na mesma hora ele perde o poder. Era de fato o tirano estendendo seu poder sobre a γνώμη, τέχνη. É o rei ignorante. Portanto, entregue à roda da Fortuna.

Como não endireitou realmente a cidade, não pode mais comandar. Cf. a última réplica de Creonte: E queres continuar mandando?[a]

a. Esta passagem é retomada em "La vérité et les formes juridiques" (1974), conferência no Rio de Janeiro em 1973 (*DE*, nº 139, ed. 1994, t. II., pp. 538-646/ "Quarto", vol. I, pp. 1406- -90).

4 – Princípio de acontecimento.

Foi a partir desses princípios que comecei a abordar a análise.

Quanto ao princípio de exterioridade, nunca procurei fazer a análise do texto a partir do próprio texto.

Procurei, na medida do possível, afastar o princípio da exegese, do comentário; nunca procurei saber qual era o não-dito que estava presente ou ausente na textura do próprio texto.

Procurei afastar o princípio de textualidade colocando-me numa dimensão que era a da história, ou seja, identificar os acontecimentos discursivos que tiveram lugar não no próprio interior do texto ou de vários textos, e sim no fato da função ou do papel que são dados a diferentes discursos no interior de uma sociedade.

180 *Aulas sobre a vontade de saber*

Passar para fora do texto a fim de recuperar a função do discurso no interior de uma sociedade, é isso que chamo de princípio da exterioridade.

Quanto ao princípio de ficção, tentei mostrar como o efeito de verdade podia nascer não apenas de algo que nada tinha a ver com a verdade, mas que podemos apenas, do ponto de vista da verdade assim constituída, reconhecer como não verdadeiro, ilusório ou fictício.

Assim, procurei mostrar como a medida nascera de uma moeda; como esse conhecimento da ordem das coisas e da ordem dos homens, que era a garantia da unidade das coisas com os homens, nascia apenas como pretexto a partir de uma cesura econômica e política.

*

NOTAS

1. Sófocles, *Œdipe roi*, vv. 96-101, ed. e trad. francesa P. Masqueray [edição de referência], Paris, Les Belles Lettres, 1922, p. 144.

2. A opção entre o exílio e a morte é normal na Ática. Em contrapartida, a pena para o parricídio é invariavelmente a morte. Se Apolo tivesse anunciado que era preciso matar o culpado, estaria subentendido que ele é membro da família de Laio.

3. Sófocles, *Œdipe roi*, vv. 106-111, ed. citada, p. 145.

4. Ἵστωρ: árbitro, que sabe. Cf. *supra*, p. 74, nota 12, e *Il.*, XXIII/ Ψ, 335-337.

5. L. Moulinier: "punir é purificar a cidade inteira da conspurcação" ("Le Pur et l'Impur...", tese citada, p. 85).

6. Antifonte, *Hérode*, § 10 (in *Discours...*, ed. L. Gernet, citada).

7. Ed. Will faz distinção entre *miasma*, noção de origem pré-histórica (mas ausente em Homero, segundo Moulinier), *souillure* concreta – literalmente, sujeira, à qual se limita a conspurcação em Homero e Hesíodo, e *agos* (Sófocles, *Œdipe roi*, v. 1426), simultaneamente conspurcação e maldição. O assassino é *miaros*, ou seja, marcado com uma mancha invisível que coloca o homem em ruptura com o que é *hierós*, sagrado, o que pertence a uma ordem transcendente. Para abordar o sagrado é preciso tornar-se *katharós*, puro. Cf. Ed. Will, *Le Monde grec et l'Orient, op. cit.*, t. I, pp. 522-5.

8. "[...] nós te conjuramos a encontrar algum socorro, quer tenhas ouvido a voz de um deus ou sejas esclarecido por algum mortal." (Sófocles, *Œdipe roi*, vv. 41-43, p. 142; cf. vv. 41-45)

9. "Por minha boca nada ficarás sabendo." (*ibid.*, v. 333, p. 153)

10. Não parece que por ocasião desta aula Foucault tivesse conhecimento do livro de B. Knox, *Œdipus at Thebes* (New Haven, Conn., Yale University Press/ Londres, Oxford University Press, 1957), que trata da tragédia de Sófocles a partir do procedimento judicial de inquérito tal como foi instituído no século V em Atenas, e em relação também com a política imperialista de Atenas.

11. Moulinier escreve: "É o drama que nos informa que Orestes e Édipo estão conspurcados [...]. As conspurcações entram nas lendas escritas depois de Homero e de Hesíodo. Antes disso não nos diziam que eles estivessem conspurcados." ("Le Pur et l'Impur...", pp. 60-1)

12. Tebas está "submersa num vagalhão sangrento: ela perece nos germes fecundos da terra, perece nos rebanhos que pastam, nos abortos estéreis das mulheres." (Sófocles, *Œdipe roi*, vv. 24-27, p. 142)

13. "Proíbo que algum habitante desta região [...] receba esse homem, quem quer que seja, ou lhe dirija a palavra, ou faça-o participar das preces e dos sacrifícios aos deuses ou

Aula de 17 de março de 1971   181

partilhe com ele a água lustral; ao contrário, que todos o afastem de suas casas." (*ibid.*, vv. 236--241, p. 149)

14. Cf. V. Ehrenberg, *Sophocles and Pericles*, Oxford, Basil Blackwell, 1954.

15. *Œdipe roi*, v. 39 (ὀρθῶσαι), v. 46 (ἀνόρθωσον), v. 50 (ὀρθὸν), v. 51 (ἀνόρθωσον).

16. L. Moulinier: "A impureza de Édipo tem duas causas: o assassinato e o incesto; mas a pureza sexual não é uma noção grega." ("Le Pur et l'Impur...", p. 199)

17. S. Freud, *La Science des rêves*, Paris, 1926 (1ª ed. 1900).

18. Provável alusão a B. Malinowski, *La Sexualité et sa répression dans les sociétés primitives*, Paris, Payot, 1932, p. 189: "Ao admitirem implicitamente que o complexo de Édipo existe em todas as formas de sociedade, os psicanalistas viciaram gravemente seu trabalho antropológico."

19. Acontecimentos discursivos: noção bastante recente da análise foucaultiana, surgida em "Sur l'archéologie des sciences. Réponse au Cercle d'épistémologie" (1968), *DE* nº 59, ed. 1994, t. I, pp. 696-731/ "Quarto", vol. I, pp. 724-59. Anteriormente M. F. falava do "discurso como acontecimento".

20. A descrição do acontecimento – "conjunto de singularidades, de pontos singulares que caracterizam uma curva matemática, um estado de coisas físicas, uma pessoa psicológica e moral" – é fundamental para Deleuze (*Logique du sens, op. cit.*; fac-símile, col. "10/18", p. 74).

AULA SOBRE NIETZSCHE*
Como pensar a história da verdade com Nietzsche
sem basear-se na verdade

O conhecimento não tem uma origem, e sim uma história. A verdade também foi inventada, porém mais tarde. – Desenvoltura de Nietzsche, que desfaz a implicação entre o saber e a verdade. – Sujeito-objeto, produtos e não fundamento do conhecimento. – A marca, o signo, a palavra, a lógica: instrumentos e não acontecimentos do conhecimento. – Um conhecimento que se desenvolve no espaço da transgressão. Jogo da marca, da palavra e do querer. O conhecimento como mentira. – A verdade como moral. O que articula vontade e verdade: a liberdade ou a violência? – Os paradoxos da vontade de verdade. Não há uma ontologia da verdade. Ilusão, erro, mentira como categorias de distribuição da verdade não verdadeira. – Aristóteles e Nietzsche: dois paradigmas da vontade de saber.

I – A "INVENÇÃO" DO CONHECIMENTO

"Em algum canto perdido deste universo cujo clarão se espalha por inúmeros sistemas solares, era uma vez um astro no qual animais inteligentes inventaram o conhecimento. Esse foi o instante da maior mentira e da suprema arrogância da história universal."[1] (1873)

Esse termo *Erfindung*[2], invenção, remete a muitos outros textos. Em toda parte esse termo se opõe a origem. Mas não é sinônimo de começo[3].

O conhecimento ser uma invenção significa:

1/ que ele não está inserido na natureza humana, que não constitui o mais antigo instinto do homem. Mas, principalmente, que sua possibilidade não é definida por sua própria forma.

A possibilidade do conhecimento não é uma lei formal; ele encontra sua possibilidade num espaço de jogo em que está em causa algo muito diferente[4] dele, ou seja: instintos, e não razão, saber ou experiência; dúvida, negação, dissolução, contemporização, e não afirmação, certeza, conquista, serenidade.

---

* Conferência apresentada na Universidade McGill (Montreal) em abril de 1971.

184   *Aulas sobre a vontade de saber*

"Não há um 'instinto do conhecimento'; o intelecto está a serviço dos diversos instintos."[5]

O que há por trás do conhecimento é o totalmente diferente, o que lhe é alheio, opaco, irredutível. O conhecimento não precede a si mesmo; é sem preliminar, sem secreta antecipação. Por trás do conhecimento, o muro do não-conhecimento. Portanto, diferença com relação ao empirismo, que por trás do conhecimento coloca a percepção ou a sensação ou a impressão ou em geral a representação;

2/ que ele é sem modelo, que não tem uma garantia exterior em algo como um intelecto divino. Nenhum protótipo de conhecimento precedeu o conhecimento humano. Ele não foi roubado de um fogo inicial e divino por algum Prometeu. Não foi imitado pela inteligência humana lembrando-se de um espetáculo divino. Não há reminiscência;

3/ que [o conhecimento] não se articula como uma leitura, uma decifração, uma percepção ou uma evidência a respeito da estrutura do mundo. As coisas não são feitas para ser vistas ou conhecidas. Não voltam para nós um rosto inteligível que nos olhe ou que espere que nosso olhar cruze com elas.

As coisas não têm:
– um sentido oculto que seja preciso decifrar,
– [uma] essência que constitua sua nervura inteligível.
[Elas] não são:
– objetos que obedeçam a leis.

"Ao contrário, o caráter do mundo é o de um caos eterno, não devido à ausência de necessidade, e sim devido a uma ausência de ordem, de encadeamento, de forma, de beleza, de sabedoria [...]. Ele não procura em absoluto imitar o homem [...]. Ignora toda e qualquer lei. Preservemo-nos de dizer que existe lei na natureza [...]. Quando todas essas sombras de Deus deixarão de obscurecer-nos? Quando teremos desdivinizado totalmente a natureza?"[6]

Por fim, isso quer dizer:

4/ que [o conhecimento] é o resultado de uma operação complexa. "*Non ridere, non lugere, neque detestari, sed intelligere!*, diz Espinosa[7], daquele jeito simples e sublime que lhe é próprio. Entretanto, no fundo, o que é esse *intelligere* se não a própria forma na qual as três outras [paixões] se tornam sensíveis de uma só vez?

Um resultado desses impulsos diversos e contraditórios que são as vontades de ironizar, de deplorar e de execrar? Antes que um ato de conhecimento fosse possível, foi preciso que cada impulso desses manifestasse previamente seu parecer parcial sobre o objeto ou o acontecimento; posteriormente se deu o conflito entre essas parcialidades e, a partir daí, às vezes um estado intermediário, um apaziguamento, uma concessão mútua entre os três impulsos, uma espécie de equidade e de pacto entre eles, pois, graças à equidade e ao pacto, esses três impulsos podem afirmar-se na existência e manter a razão juntos.

Nós, que tomamos consciência apenas das últimas cenas de conciliação, dos últimos acertos de contas desse longo processo, pensamos por isso que *intelligere*, 'compreender' constitua algo conciliador, justo, bom, algo essencialmente oposto aos instintos; ao passo que se trata apenas de uma certa relação dos instintos entre si. [...] Em todo conhecimento talvez haja algo de heroico, mas nada de divino."[8]

É preciso especificar um pouco em que consiste essa operação complexa:

a – Primeiramente, ela é parente da maldade – rir, menosprezar, detestar. Não se trata de reconhecer-se nas coisas, e sim de manter-se a distância, proteger-se delas (pelo riso), diferenciar-se delas pela desvalorização (menosprezar), querer repeli-las ou destruí-las (*detestari*). Mortífero, desvalorizador, diferenciador, o conhecimento não é nem da ordem da ὁμοίωσις nem da ordem do bem.

b – É uma maldade voltada também para *aquele* que conhece. O conhecimento opõe-se a uma "vontade de aparência, de simplificação, de máscara, de manto, de superfície – pois toda superfície é um manto [...]. [Ele] *quer* tomar as coisas de um modo profundo, múltiplo em sua essência [...]"[9], "ao passo que [o homem] força seu espírito para o conhecimento, contrariando a inclinação do espírito e frequentemente contrariando até mesmo o próprio desejo de seu coração [...] [de] afirmar, amar, adorar [...]."[10]

Isso introduz dúvida, contemporização.

O conhecimento opõe-se à utilidade, pois é um jogo em que está em causa dar espaço para o pró e o contra[11]. Mas esse jogo não faz mais que *transpor* a maldade. Aparecimento do combate intelectual, da rivalidade[12]. Em *Aurora*, no parágrafo 429, o conhecimento aparece como renúncia à felicidade "de uma ilusão sólida e vigorosa". Essa renúncia agora tem para nós tanto encanto que não poderíamos renunciar a ela[13].

Essa maldade é aquela que, por trás da superfície das coisas, vai procurar o segredo, tentar extrair-lhe uma essência por trás da aparência, um poder por trás da cintilação fugitiva, uma dominação. E para fazer isso empregam-se todos os recursos da astúcia e da sedução, da violência e da

186 *Aulas sobre a vontade de saber*

doçura para com a coisa[14]. Mas é também o que, nesse segredo finalmente fraturado, sabe reconhecer que ainda há só aparência, que não há nenhum fundamento ontológico. E que o próprio homem, que conhece, ainda e sempre é aparência[15].

O conhecimento não é a operação que destrói a aparência (seja opondo-a ao ser, como faz Platão, seja desmascarando o objeto = x que se esconde além dela); também não é o vão esforço que permanece sempre na aparência (à maneira de Schopenhauer). É o que constitui indefinidamente a novidade da aparência no avanço da aparência. O conhecimento é de fato aquilo que vai além da aparência, o que maldosamente a destrói, submete-a a tortura, arranca-lhe seus segredos. Um conhecimento que permaneça no nível do que se dá como aparência não seria um conhecimento.

Contra a doçura acolhedora de um fenômeno é preciso erguer a sanha mortífera do saber. Mas nesse trabalho isso nunca é recompensado por um acesso ao ser ou à essência, e sim suscita novas aparências, faz com que joguem umas contra as outras e umas mais além das outras. Daí algumas consequências:

a – O instinto, o interesse, o jogo, a luta não são aquilo com relação ao qual é disputado o conhecimento. Esse não é o motivo inconfessável, a origem coercitiva e logo esquecida. É seu suporte permanente, perpétuo, inevitável, necessário. Vamos reencontrá-lo nas ciências. E surgirá o problema do ascetismo, do conhecimento objetivo.

b – O conhecimento será sempre perspectivo, inacabado; nunca será fechado em si mesmo; nunca será adequado a seu objeto; estará sempre separado de uma coisa em si, mas nem no sentido de Husserl, em que as perspectivas se correspondem mutuamente na própria essência da coisa que é ao mesmo tempo a lei e o geometral de todas essas perspectivas, nem no sentido em que Kant diz que o conhecimento é limitado – pois, para Kant, o que nos impede de conhecer é ao mesmo tempo o próprio conhecimento (sua forma, portanto nada exterior nem alheio) e o limite do conhecimento (o que não é mais ele).

Para Nietzsche, o que nos impede de conhecer é justamente o que constitui o suporte, a raiz, o dinamismo do conhecimento, sua força, e não sua forma (o instinto, a maldade, a avidez de saber, o desejo); mas o que simultaneamente impede e constitui o conhecimento é algo muito diferente do conhecimento.

"Por que o homem não vê as coisas? Ele próprio está no caminho; ele esconde as coisas."[16]

c – Daí, em suma, dois grandes recortes: com relação ao ser e com relação ao bem.

Conhecer e conhecer a verdade

O conhecimento foi inventado, mas a verdade foi inventada ainda mais tarde.

[Isso] se articula em várias questões:

– O que é um conhecimento que não seja, desde o início, conhecimento da verdade ou conhecimento direcionado para a verdade ou conhecimento que quer a verdade? O que é um conhecimento que não esteja suspenso ou desconectado da verdade, e sim seja lugar de onde a verdade emerja de modo secundário, aleatório, não essencial?

– O que é a invenção da verdade? Qual foi a peripécia que a tornou possível? Pergunta que envolve o que será o conhecimento da verdade: deve-se analisá-lo como uma ilusão ou como uma vontade ou como uma estrutura? Em outras palavras, a relação do conhecimento com a verdade é da ordem do erro (*id est*, da não-verdade), do querer ou da lei?

– O que é o conhecimento desde o dia em que se tornou o conhecimento da verdade? E o que acontece com a verdade desde o dia em que teve sua origem e encontrou seu lugar no conhecimento? É a verdade um episódio? Haverá um final da verdade? Pode-se imaginar ou pensar um novo conhecimento que seja novamente conhecimento sem verdade? Há uma verdade do futuro ou um futuro sem verdade? Pode-se contar a história da verdade – a fábula da verdade?

Apesar de algumas analogias superficiais, diferenciar bem de uma história dos conhecimentos do tipo comtiano ou positivista. Nessa história positivista a verdade: não é dada inicialmente. Durante muito tempo, o conhecimento procura a verdade: cego, tateando. A verdade é dada como resultado de uma história. Mas essa relação finalmente estabelecida entre a verdade e o conhecimento é uma relação de direito que é posta no início. O conhecimento é feito para ser conhecimento da verdade. Há um pertencimento de origem entre a verdade e o conhecimento. E esse pertencimento é tal que:

– a verdade é o objeto do conhecimento,
– o conhecimento sem verdade não é o verdadeiro conhecimento,
– a verdade é a verdade do conhecimento.

A desenvoltura de Nietzsche consiste em haver desfeito essas implicações. E de haver dito: a verdade sobrevém ao conhecimento – sem que o conhecimento seja destinado à verdade, sem que a verdade seja a essência do conhecer.

188 *Aulas sobre a vontade de saber*

A primeira desenvoltura de Nietzsche foi dizer: nem o homem nem as coisas nem o mundo são feitos para o conhecimento; o conhecimento sobrevém – precedido por nenhuma cumplicidade, garantido por nenhum poder. Sobrevém, emergindo do totalmente diferente.

A segunda desenvoltura [foi] dizer: o conhecimento não é feito para a verdade. A verdade sobrevém, precedida pelo não-verdadeiro, ou melhor, precedida por algo que não podemos dizer nem que é verdadeiro nem que é não-verdadeiro, visto que é anterior à divisão própria da verdade. A verdade emerge do que é alheio à divisão do verdadeiro.

II – O que é o conhecimento anterior à verdade?

Duas respostas delineiam-se através de duas oposições estabelecidas por Nietzsche:

a – Esse conhecimento não ligado à verdade, Nietzsche apresenta como um puro "querer conhecer" que se opõe às esquematizações, às simplificações de um conhecimento que se direcionasse para o verdadeiro.

VP I, § 195 (1884): "Todo o aparelho do conhecimento é um aparelho de abstração e de simplificação organizado não para o conhecimento, e sim para o *domínio* sobre as coisas."[17]

VP I, § 193 (1888): "Na formação da razão, da lógica, das categorias, é a *necessidade* que é decisiva: não a necessidade de 'conhecer', e sim a de resumir, de esquematizar a fim de compreender e de prever...."[18]

O conhecimento para conhecer:

PBM, § 230: "A essa vontade de aparência, de simplificação, de manto, de superfície [...] opõe-se o pendor sublime do homem que procura o conhecimento, aquele pendor que quer tomar as coisas de modo profundo, múltiplo, em sua essência."[19]

Aurora, § 432: "Um é impelido [...] a ver claro pela veneração que lhe inspiram [os] segredos [das coisas]; o outro, ao contrário, pela indiscrição e pela malícia na interpretação dos mistérios."[20]

Vemos abrir-se aí a possibilidade de um conhecimento que se desenvolve no espaço do segredo, do proibido, do desvelamento, da transgressão.

"Somos de uma moralidade audaciosa" (ligada à maldade, à profanação)[21].

A essa profanação do conhecer para conhecer opõe-se o conhecimento – o bom conhecimento, o conhecimento bom, o utilitário, o generoso, o conciliador, aquele que beneficia, ou seja, aquele que faz algo diferente de conhecer.

Aula sobre Nietzsche

b – Nietzsche também põe em cena outra oposição, inversa da precedente: um conhecimento primário e corporal, anterior a toda verdade e totalmente comandado pela necessidade. O que está em questão aí não é conhecimento, e sim vida, luta, caçada, alimento, rivalidade.

VP I, § 192 (1887): "Todos nossos *órgãos de conhecimento* e nossos *sentidos* só se desenvolvem a serviço de nossa conservação e de nosso crescimento."[22]

Em face desse conhecimento e depois dele, constituiu-se um conhecimento segundo e ascético. Ele suprime o ponto de vista do corpo, suspende a utilidade, desfaz as parcialidades e os limites, quer ver tudo com os mesmos olhos e sem preconceitos. Conhecimento que se pretende puro.

Genealogia, III, 12: "Eliminar em geral a vontade, suprimir inteiramente as paixões, supondo que isso nos fosse possível: como então? Não seria castrar a inteligência?"[23]

Afirma-se aí a oposição entre um conhecimento real, imediatamente articulado com a vida, com a necessidade, e um conhecimento ao mesmo tempo historicamente efetivo e ilusório, paradoxal. O do erudito ascético, o de Kant.

"Tal contradição [...], 'a vida *contra* a vida', [...] [é] simplesmente um absurdo. Ela só pode ser *aparente*; deve ser uma espécie de expressão provisória, uma interpretação, uma fórmula, um arranjo, um mal-entendido psicológico [...]."[24]

Portanto, o conhecimento anterior à verdade ora é definido como o conhecimento violento e maldoso do segredo, a profanação que desvenda, ora é definido como o conhecimento violento e útil que serve à vida; a parcialidade que permite dominar e crescer.

Em outras palavras, esse "totalmente diferente" da violência que serve de trama para o conhecer e que entra em cena no conhecimento, esse totalmente diferente dá lugar para a maldade inútil e profanadora do conhecer, para a pura transgressão do saber, [esse "totalmente diferente"] dá lugar para a parcialidade da vida articulando-se em seu próprio crescimento.

Qual é então – afinal ou primeiramente – a natureza de um conhecimento que ainda não está desnaturado pela verdade? A própria pergunta talvez esteja mal colocada, ou melhor, nessa posição da pergunta ainda reaparecem alguns postulados que é preciso reexaminar.

Perguntar-se qual é a natureza primeira do conhecimento é aceitar que ele é um certo tipo de relação entre um sujeito e um objeto. Relação

190   *Aulas sobre a vontade de saber*

sobre a qual nos perguntamos se [é] de utilidade ou de contemplação, de dominação utilitária ou de profanação religiosa, se ela se ordena pelo simples olhar ou pela necessidade da vida. Ora, interrogar radicalmente o conhecimento, interrogá-lo a partir do que é totalmente diferente dele não será deixar subsistir essa relação sujeito-objeto a partir da qual definimos o conhecimento, sendo que é este que a constitui?

Nietzsche diz: "Não há conhecimento em si"[25], o que não quer dizer: não há conhecimento do em-si, e sim: não há, na violência do conhecer, uma relação constante, essencial e prévia que a atividade de conhecimento devesse ao mesmo tempo manifestar e efetuar. Dizer que não há conhecimento em si é dizer que a relação sujeito-objeto (e todos seus derivados, como aprioridade, objetividade, conhecimento puro, sujeito constituinte) é na realidade produzida pelo conhecimento em vez de servir-lhe de fundamento.

Explicitemos isso:

a – O conhecimento baseia-se numa rede de relações:
– diferentes quanto à forma: pode tratar-se de destruição, de apropriação, de castigo, de dominação;
– diferentes quanto aos pontos de apoio e aos termos que colocam em relação: um corpo com outro corpo, um grupo com outro grupo, um indivíduo com uma coisa, um animal, um deus.

A base do conhecimento, portanto, é esse jogo de diferenças:

"O mundo é essencialmente diferente em cada ponto: ele pressiona todos os pontos, todos os pontos resistem e em todos os casos as resultantes são perfeitamente *não congruentes.*"[26]

O mundo é essencialmente um mundo de relações que em si mesmas são incognoscíveis: "mundo informe e informulável do caos das sensações"[27]. E como seriam cognoscíveis, visto que isso não é da ordem do conhecimento? Na raiz do conhecimento não há consciência. (Em Nietzsche o pensamento não é o fenômeno ao qual temos acesso imediato em forma de consciência; o pensamento não é o conhecimento que fosse ao mesmo tempo e de uma só vez o ato que conhece e a instância que se reconhece. O próprio pensamento é só um efeito. O pensamento é efeito do extrapensamento, não como resultado natural, e sim como violência e ilusão.)

b – Entre essas relações, um grupo se caracteriza pelo fato de reunir pela força várias diferenças, de as violentar para impor-lhes a analogia de uma semelhança[28], de uma utilidade ou um pertencimento em comum, de lhes estampar uma mesma marca[29].

Essa marca tem a dupla propriedade de:

Aula sobre Nietzsche

– possibilitar uma utilização ou uma dominação, ou melhor, ampliar a utilização ou a dominação de primeiro nível. A marca é o multiplicador da relação. Remete, portanto, a uma vontade de poder;
– possibilitar o retorno, a repetição, a identidade das diferenças sucessivas – a identificação das diferenças de primeiro nível. A marca é o identificador da relação. Remete a uma realidade.

Num certo sentido pode-se dizer que essa realidade tem como fundamento necessário essa vontade:

"Podemos perguntar-nos [...] se a atividade que 'estabelece as coisas' não é a única real e se 'a ação do mundo exterior sobre nós' não é consequência da presença de tais sujeitos voluntários."[30]

Mas podemos dizer igualmente que essa vontade é vontade de poder (*id est*, mais que ação e reação, [antes] infinito do querer) apenas porque há marcas que constituem as coisas, que estabelecem sua realidade[31].

Foi assim que Nietzsche trabalhou o tema de Schopenhauer "vontade e representação": uma representação que é apenas ilusão, e vontade única que é toda a realidade.

c – A partir daí vão constituir-se:

α – O sujeito – que é ao mesmo tempo o ponto de emergência da vontade, o sistema das deformações e das perspectivas, o princípio das dominações, e o que em troca recebe, em forma de palavra, de pronome pessoal, de gramática, a marca de identidade e de realidade do objeto.

β – O objeto – que é o ponto de aplicação da marca, o signo, a palavra, a categoria, e ao qual em troca relacionamos, em forma de substância, de essência inteligível, de natureza ou de criação, a vontade do sujeito.

É por isso que no centro do conhecimento Nietzsche se recusa obstinadamente a colocar algo como o *cogito*, ou seja, consciência* pura, em que o objeto se dá sob forma de sujeito e o sujeito pode ser objeto de si mesmo. Todas as filosofias fundamentaram o conhecimento na relação preestabelecida entre o sujeito e o objeto; sua única preocupação foi aproximar ao máximo sujeito e objeto (seja na forma pura do *cogito*, seja na forma mínima da sensação, seja numa pura tautologia A = A).

Nietzsche quis explicar o conhecimento afastando ao máximo sujeito e objeto, vendo-os como produtos distantes um do outro e que só podem ser confundidos por ilusão. Longe de a relação sujeito-objeto ser constitutiva do conhecimento, a ilusão inicial e muito importante do conhecimento é a existência de um sujeito e de um objeto.

---

* Foucault emprega a mesma abreviação para conhecimento e consciência.

192   *Aulas sobre a vontade de saber*

Mas o que Nietzsche introduz no lugar do *cogito*? É o jogo entre a marca e o querer, entre a palavra e a vontade de poder ou ainda entre o signo e a interpretação[32].

– O signo é a violência da analogia, é o que domina e suprime a diferença.

– A interpretação é o que põe e impõe os signos, é o que joga com eles, o que introduz diferenças radicais (as da palavra e do sentido) sobre as diferenças iniciais do caos.

O signo é a interpretação, na medida em que esta introduz no caos a mentira das coisas. E a interpretação é a violência feita ao caos pelo jogo coisificante dos signos.

"O que é, em suma, o *conhecimento*? Ele 'interpreta', ele 'introduz um sentido', ele não explica (na maioria dos casos, é uma interpretação nova de uma interpretação antiga que se tornou ininteligível e que já não é mais que um signo)."[33]

Conclusão

a – Compreende-se por que Nietzsche fala do conhecimento como mentira (o instante da maior mentira a respeito da descoberta do conhecimento). Ele é mentira em dois sentidos: primeiramente, porque falseia a realidade, porque é perspectivista, porque apaga a diferença e porque introduz o reinado abusivo da semelhança; em seguida, porque é algo muito diferente do conhecimento (relação de sujeito com objeto). Essa relação, longe de ser a verdade do conhecimento, é seu produto mentiroso. O ser do conhecimento é ser mentira.

b – Compreende-se por que Nietzsche diz ao mesmo tempo: que esse conhecimento primordial é algo totalmente diferente de um conhecimento (uma pluralidade de relações sem sujeito nem objeto), e que esse conhecimento é o único conhecimento voltado para a realidade: qualquer outra forma de conhecimento é resultado de uma violência interpretativa falseada pela perspectiva, pela dominação, pela necessidade.

Grosso modo, o conhecimento na forma de relações de realidade não é realmente um conhecimento, e o que chamamos realmente de um conhecimento é uma mentira com referência a toda e qualquer relação de realidade.

c – Assim sendo, no núcleo do conhecimento, antes mesmo de devermos falar em verdade, encontramos um círculo da realidade, do conhecimento e da mentira. Isso permitirá a inserção da verdade como moral.

De modo mais geral, uma análise como essa permite:

– falar de signo e de interpretação, de sua indissociabilidade, fora de uma fenomenologia;

Aula sobre Nietzsche   193

– falar de signos fora de todo "estruturalismo";
– falar de interpretação fora de toda referência a um sujeito originário;
– articular as análises dos sistemas de signos com a análise das formas de violência e de dominação;
– pensar o conhecimento como um processo histórico antes de toda problemática da verdade e mais fundamentalmente que na relação sujeito-objeto. O conhecimento libertado da relação sujeito-objeto é o saber.

III – O ACONTECIMENTO DA VERDADE

Há um conhecimento anterior à verdade. Isso significa: não, no sentido positivista ou genético, que o conhecimento leve muito tempo para encontrar a verdade ou para descobri-la, que ela lhe estabeleça as normas tardiamente; e sim, que a verdade é uma peripécia, uma invenção, talvez um desvio do conhecimento, que ela não será nem a norma nem a essência deste. A verdade não é a verdade do conhecimento.

VP I, § 291 (1887): "A verdade não é algo que exista e que esteja em causa encontrar, descobrir; e sim, algo que *é preciso criar* e que fornece um nome para um certo *processo*, mais ainda, para uma vontade de violentar infinitamente os fatos; introduzir a verdade nos fatos, por um processo *in infinitum*, por uma *determinação ativa*, não é a chegada à consciência de uma realidade firme e definida por si mesma. É um dos nomes da 'vontade de poder' [...]."[34]

VP I, § 199 [1883]: "Pretender que haja uma 'verdade' da qual possamos *nos aproximar* por um processo qualquer!"[35]

1. *A vontade de verdade*

Nietzsche coloca na vontade a raiz e a razão de ser da verdade. Deslocamento importante com relação à tradição filosófica.

a – Para esta, a relação verdade-vontade se caracterizaria pelo fato de que a vontade teria apenas de deixar valer a verdade. Querer a verdade era querer que ela apareça, que se enuncie, que esteja ali. Era abrir-lhe espaço. Ora, para abrir espaço para a verdade a vontade devia eliminar de si mesma tudo o que não fosse lugar vago para a verdade. Eliminar todas suas características individuais, todos seus desejos e todas suas violências. Um puro querer. Uma vontade simultaneamente suspensa, pois não deve predeterminar nenhum objeto; castrada, pois não deve deixar subsistir nenhuma de suas determinações próprias.

Daí o fato de que a vontade de verdade só pôde ser pensada sob forma de atenção; puro sujeito, livre de determinação e pronto para acolher,

194   *Aulas sobre a vontade de saber*

sem deformação, a presença do objeto; sob forma de sabedoria: domínio sobre o corpo, suspensão do desejo, bloqueamento dos apetites. Descartes e Platão. A evidência e a pedagogia.

No centro da relação vontade-verdade, o que encontramos na tradição filosófica é a liberdade. A verdade é livre com relação à vontade; não recebe dela nenhuma de suas determinações. A vontade deve ser livre para poder dar acesso à verdade.

A liberdade é o ser da verdade e é o dever da vontade. Uma ontologia (a liberdade do verdadeiro será Deus ou a natureza); uma ética (o dever da vontade será a proibição, a renúncia, a passagem para o universal). É essa liberdade fundamental, que articula entre si vontade e verdade, que é formulada:

- no ὁμοίωσις τῷθεῷ de Platão,
- no caráter inteligível de Kant,
- na abertura heideggeriana.

b – Para Nietzsche, a relação vontade-verdade é muito diferente. A verdade só está no elemento da vontade a partir de suas características singulares e de suas mais precisas determinações, e em forma de coerção e de dominação. A articulação de uma com a outra não é a liberdade, é a violência.

Esse deslocamento tem – deve ter – um efeito considerável, que ainda estamos longe de conseguir medir inteiramente. Ele deveria impossibilitar toda uma "ideologia" do saber como efeito da liberdade e recompensa pela virtude. Deveria levar a repensar:

- o que é a história do conhecimento e da ciência,
- que estatuto devemos dar a sua universalidade, e
- a ligação da ciência com certas formas de sociedade ou de civilização.

Mas, no simples nível da reflexão filosófica tal como é praticada tradicionalmente, os efeitos são principalmente abalos e perturbações. Surgem paradoxos.

2. *Os paradoxos da vontade de verdade*

Se realmente a verdade é violência feita às coisas, ela está na própria linha do conhecimento. É um produto ou um efeito do conhecimento. Não é sua norma nem sua condição nem seu fundamento ou justificativa.

Ora, se realmente ela é posterior ao conhecimento, se sobrevém a partir do conhecimento e como violência, é violência feita ao conhecimento. Não é o verdadeiro conhecimento. É um conhecimento deformado, torturado, dominado. É um falso conhecimento. Com relação ao verdadeiro conhecimento, é um sistema de *erros*.

Mas ao mesmo tempo, se ela deixa atrás de si, como anterior à verdade, todo um processo de conhecimentos – conhecimentos ainda privados de verdade e que precisam ser retrabalhados para se tornarem verdadeiros –, então ela faz surgir atrás de si um não-verdadeiro. Ela aparece sobre um fundo de ilusões e como violência feita às ilusões.

É preciso ir mais longe. Se a verdade é destruição da ilusão de conhecer, se essa destruição se dá no sentido inverso do conhecimento e como destruição do próprio conhecimento, então a verdade é mentira. É algo diferente do que pretende ser. Não é verídica no momento em que se enuncia como recompensa do conhecer.

VP I, § 210 (1888): "O mundo aparente e o mundo *mentiroso*, está aí o antagonismo. Até agora este último se chamou de 'o mundo verdadeiro', a 'verdade', 'Deus'. É esse que temos de destruir."[36]

Esses paradoxos nos mostram que:

– A verdade não é verdadeira se for um conhecimento, visto que todo conhecimento é uma ilusão.

– A verdade não é verdadeira na medida em que for um não-conhecimento, visto que sobrecarrega ou substitui o conhecimento por um sistema de erro.

– A verdade não é verdadeira quando pretende ser um conhecimento, é mentira.

Isso permite:

a – Colocar como princípio que a verdade não pode ser predicado de si mesma. O verdadeiro não é verdadeiro. Toda a verdade se desenvolve no não-verdadeiro; a verdade é o não-verdadeiro. Não há uma ontologia da verdade. No julgamento de predicação a verdade *é* verdadeira, o verbo ser tem o sentido ontológico de: a verdade existe.

Nietzsche transforma a afirmação cética "a verdade não existe" numa série de paradoxos que derivam da proposição: a verdade não é verdadeira.

b – distribuir as grandes categorias da verdade não verdadeira:

– a ilusão, ou seja, a verdade na medida em que é um modo de conhecimento;

– o erro, na medida em que é violência feita ao conhecimento (portanto, não-conhecer);

– a mentira, na medida em que esse não-conhecimento (*Lüge*) pretende dissipar a ilusão de todo conhecimento, ao passo que ela é conhecimento.

196 *Aulas sobre a vontade de saber*

A partir daí, podemos ver a tarefa nietzschiana: pensar a história da verdade sem basear-se na verdade. Num elemento em que a verdade não existe: esse elemento é a aparência.

A aparência é o elemento do não-verdadeiro em que a verdade vem à luz. E, vindo à luz, redistribui a aparência nas categorias da ilusão, do erro e da mentira.

A aparência é o indefinido do verdadeiro. A ilusão, o erro e a mentira são as diferenças introduzidas pela verdade no jogo da aparência. Mas essas diferenças não são apenas efeitos da verdade; são a própria verdade.

Podemos dizer igualmente:

– A verdade faz a aparência aparecer como ilusão, erro, mentira.

Ou então:

– A ilusão, o erro e a mentira são o modo de ser da verdade no elemento indefinido da aparência.

– A ilusão ou a raiz da verdade.

– O erro ou o sistema da verdade.

– A mentira ou a operação da verdade.

Vejam os textos sobre a verdade como erro:

VP I, § 308 [1881-82]: *"A verdade é uma espécie de erro."*[37]

GC, § 265: "Quais são, em última análise, as verdades do homem? São seus erros irrefutáveis."[38]

Sobre a renúncia à verdade:

VP II, § 330 [1887]: "A crença de que *não há verdade*, a crença niilista, é um grande relaxamento de todos os membros para o paladino do conhecimento que está incessantemente em luta com feias verdades."[39]

Uma convicção que nenhuma época nunca teve: nós não temos a verdade. Todos os homens de outrora tinham a verdade, mesmo os céticos.

Sobre a aparência:

VP II, § 592 [1885]: "'A *aparência*', tal como a compreendo, é a verdadeira e única realidade das coisas, aquela à qual convêm todos os predicados existentes [...]. Não coloco a 'aparência' como o inverso da 'realidade'; ao contrário, afirmo que a aparência é a realidade, aquela que se opõe a que transformemos o real em um 'mundo verdadeiro' imaginário."[40]

* * *

Vamos resumir tudo isso[41].

Em Aristóteles, a vontade de conhecer era considerada na anterioridade do conhecimento; ela nada mais era que o retardo do conhecimento

Aula sobre Nietzsche 197

com relação a si mesmo, e por isso era desejo, até mesmo menos que "desejo": era desejo-prazer. E isso só era possível na medida em que o conhecimento (na forma mais elementar da sensação) já dizia respeito à verdade.

Em Nietzsche, o conhecimento é um efeito ilusório da afirmação fraudulenta de verdade: a vontade que porta a ambos tem esta dupla característica de: (1) absolutamente não ser vontade de conhecer, e sim vontade de poder; (2) fundar entre conhecimento e verdade uma relação de crueldade recíproca e de destruição.

A vontade é aquilo que diz com voz dupla e superposta: quero tanto a verdade que não quero conhecer e quero conhecer até o ponto e até um limite tal que quero que não haja mais verdade. A vontade de poder é o ponto de ruptura em que verdade e conhecimento se desatam e se destroem mutuamente.

Mas o que é essa vontade de poder assim posta às claras? Uma realidade que foi emancipada do ser (imutável, eterno, verdadeiro): o devir. E o conhecimento que o desvela não desvela o ser, e sim uma verdade sem verdade.

Portanto, há duas "verdades sem verdade":
– a verdade que é erro, mentira, ilusão: a verdade que não é verdadeira;
– a verdade emancipada dessa verdade-mentira: a verdade verídica, a verdade que não é reciprocável com o ser.

*

NOTAS

1. F. Nietzsche, "Introduction théorétique sur la vérité et le mensonge au sens extra-moral (verão de 1873), in *Le Livre du philosophe. Études théorétiques*, bilíngue, tradução francesa, introdução e notas por A. Kremer-Marietti, Paris, Aubier-Flammarion, 1969, p. 171 (tradução retocada por M. Foucault). A menção à história universal ridiculariza a *Weltgeschichte* de Hegel. E o conhecimento é um "instante, um relâmpago, um acontecimento, não uma faculdade" é uma crítica a Kant. Em "La vérité et les formes juridiques" (1974), Foucault lembra que este texto foi escrito em pleno neokantismo (*DE,* nº 139, ed. 1994, t. II, pp. 538-646/ "Quarto", vol. I, pp. 1406-90).

2. Literalmente: *das Erkennen erfanden.*

3. Alusão à distinção feita por Husserl entre origem e começo; cf. E. Husserl, *L'Origine de la géométrie*, trad. francesa e introdução por J. Derrida, Paris, PUF (col. "Épiméthée"), 1962 (1ª ed. fr. La Haye, M. Nijhoff, 1954; ed. orig.: "Die Frage nach dem Ursprung der Geometrie als intentional-historisches Problem", *Revue internationale de philosophie*, I (2), Bruxelas, 1939, pp. 203-25).

4. Esse "algo muito diferente" composto de violência, de maldade ou de utilidade em Nietzsche é o que Foucault transcreve também como política quando retoma esta conferência em 1973, no Rio (*DE,* nº 139).

198   *Aulas sobre a vontade de saber*

5. F. Nietzsche, *La Volonté de puissance*, aforismo 274, ed. e trad. francesa G. Bianquis [edição de referência], Paris, nrf/Gallimard, 2 vols., 1947-1948: t. I, livro II, cap. 3: "Morphologie et évolution de la volonté de puissance", p. 282.

6. Tradução retocada por M. Foucault. Cf. F. Nietzsche, *Le Gai Savoir*, ed. e trad. francesa P. Klossowski [edição de referência], Paris, Le Club français du livre, 1965, livro III, § 109, "Alerta": " [...] o caráter do mundo todo é desde sempre o do caos, devido não à ausência de necessidade e sim à ausência de ordem, de articulação, de forma, de beleza, de sabedoria [...]." (p. 192)

7. Spinoza, *Éthique*, terceira parte: "De origine et natura affectuum", ed. e trad. francesa Ch. Appuhn, Paris, Garnier, 1934, t. I, p. 240.

8. *Le Gai Savoir*, § 333: "O que significa conhecer", pp. 333-4. Onde Foucault escreve "instinto", Pierre Klossowski traduz por "impulso", Onde Foucault, no último trecho da citação, escreve "nesse conhecimento"[a], P. Klossowski traduz: "dentro de nosso interior em luta" (p. 334); cf. também § 113, pp. 201-2.

9. F. Nietzsche, *Par-delà le bien et le mal. Prélude d'une philosophie de l'avenir*, ed. e trad. francesa H. Albert, Paris, Mercure de France, 1948, cap. VII, § 230, p. 236.

10. *Ibid.*, § 229, pp. 233-4.

11. *Le Gai Savoir*, § 110: "Origem do conhecimento", pp. 194-5: "Só muito tarde a verdade se revelou como a forma menos coercitiva do conhecimento. Parecia que não se podia viver com ela e que todo nosso organismo estava constituído para contradizê-la: todas suas funções superiores, as percepções sensíveis e absolutamente toda espécie de sensação trabalhavam com esses erros fundamentais inveterados desde as origens. Muito mais ainda: essas proposições, mesmo no interior do conhecimento, haviam se tornado as normas de acordo com as quais eram estabelecidos o 'verdadeiro' e o 'não-verdadeiro', até nas regiões mais longínquas da lógica pura." Cf. também § 111: "Origem do caráter da lógica."

12. *Ibid.*, § 110, p. 197.

13. F. Nietzsche, *Aurore. Réflexions sur les préjugés moraux*, § 429, ed. e trad. francesa H. Albert [edição de referência], Paris, Mercure de France, 1912, pp. 333-4, "A nova paixão": "Mas é nosso *instinto de conhecimento* que é desenvolvido demais para ainda podermos apreciar a felicidade sem conhecimento, ou então a felicidade de uma ilusão sólida e vigorosa; sofremos já só de imaginar tal estado de coisas! [...] Entre nós o conhecimento se transformou em paixão..." / Trad. M. F.: "Mas [é] esse *instinto de conhecimento* que é desenvolvido demais para ainda podermos apreciar a felicidade sem conhecimento, ou então a felicidade de uma ilusão forte e sólida; sofremos com a simples ideia de tal estado de coisas [...]."

14. *Ibid.*, § 432: "Buscador e tentador", p. 339.

15. *Le Gai Savoir*, § 54: "A consciência da aparência", p. 115: "Como 'cognoscente', danço minha própria dança; o 'cognoscente' está destinado apenas a prolongar indefinidamente a dança terrestre e [...] nesse sentido figura entre os diretores artísticos das festas da existência [...]."

16. *Aurore*, § 438: "O homem e as coisas", p. 339.

17. *La Volonté de puissance*, § 195 (1884), t. I, livro I, cap. 2, p. 98.

18. *Ibid.*, § 193 (1888), t. I, livro I, cap. 2, p. 97.

19. *Par-delà le bien et le mal*, § 230, ed. citada, p. 236: " A *essa* vontade de aparência, de simplificação, de máscara, de manto superficial [...] *opõe-se* aquele pendor sublime do homem que procura o conhecimento, aquele pendor que toma e *quer* tomar as coisas de um modo profundo, múltiplo, em sua essência."

20. *Aurore*, § 432, pp. 335-6. O aforismo termina assim: "Quanto a nós, pesquisadores como todos os conquistadores, todos os exploradores, todos os navegadores, todos os aventureiros, somos de uma moralidade audaciosa e temos de achar bom que, no fim das contas, nos façam passar por maus."

21. *Ibid.*, p. 336.

22. *La Volonté de puissance*, § 192 (1887), t. I, livro I, cap. 2, p. 97.

Aula sobre Nietzsche

199

23. F. Nietzsche, *La Généalogie de la Morale* (1887), terceira dissertação: "Qual é o sentido de todo ideal ascético?", § 12, ed. e trad. francesa H. Albert [edição de referência], Paris, Mercure de France, 1913 [1900], pp. 206-7. Aforismo muito importante na definição do conhecimento como ascetismo.

24. *Ibid.*, § 13, p. 207. Nietzsche prossegue: "[...] *o ideal ascético tem origem no instinto profilático de uma vida degenerescente* que procura curar-se, que por todos os meios se esforça por conservar-se, que luta pela existência [...]. O ideal ascético, portanto, é totalmente o oposto do que os admiradores desse ideal imaginam." (pp. 207-8)

25. *Ibid.*, § 12, p. 206: "Portanto, senhores filósofos, doravante devemos manter-nos mais alertas contra essa fabulação de conceitos antigos e perigosos que fixou um 'sujeito de conhecimento, sujeito puro, sem vontade, sem dor, liberto do tempo'; devemos resguardar-nos contra os tentáculos de noções contraditórias, tais como 'razão pura', 'espiritualidade absoluta', 'conhecimento em si'"; cf. também *La Volonté de puissance*, § 207 (1888), t. I, livro I, cap. 2, p. 101.

26. *La Volonté de puissance*, § 206 (1888), *loc. cit.*

27. *Ibid.*, § 202 (1887), t. I, livro I, cap. 2, p. 99.

28. *Ibid.*, § 286 (1885), t. I, livro II, cap. 4, pp. 285-6.

29. *Ibid.*, §§ 289-290 (1885), t. I, livro II, cap. 4, pp. 286-7.

30. *Ibid.*, § 202 (1887), t. I, livro II, cap. 3, p. 100.

31. Essa questão espinhosa recebe um bom esclarecimento de G. Deleuze em *Proust et les signes*, Paris, PUF, 1964; ou mais exaustivo, de um ponto de vista filosófico, em M. de Beistegui, *Jouissance de Proust. Pour une esthétique de la métaphore*, Paris, Michalon (col. "Encre marine"), 2007.

32. Cf. nota anterior.

33. *La Volonté de puissance*, § 197 (1885-86), t. I, livro I, cap. 2, p. 99.
Cf. a citação de René Char escolhida por Foucault para a quarta capa dos dois últimos volumes de *Histoire de la sexualité*: "A história dos homens é a longa sucessão de sinônimos de um mesmo vocábulo. Contradizê-la é um dever."

34. *La Volonté de puissance*, § 291 (1887), t. I, livro II, cap. 4, p. 287.

35. *Ibid.*, § 199 (1883-88), t. I, livro II, cap. 2, p. 99.

36. *Ibid.*, § 210 (1888), t. I, livro I, cap. 2, p. 104.

37. *Ibid.*, § 308 (1881-82), t. I, livro II, cap. 4, p. 292.

38. *Le Gai Savoir*, § 265: "Derradeiro ceticismo", p. 269. Aforismo que tinha várias versões, segundo Colli e Montinari.

39. *La Volonté de puissance*, § 330 (1887), t. II, livro III, cap. 3, p. 107.

40. *Ibid.*, § 592 (1885), t. II, livro 3, cap. 5, p. 181.

41. Nas anotações feitas no Collège de France por Hélène Politis – manuscritas e depois datilografadas (com diferenças) –, encontram-se todas as articulações das conferências dadas na Universidade McGill, mas de uma forma mais nervosa, com menos comentários de texto, talvez porque os textos de Nietzsche lidos por Foucault figuram ali principalmente como remissões aos aforismos.

No Collège, Foucault termina com uma periodização do modo como o discurso nietzschiano se libertou da verdade:

– Primeiro período: a respeito do conhecimento trágico. 1875-1878, conhecimento ligado a uma teoria que nega a eternidade, a realidade.

– Segundo período (que ele nunca abandonou): a perversão das marcas, a mobilização de um conhecimento diagnóstico (de *Considerações inatuais* a *Aurora* (1881) – lado positivista de Nietzsche neste segundo período.

– Terceiro período: afirmação do *eterno retorno*.

Afirmação de que, depois de esgotadas todas essas diferenças, cada uma delas ainda terá de repetir-se um número infinito de vezes. Depois de tudo terminado, nada permanecerá no mesmo estado. Tudo é também real ou irreal, como quisermos, há diferenças de intensidade que vão voltar indefinidamente.

200   *Aulas sobre a vontade de saber*

A afirmação do eterno retorno é esse sistema que exclui a afirmação da verdade.

A vontade do verdadeiro – porém não mais de "verdade" – aparece como vontade de poder que é vontade de desenvolvimento indefinido por si mesmo, que não é da ordem do verdadeiro nem da ordem do conhecimento.

Na conferência publicada aqui, escrita a partir de uma retomada do curso no Collège de France, Foucault suprime essa periodização do pensamento de Nietzsche, mas:

1/ Reinscreve a abertura heideggeriana na história da metafísica iniciada por Platão. É visivelmente uma resposta aos dois volumes de Heidegger sobre Nietzsche, em que ele inscreve Nietzsche na tradição metafísica que pretendeu subverter. Opondo o paradigma de Aristóteles a um paradigma nietzschiano, Foucault opõe-se justamente a essa interpretação da história da filosofia.

2/ Além disso, Foucault termina esta conferência com uma violenta diatribe contra "a ideologia do saber como efeito da liberdade". Difícil não ouvir designado aqui: "A abertura do comportamento, o que torna intrinsecamente possível a conformidade, fundamenta-se na liberdade. A essência da verdade é a liberdade", do capítulo 4 de *Sobre a essência da verdade*[b], mesmo que Foucault lembre que essa é a concepção clássica (certamente que a partir de Descartes).

a. Mais precisamente, Foucault escreve: "em todo conhecimento" ("dans toute connsaissance"). (N. da T.)

b. M. Heidegger, *De l'essence de la vérité*, trad. francesa A. de Waelhens & W. Biemel, Paris, J. Vrin/ Louvain, Newelaerts, 1948 (ed. orig.: *Vom Wesen der Wahrheit*, Frankfurt/Main, V. Klostermann, 1943).

Resumo do curso*

---

* Publicado in *Annuaire du Collège de France, 71ᵉ année, Histoire des systèmes de pensée, année 1970-1971*, 1971, pp. 245-9. Reproduzido in *Dits et Écrits, 1954-1988*, editado por D. Defert & F. Ewald, com a colaboração de J. Lagrange, Paris, Gallimard ("Bibliothèque des sciences humaines"), 1994, 4 vols.: cf. t. II, nº 101, pp. 240-4/col. "Quarto", vol. I, pp. 1108-12.

O curso deste ano dá início a uma série de análises que, fragmento por fragmento, procuram constituir pouco a pouco uma "morfologia da vontade de saber". Esse tema da vontade de saber ora será investido em pesquisas históricas determinadas, ora será tratado em si mesmo e em suas implicações teóricas.

Este ano estavam em causa: situar seu lugar e definir seu papel numa história dos sistemas de pensamento; estabelecer, pelo menos a título provisório, um modelo inicial de análise; pôr à prova sua eficácia em um primeiro lote de exemplos.

1/ Pesquisas feitas anteriormente haviam identificado um nível singular entre todos os que possibilitam a análise dos sistemas de pensamento: o nível das práticas discursivas. Trata-se de uma sistematicidade que não é de tipo lógico nem de tipo linguístico. As práticas discursivas caracterizam-se pelo recorte de um campo de objetos, pela definição de uma perspectiva legítima para o sujeito de conhecimento, pela determinação de normas para a elaboração dos conceitos e das teorias. Portanto, cada uma delas supõe um jogo de prescrições que regem exclusões e escolhas.

Ora, esses conjuntos de regularidades não coincidem com obras individuais; mesmo que se manifestem por seu intermédio, mesmo que lhes aconteça destacarem-se pela primeira vez em alguma, ultrapassam-nas amplamente e agrupam com frequência um número considerável delas. Mas tampouco coincidem forçosamente com o que costumamos chamar de ciências ou disciplinas, embora às vezes suas delimitações possam ser provisoriamente as mesmas; o mais comum é uma prática discursiva concentrar diversas disciplinas ou ciências, ou ainda permear um certo número delas e agrupar em uma unidade às vezes inaparente várias de suas regiões.

As práticas discursivas não são pura e simplesmente modos de fabricação de discursos. Concretizam-se em conjuntos técnicos, em instituições, em esquemas de comportamento, em tipos de transmissão e de difusão, em formas pedagógicas que simultaneamente as impõem e as mantêm.

204 *Aulas sobre a vontade de saber*

Por fim, têm modos de transformação específicos. Não podemos reduzir essas transformações a uma descoberta individual e precisa; entretanto, também não podemos limitar-nos a caracterizá-las como uma mudança global de mentalidade, de atitude coletiva ou de estado de espírito. A transformação de uma prática discursiva está ligada a todo um conjunto, frequentemente muito complexo, de modificações que podem dar-se tanto fora dela (nas formas de produção, nas relações sociais, nas instituições políticas) como nela (nas técnicas de determinação dos objetos, no afinamento e ajuste dos conceitos, no acúmulo de informação) ou ao seu lado (em outras práticas discursivas). E está ligada a elas no modo não de um simples resultado, e sim de um efeito que detém ao mesmo tempo sua própria autonomia e um conjunto de funções precisas com relação ao que a determina.

Esses princípios de exclusão e de escolha, cuja presença é múltipla, cuja eficácia toma forma em práticas e cujas transformações são relativamente autônomas, esses princípios não remetem a um sujeito de conhecimento (histórico ou transcendental) que os inventasse sucessivamente ou que os fundamentasse num nível originário; em vez disso, designam uma vontade de saber, anônima e polimorfa, sujeita a transformações regulares e considerada num jogo de dependência identificável.

Estudos empíricos na área da psicopatologia, da medicina clínica, da história natural etc. haviam permitido isolar o nível das práticas discursivas. As características gerais dessas práticas e os métodos próprios para analisá-las haviam sido inventariados sob o nome de arqueologia. As pesquisas empreendidas a respeito da vontade de saber deveriam agora conseguir dar a esse conjunto uma justificativa teórica. Por enquanto, podemos indicar de maneira muito geral em quais direções ela deverá avançar: distinção entre saber e conhecimento; diferença entre vontade de saber e vontade de verdade; posição do(s) sujeito(s) com relação a essa vontade.

2/ Para analisar a vontade de saber, poucos instrumentos conceituais foram elaborados até agora. Na maior parte do tempo utilizam-se noções muito desgastadas. Noções "antropológicas" ou psicológicas: curiosidade, necessidade de dominar ou de apropriar-se pelo conhecimento, angústia ante o desconhecido, reações ante as ameaças do indiferenciado. Generalidades históricas, como o espírito de uma época, sua sensibilidade, seus tipos de interesse, sua concepção do mundo, seu sistema de valores, suas necessidades essenciais. Temas filosóficos, como o de um horizonte de racionalidade que se explicita ao longo do tempo. Por fim, nada permite pensar que as elaborações ainda muito rudimentares da psicanálise sobre as posições do sujeito e do objeto no desejo e no saber possam ser

Resumo do curso

importadas na íntegra pelo campo dos estudos históricos. É preciso admitir sem dúvida que os instrumentos que permitirão analisar a vontade de saber deverão ser constituídos e definidos progressivamente, de acordo com as exigências e as possibilidades delineadas pelos estudos concretos.

A história da filosofia oferece dessa vontade de saber modelos teóricos cuja análise pode possibilitar uma primeira identificação. Entre todos os que deverão ser estudados e postos à prova – Platão, Espinosa, Schopenhauer, Aristóteles, Nietzsche etc. –, os dois últimos foram os escolhidos iniciais e os estudados este ano, na medida em que constituem duas formas extremas e opostas.

O modelo aristotélico foi analisado basicamente a partir de textos da *Metafísica*, da *Ética nicomaqueia* e do *De anima*. Ele entra em jogo já no nível da sensação. Estabelece:

– uma ligação entre a sensação e o prazer;

– a independência dessa ligação com relação à utilidade vital que a sensação pode comportar;

– uma proporção direta entre a intensidade do prazer e a quantidade de conhecimento oferecido pela sensação;

– a incompatibilidade entre a verdade do prazer e o erro da sensação.

A percepção visual, como sensação a distância de objetos múltiplos, dados simultaneamente e que não têm relação imediata com a utilidade do corpo, manifesta na satisfação que traz consigo a ligação entre conhecimento, prazer e verdade. Essa mesma relação reaparece, transposta para o outro extremo, na felicidade da contemplação teórica. O desejo de saber que as primeiras linhas da *Metafísica* apresentam como simultaneamente universal e natural fundamenta-se nesse pertencimento inicial que a sensação já manifesta. E é ele que assegura a passagem contínua desse primeiro tipo de conhecimento para aquele outro, terminal, que é formulado na filosofia. Em Aristóteles o desejo de conhecer supõe e transpõe a relação prévia entre o conhecimento, a verdade e o prazer.

Em *A gaia ciência*, Nietzsche define um conjunto de relações totalmente diferente:

– o conhecimento é uma "invenção" atrás da qual há algo muito diferente dele: um jogo de instintos, de impulsos, de desejos, de medo, de vontade de apropriação. É nesse cenário em que lutam que o conhecimento vem a produzir-se;

– produz-se não como efeito da harmonia entre eles, de seu equilíbrio feliz, e sim de seu ódio, de seu comprometimento duvidoso e provisório, de um pacto frágil que estão sempre prontos a romper. Não é uma faculdade permanente; é um acontecimento, ou pelo menos uma série de acontecimentos;

206 *Aulas sobre a vontade de saber*

– é sempre servo, dependente, interessado (não em si mesmo, e sim no que possa interessar ao instinto ou instintos que o dominam);

– e quando se dá como conhecimento da verdade é porque produz a verdade pelo jogo de uma falsificação inicial e sempre renovada que estabelece a distinção entre o verdadeiro e o falso.

Portanto, o interesse é posto radicalmente antes do conhecimento e subordina-o a si como um simples instrumento; o conhecimento dissociado do prazer e da felicidade está ligado à luta, ao ódio, à maldade exercendo-se contra si mesmos a ponto de renunciarem a si mesmos por um suplemento de luta, de ódio e de maldade. Sua ligação originária com a verdade é desfeita, visto que nele a verdade é apenas um efeito – e efeito de uma falsificação que se nomeia oposição entre o verdadeiro e o falso. Esse modelo de um conhecimento fundamentalmente interessado, produzido como acontecimento do querer e determinando por falsificação o efeito de verdade, sem dúvida está muito longe dos postulados da metafísica clássica. Utilizado livremente, foi o modelo aplicado no curso deste ano a propósito de uma série de exemplos.

3/ Essa série de exemplos foi extraída da história e das instituições arcaicas gregas. São todos do âmbito da justiça. Tratou-se de acompanhar uma evolução que transcorreu do século VII para o século V. Essa transformação diz respeito à administração da justiça, à concepção do justo e às reações sociais ao crime.

Foram estudados sucessivamente:

– a prática do juramento nas contestações judiciais e a evolução que vai do juramento-desafio dos litigantes que se expõem à vingança dos deuses ao juramento assertórico da testemunha que deveria afirmar a verdade por havê-la visto e presenciado;

– a busca de uma justa medida não só nas trocas comerciais mas também nas relações sociais dentro da cidade, pela instituição da moeda;

– a busca de um *nómos*, de uma justa lei de distribuição que assegure a ordem da cidade, fazendo reinar nela uma ordem que é a ordem do mundo;

– os rituais de purificação após os assassinatos.

Durante todo o período em foco, a distribuição da justiça foi o centro de interesse de lutas políticas importantes. No fim das contas elas levaram a uma forma de justiça ligada a um saber em que a verdade era posta como visível, constatável, mensurável, obedecendo a leis semelhantes às que regem a ordem do mundo, e cuja descoberta detém consigo um valor purificador. Esse tipo de afirmação da verdade iria ser determinante na história do saber ocidental.

Resumo do curso

*

O seminário deste ano tinha como enquadramento geral o estudo da penalidade na França no século XIX. Este ano ele enfocou os primeiros avanços de uma psiquiatria penal na época da Restauração. O material utilizado foi em grande parte o texto de perícias médico-legais feitas pelos contemporâneos e discípulos de Esquirol.

O saber de Édipo*

* Este desenvolvimento da aula de 17 de março de 1971 foi proferido na State University of New York, em Buffalo, em março de 1972, e depois na Cornell University em outubro do mesmo ano. Foucault apresentou pelo menos seis variantes de sua leitura da tragédia de Sófocles. (Cf. "Situação do curso", *infra*, pp. 239-62)

Em Édipo rei, *a tragédia de Sófocles, cinco saberes se defrontam e se ajustam. O mecanismo do* símbolon, *ou lei das metades, rege o confronto dos saberes. – Em que se vê o inquérito, procedimento judicial implantado nos séculos VI e V, frente a frente com o procedimento divinatório tradicional. – Édipo o ignorante é portador do saber do tirano; Édipo, brasão do inconsciente ou velha figura oriental do rei que sabe?* – Édipo rei, *ou o poder-saber transgressivo.*

[1]   Em *Édipo rei*, o reconhecimento – ἀναγνώρισις[1], reconhecimento pelo qual aquele que ignora se torna alguém que sabe e aquele que julgava ignorar descobre que já sabia – tem duas características particulares. Primeiramente, a de ser "refletido": aquele que procura é o objeto da busca[2]; o ignorante é aquele sobre o qual está em causa saber; quem soltou os cachorros é ele próprio a presa; a pista em que os lançou os traz de volta ao ponto em que os está esperando.

Mas há outra coisa: esse reconhecimento não vai apenas da escuridão para a luz, da ignorância para o saber; faz-se pelo confronto de diferentes tipos de saber. Em *Édipo*, a batalha para saber transcorre através de uma luta entre saberes. E, embora haja de fato retorno ao mesmo ponto (aquele que quer descobrir é descoberto), ele se [2]   efetua através de saberes diferentes. Na dimensão do conhecimento-ignorância há realmente identidade perfeita entre o sujeito e o objeto, entre aquele que ignora e aquele a quem é preciso descobrir, e entre aquele que quer descobrir e aquele a cujo respeito se ignora. Mas nos tipos de saber utilizados as diferenças são imensas, ou melhor, digamos que são exatamente medidas e marcadas. Do saber caracterizado pela escuta – ἀκούειν – ao saber caracterizado pela vista – pelo que se viu com os próprios olhos –; do saber relatado que vem do deus distante ao saber que é interrogado aqui mesmo na pessoa das testemunhas presentes; do saber cujos portadores são os chefes (ou os adivinhos, seus iguais) ao saber que os escravos deles

212 *Aulas sobre a vontade de saber*

detêm no fundo de suas cabanas; do saber que tem a forma da prescrição-predição (eis o que tens de fazer, eis o que vai te acontecer,
[3] eis o que vão descobrir) ao saber que tem a forma do testemunho (eis o que vi, eis o que fiz); do saber que se retira voluntariamente para o enigma e a incompletude (de onde o próprio rei não consegue arrancá-lo) ao saber que se escondia embaixo do medo e que a ameaça consegue desentocar. Portanto, saberes cinco[3] vezes diferentes: em seus suportes, em suas origens, em seus mensageiros, em sua relação com o tempo, no princípio de obscuridade que os vela.

Ora, da resposta do deus (τοῦ θεοῦ φήμην, v. 86) ao interrogatório do escravo (φώνει βλέπων ὅσ᾽ ἄν σ᾽ ἐρωτῶ)[4], que enquadram a peça ou pelo menos limitam a busca de Édipo, passou-se de um tipo de saber para outro. Consequentemente, duas perguntas:

– Como e por qual mecanismo se opera a passagem?

– Quais são esses saberes que se defrontam, se substituem e por fim se confirmam e se ajustam?

[4] O mecanismo da passagem é fácil de descrever. Ela se dá por informações lacunares e fragmentos que se complementam. Mas o mais característico é que obedece a uma espécie de "lei das metades".

Interrogado, o deus dá sua resposta: é preciso expulsar o assassino de Laio. (Na verdade, a resposta do rei Apolo, se acompanharmos o relato apresentado por Creonte, ordena que livrem a cidade de uma conspurcação. Ordem na qual ainda falta dizer qual conspurcação. Ele especifica: um assassinato. Mas um assassinato supõe uma vítima e um assassino. Febo[5] especificou a vítima, mas em sua resposta ainda falta a outra metade, a metade criminosa.) Está em causa, portanto, encontrar a parte que falta na resposta oracular de Apolo. E seria inútil perguntar ao próprio deus: esse ninguém obriga a falar; não se força a vontade dos deuses (vv. 280-281).

[5] Um único recurso por enquanto. Se houver um terceiro – Édipo dirige-se ao Coro –, não deixes de dizer-me. Mas nesse ponto não há nenhum outro; todos os testemunhos se esquivam; mesmo a testemunha ocular de que fala o boato não poderia dar nenhuma informação útil. O único recurso é essa espécie de metade do deus que pode ser interrogada: o divino profeta (τὸν θεῖον μάντιν, v. 298), Tirésias. Ele está muito próximo de Apolo. Rei como ele (Ἄνακτ᾽ ἄνακτι, v. 284). Vendo as mesmas coisas que ele (ταὤθ᾽ ὁρῶντ[α], v. 284). Irmanado com ele, como mostra o choque dos dois nomes no verso 285 (Φοίβῳ Τειρεσίαν). A noite de seus olhos complementa a luz do deus; e o que esta se obstina em esconder Tirésias, em sua sombra, dirá claramente (σαφέστατα, v. 286). Ora, Tirésias realmente

O saber de Édipo   213

nomeia o culpado, mas nomeia-o sem prova, nomeia-o usando o
[6]   mesmo modo como Apolo falou. Prescrição: "Ordeno-te [...] que
obedeças ao edito que proclamaste" (vv. 350-351); afirmação solene
e oracular (Φονέα σέ φημί, v. 362; Λεληθέναι σέ φημί, v. 366);
predição ("Dos dois lados ao mesmo tempo te expulsará um dia a
Maldição de pés terríveis [...]. Ninguém dentre os homens algum dia
será mais duramente aniquilado que tu", vv. 417-427). Tirésias e
Apolo falam usando o mesmo modo: um proclama que há conspurcação e que é preciso purificar a cidade; o outro diz quem conspurcou
e proclama que ele deve ser expulso. Juntos, a divindade e o adivinho disseram tudo.

E entretanto a esse todo falta uma parte essencial: aquele seu
duplo que lhe daria uma realidade visível, que lhe daria forma no
que aconteceu, que o impediria de ter sido dito em vão (μάτην, v.
365). Para esse futuro da descoberta anunciada é preciso que venha
à luz o que realmente ocorreu; a essa proclamação é preciso que
venha ajustar-se o relato de uma lembrança; a essa prescrição é pre-
[7]   ciso que venha corresponder uma constatação. É justamente o que o
Coro afirma, no meio da discussão entre Édipo e Tirésias: sem dúvida as acusações deste não valem mais que as suspeitas do outro; o rei
e o profeta estão falando movidos só pela cólera. É o que o Coro
continuará afirmando após a partida de Tirésias: não pode desmenti-
-lo nem dar-lhe razão; não sabe o que dizer; não vê nem no presente
nem no passado (vv. 484-486). Aos olhos desses mortais, uma profecia sem prova, um oráculo sem testemunha nada mais é que uma
suspeita não fundamentada. O Coro espera até ver: "Jamais, antes de
ver ([πρὶν] [ἴδοιμ[ι]) justificada a fala do adivinho, eu aprovaria os
que acusam" (vv. 504-505). Sem dúvida Édipo tem contra si as palavras divinas; mas tem a seu favor coisas visíveis (φανερὰ [v. 506]),
provas (βασάνος). E menos não basta para que a fala do adivinho se
torne "ὀρθπὸν ἔπος"[6].

Depois da parte divina, oracular, mântica, a metade humana e
visível que virá ajustar-se a ela. Esta, por sua vez, se divide em duas
metades: uma a respeito da morte de Laio e a outra, do nascimento
[8]   de Édipo; e o conjunto que formarão quando se juntarem uma à outra virá preencher a lacuna da profecia. Mas cada uma dessas metades também se subdivide. O assassinato de Laio é estabelecido primeiramente pelas lembranças de Jocasta; lembranças indiretas do
que ela ouviu dizer ou que lhe relataram: um assassinato na confluência de três caminhos. A isso vem ajustar-se com exatidão a lembrança
de Édipo [vv. 729-730 e 771-834]. "Matei um velho na confluência

214   *Aulas sobre a vontade de saber*

de três caminhos." Entre o testemunho imediato do Serviçal agora desaparecido e a lembrança presente de Édipo, o ajuste é perfeito, com a diferença, porém, de que a testemunha falou de vários assassinos. Frágil incerteza que requer verificação: é preciso averiguar com aquele que estava lá (πρὸς τοῦ παρόντος ἐκμάθῃς, v. 835). Bastaria esse detalhe para que toda a profecia do deus, toda a mântica do adivinho – ou pelo menos essa sua metade que trata do assassinato de Laio – fosse reduzida a nada.

[9]   Quanto à outra metade, o nascimento de Édipo, o que a atesta é o ajuste de dois outros fragmentos. O mensageiro de Corinto vem afirmar que Édipo não é filho de Políbio, e sim uma criança dada a ele por um pastor do monte Citéron; e o pastor do Citéron, que Édipo lhe foi entregue por Jocasta para que o deixasse ao abandono. Note-se que também aqui nesta "metade-nascimento", como há pouco na "metade-assassinato", há uma leve falha, quase imperceptível, um rasgo, um pedacinho que falta. Para o assassinato de Laio era o número dos assassinos, um ou vários – o que não é a mesma coisa, lembra Édipo* –; apenas o desaparecimento do pastor, que foge de Corinto** quando Édipo assume ali o poder, é uma prova silenciosa; mas, mesmo em cena, o pastor não testemunhará que viu com os próprios olhos Édipo matando Laio: isso não será dito. No nascimento de Édipo, lacuna simétrica: o pastor só sabe uma coisa,

[10]   que recebeu o menino das mãos de Jocasta e que o rumor público o dava como filho seu. Disso, porém, apenas ela poderá apresentar o testemunho irrefutável: "Mas, melhor que ninguém, ela ali dentro, tua mulher, nos diria o que é" (vv. 1171-1172). Ora, no mesmo momento em que o pastor pronuncia essas palavras, Jocasta, que também fugiu para não ver e ouvir, está se matando. Ninguém mais poderá autentificar o nascimento de Édipo.

Vamos deixar de lado por enquanto o significado dessas falhas ínfimas e essenciais. Pode-se ver claramente a mecânica das metades que vêm ajustar-se umas às outras. Metade divina, ela mesma composta de uma metade oracular e de uma metade mântica; metade humana, por sua vez composta de uma metade assassinato – da qual um fragmento está em posse de Jocasta e o outro, de Édipo – e de uma metade nascimento, da qual um fragmento vem de Corinto nas mãos do Mensageiro e o outro estava em Tebas, escondido na cabana de um escravo. As quatro metades do testemunho humano (Édipo,

---

* Pelo menos se o verso 845 for autêntico. (Nota de M. F., segundo Masqueray)
** Lapso de Foucault: na verdade, o pastor fugira de Tebas; cf. vv. 758-764. (N. da T.)

O saber de Édipo   215

Jocasta, o Mensageiro, o Pastor), ajustando-se em dois pares que se
[11] ajustam um ao outro, vêm preencher exatamente a lacuna deixada
pela profecia e transformam a dupla fala do adivinho e do deus em
"ὀρθὸν ἔπος".

Ora, essa transformação é obtida por um duplo deslocamento.
Primeiramente deslocamento do alto para baixo de uma hierarquia:
inicialmente são os deuses ou seus serviçais que falam, e aos quais
falta – pelo menos aos olhos de Édipo – o testemunho dos homens;
depois vêm os reis, mas aos quais falta a confirmação de seus escravos; por fim vêm os próprios escravos, que vêm dizer precisamente
o que os deuses haviam predito, contar justamente os acontecimentos que eles haviam prescrito. Assim como Tirésias, também os escravos viram e dizem as mesmas coisas, τὰ αὐτά, que Febo. A hu-
milde lembrança do escravo corresponde palavra por palavra à "Voz
Imortal" (ἄμβροτε Φάμα, v. 157).

Mas há deslocamento também nas formas de saber: inicialmente invocava-se Apolo, que tudo vê e que fala a seus serviçais, ou o
[12] adivinho cego, que escuta a fala do deus e vê nas trevas. Olhar e escuta cujo poder nada tem de humano, visto que veem o invisível e
ouvem o enigma. A eles responderão, na metade humana, olhares e
escutas de natureza muito diferente: Jocasta diz sobre a morte de
Laio o que ouviu dizer, e Édipo conta o que viu com os próprios
olhos e fez com as próprias mãos; o mensageiro de Corinto, por sua
vez, conta o que viu e fez; o pastor de Tebas, o que fez e ouviu dizer.
Nessa metade o ver e o ouvir se entrecruzam (Jocasta ouviu dizer o
que o pastor viu; Édipo ouviu dizer o que o Mensageiro havia visto;
o pastor ouviu dizer o que Jocasta havia visto e feito), como se en-
trecruzavam a luz e a voz no deus e seu adivinho (o deus de luz faz
o cego que tudo vê ouvir sua voz). Mas, aqui e lá, ὁρᾶν e ἀκούειν
não têm o mesmo sentido.

E é justamente devido a essa diferença que eles podem ajustar-
-se e formar finalmente um "ὀρθὸν ἔπος". Ora, a forma desse ajuste
e seu mecanismo são fáceis de reconhecer; são citados pelo próprio
[13] Édipo no início da peça: "Não poderei seguir por muito tempo a
pista do criminoso se não tiver algum indício (σύμβολον)" (vv. 220-
221)[7]. As metades que vêm completar-se são como os fragmentos de
um símbolo cuja totalidade reunida tem valor de prova e de atesta-
ção. *Édipo* é uma história "simbólica", uma história de fragmentos
que circulam, que passam de mão em mão e dos quais se procura a
metade perdida: de Febo para o adivinho, de Jocasta para Édipo, do
Mensageiro para o pastor – portanto, dos deuses para os reis e dos

216   *Aulas sobre a vontade de saber*

reis para os escravos. E quando, por fim, o último escravo sai de sua cabana, tendo em mãos o derradeiro fragmento de saber de que ainda precisavam, então a metade "relato" veio juntar-se à metade "oráculo", a metade "incesto" veio juntar-se à metade "assassinato", a metade "tebana" veio juntar-se à metade "coríntia": a figura total está reconstituída. A téssera reagrupou seus fragmentos dispersos. O σύμβολον está completo. Todo o processo de busca obedeceu a esse
[14] mecanismo do símbolo: exame e autentificação do que se tem na mão, definição do que falta e que era sumamente importante saber; designação daquele que deve estar de posse do fragmento ausente e complementar. É isso que Édipo chama de "fazer uma investigação" (ἐξερευνᾶν, v. 258)[8].

Mas o próprio Édipo é um σύμβολον – figura feita em pedaços. Ele tem uma metade coríntia: filho de Políbio, objeto de um insulto de bêbado, depois objeto de uma profecia temível, exilado voluntário, assassino de um passante, por fim recebido em Tebas, que salvou da desgraça. Mas tem também uma metade tebana: vencedor da Esfinge, recebido na cidade como um salvador, esposo da rainha, soberano. Cada uma dessas duas metades, juntadas borda com borda pelo episódio da Esfinge – que faz do exilado um rei, daquele que estava destinado à desgraça alguém que conquistou a felicidade, do coríntio um tebano –, é só um fragmento visível ao qual falta uma
[15] parte oculta. A metade coríntia de Édipo, filho de Políbio, é só a metade de uma história à qual faltavam o episódio da criança recolhida no Citéron, o do rei e da rainha sem filhos e da adoção camuflada como nascimento. Quanto a essa outra metade de Édipo aventureiro-tirano, está longe de constituir a totalidade tebana de Édipo; existe dessa metade uma metade oculta: filho de Laio e Jocasta, destinado ao crime já desde antes do nascimento e entregue a um escravo para ser abandonado no Citéron.

É esse, portanto, o "jogo duplo" do mecanismo simbólico: pedaço a pedaço, ele reconstitui a causa da peste que grassa em Tebas; no final, tudo o que faltava vem posicionar-se e recompor o conjunto. Mas essa reconstituição da história por metades faltantes faz o próprio Édipo aparecer como monstruosamente dotado de metades "a mais", como que duplicado em metades imprevistas e impuras: o filho de Políbio é também o filho de Laio, o rei é também o assassi-
[16] no do rei, o assassino é também a criança; o esposo é também o filho; o pai é também o irmão de seus filhos; aquele que procura é também o procurado; aquele que bane deve ser banido; aquele que os deuses arrasam arrasa a si mesmo. Reduplicação da qual todo o

O saber de Édipo 217

final da peça dá o testemunho insistente: "É natural que em meio a tantas aflições dupliques teus gemidos como suportas males duplos" (vv. 1319-1320); "Oh, himeneu, himeneu, deste-me a vida e depois de dá-la fizeste germinar uma segunda vez a mesma semente; mostraste à luz do dia pais irmãos dos próprios filhos, filhos irmãos do pai, esposas ao mesmo tempo mulheres e mães do marido" [vv. 1403-1407]. O que o mecanismo do σύμβολον pôs à mostra pelo jogo de metades faltantes é uma figura composta de metades excessivas, monstruosas e que os olhos de homem nenhum podem mais suportar ver.

[17]   Esse mecanismo do σύμβολον faz de Édipo um duplo monstruoso[9] e multiplica ao seu redor reduplicações intoleráveis. Porém há mais: faz aparecer como duplas, como dizendo duas coisas ao mesmo tempo[10], muitas falas proferidas por Édipo ou a respeito de Édipo: ao chorar pela cidade, é por si mesmo que ele geme (v. 64); condena ao banimento o assassino, mesmo que habite sob seu próprio teto (vv. 249-251); sabe que não se pode forçar os deuses a fazerem o que não querem (vv. 280-281). Todas essas frases e muitas outras diziam duas coisas ao mesmo tempo: nisso cada uma delas era como um σύμβολον, uma peça em duas partes da qual Édipo e o Coro viam apenas um fragmento, mas cujo outro fragmento devia voltar-lhes mais tarde, no instante do derradeiro ajuste. Então Édipo, por sua vez, compreende que suas palavras diziam duas coisas, e isso os ouvintes a par do σύμβολον já haviam percebido bem. As duas partes do "símbolo" estavam separadas apenas para os personagens em cena.

[18]   A forma do σύμβολον é reinante ao longo de todo *Édipo rei*. É ela que comanda as relações da peripécia e do reconhecimento; é ela que comanda a entrada dos personagens esperados, convocados ou inesperados; é ela que comanda a série de buscas, de esperas, de descobertas; é ela que muito frequentemente comanda o sentido das frases – ameaças, promessas ou imprecações. Mas essa forma não é em absoluto (pelo menos em primeira instância) uma forma retórica: trata-se de uma forma ritual e jurídica que possibilita estabelecer uma prova, um reconhecimento, identificar indivíduos ou autentificar mensagens. Antiga prática tradicional que possibilita selar as ordens e os decretos, impedir as fraudes e a mentira, estabelecer um contrato, receber sem alteração as ordens, os decretos, os oráculos. Instrumento ritual do exercício do poder.

[19]   Ora, há um ponto que precisa ser lembrado aqui. A investigação lançada por Édipo (e que ele censura os tebanos por não haverem

218   *Aulas sobre a vontade de saber*

feito quando era hora) não demora a ser colocada sob o signo da desconfiança. Se ela fez tantos rodeios, se procedeu com tantos retardos e justapondo tantos fragmentos diversos, foi porque as palavras do adivinho, apesar de precisas e claramente acusadoras, não mereceram crédito: Édipo suspeitou-o de complô e o Coro pensou que ele estivesse falando movido pela cólera. Dessas palavras sagradas Édipo se desvia e com ele o Coro; Jocasta, um pouco depois, não mostrará muito mais confiança nas mensagens dos deuses (vv. 945--953). As próprias divindades não são vítimas dessa incredulidade? Sem dúvida, Jocasta toma o cuidado de diferenciar entre os deuses e seus serviçais. Mas no fim das contas Édipo e Jocasta acaso não acreditaram que era possível escapar aos decretos inevitáveis dos [20] deuses? E, tão logo podem, não se apressam a cantar vitória sobre os oráculos? Por enquanto, isso não importa. O essencial é que, para verificar, ou afastar, as palavras ameaçadoras do adivinho, Édipo põe em prática um procedimento muito distante da escuta oracular.

Édipo lança um inquérito: Quem matou? Quando, em quais circunstâncias o homicídio foi cometido? Quem foi testemunha? Onde se encontra ela agora? O que sabes viste, ou ouviste dizer, e por quem? O homem com o qual te confronto e que estás vendo aqui, foi realmente ele que viste outrora? Tudo isso está muito distante da súplica aos deuses e da escuta fiel a seus serviçais. Mas as etapas da investigação e os fatos que pouco a pouco ela revela se sucedem de acordo com a forma ritual e o mecanismo político-religioso do σύμβολον.

No fim das contas esse mecanismo mostra que o saber extraído pelo inquérito vem ajustar-se muito exatamente ao saber formula- [21] do pelo adivinho. Mais precisamente: o escravo interrogado em última instância, no final da investigação, em face de Febo e na outra extremidade da hierarquia, o único a saber tanto quanto o deus e seu adivinho, também ele, e apenas ele, sabia tudo. Não há dúvida de que foi chamado apenas para completar o último fragmento que faltava (o lado tebano da origem de Édipo); mas, além disso, era a única testemunha do assassinato de Laio; era o único a *saber* que o assassino de Laio, o esposo de Jocasta, era filho de ambos (isso não é dito explicitamente, assim como não são formulados os pontos essenciais e absolutamente decisivos; mas ele mostra que sabia tudo ao fugir quando Édipo assume o poder e ao silenciar quando lhe pedem para reconhecer no rei a criança que lhe fora entregue). O escravo, portanto, tudo vira, assim como o adivinho cego a quem nada escapa, assim como o deus que tudo vê. De um lado e do outro

O saber de Édipo   219

[22] da grande investigação, de um lado e do outro de todos esses fragmentos de saber arduamente ajustados, o escravo e o deus estão face a face, um dizendo o que vê pela boca enigmática dos oráculos, o outro calando o que viu e que ninguém deveria ter visto. O olhar mudo do escravo e a fala do soberano* que tudo vê – será que se pode dizer que "simbolizam" um com a outra?

O certo é que a forma do σύμβολον permite ajustar ao oráculo o testemunho. Estará em causa em *Édipo rei* ritualizar, sacralizar essa prática do inquérito e elevar sua validade até a dos oráculos proferidos pelos deuses? Ao contrário, estará em causa, sob aparência de ritual simbólico, substituir a antiga prática das consultas oraculares pela nova prática judicial do inquérito? Estará em causa fundamentar simultaneamente esses dois tipos de saber? Em todo caso, precisamos examinar agora os papéis, os confrontos desses "rituais de saber" – rituais que são ao mesmo tempo jurídicos, políticos e religiosos.

* * *

[23]   Portanto, há em *Édipo rei* dois saberes que se ajustam e por fim formam um ὀρθὸν ἔπος. Dois saberes que sabem a mesma coisa (o assassinato e o incesto); mas um o proclama em forma de oráculo, de vidência, de adivinhação; é um saber ao qual nada escapa, pois a cegueira do adivinho equivale à luz do deus. O outro, ao contrário, é um saber extraído em forma de testemunho, de lembrança e de confissão: só sabe o que viu e fez; além daí, não pode dizer nada. Um domina o tempo, pois vê o futuro tão bem quanto o passado, e o passado sob a mesma forma que o futuro (em sua grande profecia dos versos 408-428, Tirésias diz a Édipo o que ele fez, o ódio do qual atualmente é objeto e os males que em breve vão arrasá-lo); o outro saber só pode dizer o que aconteceu outrora, está submetido à coerção do longo tempo (v. 1141) e deve obedecer à lei d[a] μνήμη (v. 1131)[11].

[24]   Entre esses dois saberes, Édipo. Édipo que força ambos a formularem-se – "Forçaste-me a falar contra minha vontade", diz Tirésias a Édipo (v. 357); e Édipo ao Serviçal: "Se não responderes por bem, responderás por mal" (v. 1152) –; Édipo que os força a ajustarem-se um ao outro. Mas seria Édipo pura e simplesmente aquele que nada sabia, a ignorância cega que cegamente procura saber? Tradicionalmente, Édipo é visto como aquele que soube resolver o

---

* Ou seja, do deus soberano, Febo Apolo. (N. da T.)

enigma da Esfinge mas não soube solucionar o enigma que ele mesmo era. E essa oposição entre um saber que salvou a cidade e uma ignorância que destina ele próprio à desgraça o texto enfatiza muitas vezes: "Não és naturalmente hábil em resolver esses enigmas?", pergunta ironicamente Tirésias (v. 440). Édipo, o solucionador de enigmas, ignorava tudo sobre si mesmo. Édipo, o não sabedor[12]; Édipo, o ignorante – a menos que se queira torná-lo aquele que, no fundo, sabia, sabia de seu nascimento e seu crime, mas se recusava a saber –; Édipo, o inconsciente. De qualquer maneira, ele desmente o jogo de palavras etimológico de seu nome; não sabia nem de onde vinham seus pés perfurados nem aonde o haviam levado seus pés de exilado.

[25]

Ora, parece que, no texto de Sófocles, Édipo não é pura e simplesmente aquele que não sabe; parece mais que ele próprio é portador de um certo tipo de saber, distinto tanto do conhecimento oracular de Tirésias quanto da memória do escravo. Também Édipo é um homem de saber[13], de um saber muito particular que tem suas características, suas condições de exercício e seus efeitos. Esse saber, a meio caminho [entre os] do deus e do escravo, é o do "tirano". A "tirania" de Édipo, a forma de poder que ele exerce, a maneira como o conquistou não são marginais com relação à grande investigação empreendida: trata-se de uma maneira totalmente central [nas] relações entre o poder e o saber.

[26]

Toda vez que Édipo aparece, seu poder é ao mesmo tempo posto em jogo e questionado. É por ter o poder que os habitantes de Tebas recorrem a ele contra a peste (vv. 33-34); mas a desgraça que ameaça Tebas não o atinge menos que à cidade (v. 64). É no interesse de sua própria realeza que Édipo vai tentar descobrir quem matou o rei Laio: o mesmo criminoso poderia voltar-se contra ele (vv. 139-140). É como rei, do alto de seu poder político-religioso, que Édipo condena ao banimento o assassino de Laio; mas aceita[ria] compartilhar pessoalmente de tais males se o assassino habitasse sua casa (vv. 249-251). É como rei ligado à cidade no mesmo empreendimento de salvação que Édipo manda buscar Tirésias (v. 312), e é esse poder régio que Tirésias ameaça em sua profecia (vv. 350-353); e quando Édipo ouve Tirésias acusá-lo de ser o assassino, não é sua inocência que ele sente questionada: é seu poder, e é seu poder que ele defende (vv. 380-404).

[27]

É realmente o poder, só o poder – e não fatos, sinais ou provas – que está em questão no grande confronto com Creonte [vv. 532- -631]; não: "é verdade que matei?" e sim: "é possível que haja com-

O saber de Édipo 221

plô?"; não: "sou inocente ou culpado?", e sim: "à frente desta cidade será ele ou eu" (particularmente os versos 658-659 e 669-672). É ainda o soberano cuja glória pode bem provir de uma tripla geração de escravos que se afirma no momento em que o Mensageiro revela [28] que Édipo não é filho de Políbio (v. 1063). É o chefe de justiça[14] que interroga e ameaça de tortura o escravo detentor do último segredo; e no momento mesmo em que Édipo acaba de ser derrubado, são as marcas características do soberano ou do tirano que o Coro evoca: ele havia lançado sua flecha mais longe, havia conquistado a bem--aventurança, erguia-se como uma torre: "Chamavam-te de meu rei." Por fim, depois da queda, a última palavra que é dirigida a Édipo, antes de levarem-no para longe dos olhares, para o interior do palácio, é pronunciada pelo novo rei: é o decreto que o expulsa do poder, é a proibição de doravante dar qualquer ordem que seja: "Não procures mais continuar sendo o senhor" (κρατεῖν, v. 1522). E logo em seguida essa mesma palavra é repetida duas vezes: por Creonte no verso seguinte, num jogo de palavras (καὶ γὰρ ἀκράτησας [v. 1523], em que são ouvidas simultaneamente as alturas (ἄκρας) a que ele subiu e o poder de que está privado, ἀ-κρατεῖν); e dois versos adiante pelo Coro, na última réplica da peça: eras um homem no topo do poder (κράτιστος), objeto de inveja para os cidadãos (vv. [29] 1525-1526). Nela o Coro está simplesmente retomando, até com as mesmas palavras, a primeira saudação que foi dirigida a Édipo no início da peça: "ὦ κρατύνων Οἰδίπους" (v. 14)*. É de fato o poder de Édipo que é posto em jogo nessa grande prova do saber.

Qual poder? Toda uma série de caracterizações é tradicional e serve, na tragédia, para designar aqueles personagens legendários que foram os heróis, os fundadores, os "reis", os soberanos políticos e religiosos de uma cidade. Édipo é saudado como βασιλεύς, ἄναξ, o primeiro entre os homens; diz-se que ele tem a κρατεία, que detém as ἀρχὰς (v. 259); e, pelo menos em vários de seus usos, a palavra τύραννος, com a qual se designa Édipo, mas também Políbio, mas também Laio, sem dúvida não tem uma conotação particular: para substituir o "tirano" Políbio os coríntios escolheram Édipo como "tirano" (vv. 939-940); e este já havia assumido o lugar de Laio, "o tirano".

[30]   Mas não é menos certo que vezes seguidas a soberania de Édipo recebe marcas particulares. Ele já conheceu um destino desigual, a miséria e a glória; saindo do ponto mais alto, caiu no mais baixo; e

---

* Ver também o verso 40: ὦ κράτιστον πᾶσιν Οἰδίπου κάρα. (Nota de M. F.)

222 *Aulas sobre a vontade de saber*

quando estava no mais baixo, é levado de volta até o topo: "Os anos que cresceram comigo ora me rebaixaram ora me exaltaram" (v. 1083). É bem verdade que tal alternância de fortuna é própria do herói trágico, seja ele tirano ou não. Mas em vez de ver aí, pelo menos por enquanto, uma hostilidade, um castigo dos deuses ou o resultado de alguma perseguição injusta, ele proclama que essa é a própria lei de sua existência; a desigualdade da sorte é seu quinhão e, longe de queixar-se, ele se orgulha disso. É filho da fortuna benfazeja, e os anos que trazem ora o favor ora a miséria são seus "congêneres" (συγγενεῖς, v. 1082); assim é seu nascimento, assim é ele por natureza (vv. 1080-1084; Τοιόσδε δ'ἐκφὺς, v. 1084). Ora, tanta alternância de fortuna, tal encadeamento entre a grandeza e o desastre o Coro caracterizou um pouco antes: é o destino próprio do tirano e de seu orgulho (vv. 872-873)[15].

[31]   E as características especificamente tirânicas são numerosas na vida e no personagem de Édipo. O texto de Sófocles não deixa de destacá-las. Algumas são positivas. Ele chegou, estrangeiro na cidade, sem que ninguém o conhecesse, e ninguém lhe perguntou sua origem; seu poder ele conquistou sozinho, elevando-se acima dos cidadãos ("Ele lançou sua flecha mais alto que os outros", v. 1196)[16], com risco de despertar-lhes inveja (v. 1526); ele próprio se apossara da felicidade, dominara-a (ἐκράτησε, v. 1197). E nesse empreendimento estava sozinho; realizou-o pessoalmente (αὐτός). Mas, se assim conseguiu apossar-se do poder, foi porque ajudou a cidade; esta ia perecer, ele a salvou; seus inimigos estavam prestes a destruí-la, ele a livrou; foi sua muralha e sua torre (vv. 1200-1201); possibilitou que a cidade respirasse e dormisse (vv. 1220-1221). Reergueu-a, reaprumou-a (vv. 39, 51, 443, 695).

[32]   Tais façanhas são características das figuras histórico-legendárias de tiranos ou de nomótetas que durante um tempo exerceram o poder, atropelaram as tradições e muitas vezes subverteram as estruturas arcaicas da sociedade grega. A expressão "ὀρθῶσαι, ἀνορθῶσαι πόλιν", que volta a propósito, é característica: é ela que o próprio Sólon empregava para definir sua obra. Édipo, assim como os heróis mitológicos, vencendo uma prova conquista um poder que não lhe pertencia; mas, como os "fazedores de constituição" do século VI, recoloca em pé a cidade, saneia-a, "retifica-a". E com isso instaura com seus súditos uma relação de reconhecimento, de dívida e de afeição que nada tem a ver com o privilégio de nascimento. A façanha salvadora ligou os cidadãos a seu senhor e, enquanto não forem forçados por alguma reviravolta do destino, eles lhe permanecem

O saber de Édipo   223

fiéis: "Foi mediante uma boa prova que ele se fez amado pela cidade. Por isso meu espírito nunca o acusará de um crime" (v. 510-511);
[33] "Deves saber que eu me veria como um insensato [...] se te abandonasse, a ti que, nos sofrimentos em que sucumbia minha cara pátria, sozinho a recolocaste no caminho reto" [vv. 690-695][17]. O poder de Édipo em Tebas fundamenta-se não menos na afeição do πλῆθος do que em seu casamento com Jocasta. E Creonte sabe bem disso: para obter o poder é preciso dinheiro e o apoio do πλῆθος. Também aí o *Édipo* de Sófocles superpõe, à figura legendária do herói que após passar pela prova estabelece seu poder por casamento, o perfil histórico do tirano ou do "reformador" cujo reinado se apoia na afeição, menos ou mais espontânea, do πλῆθος.

Porém há mais. Édipo também é dotado de um certo número de características tradicionalmente negativas do tirano. Identifica-se com a cidade, certamente não porque tenha nascido nela e seja ao mesmo tempo filho e cidadão seu (justamente, ele não sabe que é esse o caso), mas porque se apropriou dela. É sua cidade, no sentido de que a possui, e a possui somente para si. Creonte critica-o por tal
[34] atitude: "E também eu faço parte da cidade; ela não é só tua (οὐχὶ σοὶ μόνῳ)" (v. 630). Quando lança ordens, pouco lhe importa que sejam justas; basta que as tenha dado ("É preciso obedecer mesmo assim", v. 628): acaso a cidade não é só dele (v. 629)?

É por isso que o Coro, quando um pouco adiante traçar o retrato do tirano e apresentar as marcas de sua desmedida, poderá dizer que ele não teme "Δίκη". Houve comentadores que estranharam justamente esse Coro que faz do tirano um retrato tão duro: presunção, injustiça, recusa de honrar os deuses, insolência culpada, ganhos injustos, sacrilégios, profanação das coisas santas, recusa de escutar os oráculos, abandono do culto. Deve-se realmente reconhecer aí Édipo, esse soberano que o povo agora há pouco apoiava com sua gratidão e que, na desgraça, estava tão pronto a despachar Creonte para o deus de Delfos? Na realidade, dessas características tradicionalmente atribuídas ao tirano, as que se referem a palavras ou atitudes de Édipo dispersas no texto são demasiadas para não o reconhecermos
[35] nelas (e estou deixando de lado por enquanto o problema da escuta dos oráculos). No momento em que a fortuna de Édipo começa a cair novamente, o Coro – simbolizando a reviravolta do πλῆθος – inverte a imagem positiva que até então dera do tirano, e a seu reinado opõe o das leis (νόμοι) "geradas no Éter celeste e das quais o Olimpo é o pai". É bem verdade que o Coro ainda sofrerá uma nova reviravolta e, uma vez concluída a desgraça, se apiedará daquele que, por um momento, possibilitara que a cidade respirasse.

224   *Aulas sobre a vontade de saber*

Mas essa é justamente a incerteza típica do destino do tirano: amado e depois rejeitado, depois causando piedade; obedecido em cada uma de suas vontades singulares, que valem como os decretos da cidade, depois banido e votado ao destino execrável quando a seu orgulho podem opor as leis formuladas pelos olímpicos.

Situação perigosa a do tirano: ele não é totalmente da cidade, cidadão entre os outros, embora estes lhe devam sua salvação; e, se recebeu ajuda dos deuses, pelo menos para triunfar na prova (v. 38), [36] não faz reinarem na cidade os decretos dos deuses. Há uma trilogia que retorna várias vezes no texto de *Édipo rei*: os deuses, o soberano, a terra (γῆ ou χώρα). Trilogia que o próprio Édipo profere e que define a posição do tirano. Quando a divindade inimiga assolava a terra, Édipo colocara-se como uma torre entre a "virgem oracular" e a cidade que morria; aliás, não o fez sem ajuda dos deuses que permitiram que a cidade fosse salva. Portanto, ele é simultaneamente muralha da cidade contra os deuses e enviado dos deuses junto à cidade.

Mas, inversamente – e está aí a viravolta da tragédia –, ele próprio é a peste enviada pelos deuses sobre a cidade; por sua causa a cidade desviou-se das leis e dos oráculos divinos; e será preciso que a cidade o expulse para que os deuses restabeleçam ali a ordem deles. Quando Édipo diz solenemente que é preciso expulsar o assassino que macula a cidade e sobre ela atrai a cólera dos deuses, e que é preciso "por mim, pelo deus, pelo país", ao expor-se assim está indicando, involuntariamente e sem saber disso, a posição perigosa do tirano entre os deuses e a terra. E se o poder de Édipo por fim é [37] abatido, é porque se ajustaram diretamente um ao outro esses dois saberes, dos quais o primeiro vem dos deuses – é o do adivinho – e o segundo vem da terra, dessa χώρα na qual, para não ver, o escravo nascido na casa do rei se refugiou (vv. 756-764).

Nessa posição singular e frágil, o poder de Édipo está ligado a um saber. Se Édipo se apossou do poder em Tebas, ou melhor, se o deram a ele, foi porque venceu a "prova de conhecimento". Em várias ocasiões, Édipo e o Coro lembram um ao outro que o elo que os liga fundamenta-se no saber, e num duplo saber, aliás: o de Édipo, que mostrou sua superioridade ao solucionar o enigma, e [o] da cidade, que pôde constatar de modo indubitável que Édipo sabia; foi por ser reconhecido "σοφός", e mediante prova (βάσανῳ), que ele foi amado pela cidade (ἁδύπολις, v. 510). Esse saber manifestado na prova é que permite a Édipo governar; e toda vez que ele aparece, [38] exercendo seu poder, é na forma daquele que sabe: eu sei, eu vi. Sem cessar Édipo manifesta assim solidariamente seu saber e seu poder [vv. 58, 65, 67]. Οἶδα é a palavra[18] com a qual ele se afirma, e que se encontra justamente inscrita no seu nome. É esse poder-saber que é exposto, posto em risco, ameaçado pela peste de Tebas: se o rei não souber o que é preciso fazer, se não souber quem cometeu a conspurcação, se não souber em quem aplicar o rito purificador, então estará perdido juntamente com a cidade. É sua salvação, tanto quanto a da cidade, que ele busca. E precisamente, resolverá mais esse enigma, descobrirá pessoalmente o que ninguém sabia, e perderá seu poder. Mas não vamos antecipar.

[39] Qual é esse saber ligado à conquista e ao exercício do poder? Para caracterizá-lo o próprio Édipo emprega o termo γνώμη: dominou a Esfinge, com seu segredo e sua crueldade, por meio da γνώμη (γνώμῃ κυρήσας, v. 398). Numa outra passagem, mencionando o poder de que está revestido e que julga ameaçado por Creonte e Tirésias, ele exclama: "Ὦ πλοῦτε καὶ τυραννὶ καὶ τέχνη τέχνης" (v. 380)[19]. O poder aparece aqui ladeado por seus dois grandes atributos [τέχνη e γνώμη][20] – que são ao mesmo tempo seus instrumentos, suas condições e suas manifestações: a abundância de bens e de recursos da arte, a suprema habilidade, o *know-how* superior: τέχνη τέχνης. O que designam aqui estas duas palavras, τέχνη e γνώμη?

Elas se opõem muito claramente a um modo de saber que consistiria em aprender algo com alguém. Édipo gaba-se disso: foi sozinho, foi ele próprio (αὐτός) que conseguiu resolver o enigma da Esfinge. Ninguém lhe ensinara nada. E o Sacerdote, logo no início da peça, proclama isso abertamente: "Libertaste a cidade de Cadmo [...] sem saberes por nós nada mais que qualquer outro, sem seres instruído por nós" (vv. 35-38)[21]. Édipo, para saber, não tem necessidade de escutar o que ele diz, nem de aprender (ἐκμαθεῖν). Mas esse [40] princípio não vale apenas para o que as pessoas da região – da χώρα – podem saber; concerne também o que as aves e todos os meios tradicionais da mântica poderiam ensinar-lhe. Édipo diz isso a Tirésias: no momento em que a Cadela assolava a cidade, nem os deuses nem as aves vieram em teu socorro ensinar-te o que era preciso fazer. E prossegue: "Explicar o enigma não era para um qualquer; era preciso adivinhação (μαντείας)" [vv. 393-394]. Frase manifestamente irônica, pois resolver o enigma foi justamente privilégio de "um qualquer", daquele que "passava por ali" (τοὐπιόντος [v. 393]); esse passante – sobre o qual Tirésias agora gostaria muito de fazer crer que tudo ignora (μηδὲν εἰδὼς [v. 397]) – precisou pôr em prática não a mântica que interpreta o voo dos pássaros, e sim a γνώμη

226 *Aulas sobre a vontade de saber*

(vv. 390-398). O saber de Édipo, aquele mesmo com o qual conquistou o poder, é um saber que não aprende nada de ninguém; não recorreu nem aos sinais divinos nem aos rumores humanos. Ele não precisou extrair de outro lugar seu saber (ἐκμαθεῖν; ἐκδιδαχθείς [v. 38]).

[41] Poderíamos dizer sem dúvida que o saber de Édipo não está na dimensão da ἀκούειν, dessa escuta que ao mesmo tempo é submissão. A γνώμη de que Édipo se gaba e que o levou ao poder se opõe à escuta-obediência que o adivinho demonstra para com os deuses, e o povo para com as ordens que recebe. Note-se que também Jocasta mostra a mesma recusa da escuta-submissão – Jocasta que compartilha do poder, do crime e da ignorância de Édipo. Ela diz isso muito claramente, parecendo até mesmo ir mais longe que Édipo: "Mortal algum entende nada da arte divinatória" (v. 709). E não manifestaram ambos essa recusa, cada um de seu lado mas de modo simétrico, quando tomaram conhecimento da profecia que lhes dizia respeito? É bem verdade que a ouviram, compreenderam, acreditaram nela; mas não a escutaram; pensaram que fosse possível escapar-lhe. Respeitavam suficientemente a fala dos deuses para não lhe ficarem indiferentes e para não desafiá-la sem escrúpulos; mas ambos pensa-

[42] ram que ela não lia o futuro e que nenhuma mântica podia dizer antecipadamente e sem erro o que ia acontecer. Não é que Édipo ou Jocasta não acreditem nos deuses ou se recusem a respeitá-los. Mas pensam que eles manifestam por si mesmos, e claramente, sua vontade. Jocasta diz isso nos versos 724-725: "O que o deus julga necessário dar a conhecer ele sozinho manifesta facilmente" (ῥᾳδίως αὐτὸς φανεῖ [v. 725]). E Édipo, por sua vez, não acredita que se possa forçar o silêncio dos deuses: eles dizem apenas o que querem dizer.

Dois procedimentos de saber são igualmente rejeitados pelo casal real: aquele que consiste em buscar através de sinais obscuros o que os deuses querem esconder (não há gritarias de pássaros, vv. 965-966, não há sinais, não há rodeios que forcem o silêncio dos deuses); e aquele que procura ver antecipadamente o quinhão de destino que foi determinado pelos deuses (nada de predições, nada de "πρόνοια", v. 978). Todos esses decretos-predições que na ambiguidade determinam o futuro (θεσπίσματα [v. 971]), tudo isso deve ser contado como nada (ἄξι᾽οὐδενός, v. 972)[22].

[43] Uma das palavras que reaparecem com mais frequência no discurso de Édipo, em correlação com o exercício de seu poder e a exaltação de seu saber, é εὑρίσκειν. Édipo é o homem que encontra. É claro, encontrou a resposta a ser dada à Esfinge, salvando assim a cidade. No novo desastre, a cidade volta a recorrer à sua capacidade

O saber de Édipo 227

de encontrar: "Encontra algum remédio" (ἀλκήν τιν᾽εὑρεῖν), pede o Sacerdote no início da peça (v. 42)[23]; ao povo inquieto ele diz a saída que encontrou (vv. 69 ss.); censura os tebanos por não terem se empenhado em descobrir (ἐξερευνᾶν, v. 258) a tempo o assassino de Laio; mas, agora, está decidido a descobrir pessoalmente o que permitirá saber e salvar a cidade (vv. 120, 304); chega a pensar, num momento de sua busca, que "descobriu" o complô tramado por Creonte (vv. 531-546). Aliás, Tirésias lhe diz isso, não sem uma ironia ameaçadora: "não és hábil em descobrir tais coisas?" (ταῦτ᾽ ἄριστος εὑρίσκειν ἔφυς, v. 440)[24]. E com isso Tirésias dá a Édipo uma caracterização que o opõe ao que ele próprio é; pois não disse um pouco [44] antes que "alimenta em [si] a verdade todo-poderosa" (v. 356)? E o Coro saudara-o como o único mortal a possuir em si a verdade (τἀληθὲς ἐμπέφυκεν, v. 299). Um, o adivinho, é como o lugar de crescimento de uma verdade nele semeada pelos deuses; o rei, por sua vez, detém a capacidade de encontrar.

Ora, encontrar – εὑρσίειν – apresenta três características que são interligadas. Primeiramente, encontra-se sozinho, por si só. Édipo insiste muito no fato de que estava sozinho quando encontrou a resposta a dar à Esfinge. Mas várias vezes, em seu comportamento de rei, enfatiza que quer informar-se pessoalmente, encontrar pessoalmente, decidir pessoalmente. Já nos primeiros versos ele diz isso: "Não quis ficar sabendo por outros servindo de mensageiros, vim pessoalmente" (αὐτὸς [...] ἐλήλυθα, v. 7)[25]. Para encontrar uma saída, ele se fecha em seus pensamentos, faz longas reflexões (v. 67) e executa prontamente o que encontrou (v. 68). A outra característica da descoberta, quando não se pode fazê-la sozinho, é basear-se no que se vê e no que se ouve pessoalmente, ou ainda no [45] que as testemunhas presentes viram e ouviram. Se o assassinato de Laio confunde tanto Édipo, é porque ele não estava lá; ouviu falar dele, mas não assistiu nem viu com os próprios olhos (εἰσεῖδόν, v. 105); estando alheio ao caso, não pode ele mesmo (αὐτὸς) encontrar o culpado (vv. 219-221); então, eles precisam é de alguém que tenha assistido à desgraça (vv. 116-119); pelo menos seria preciso alguém que tenha visto quem viu (τὸν δ᾽ἰδόντ[α ...] ὁρᾷ, v. 293). E, quando ele estiver na pista, insistirá em ver pessoalmente aquele que esteve presente. "Quero vê-lo" (εἰσιδεῖν [v. 1052]), diz, falando do pastor que teria assistido à morte de Laio; deves conservar a esperança, diz-lhe o Coro, até que "πρὸς τοῦ παρόντος ἐκμάθης" [v. 835][26].

228   *Aulas sobre a vontade de saber*

É assim que, de presença em presença, recuarão, como rastreando, da ignorância de agora para o conhecimento do passado. A "descoberta" daquilo a que o próprio rei não assistiu pessoalmente faz-se
[46] pela busca das marcas, dos vestígios: não os gritos dos pássaros, que é preciso adivinhar, mas os elementos visíveis que ligam o passado ao presente (σημήνας, v. 957; σημεῖα, v. 1059; βασάνῳ, v. 509), o tênue e único detalhe que às vezes pode revelar muito (v. 120), tudo o que permite levantar a pista do criminoso (v. 221), em resumo, retomar as coisas ἐξ ὑπαρχῆς ([em seu início], v. 132). Imprudentemente, Jocasta critica Édipo por não "explicar o presente pelo passado", e sim confiar no que lhe diz o último a falar (v. 916 ss.). Na realidade, Édipo faz isso até demais: é precisamente escutando o último a falar – o escravo – que ele consegue reencontrar no passado terrível as razões da desgraça atual.

Como podemos ver, a τέχνη de Édipo não está afinada com o conhecimento dos decretos ocultos dos deuses que determinam previamente o destino dos homens, e sim com a descoberta do que se passou e do que está acontecendo. Ela não escuta as falas dos deuses que atam de uma vez para sempre o homem, e sim atenta para essas
[47] desigualdades, para esses desvios, para esses altos e baixos que constituem a Fortuna. O saber de Édipo está relacionado à Τύχη. Essa proximidade τέχνη-Τύχη no saber edipiano assume um efeito duplo: por um lado, permite acreditar apenas no que aconteceu, não olhar "nem à direita nem à esquerda" de que lado voam os pássaros dos adivinhos (vv. 857-858), considerar vã toda previsão, toda πρόνοια (v. 978), e reconhecer não uma predição realizada, e sim um lance da Τύχη nos acontecimentos que surgem, como a morte de Políbio (v. 949). A τέχνη de Édipo permite-lhe considerar como nada os "θεῶν μαντεύματα"[27] (v. 946). Mas, por outro lado, considerá-los como nada é poder escapar-lhes: a μοῖρα que os adivinhos parecem reservar para o homem (v. 713) sempre pode ser substituída por um outro destino. É o que Jocasta afirma (vv. 707 ss.), é o que ela quis mostrar com fatos, expondo Édipo. É o que Édipo afirma
[48] (vv. 964 ss.) e o que quis fazer ao fugir de Corinto. E sem dúvida é Jocasta que melhor expressa a relação do tirano [com] seu saber e seu destino*, quando diz que o que comanda (κρατεῖ) o homem são as coisas do destino (τὰ τῆς τύχης [v. 977]); e que o melhor, o mais forte (κράτιστον) é viver de acordo com o que se pode (ὅπως δύναιτό τις [v. 979]). Jogo entre a força da Τύχη e o poder do ho-

---

* Manuscrito: do tirano, de seu saber e de seu destino.

mem: é o quinhão daquele que souber considerar como nada os sinais divinatórios e o terror que transmitem (vv. 977-983). Édipo poderá proclamar-se orgulhosamente filho de Τύχη (v. 1080). E também nisso ele se aproxima da figura histórico-legendária do tirano tradicional.

Temos, portanto, duas séries que se opõem, cada uma caracterizando um tipo de saber e um tipo de poder. De um lado, a série da mântica, que avança acima do tempo, desenvolve-se na dimensão da πρόνοια e, por intermédio dos mensageiros, mantém-se na escuta dos decretos-profecias aos quais é preciso submeter-se: esse saber [49] está ligado ao poder do soberano-religioso. Do outro lado há a série da γνώμη: ela se desenvolve entre o passado e o presente; e, apoiando-se no testemunho daqueles que viram, que assistiram, que "estavam lá", permite "descobrir" pessoalmente e encontrar pessoalmente o remédio; é esse o saber do tirano. Saudados ambos com o título de Ἄναξ, o tirano e o adivinho se defrontam, cada qual com as armas de seu saber. Édipo não é aquele que ignora: é o homem que, contra o modo oracular, profético, divinatório de saber, pelo qual foi continuamente perseguido e condenado, escolheu um outro tipo de saber.

Ora, esse outro saber, por mais que seja individualizado como o do tirano que quer ver por si mesmo, não é menos altamente ritualizado. Na realidade, em *Édipo rei* o saber oracular e o saber investigativo são apresentados como efeitos de dois procedimentos regula- [50] res. [Um] deles é o da consulta religiosa; transcorre em duas fases: na primeira, enviam-se mensageiros à própria sede do deus para que ao voltar relatem o oráculo; na segunda, pede-se àquele que é o serviçal do deus que complemente o oráculo e determine como e a respeito de quem executar suas ordens. O outro procedimento é essencialmente judicial: trata-se de interrogar o povo para saber se há testemunhas; convocar aqueles que foram assim designados; estabelecer sua identidade e autentificar seu testemunho; fazer-lhes perguntas e, quando preciso, caso se recusem a responder, ameaçá-los pelo menos de tortura. Tudo isso é a reprodução do ritual de investigação tal como era aplicado no século V. Sem dúvida não é exato caracterizar o primeiro procedimento como "religioso" e o segundo [como] "judicial"; em ambos os casos, mas de acordo com formas de composição diversas, trata-se de procedimentos ao mesmo tempo [51] religiosos, políticos e judiciais para determinar, na cidade, onde está a conspurcação e como livrar-se daquele que é seu portador. O primeiro é o mais arcaico, o mais ligado às práticas tradicionais; o se-

230 *Aulas sobre a vontade de saber*

gundo é o mais recente, o que foi implantado nos séculos VI e V, sem dúvida em correlação com toda a reorganização da cidade.

Em *Édipo rei* encontramos até mesmo marcas de um terceiro procedimento judicial, também ele bem conhecido do mundo grego arcaico, mas que permaneceu em uso até bastante tarde (pelo menos, parece, em algumas causas relativamente pouco importantes) para que ainda se detectem vestígios dele no século III. É o juramento purgatório[28]: Aceitas jurar que não és culpado e portanto, caso esse
[52] juramento seja um perjúrio, te expores à vingança dos deuses que invocaste? É com esse antigo procedimento judicial que Menelau e Antíloco liquidam na *Ilíada* sua contestação[29], após a corrida de carros, cuja regularidade era duvidosa, por causa de Antíloco. É com ele que Creonte quer pôr fim a seu litígio com Édipo quando este o acusa de complô. Diante de Jocasta e do Coro, testemunhas, ele presta o juramento solene: "Desgraçado seja eu, que morra amaldiçoado se fiz isso de que me acusas" (vv. 644-645). É verdade que aqui o procedimento não está completo; o que falta é o elemento inicial e, na verdade, indispensável: que o acusador aceite esse modo de liquidação e que ele próprio o proponha ao acusado, por uma composição que simultaneamente é um desafio. Ora, Édipo, que formulou as suspeitas, não só não propõe a Creonte a prova do juramento como inicialmente a rejeita e só a aceita a contragosto, incitado por Jocasta e pelo Corifeu. Não tem mais confiança nessa prova
[53] do que na honestidade das adivinhações de Tirésias. Por esse procedimento do juramento, como pelo da mântica, ele sente seu poder ameaçado (vv. 658-659).

Portanto, *Édipo rei* coloca em cena os três grandes procedimentos judiciais utilizados pelo "pré-direito" e pelo direito gregos para eliminação da conspurcação e busca ao criminoso: consulta oracular, juramento purgatório e, empregando uma expressão anacrônica, *"enquête du pays"** . Três procedimentos judiciais que a tragédia de Sófocles aplica em sua ordem histórica de aparecimento: do mais antigo ao mais recente. Três procedimentos que figuram também em seus lugares respectivos, de acordo com a dignidade e a hierarquia dos personagens envolvidos: consulta quando se dirigem aos deuses; juramento purgatório quando se trata de dois chefes que se defrontam (Creonte, no verso 85, também é saudado com o título de Ἄναξ;

---

* É o termo empregado na Idade Média para designar um procedimento judicial desse tipo, em que se pede às pessoas do lugar, aos que podem estar "a par", que digam o que sabem a respeito de um litígio. (Nota de M. F.) (A tradução literal dessa devassa local é investigação do país, da região. [N. da T.]

O saber de Édipo

[54] e em sua discussão com Édipo enfatiza bastante que está em pé de igualdade com o rei); investigação por interrogatório e testemunhos, quando se trata de pessoas do povo e de escravos*. Para cada personagem, de acordo com o poder que detém ou a posição que ocupa na cidade, para cada grau da hierarquia – dos deuses ao último dos mortais – cabe um procedimento judicial específico e uma maneira ritualizada de dele obter a verdade. Portanto, cada forma de saber está ligada ao exercício de um poder que age seguindo um rito do qual ela aparece como efeito.

Portanto, não é tanto a "ignorância" ou a "inconsciência" de Édipo que aparece no primeiro plano da tragédia de Sófocles. É antes a multiplicidade de saberes, a diversidade de procedimentos que os [55] produzem, e a luta de poderes que é encenada através de seu confronto. Há em *Édipo* uma pletora de saberes. Excesso de saber. E Édipo não é alguém que a ignorância mantém em sua noite: é alguém que joga – ou tenta jogar – com a multiplicidade de saberes.

Entre esses três procedimentos judiciais e os saberes que são seu efeito específico, que posição ocupam Édipo e seu poder? Como vimos, o saber edipiano, o saber de quem "governa" e "pilota", é um saber de γνώμη e de τέχνη; um saber que descobre pessoalmente, ligando o presente ao passado e apoiando-se no que foi visto. Nessas condições, compreende-se a relação de desconfiança que existe já de imediato entre Édipo e os que vêm falar-lhe em nome dos deuses. Realmente é a resposta deles que chega primeiro pela boca de Creonte e de Tirésias. Mas é preciso não esquecer que eles só foram mobi-[56] lizados por Édipo como último recurso: "Sabei que [...] derramei muitas lágrimas, que em sua inquietude meu espírito procurou muitos meios de salvação. O único remédio que encontrei após longas reflexões, já o empreguei [...] enviei [Creonte] ao templo" (vv. 66--70). E se em seguida ele recorre a Tirésias é porque as perguntas que fez para encontrar as testemunhas e descobrir pessoalmente o culpado fracassaram. Pois, assim que ficou sabendo de qual mácula era preciso lavar a cidade, interrogou: "Em qual lugar estão [...] os assassinos [...]?" "Em seu palácio, nos campos ou em uma terra estrangeira? [...] Nenhum companheiro [...] viu nada?" Por que não ter procurado saber? (vv. 108-129). E mais adiante, perante todo o povo

---

* Um detalhe entre outros mostra claramente o caráter judicial do último episódio da descoberta. O escravo, convocado e ameaçado de tortura se não falar, apresenta-se como tendo sempre pertencido à casa de Laio e, portanto, à casa de Édipo. Ora, a regra no século V manda que as torturas sejam impostas aos escravos como prova de verdade somente com o consentimento daqueles a quem pertencem. (Nota de M. F.)

232 *Aulas sobre a vontade de saber*

reunido com esse intuito, ele declara: "A qualquer um dentre vós que saiba quem matou Laio[30] [...] ordeno que me declare tudo" (vv. 224-226)*. Tirésias reaparecerá somente quando o povo, tendo declarado

[57] tanto ignorância como inocência, voltar-se novamente para o deus (vv. 276-279).

A mântica, que, de acordo com a tragédia, é a primeira a enunciar a verdade, para Édipo é apenas a última saída. E incessantemente procura confrontá-la com o que ele, o rei, pode ver com os próprios olhos e captar com sua γνώμη: de onde tiras o que sabes (v. 357)? "Teus ouvidos, teu espírito, teus olhos estão fechados" (v. 371). "Meu espírito me fez encontrar, e os pássaros não me instruíram" (v. 398). Édipo o tirano, Édipo simultaneamente soberano e juiz, quer descobrir a verdade pessoalmente, encontrando aqueles que viram e ouviram. Aos antigos procedimentos oraculares a que a piedade e o terror do povo o impeliram, ao procedimento do juramento purgatório, ao qual, sem seu assentimento, Creonte se entrega, Édipo não cessou de preferir suas próprias perguntas: quem o cometeu, quem

[58] viu, quem pode prestar testemunho? Se Édipo se desviou do procedimento oracular, foi num movimento de orgulho, de desmedida que o Coro denuncia no momento em que a culpabilidade do rei começa a despontar. O Coro diz isso claramente: "Os oráculos proferidos a Laio são menosprezados; Apolo já não é honrado com brilho em lugar nenhum; o culto dos deuses declina" [vv. 906-910]. A essa impiedade ele equipara o orgulho do tirano, sua presunção nos atos e nas palavras, sua negligência culposa para com Δίκη: "Que um destino infeliz se aposse dele" [v. 886]. Édipo (e Jocasta) quiseram escapar do que os deuses lhes haviam predito; Édipo ainda agora se recusa a escutar o que o sacerdote de Apolo profetiza. Em vez de inclinar-se ante as palavras dos deuses que tudo veem mas que ameaçam seu poder, como tirano que se sabe ou se julga amado pelo πλῆθος mas exerce sobre ele seu poder soberano, ele procura na multidão as testemunhas oculares. Ao longo de todo *Édipo rei*, as duas palavras ἀκούειν e ὁρᾶν reaparecem continuamente, mas com um sentido que se desloca – da "submissão" aos decretos dos

[59] deuses que tudo "veem" para a audição do relato dos que estiveram presentes.

---

* Houve uma época em que os comentadores se perguntavam se era verossímil Édipo ignorar tudo sobre a morte de Laio. Na verdade, essas perguntas de Édipo não devem ser analisadas em termos de verossimilhança. São as perguntas de um procedimento judicial regular. A promessa de relativa impunidade a quem denunciar a si mesmo, no verso 227, também faz parte do procedimento. (Nota de M. F.)

O saber de Édipo 233

Ora, esse procedimento novo, que escuta diferentemente e olha de um outro modo, leva a ver as mesmas coisas que os deuses haviam visto e faz ressoar palavras idênticas às que eles haviam proferido. A cena com o velho pastor é característica. Seguindo as formas regulares do procedimento inquisitório, ela multiplica os sinais da presença, do testemunho autêntico, da audição direta, da visão imediata. "Creio que estou vendo, diz Édipo, aquele que procuramos há muito tempo" (ὁρᾶν δοκῶ); mas "tu que o viste" (ἰδών), tu julgarás melhor. "Reconheço-o, deves sabê-lo claramente" (Ἔγνωκα γαρ, σάφ ἴσθι) [vv. 1111-1117]. Depois, voltando-se para o mensageiro de Corinto, faz-lhe a mesma pergunta, e o estrangeiro responde: "É ele, está diante dos teus olhos" (εἰσορᾷς, [v. 1120]). Então o interrogatório pode começar; mas é preciso que a testemunha fale olhando (φώνει βλέπων [v. 1121]). Pergunta, com o dedo estendido: "Este homem que aqui está, tu o conheces? (τόνδε οἶσθα [v. 1128]) [...] Este que está presente" (Τόνδ'ὃς πάρεστιν [v. 1130]). Intervenção da outra testemunha: "Sei que ele me conheceu" (οἶδ'ὅτι κάτοιδεν [60] [vv. 1133-1134]). Pergunta da segunda testemunha à primeira: "Lembras-te (οἶσθα [v. 1142]) de me haveres dado uma criança? [...] Aqui está ela" (Ὅδ'ἐστὶν [v. 1145]). Resposta da primeira à segunda: "Ele fala sem saber" ([Λέγει γὰρ] εἰδὼς οὐδὲν [v. 1151]). Todo esse jogo do olhar, da designação, da presença, da lembrança atestada está colocado sob o signo da expressão técnica ἱστορεῖν, ἱστορῆσαι (vv. 1150, 1156, 1165): prestar testemunho, ser interrogado como testemunha do que se viu. E tudo o que a audição de todos esses testemunhos submetidos às condições da presença e do olhar traz é forçar Édipo a ouvir o que não quisera escutar, a ver o que não quisera ver. "Ἀλλ' ὅμως ἀκουστέον" (v. 1170). "Τὰ πάντ'ἂν ἐξήκοι σαφῆ" (v. 1182).

É esta a armadilha que Édipo montou para si mesmo: colocar em jogo, contra a μαντεία, um procedimento que se baseia na ἱστορεῖν e descobrir aqui o que não quisera admitir lá. O primeiro efeito da "*enquête du pays*" é confirmar ponto por ponto tudo o que a fala dos deuses e dos adivinhos havia prescrito-predito. Entre a [61] φάτις oracular e todas essas coisas que dizem as pessoas do povo (ἐρρήθα) há correspondência exata e ajuste sem falha. Exata relação "simbólica" entre a mântica e o inquérito, entre o procedimento antigo e o novo[31], entre aquele em que os chefes, os grandes, os "reis" interrogavam tradicionalmente os deuses e esse em que os juízes da cidade interrogam agora as testemunhas de acordo com as leis recentes. Os decretos dos deuses assumem uma forma visível nas prá-

234   *Aulas sobre a vontade de saber*

ticas judiciais da cidade; e os procedimentos novos recebem em troca uma chancela religiosa. A forma do σύμβολον que vimos circular ao longo de *Édipo rei* faz a ligação entre essas duas maneiras de ver, essas duas maneiras de ouvir, essas duas maneiras de submeter-se – esses dois rituais de saber que são socialmente, politicamente, religiosamente diferentes.

[62]   O σύμβολον, que estava ligado a práticas religiosas, ao exercício do poder, mas que se manteve na nova organização política e social da cidade – onde conserva, mas em outro registro, as mesmas funções de autentificação –, empresta aqui sua forma ao ajuste de dois procedimentos judiciais com data, origem e estatuto diferentes, que assim ficam mutuamente autentificados*. Nessa correspondência "simbólica", o que estava previsto vem coincidir com o que foi visto; o que foi predito, com o que declaram as testemunhas; o que era da ordem da πρόνοια, com o que é da ordem da μνήμη; o que os deuses imortais proferiram, com o que a justiça da cidade descobre retrospectivamente.

Olhando para o passado, a justiça baseada nas leis vê a mesma coisa que o olhar dos deuses que pairam acima do futuro. O mecanismo do σύμβολον que atua ao longo da tragédia mostra bem que o tempo dos homens é também o dos deuses. "O Tempo que vê todas as coisas" e que "descobriu" Édipo contra a vontade dele (v. 1213): a investigação do passado juntou-se à predição do futuro.

[63]   Mas, nesse ajuste exato dos decretos dos deuses com as leis da cidade, o lugar do tirano acaba se anulando. Anula-se porque o tirano não pode desviar-se para recorrer aos outros. Anula-se porque a voz de um escravo, sob ameaça de tortura, diz a mesma coisa que Febo em sua sede délfica. Anula-se porque o que deriva dos procedimentos humanos não é diferente do que procede dos decretos divinos. O que rege a cidade, o que lhe acontece, o mal que se abate sobre ela ou o remédio que lhe encontram, tudo isso tem por princípio a fala dos deuses. Não há nenhuma necessidade de uma "γνώμη" particular para governar a cidade. O que deve reinar sobre ela são as leis, νόμοι. E essas leis não são uma invenção humana, mesmo que este ou aquele as tenha estabelecido na cidade. As "leis sublimes" foram "geradas no Éter celeste; unicamente o Olimpo é seu pai; a natureza mortal dos homens não as produziu; nunca o esquecimento

---

* Poderíamos dizer também que no fim das contas o processo por juramento também é validado. De fato, a investigação mostra que Creonte não alterara a mensagem do deus nem conspirara contra Édipo. A derrubada da acusação traz uma derrubada do poder e uma inversão da pena de exílio. (Nota de M. F.)

O saber de Édipo   235

[64] as deixará dormir; um grande deus está nelas e esse deus não conhece a velhice" (vv. 865-871). As leis dos homens fundamentam-se nos decretos dos deuses; os acontecimentos que surgem, na vontade deles; o inquérito leva às coisas que a mântica previra. São os próprios deuses que regem a χώρα. Entre eles, que necessidade haveria de um tirano e da τέχνη por meio da qual ele quer fugir dos deuses? E fugir deles para onde? Para a χώρα, para aquela mesma região. E procurando qual outra verdade? A que as pessoas do lugar escondessem no fundo da memória.

Desviando-se das vias oraculares para as investigativas, Édipo vê-se levado de volta por estas às primeiras. É nessa curva súbita que ele se encontra, o soberano que queria ver com os próprios olhos, colocado na posição de ser visto como culpado pelas testemunhas. Recusando-se a ouvir o que lhe relatavam de outro lugar – de Delfos, dos Deuses –, ele queria ser o rei-juiz que "ouvia e via". Ora, no fi-
[65] nal ele vê com os próprios olhos os que o viram com os olhos deles, filho maldito abandonado por Jocasta, criança perdida recolhida por Políbio. Querendo ver pessoalmente (αὐτός), viu a si mesmo (ἑαυτόν) no testemunho visual dos outros. Viu-se como o que nunca deveria ter sido visto, não pode mais suportar o olhar de ninguém, nunca mais poderá olhar pessoa alguma. Esse olhar soberano – ao mesmo tempo instrumento e emblema de um saber tirânico que não queria ficar na escuta das ordens ou dos mensageiros divinos – deve extinguir-se. Sem dúvida Édipo gostaria também de obstruir esses ouvidos que nunca deveriam ter ouvido o que ouviram; mas é justamente o que não pode fazer: está agora, e até o fim de seus dias, destinado à escuta. Destinado a ouvir vozes que não sabe de onde vêm. Consequentemente, destinado a obedecer[32]. É assim que ele ouve em primeiro lugar a κρατεία de Creonte.

No momento em que pede para ser banido (em conformidade com o que fora sua ordem quando reinava), Creonte condena-o a
[66] esperar até que cheguem, finalmente relatados por mensageiros, os decretos proferidos pela voz dos deuses. Mesmo a decisão pela qual o tirano Édipo, sem o saber, exilara a si mesmo não tem mais nenhum poder. As leis da cidade são devolvidas à ordem dos olimpianos. Édipo é recolocado sob o jugo da escuta-submissão. E é somente em *Édipo em Colona* que essa escuta finalmente lhe trará o descanso.

* * *

236 *Aulas sobre a vontade de saber*

Édipo – não *brasão* do inconsciente, figura do sujeito que ignora a si mesmo, e sim figura do soberano portador de um saber excessivo, de um saber que quer sacudir a medida e o jugo[33]. Entre o saber que os oráculos transmitem e aquele que as investigações regulamentares relatam, não há lugar para um saber "régio", para uma γνώμη capaz de resolver os enigmas e de salvar as cidades sem recorrer a quem quer que seja – nem aos adivinhos e seus pássaros nem aos homens experientes que viram e se lembram. O que é ence-

[67] nado em *Édipo* é uma luta de saberes e poderes, uma luta entre formas de poder-saber. O que desaparece com a queda de Édipo é aquela velha forma oriental do rei que sabe, do rei que com seu saber possui, governa, pilota, reergue a cidade e dela afasta os desastres ou as pestes; é mais diretamente a versão renovada que dela tentou dar a "tirania" grega quando quis reerguer as cidades, utilizando, distorcendo, frequentemente contornando os oráculos dos deuses; talvez seja a imagem, mais aproximada ainda, que na época de Sófocles alguns pretendiam dar, de que "lançavam suas flechas mais longe que os outros" e se faziam reconhecer como "os primeiros dentre os cidadãos"[34].

O problema do saber político – do que é preciso saber para governar e reerguer a cidade –, esse problema que tem tanta importância na segunda metade do século V sem dúvida nasceu da supressão definitiva dessa antiga figura. *Édipo rei* é, na cena trágica, sua reaparição e sua nova supressão.

[68] Em um sistema de pensamento como o nosso, fica muito difícil pensarmos o saber em termos de poder e, portanto, de excesso, portanto, de transgressão. Pensamos o saber – e justamente a partir da filosofia grega dos séculos V e IV – em termos de justiça, de pureza de "desinteresse", de pura paixão de conhecer.

Pensamos o saber em termos de consciência. Foi por isso que negativizamos Édipo e sua fábula. Pouco importa que se fale de ignorância e culpa ou de inconsciência e desejo: de toda maneira o levamos para o lado da carência de saber – em vez de reconhecermos o homem do poder-saber que os oráculos dos deuses e os testemunhos da cidade, de acordo com seus procedimentos judiciais específicos e com as formas de saber que estes produzem, expulsam como o homem do excesso e da transgressão. A respeito de Édipo, em torno dele, tudo está em demasia: excesso de pais, excesso de himeneus, pais que além disso são irmãos, filhas que além disso são irmãs, e esse homem, ele próprio no excesso da desgraça e que deve ser pessoalmente lançado no mar.

O saber de Édipo 237

*

NOTAS

1. Reconhecimento e peripécia (ou reviravolta dramática) que estruturam a tragédia grega, segundo Aristóteles, *La Poétique*, cap. 11, 52a 23-35 e 52b 3-10, trad. francesa R. Dupont-Roc & J. Lallot, Paris, Seuil, 1980 (Foucault utilizava a edição J. Voilquin & J. Capelle: *Art poétique*, Paris, Garnier, col. "Classiques Garnier", 1944); cf. também J.-P. Vernant, "Ambiguïté et renversement. Sur la structure énigmatique d'"Œdipe Roi"", in *Échanges et Communications. Mélanges offerts à Claude Lévi-Strauss à l'occasion de son soixantième anniversaire*, s. dir. J. Pouillon & P. Maranda, Paris-La Haye, Mouton, 1970, t. II, pp. 1253-73.

2. Plutarco já o diz em *De curiositate*, 522c, in *Plutarch's Moralia*, vol. VI, Harvard, Harvard University Press & W. Heinemann (Loeb Classical Library), 1970 [1936].

3. Em 1980 – ou seja, na versão de *Édipo* na qual Foucault se expressa em termos de aleturgias –, ele opõe seis metades, que na realidade estão presentes nesta exposição. Cf. "Du gouvernement des vivants. Cours au Collège de France, 1979-1980" (em preparação). A diferenciação material dos saberes é teorizada em *L'Archéologie du savoir* (Paris, Gallimard, 1969).

4. Versos 1121-1122: "Responde a minhas perguntas" / "Édipo: Responde a todas as perguntas que te farei" (*Œdipe-Roi*, in Sophocle, [Œuvres], t. I, ed. e trad. francesa P. Masqueray [edição de referência], Paris, Les Belles Lettres, 1922, p. 181).

5. Febo-Apolo, literalmente: "luminoso e puro (*katharós*)", é também apaixonadamente habitado pelo assassinato; o puro e o impuro alternam-se nele. Cf. M. Detienne, *Apollon le couteau à la main. Une approche expérimentale du polythéisme grec*, Paris, Gallimard ("Bibliothèque des sciences humaines"), 1998; reed. col. "Tel", 2009.

6. Ὀρθὸν ἔπος: fala ou narrativa verídica; cf. verso 505.

7. Trad. Masqueray: "Eu não poderia seguir por muito tempo a pista do criminoso se não me désseis algum indício" (p. 149); σύμβολον, primitivamente sinal de reconhecimento entre os portadores de cada uma das metades de um objeto cortado em dois, depois signo, imagem. O termo é utilizado por Sófocles no verso 221. Cf. também *supra*, p. 179.

8. Knox desenvolve também a hipótese de que Sófocles acompanha o processo judicial ateniense, e rastreia seu vocabulário; ele não enfoca este termo do texto, e sim a série *skopein, historein, zetein* para descrever diferentes modalidades de investigação. Entretanto, um exame atento não permite aventar que tenha sido uma fonte para Foucault. Cf. B. Knox, *Œdipus at Thebes*, New Haven, Conn., Yale University Press/Londres, Oxford University Press, 1957.

9. Alusão a René Girard, que lecionava na Universidade de Buffalo quando Foucault apresentou nela esta conferência. Esse tema já é indicado numa análise de *Édipo rei* por R. Girard, "Symétrie et dissymétrie dans le mythe d'Œdipe", *Critique*, ano 21, nº 249, fevereiro de 1968, pp. 99-135; cf. também Id., *La Violence et le Sacré*, Paris, Grasset, 1972, cap. III: "Œdipe et la victime émissaire", pp. 102-30.

10. Cf. J.-P. Vernant, "Ambiguïté et renversemnt...", art. citado.

11. Cf. o importante artigo de L. Gernet, "Le temps dans les formes archaïques du droit", *Journal de psychologie normale et pathologique*, LIII (3), 1956, pp. 379-406.

12. *Édipo rei*, v. 397: ὁ μηδὲν εἰδὼς Οἰδίπους, "eu, Édipo, ignorante de tudo".

13. Essa é também a tese de Knox, que recupera o vocabulário científico do século V nas palavras de Édipo. Mas Foucault insiste mais no saber do tirano. Knox assinala catorze menções de *týrannos*, ora no sentido neutro de *basileús*, rei, para Laio, nos versos 799 e 1043, ora no sentido pejorativo do século V, o de déspota, nos versos 541 e 873; ele extrai daí uma interpretação do sentido desta tragédia.

14. Do mesmo modo, Knox destaca que Édipo conduz uma ação judicial privada; é o indivíduo e não o Estado que busca o assassino, mas, como a vítima é o rei, Édipo também age como rei.

15. Cf. *infra*, nota 33.

238 *Aulas sobre a vontade de saber*

16. Trad. Masqueray: "Ele lançara sua flecha mais longe que os outros" (p. 184).

17. Trad. Masqueray: "[...] no bom caminho" (p. 166).

18. Οἶδα lembra ao mesmo tempo οιδάνω, "inchar, inflar", οἴδημα, "inchaço" (os pés de Édipo) e εἰδέω, εἴδω, ver com os próprios olhos.

19. Trad. Masqueray: "Ó riqueza, poder, superioridade da arte [...]" (p. 155).

20. O poder de Édipo é caracterizado como *ofício* – os ofícios foram inventados pelos deuses e depois roubados pelos homens – e *saber*: τέχνη e γνώμη – saber aprendido de ninguém. Heródoto (I, 207-208) emprega γνώμη para designar o parecer que alguém expõe no decorrer de deliberações políticas.

21. Trad. Masqueray: "[...] sem nada saberes por nós [...]" (p. 42).

22. Knox lembra que na época de Péricles a verdade das profecias gera debate. Péricles não acredita nelas, ao contrário de Heródoto. Foucault não levanta esse debate.

23. *Édipo rei*, vv. 41-42: "ἱκετεύομέν σε πάντες οἵδε πρόστροποι ἀλκήν τιν'εὑρεῖν ἡμῖν"; trad. Masqueray, p. 142: "Nós todos te suplicamos, te conjuramos a encontrar-nos algum socorro."

24. *Édipo rei*, v. 440: "Οὔκουν σὺ ταῦτ' ἄριστος εὑρίσκειν ἔφυς"; trad. Masqueray, p. 157: ""Tirésias: Não és tu naturalmente hábil em resolver esses enigmas?" (replicando a: "Édipo: Como tudo o que dizes é obscuro e enigmático", v. 439).

25. "Não quis saber por bocas de estranhos [...]" (trad. Masqueray, p. 140).

26. "[...] até que a testemunha tenha te esclarecido, tem esperança" (vv. 834-835, trad. Masqueray, p. 171).

27. Θεῶν μαντεύματα, "oráculos divinos".

28. L. Gernet: "Costuma-se dizer que o juramento é uma espécie de ordálio [...]. Ele não age como um ordálio, não se espera que aquele que o presta seja atingido pelo fogo do céu; age como uma prova. O termo julgamento de Deus não conviria de forma nenhuma. A palavra ὅρκος designa primeiramente não o juramento no sentido abstrato, e sim uma matéria, uma substância sagrada com a qual entra em contato aquele que jura. Portanto, jurar é entrar nos domínios das forças religiosas [...] das mais temíveis. A aposta total que uma mudança de estado – ou, falando mais precisamente, um deslocamento do ser – significa é justamente o essencial do ordálio." ("Le temps dans le formes archaïques du droit", art. citado; reed. in *Droit et Institutions en Grèce antique*, Paris, Flammarion, col. "Champs", 1982, p. 32)

29. Cf. aula de 27 de janeiro de 1971, *supra*, p. 68.

30. Trad. Masqueray, p. 149: "[...] por qual homem foi morto Laio".

31. De certo modo, o que Foucault descreve como lei das metades é identificado por Knox em termos de igualamento matemático. Knox estabelece uma série de equações, entre o objeto e o sujeito do procedimento investigativo; a escuta e a visão; o saber médico e o saber matemático; a mântica e a testemunha. Knox procede a partir da filologia; Foucault, a partir de uma análise formal. Foucault só teve conhecimento da obra de Knox durante esta conferência nos Estados Unidos.

32. Cf. o verso 1516 – Édipo: "Só posso obedecer, ainda que me custe" / trad. Masqueray, p. 196: "É preciso obedecer, embora a contragosto" – que é a reviravolta, a peripécia do verso 627: Édipo a Creonte: "Obedece a teu rei" / trad. Masqueray, p. 163: "Mesmo assim é preciso obedecer".

33. "Ὕβρις φυτεύτει τύραννον" (v. 872, antístrofe 1), trad. Masqueray, p. 172: "O orgulho engendra o tirano" / trad. Mazon: "A desmedida gera o tirano" / trad. J. Bollack (*La Naissance d'Œdipe. Traduction et commentaire d' "Œdipe roi"*, Paris, Minuit, 1985): "A violência faz o tirano."

34. Knox prefere aproximar Édipo rei de Péricles, na época em que a hegemonia de Atenas sobre a Grécia se torna tirania, em vez do rei-sabedor oriental. Tradicionalmente, a expressão "Primeiro Cidadão" (*Édipo rei*, v. 31) é comentada como uma alusão a Péricles.

Situação do curso
Daniel Defert

Este é realmente um curso inaugural, e por mais de um motivo. Instauração do novo estatuto de seu locutor[1]; inserção no longo prazo dos começos arcaicos da filosofia, sendo que o título da cátedra, "História dos sistemas de pensamento", expressa uma certa emancipação da filosofia; sendo também que a *doxa* associa somente "o último Foucault" à Grécia. Deslocamento do alvo das pesquisas: no final de sua aula inaugural de 2 de dezembro de 1970 (publicada já em 1971 nas Éditions Gallimard com o título de *L'Ordre du discours* e, portanto, não reproduzida neste volume), Foucault anuncia que, se até o momento suas análises versaram sobre as instâncias de limitação dos discursos, o que qualifica de "aspecto crítico" ou ainda de arqueologia, agora passará a ocupar-se de sua "formação efetiva [...] dos dois lados da delimitação" (*O. D.*, p. 67). O que ele designa como "aspecto genealógico" dos discursos, as condições de sua emergência e de sua transgressão – ilegalismos, perversões e anomalias, desregulações, confissões, falas parresiásticas – serão os conteúdos efetivos dos treze anos de ensino seguintes. As implicações recíprocas da língua e do poder e, como resume elegantemente o helenista Henri Joly[2], "que possam existir duas linguagens na linguagem, a da verdade e a do erro", são coerções que subjugam "o discurso a uma ordem".

Inaugural também o suporte a que foi preciso recorrer para editar este curso: não mais "a coisa proferida", a voz gravada com o que ela aporta de entonações, de comentários instantâneos, de reinterpretações, e sim "a coisa escrita" (*O. D.*, p. 70), os manuscritos acroamáticos, ou seja, segundo Léon Robin, destinados a ser ouvidos por um público, e não à leitura[3].

---

1. O jornal *Le Monde* geralmente relata as aulas inaugurais no Collège de France e os discursos de recepção na Academia Francesa. Cf. J. Lacouture, "Le cours inaugural de M. Michel Foucault. Éloge du discours interdit", *Le Monde*, 4 de dezembro de 1970.

2. H. Joly, *Le Renversement platonicien, logos, epistémè, polis*, Paris, Vrin (col. "Tradition de la pensée classique"), 1974, p. 140.

3. L. Robin, *Aristote*, Paris, PUF, 1944, p. 13 (cf. ἀκρόασις, ἀκροαματικός).

242 *Aulas sobre a vontade de saber*

Inaugural, por fim, a obrigação que este curso nos traz de reinterrogarmos o sentido dos saberes descritos por Foucault: saberes empíricos, históricos, incessantemente deslocados, constitutivos de nossa razão clássica, de seu confronto com um irredutível contrário, a desrazão; saberes em que foi construída "à luz da morte" nossa medicina moderna, medicina que por sua vez é paradigma de nossas ciências humanas, cujas regras de transformação Foucault descreveu. Quais relações esses saberes empíricos mantinham com a grande tradição da filosofia que, desde a origem, se apresenta como discurso de verdade ou teoria do conhecimento? É o que sua releitura de Nietzsche parece explicitar.

Não há como não impressionar-nos o fato de este primeiro curso de Foucault atropelar com Nietzsche "o homem teórico" Sócrates (na verdade quase não nomeado) e, no extremo final de seu ensino, em 15 de fevereiro de 1984, Foucault dedicar uma sessão a reavaliar a interpretação niilista deplorada por Nietzsche[4] e ligada à narrativa do sacrifício de um galo a Esculápio por ocasião da morte de Sócrates[5]. Essa narrativa ele reinterpreta através de Dumézil – Dumézil para com quem terá reconhecido sua dívida pela análise da economia interna de um discurso, já em dezembro de 1970[6]. Assim, todo o ensino de Foucault no Collège de France terá transcorrido no interstício desse enigma nietzschiano de Sócrates, como se o título original deste curso, *A vontade de saber*, tivesse sido autorreflexivo.

Uma dramaturgia secreta organiza estas aulas: da lenta descida a partir do empíreo dos deuses, da fala de verdade proferida como uma fulgurância, para no final "colocar o sol da verdade no homem"[7], ou seja, no julgamento, na constatação, no testemunho de um pastor em que se articulam o dizer e o ver: dois temas muito importantes das obras anteriores de Foucault. A meio caminho dessa trajetória, os sofistas: nem fala ordálica nem constatação, e sim fala que confunde as palavras e as coisas, fala puramente tática que quer ser somente poder, que contesta essa "fala-diálogo" cuja emergência com a cidade grega Marcel Detienne narra[8]. Mas,

4. "Eu gostaria que ele tivesse permanecido em silêncio nos derradeiros momentos de sua vida." (F. Nietzsche, *Le Gai Savoir*, ed. e trad. francesa P. Klossowski, Paris, Le Club français du livre, 1965, p. 351)

5. M. Foucault, *Le Courage de la vérité. Le gouvernement de soi et des autres II. Cours au Collège de France, 1984*, ed. F. Gros, Paris, Gallimard-Seuil (col. "Hautes Études"), 2009, aula de 15 de fevereiro, pp. 68, 84 e 87-107; sobre a interpretação de Nietzsche, cf. p. 89.

6. M. Foucault, *L'Ordre du discours, op. cit.*, p. 73.

7. M. Foucault, "Theatrum philosophicum" (1970), in *Dits et Écrits, 1954-1988* [citado posteriormente: *DE*], ed. por D. Defert & F. Ewald, colab. J. Lagrange, Paris, Gallimard, 1994, 4 vols.: cf. t. II, nº 80, pp. 75-99, espec. p. 77/ col. "Quarto", vol. I, pp. 943-67, espec. p. 945.

8. M. Detienne, *Les Maîtres de vérité dans la Grèce archaïque*, prefácio de P. Vidal-Naquet, Paris, Maspero, 1967.

Situação do curso   243

com a fala-diálogo, é o homem tornando-se problema para si mesmo que a Atenas do século V inventa[9]: o diálogo com os deuses, o diálogo consigo mesmo se turvam; Édipo é o símbolo incessantemente repetido disso. A *agora* é o lugar de emergência tanto do *lógos* como do sentimento trágico.

A aula inaugural anunciava uma genealogia do saber sem que a expressão fosse empregada por Foucault. Nietzsche em certo sentido estabelece uma genealogia do saber que dinamita toda teoria do conhecimento como faculdade, teoria tradicional na filosofia. Entretanto, ele não distingue claramente o sentido que atribui a *Erkenntnis* e a *Wissen*. Se alinharmos os aforismos a que Foucault recorre (*A gaia ciência*, §§ 110 e 111; *Além do bem e do mal*, § 230; *A genealogia da moral*, III, § 12; *A vontade de poder*, livro I, § 195), constatamos que Nietzsche efetivamente colocou a genealogia no centro do conhecimento, tratando-a como o "saber da ciência" e não fez dela o foco de interesse unicamente da subversão dos valores morais. Portanto, o verdadeiro tema deste curso seria menos a possibilidade de tal genealogia do que seus efeitos sobre a teoria do sujeito e do objeto no fundamento da teoria do conhecimento, sobre nossa concepção da verdade desde Platão – numa palavra, sobre a própria filosofia.

"Na questão de saber o que é o conhecimento, no fundo é sobre a verdade e sua essência que nos interrogamos [...] O *verdadeiro* significa aqui a coisa que é. [...] A questão que concerne a essência do conhecimento, na medida em que concerne o verdadeiro e a verdade, é uma interrogação sobre o ente", escreve Heidegger[10], o não-nomeado deste curso mas que poderia ser seu alvo, visto que a tradução de seu *Nietzsche* por Pierre Klossowski estava prevista para esse mesmo ano de 1971.

Uma genealogia nietzschiana do conhecimento é ainda um conhecimento, ou é a destruição do conhecimento? Pois o conhecimento está "ligado à alta realeza do Sujeito (eu único, eu coerente)" e à "Representa-

---

Marcel Detienne e Jean-Pierre Vernant haviam então começado a publicar no *Journal de psychologie normale et pathologique*, coordenado por Ignace Meyerson, o qual também teve real influência sobre Foucault, que o frequentou durante seus anos de estudo da psicologia. Segundo Meyerson, as funções psicológicas participam das mudanças do conhecimento e do inacabamento do conhecimento. Elas próprias são sujeitas à mudança, inacabadas e inacabáveis. Cf. I. Meyerson, *Les Fonctions psychologiques et les Œuvres*, Paris, J. Vrin, 1948.

9. J.-P. Vernant, "Le sujet tragique. Historicité et transhistoricité", in *Mythe et Tragédie en Grèce ancienne 2*, Paris, Maspero, 1986, p. 85.

10. M. Heidegger, *Nietzsche*, ed. e trad. francesa P. Klossowski, Paris, Gallimard, 1971, 2 vols.; cf. t. I, livro III: "La Volonté de puissance en tant que connaissance", p. 388 (ed. orig.: Pfullingen, Günther Neske Verlag, 1961).

244   *Aulas sobre a vontade de saber*

ção (ideias claras que percorro com um olhar) [...] imagem que o pensamento formara de si mesmo[11]" – e, consequentemente, de toda a metafísica com a qual ele foi construído. Será que para Nietzsche não se trata, ao contrário, de encontrar paixões, instintos, lutas, desafios, procedimentos, acontecimentos, descontinuidades que o questionem radicalmente? Em que essas condições são tão diferentes dos determinantes econômicos, das forças sociais, da dialética, que Marx colocou na raiz do conhecimento e dos quais Foucault já se emancipara com Nietzsche no início dos anos 1950? É que Marx conservava uma teoria do conhecimento, ao passo que a genealogia a destrói. A genealogia conserva as forças sociais, mas para articular-se com uma teoria do poder. Porém a genealogia nietzschiana coloca primeiramente a questão do valor, como toda genealogia: quem fala? nobre ou não nobre?

Além do bem e do mal começa assim:

> A vontade de verdade *(der Wille zur Wahrheit)* que ainda nos desencaminhará em muitas aventuras, essa famosa veracidade de que até agora todos os filósofos falaram com veneração, quantos problemas essa vontade de verdade já não nos colocou? Quantos problemas singulares, graves e dignos de ser colocados! [...] O que há de surpreendente nisso, [...] se também a nós aquela Esfinge ensinou a fazer perguntas? *Quem* exatamente é que vem aqui nos questionar? Qual parte de nós mesmos tende "para a verdade"? – De fato, durante muito tempo nos detivemos ante a questão da razão dessa vontade, até que acabamos ficando em suspenso ante uma questão ainda mais fundamental. Perguntamo-nos então qual era o *valor* dessa vontade. Admitindo que desejemos a verdade, por que *não preferiríamos* a inverdade? E a incerteza? E mesmo a ignorância? – O problema do valor da verdade apresentou-se a nós – ou será que nós é que nos apresentamos a esse problema? Quem de nós aqui é Édipo? Quem a Esfinge? [...] E, coisa incrível, no fim das contas me parece que até agora o problema nunca foi colocado [...].[12]

Reatando aparentemente com o modo de raciocínio de *História da loucura*, Foucault não se refere à separação entre o verdadeiro e o falso nem como uma separação lógica nem como uma separação ontológica nem como momentos históricos da consciência "como o óleo e a água, que sem se misturarem juntam-se apenas exteriormente um com o outro"[13], e

---

11. M. Foucault, "Ariane s'est pendue" (1969), *DE*, nº 64, ed. 1994, t. I, pp. 767-71: cf. pp. 768-9/ "Quarto", vol. I, pp. 795-9: cf. pp. 795-6.

12. F. Nietzsche, *Par-delà le bien et le mal*, ed. e trad. francesa H. Albert, Paris, Mercure de France, 1948, § 1, pp. 11-2 ("Por que preferimos a verdade?").

13. G. W. F. Hegel, *La Phénoménologie de l'esprit*, trad. francesa J. Hyppolite, Paris, Aubier-Montaigne, 1939, 2 vols.: cf. t. I, p. 35.

Situação do curso   245

sim como a um ato de exclusão, uma violência social efetuada, segundo ele, pela exclusão, de resto tardia, dos sofistas; exclusão que Platão qualificava de ato moral, de "purgação": "jogar fora tudo o que aqui e ali possa não valer grande coisa"[14].

Foucault não atribui a Platão essa divisão – nem, como este curso atesta, sua função de separação moral. Situa-as numa pré-história complexa entre Hesíodo e Platão, que teria se constituído através de uma série de deslocamentos entre o ordálio de justiça mágico-religiosa da Grécia arcaica e os procedimentos jurídico-políticos de investigação judicial da Grécia clássica, abandonando a dramaturgia hegeliana e sua parcela de negatividade – convocada ainda na grande separação de *História da loucura* – em prol de uma série de deslocamentos e diferenças entre a pontualidade de grandes acontecimentos. Entretanto, uma verdade da sofística e uma verdade da loucura não cessam de rondar nossos espaços contemporâneos sob novas figuras, não mais Hölderlin, Nerval, Artaud[15], mas Roussel, Brisset, Wolfson.

Em 1966, redigindo *A arqueologia do saber*, Foucault explicava que seu problema não era a língua, e sim os limites da enunciabilidade. Não há saber sem uma prática discursiva regulada; discurso e saber sempre foram para ele duas formas de uma materialidade quase incorporal, mas que pode ser descrita porque tem suas regras de construção, sua historicidade, seus limiares, suas descontinuidades, suas proibições, que limitam sua proliferação selvagem.

Já em *A arqueologia do saber*, Foucault destacara que o saber não se identifica nem com o conhecimento como faculdade, cuja teoria a filosofia fez ao longo de sua história, nem com a ciência. Mas o saber cerca a ciência e não desaparece quando uma ciência é constituída. Uma ciência insere-se e funciona no elemento do saber[16]. O território do saber permitiu que Foucault descrevesse "*epistemes*" sem ter de recorrer a essas separações que são o verdadeiro e o falso, a ciência e a ideologia. Ele deu a seu ensino o título de "História dos sistemas de pensamento", o que não deixava confundi-lo com o da outra cátedra de filosofia do Collège, precisa-

---

14. Platão, *Le Sophiste*, 227d, in *Œuvres complètes*, ed. e trad. francesa L. Robin, Paris, Gallimard ("Bibliothèque de la Pléiade"), 2 vols.: cf. t. II, 1969, p. 273.

15. M. Foucault, *Histoire de la folie à l'âge classique*, Paris, Plon, 1961, p. 612: "Desde o final do século XVIII, a vida da desrazão agora só se manifesta na fulguração de obras como as de Hölderlin, de Nerval, de Nietzsche ou de Artaud, indefinidamente irredutíveis a essas alienações que curam [...]."

16. M. Foucault, *L'Archéologie du savoir*, Paris, Gallimard, 1969, cap. 6: "Science et savoir". A distinção entre conhecimento e saber aparece já em *Histoire de la folie, op.cit.*, pp. 554-5. A materialidade do saber é uma noção já desenvolvida por Husserl.

246   *Aulas sobre a vontade de saber*

mente "Cátedra de filosofia do conhecimento", cujo titular era o lógico Jules Vuillemin, que apresentou a seus pares a candidatura de Foucault.

Se uma vontade de verdade é abundantemente apresentada e comentada em Nietzsche, já em julho de 1967 Foucault identificava uma outra forma de vontade: "Estou lagartelendo Nietzsche[17]; creio que começo a perceber por que isso sempre me fascinou. Uma morfologia da vontade de saber na civilização europeia, que foi deixada de lado em favor de uma análise da vontade de poder."[18] Que a paixão foucaultiana pelo saber tenha se reconhecido na fascinação do filólogo de Basileia pelo conhecimento se compreende; mas, focando aqui o saber que a aula sobre Nietzsche descreve como a singularidade do acontecimento, o qual não expressa nem identidade nem eternidade, enquanto o conhecimento seria apenas sua idealização, sua substancialização, Foucault desloca duas interpretações dominantes do pensamento nietzschiano:

– Primeiramente a tradicional, que se baseia num antagonismo, persistente em Nietzsche, entre o conhecimento, perigoso, mortal (Empédocles joga-se na cratera do Etna por instinto de saber), e a vida. Nietzsche é adversário de toda manifestação da vontade egoísta de conhecer. "Necessário acima de tudo: a alegria pelo que existe; levar esse gosto o mais longe possível é a missão do mestre."[19] O intelecto é um meio de conservação para o indivíduo; nada é mais "inconcebível" que o advento de um "honesto e puro instinto de verdade entre os homens"[20]. "O instinto do conhecimento, tendo atingido seus limites, volta-se contra si mesmo para passar à crítica do saber *(Kritik des Wissens)*, ao conhecimento a serviço da vida melhor. Devemos querer até mesmo a ilusão, é isso que é trágico. [...] O instinto do conhecimento *(Erkenntnistrieb)*, sem medida e sem discernimento, é um sinal de que a vida envelheceu."[21]

– E a interpretação de Heidegger, a partir de então mais influente na filosofia; para ele, vontade de conhecimento, ser e vontade de poder tendem a confundir-se:

Τί ἐστιν ἐπιστήμη – "O que é o conhecimento?"

---

17. No original, "Je lizarde Nietzsche". Aqui Foucault provavelmente faz um jogo de palavras com *lire* (ler) e *lézarder* (ficar preguiçosamente ao sol, como um lagarto; lagartear); a nota seguinte mostra que a carta foi escrita durante as férias de verão, no período em que Foucault viveu na Tunísia. (N. da T.)

18. M. Foucault, Lettre du 16 juillet 1966, *DE*, ed. 1994, t. I, p. 31/ "Quarto", vol. I, p. 41.

19. F. Nietzsche, *Introduction aux leçons sur l'Œdipe-Roi de Sophocle (été 1870)*, seguido de *Introduction aux études de philologie classique (été 1871)*, trad. francesa F. Dastur & M. Haar, La Versanne, Encre Marine, 1994, p. 94.

20. F. Nietzsche, *Le Livre du philosophe. Études théorétiques*, § 37, bilíngue, trad. francesa, introd. e notas por A. Kremer-Marietti, Paris, Aubier-Flammarion, 1969, p. 53.

21. *Ibid.*, § 25, p. 45.

Situação do curso 247

Foi só muito tarde, no decorrer do século XIX, que essa questão metafísica se tornou um objeto de considerações científicas, isto é, de investigações da psicologia e da biologia [...]. Por uma comparação retrospectiva e com o impulso dado pela exploração histórico-filológica do passado, chegou-se mesmo a descobrir que Aristóteles, Platão, até mesmo Heráclito e Parmênides, e mais tarde Descartes, Kant e Schelling tinham, "também" eles, praticado tal "teoria do conhecimento" [...]. Poderíamos perfeitamente silenciar sobre essa monstruosidade que é a complexa "teoria do conhecimento", se o próprio Nietzsche, metade com repugnância e metade com curiosidade, não tivesse se arriscado nessa atmosfera irrespirável e não tivesse acabado por depender dela [...].
Se o pensamento da Vontade de Poder é o pensamento fundamental da metafísica nietzschiana e o último da metafísica ocidental, então é a partir da Vontade de Poder que convém determinar a essência do conhecimento, ou seja, a essência da verdade.[22]

Assim, Foucault teria identificado uma vontade de saber que não é assimilável nem ao conhecimento nem à vontade de verdade que Heidegger, seguindo nisso Nietzsche, assimila à vontade de poder.

SOBRE O TÍTULO

A partir desse isolamento de uma vontade de saber em 1967, Foucault dedicou uma série de aulas a Nietzsche, primeiro em Vincennes durante o inverno de 1969-1970 (disciplina 170), em seguida na Universidade Estadual de Nova York em Buffalo em março de 1970, depois na Universidade McGill em Montreal em abril de 1971; aulas que resultarão no longo artigo "Nietzsche, a genealogia, a história"[23].

Em Vincennes, Foucault destaca que antes de *A genealogia da moral* Nietzsche não definiu claramente a genealogia, mas que já em *O nascimento da tragédia* ele identificava uma vontade de saber – em todo caso, o que Foucault traduz por "vontade de saber": *Wissensgier*, e Geneviève Bianquis por "avidez de saber" ou "sede do saber".

Imaginemos a universalidade insuspeitada dessa sede do saber *(Wissensgier)*, espalhada nas mais remotas áreas do mundo civilizado em que fez o conhecimento ser visto como o objetivo digno de todo homem que se respeite e cuja voga extraordinária nunca acabou completamente.[24]

22. M. Heidegger, *Nietzsche, op. cit.*, t. I, livro III, pp. 386-8.
23. M. Foucault, "Nietzsche, la généalogie, l'histoire. Hommage à Jean Hyppolite" (1971), *DE*, nº 84, ed. 1994, t. II, pp. 136-56/ "Quarto", vol. I, pp. 1004-24.
24. F. Nietzsche, *La Naissance de la tragédie*, § 15, ed. e trad. francesa G. Bianquis, Paris, nrf/Gallimard, 1949, p. 78.

248 *Aulas sobre a vontade de saber*

E em um texto quase contemporâneo, *Estudos teoréticos*, Nietzsche emprega as noções de *entfesselten Wissenstrieb* (§ 37, "instinto desenfreado de saber") ou *Erkenntnistrieb* (§ 25, "instinto de conhecimento")[25].

O nascimento da tragédia acusa "o homem teórico" Sócrates de haver aniquilado o saber trágico com a dialética – "sabemos que ele só compreendia uma única forma de arte, a *fábula de Esopo*"[26]. Sócrates, "o primeiro que soube não só viver mas, melhor ainda, morrer em conformidade com esse instinto do saber", no entanto tinha seu "grande olho ciclópico fixado na tragédia, aquele olho único que nunca brilhou com a doce loucura do entusiasmo estético" e nem sequer via que "a tragédia pudesse 'dizer a verdade'".[27]

Em um artigo sutil, Andrew Cutrofello[28] surpreende-se por serem poucas as referências do "genealogista" Foucault a *O nascimento da tragédia*, sendo que se poderia destacar de seus escritos uma verdadeira teoria da tragédia, de Ésquilo a Eurípides, de Shakespeare a Racine. Isso é esquecer que em Nietzsche a questão da tragédia não é primeiramente uma questão de estética, e sim uma das figuras importantes do saber:

Oh, Sócrates, Sócrates, então é esse teu segredo? [...] O fato de, naquele tempo, eu ter conseguido compreender esse fato temível e perigoso, esse problema chifrudo que, sem ser necessariamente um touro, era um problema novo, eu diria hoje que era *o próprio problema do saber*; pela primeira vez o saber era visto como problemático e suspeito [...]. Agora considero [este livro] uma obra de principiante [...] com um olhar menos jovem, cem vezes mais aguçado, mas não mais frio, e que não cessou de esquadrinhar o problema com o qual se atracou pela primeira vez este livro audacioso: *examinar a ciência à luz da arte, mas a arte à luz da vida...*[29]

Portanto há realmente, já em *O nascimento da tragédia*, a possibilidade de uma genealogia do conhecimento, de um conhecimento envolto em uma avidez, um instinto, que destrói radicalmente os constituintes de nossa metafísica da representação, a começar pelas categorias de razão, de verdade, de sujeito e de objeto. Só mais tarde é que *A genealogia da moral* colocará a questão do valor dos valores.

25. F. Nietzsche, *Le Livre du philosophe, op. cit.*, § 37 e § 25, pp. 52 e 44.
26. F. Nietzsche, *La Naissance de la tragédie*, § 14, ed. citada, p. 72.
27. *Ibid.*, § 15, p. 78.
28. A. Cutrofello, "Foucault on tragedy", *Philosophy and Social Criticism*, 31 (5-6), 2005, pp. 573-84.
29. F. Nietzsche, *Essai d'autocritique* (1886), in *La Naissance de la tragédie*, ed. citada, pp. 128-9.

Situação do curso   249

Foucault, focando essas duas genealogias, recorre duas vezes ao mesmo título *A vontade de saber*: em 1970 para este curso e em 1976 para o primeiro volume de sua *História da sexualidade*, que é tanto uma genealogia do saber constitutivo do dispositivo de sexualidade quanto uma genealogia da moral moderna. A fim de evitar qualquer confusão entre os dois estudos, este volume foi intitulado *Aulas sobre a vontade de saber*, visto que inclui não só as doze aulas do Collège de France, mas também uma aula sobre Nietzsche que desaparecera do manuscrito e uma conferência intitulada "O saber de Édipo", que é ao mesmo tempo um desdobramento magistral da última aula e uma análise literária antológica que Foucault utilizou seis vezes (mesmo sete vezes, pois seu esquema já fora esboçado no artigo "Ariane s'est pendue" [Ariadne enforcou-se]) como paradigma dos regimes de veridicção[30].

SOBRE AS CIRCUNSTÂNCIAS

Que o lugar de nascimento deste curso seja Nietzsche lê-se claramente. Mas, além disso, três publicações quase simultâneas configuraram sua conjuntura: *Os mestres da verdade* de Marcel Detienne[31], *Diferença e repetição* de Gilles Deleuze[32], a tradução de *Verdade e mentira* de Nietzsche[33] por Angèle Kremer-Marietti, uma filósofa próxima de Foucault. Uma conjuntura que apoiou Foucault em sua vontade de não aventurar-se pelos caminhos gregos do conhecimento seguindo os passos heideggerianos, embora reconhecesse que, para sua geração, Heidegger reinscrevera Nietzsche na tradição filosófica, arrancando-o das interpretações ou literárias ou psicologizantes[34].

Primeiramente, Marcel Detienne redescobre, nas profundezas históricas da Grécia arcaica – a dos séculos VII-VI, precisamente a que Nietzsche estudou em seus anos de Basileia – a questão, que se tornara crucial naquele final dos anos 1960, de "quem fala? quem de direito? de acordo com quais rituais?", numa pré-história em que ele reencontrara o par es-

30. Cf. M. Foucault, *Le Gouvernement de soi et des autres. Cours au Collège de France, 1982-1983*, ed. F. Gros, Paris, Gallimard-Seuil (col. "Hautes Études"), 2008, "Situation du cours", pp. 357-8.

31. M. Detienne, *Les Maîtres de vérité dans la Grèce archaïque, op. cit.*

32. G. Deleuze, *Différence et Répétition*, Paris, PUF, 1968.

33. F. Nietzsche, *Le Livre du philosophe, op. cit.* A. Kremer-Marietti publicou a primeira análise global sobre o trabalho de Foucault, in *Michel Foucault. Archéologie et généalogie*, Paris, Seghers, 1974.

34. Cf. E. Bertram, *Nietzsche. Essai de mythologie*, prefácio de P. Hadot, Paris, Éd. du Félin, 1990 (1ª ed. francesa: Éd. Rieder, 1932).

250 *Aulas sobre a vontade de saber*

truturante mítico-religioso *"Alétheia"* e *"Léthe"*, a partir do qual podia rastrear, até o nascimento da cidade grega, as transformações da fala que tinha a eficácia e a obrigação da verdade.

Em *Diferença e repetição*, Deleuze revisita de forma antiplatônica toda a história da metafísica. Foucault fez dele duas resenhas entusiastas em estilo quase mimético[35]. De fato, Deleuze abalava os códigos da história da filosofia, importando da pintura a técnica da colagem; isso a pouca distância de *A arqueologia do saber*, por sua vez uma minuciosa descrição das regras próprias das práticas discursivas, que se recusa a "enterr[ar] os objetos discursivos [...] nas profundezas comuns de um solo originário"[36]. *A arqueologia* é um livro sobre a dispersão e a reimplantação infinita dos enunciados; *Diferença e repetição* é um livro sobre as intensidades e as diferenças ontológicas, e sobre o eterno retorno do mesmo, sempre desalinhado: duas obras-chave nos percursos respectivos dos dois filósofos, dois pontos de chegada e provavelmente duas guinadas no pensamento de ambos, cujas trajetórias não cessaram de confrontar-se durante mais de dez anos. Realmente, Deleuze parecia ter invertido a problemática heideggeriana: o filósofo suábio havia interpretado Nietzsche a partir de seu próprio pensamento do ser como diferença, Deleuze reescrevia sub-repticiamente *Ser e tempo* a partir da ontologia nietzschiana.

Por fim, para fechar essa triangulação, Angèle Kremer-Marietti oferecia com sua tradução do texto de Nietzsche um estudo rigoroso das relações entre a linguagem e a verdade, um fator central para a localização na linguagem do efeito sofístico desenvolvido nas aulas de 6 e 13 de janeiro. De um fragmento de *Verdade e mentira* Foucault fez a abertura tanto da aula sobre Nietzsche desaparecida de seu manuscrito como de sua retomada na Universidade McGill em abril de 1971 (ou seja, logo depois deste curso) e de sua conferência no Rio de Janeiro, intitulada "A verdade e as formas jurídicas"[37]: "Em algum canto perdido deste universo cujo clarão se espalha por inúmeros sistemas solares, era uma vez um astro no qual animais inteligentes inventaram o conhecimento. Esse foi o momento da maior mentira e da suprema arrogância da história universal."[38]

A obra de Deleuze fazia caberem numa mesma ontologia pluralista a diferença e a singularidade do acontecimento, e ainda assim sua repetição e seu eterno retorno desalinhado. Esse livro realmente faz parte do longo

35. M. Foucault, "Ariane s'est pendue" (1969), *DE*, nº 64, art. citado; Id., "Theatrum philosophicum" (1970), *DE*, nº 80, art. citado.

36. M. Foucault, *L'Archéologie du savoir, op. cit.*, p. 65.

37. M. Foucault, "La vérité et les formes juridiques" (1974), *DE*, nº 139, ed. 1994, t. II, pp. 538-646 / "Quarto", vol. I, pp. 1406-90.

38. Cf. aula sobre Nietzsche, *supra*, p. 197, nota 1.

Situação do curso 251

trabalho de elucidação do pensamento nietzschiano empreendido na França depois de 1945 por Bataille, Blanchot, Jean Wahl[39], Klossowski. A essa pesquisa, a grande edição em francês das *Obras completas* de Nietzsche por Colli e Montinari – edição à qual Foucault e Deleuze inicialmente estavam associados – viria dar um ponto final, fazendo desaparecer as duas compilações póstumas que portavam o título de *La Volonté de puissance*, montagem contestada na qual se baseia a interpretação de Heidegger. Evidentemente, esse trabalho de elucidação filosófica havia sido fortemente marcado pelas conferências feitas por Heidegger entre 1936 e 1939, ou seja, após seu sinistro discurso do reitorado, supostamente num momento de recuo. Deleuze na verdade propôs duas reescritas de Heidegger: a séria *Diferença e repetição* e a irônica "Um precursor desconhecido de Heidegger, Alfred Jarry", ou a patafísica como superação da metafísica[40].

A tarefa que Deleuze, depois de outras, designa para a filosofia, lembra Foucault, é a derrubada do platonismo, o que talvez seria mesmo a definição da filosofia desde Aristóteles ou desde os sofistas. "Todo o platonismo, escreve Deleuze, está dominado pela ideia de uma distinção a ser feita entre 'a própria coisa' e os simulacros [o sonho, a sombra, o reflexo, a pintura, a fantasia]. Em vez de pensar a diferença em si mesma, ele já a relaciona com um fundamento, subordina-a ao mesmo e introduz a mediação sob uma forma mítica."[41] Ora, quando se trata de pensar o fundamento, Platão recorre ao mito. O que *Diferença e repetição* designa como o jogo de Platão:

> Diríamos, portanto, que a divisão, assim que abandona sua máscara de especificação e descobre seu verdadeiro objetivo, [...] se [faz] substituir pelo simples "jogo" de um mito. [...] *O político* invoca a imagem de um Deus que comanda o mundo e os homens [...]. Mesmo procedimento em *Fedro*: quando se trata de distinguir os "delírios", Platão evoca bruscamente um mito. Descreve a circulação das almas antes da encarnação, a lembrança que levam consigo das Ideias que podem ter contemplado.[42]

É em *O Sofista*, o terceiro grande texto platônico referente à divisão, que a divisão se faz sem mito, isolando o sofista, o falso pretendente por excelência, que leva toda coisa ao estado de simulacro. Pois o objetivo

---

39. Foucault seguiu em 1946-1947 o curso de Jean Wahl, brilhante objetor, sobre as relações de Heidegger com Platão; o próprio Jean Wahl inspirava-se em um curso de Heidegger sobre Nietzsche (1925 e 1936) e nos *Holzwege* (anotações de curso conservadas por Foucault).

40. G. Deleuze, "Un précurseur méconnu de Heidegger, Alfred Jarry", in *Critique et Clinique*, Paris, Minuit, 1993.

41. G. Deleuze, *Différence et Répétition, op. cit.*, pp. 91-2.

42. *Ibid.*, p. 85.

252 *Aulas sobre a vontade de saber*

supremo da dialética platônica[43] não é a divisão, e sim a seleção da diferença, ou seja, a avaliação, a instauração de um círculo mítico.

O jogo de Foucault

Desde o início deste curso, apesar da instituição solene que é o Collège de France e do rigor intelectual que se espera do recém-admitido, Foucault invoca "o jogo que quero jogar aqui". A expressão não deixa de surpreender, exceto se a encadearmos com o jogo mítico-ontológico ou teológico-ontológico descrito por Deleuze como estando no fundamento da metafísica platônica. E se precisamente "o jogo de Foucault" fosse responder a isso com a história?

Em *A arqueologia do saber* ele propôs as linhas gerais de uma nova historiografia, ou melhor, rememorou as linhas gerais da nova historiografia dos historiadores: nem história local nem história factual nem história global, e sim séries de séries, uma historiografia já nietzschiana. Já na introdução ele enunciava as características da historiografia contemporânea em que se incluía:

> O tema e a possibilidade de uma *história global* começam a desvanecer-se, e vemos esboçar-se o desenho, muito diferente, do que poderíamos chamar de uma *história geral*. O projeto de uma história global é aquele que procura reconstituir a forma total de uma civilização, o princípio – material ou espiritual – de uma sociedade, a significação comum a todos os fenômenos de um período, a lei que explica sua coesão [...]. São esses postulados que a história nova questiona quando problematiza as séries, os recortes, os limites, [...] as especificidades cronológicas [...]. O problema que se abre então – e que define a tarefa de uma história geral – é determinar qual forma de relação pode ser legitimamente descrita entre essas diferentes séries [...] quais séries de séries – ou, em outras palavras, quais "quadros" é possível constituir.[44]

É a essa história que ele recorre aqui, não a partir de arquivos desconhecidos cuja exploração ele mesmo empreendesse, e sim remetendo-se a um *corpus* ainda totalmente legitimado pela corporação de historiadores da Antiguidade: de Louis Gernet a Gustave Glotz, no início do século XX, a Edouard Will, cujos trabalhos então recentíssimos, baseados nas últimas descobertas da arqueologia coríntia, acabavam justamente de ser

43. *Ibid.*, p. 93.
44. M. Foucault, *L'Archéologie du savoir, op. cit.*, pp. 17-9.

Situação do curso 253

publicados. Por que tantos historiadores? Foucault nunca se propôs a repetir Nietzsche nem a comentá-lo, e sim a submeter suas intuições filosóficas à prova da "escada de corda"[45] da história. Também não devemos esquecer que Heidegger inseriu as ambivalências de Nietzsche com relação à história na distinção que ele próprio faz entre a história-*Geschichte* e a história-*Historie*, ou seja, a distinção entre o acontecimento e sua leitura pela ciência histórica, a qual tem a mesma essência que a técnica. Assim, ao jogo teológico-ontológico denunciado por Deleuze Foucault opõe esse jogo que Eugen Fink qualifica não de jogo divino, e sim de "jogo intramundano", ou seja, o jogo de ninguém, a relação social com o mundo, o jogo dos homens no contato com a aparência do mundo[46].

Colocadas essas premissas, propomos que leiam sucessivamente e na ordem, para compreenderem bem o interesse não somente histórico mas profundamente filosófico deste curso: os dois artigos de Foucault sobre *Diferença e repetição* (e, é claro, a própria obra); este curso de 1970-1971; e por fim o artigo intitulado "Nietzsche, la généalogie, l'histoire" [Nietzsche, a genealogia, a história], publicado em homenagem a Jean Hyppolite, seu antecessor na mesma cátedra no Collège de France e escrito nesse mesmo ano de 1971. Então estarão convidados para o Banquete Foucault-Deleuze – banquete tão pudico na vida e tão minucioso na leitura recíproca e no novo lance filosófico que dela resultava para cada um desses dois grandes contemporâneos[47].

Nesse último artigo, Foucault começa descrevendo a genealogia como cinza – citação de Nietzsche retomada de uma frase de Goethe citada por Hegel: "a teoria é cinza". A genealogia é documental, é uma obstinação na erudição; detecta a *singularidade* dos acontecimentos justamente onde se acredita que não há história, por exemplo, no âmbito dos sentimentos, da consciência, dos instintos, do corpo, do amor. Ela capta o retorno dos acontecimentos em papéis distintos. Portanto há realmente uma diferença a ser feita entre história e genealogia. O objeto da genealogia é definido não pela busca da origem, ou *Ursprung*, e sim pela busca

---

45. F. Nietzsche, *La Naissance de la philosophie à l'époque de la tragédie grecque*, ed. e trad. francesa G. Bianquis, Paris, nrf/Gallimard, 1938, p. 75: "Heráclito captou pela intuição em vez de escalar [a verdade] pela escada de corda da lógica."

46. Cf. E. Fink, *Le Jeu comme symbole du monde*, trad. francesa H. Hildenbrand & A. Lindenberg, Paris, Minuit, 1966, cap. IV: "La mondanité du jeu humain" [A mundanidade do jogo humano] (ed. orig.: *Das Spiel as Weltsymbol*, Stuttgart, W. Kohlhammer, 1960).

47. Sobre a relação Foucault-Deleuze, ler: Judith Revel, *La Pensée du discontinu. Introduction à une lecture de Foucault*, Paris, Fayard/Mille et une nuits, 2010; E. Bolle, *Macht en verlangen, Nietzsche en het denken van Foucault, Deleuze en Guattari*, Amsterdam 1981; G. Deleuze, *Foucault*, Paris, Minuit, 1986; A. Sauvagnargues, *Deleuze. L'Empirisme transcendantal*, Paris, PUF, 2009.

254 *Aulas sobre a vontade de saber*

de *Herkunft*, isto é, a proveniência, o antigo pertencimento a um grupo, e da *Entstehung*, a emergência, ou a entrada em cena das forças. A proveniência remete à proliferação dos acontecimentos, é o "*díspar*" de Deleuze em *Diferença e repetição*. A emergência, ao contrário, é o teatro sem lugar em que *se repete* a mesma peça dos dominadores e dominados. Assim nasce a diferenciação dos valores, sendo a *Entstehung* ao mesmo tempo a singularidade do acontecimento e sua repetição sempre defasada. Ou seja, nesse artigo Foucault, por sua vez, reescreve com seu próprio vocabulário, a partir de um considerável trabalho de investigação histórica, as intensidades, a matéria e o foco de interesse de *Diferença e repetição*: "As diferentes emergências que podemos detectar não são figuras sucessivas de uma mesma significação; são efeitos de substituições, de reposições, de conquistas disfarçadas [...]. Se interpretar fosse pôr em evidência uma significação escondida na origem, apenas a metafísica poderia interpretar o devir da humanidade"[48]; vemos assim ressurgirem aqui e defrontarem-se o jogo de Platão e o jogo da história. A genealogia transcrevia para Nietzsche o que ainda não tinha história, porque se tratava de sentimento, de alma, de corpo, de instinto – do que pressupomos imutável no homem. A antropologia filosófica seria apenas a forma contemporânea, positivista, da metafísica.

A arqueologia como método e principalmente *As palavras e as coisas* são de fato uma propedêutica à genealogia. Portanto, a genealogia tal como nos é apresentada por Foucault não é a crise da arqueologia: elas se apoiam mutuamente. Da história, lembra Foucault no mesmo artigo, pode-se fazer a genealogia: a genealogia do sentimento histórico (é a ausência de obra) e a genealogia da profissão de historiador (é escrever para não ter mais rosto). Em "Nietzsche, a genealogia, a história", redigido em sincronia com o curso de 1970-1971, Foucault propõe como genealogia o que Deleuze apresentou como uma ontologia diferencialista.

* * *

Poderão objetar-me que essa conjuntura puramente teórica surpreende naquela recente posteridade de maio de 1968, em que Foucault já implantava o Grupo de Informação sobre as Prisões e discutia sobre os futuros "comitês Verdade e Justiça". Mas a pergunta feita por Nietzsche através de Édipo, "quem fala?", é a própria pergunta dos anos 1970. A "política", em última instância, é a atualidade na qual pensa e age a juven-

---

48. M. Foucault, "Nietzsche, la généalogie, l'histoire" (1971), *DE*, nº 84, art. citado, ed. 1994, t. II, p. 146/ "Quarto", vol. I, p. 1014.

Situação do curso 255

tude que aflui às conferências de Foucault. A política, em última instância, é o aumento da individuação, não mais como efeito ideológico do direito, e sim na transformação das formas mítico-religiosas do poder; é a emergência do ascetismo como luta popular contra as manifestações suntuárias da aristocracia, ou a emergência da democratização da imortalidade da alma, ou do lugar do sábio (do sábio que sabe) em relações de poder; é o surgimento de uma ética da pureza como condição do desvelamento da ordem, e isso não é mais pensado como efeito do moralismo da filosofia platônica, e sim como efeito da constituição do *nómos*; por fim, é a presença do poder popular em todos esses processos de transformação.

Esse retorno para a Grécia arcaica servia, como já servira ao jovem Nietzsche wagneriano, de metáfora da atualidade.

UMA GRÉCIA NIETZSCHIANA

História ou filosofia? A resposta está no recorte: a Grécia arcaica é a Grécia nietzschiana. Em 1970, abordar filosoficamente a Grécia a partir de Nietzsche já não é evidente. O helenismo filosófico já não é hegeliano nem nietzschiano, e sim, pelo menos na França, "à Heidegger"[49].

Em *La Dernière Philosophie de Nietzsche* [A última filosofia de Nietzsche], Charles Andler relata:

> A grande revelação para ele foi o sexto século antes de Cristo. Naquele momento um fôlego novo percorreu a Grécia. A civilização babilônica caía em pedaços; uma imensa necessidade de reformas, um elã insólito das almas propagou-se do fundo da Ásia Menor. Os filósofos da Jônia, da Magna Grécia sofreram sua derradeira repercussão. O sentimento místico que os invadiu encontra subitamente uma linguagem para expressar-se. Na hora oriental em que o delírio religioso se apossa do povo grego, este descobre o λόγος, que simultaneamente o expressa e o refreia. Por meio deles a Europa desprende-se da Ásia e toma consciência de sua originalidade diferente [...]. Com isso a epopeia, poesia das classes aristocráticas, se desune e desvanece no lirismo [...]. O costume (νόμος), ainda pouco firme, desagrega-se. A multidão de fora exige sua reformulação [...]. Esse coro político desordenado reclama, também ele, um corifeu: será o tirano [...]. [Os tiranos] prepararam o advento da democracia.[50]

---

49. M. Foucault, "Prisons et asiles dans les mécanismes du pouvoir" (1974), *DE*, nº 136, ed. 1994, t. II, pp. 521-5: cf. p. 525/ "Quarto", vol. I, pp. 1389-93: cf. p. 1389.

50. Ch. Andler, *Nietzsche, sa vie et sa pensée*, t. VI: *La Dernière Philosophie de Nietzsche. Le renouvellement de toutes les valeurs*, Paris, Bossard/Gallimard, 1931, pp. 369-70.

256 *Aulas sobre a vontade de saber*

Entusiasmo de Nietzsche: "O maior feito da civilização grega continua sempre sendo este: Homero tornar-se pan-helênico tão cedo. Toda a liberdade intelectual e humana que os gregos alcançaram remete a esse feito."[51] O curso de Foucault percorre animadamente todos os territórios da Grécia, da Jônia a Corinto e à Sicília, sem privilégio para Atenas: estamos antes da cidade ou na cidade nascente que irrita Hesíodo – Hesíodo que Nietzsche chama de genealogista. E o curso encerra-se com *Édipo rei* ou *týrannos,* no qual alguns comentadores quiseram ler uma metáfora da tirania de Atenas sobre seu império: "A filosofia grega primitiva é uma filosofia de estadistas [...]. É isso que mais distingue os pré-socráticos dos pós-socráticos. Neles não se tem 'essa horrenda pretensão à felicidade' que começa em Sócrates. Ainda nem tudo está reduzido ao estado de alma individual. Mais tarde desconheceu-se o sentido do *gnôthi-sautón* de Apolo."[52] Esse preceito délfico Foucault reinterpretará a partir da aula de 6 de janeiro de 1982[53]. A Grécia arcaica de Foucault não é comentário nem repetição de Nietzsche, e sim totalmente documentada pelos trabalhos dos historiadores, ou seja, submetida à prova do saber.

Quanto à abordagem de Nietzsche, Foucault parece percorrer pontos essenciais do estudo de Heidegger.

– Primeiramente, a tese de que o pensamento da justiça domina a reflexão de Nietzsche sobre a verdade. "Pode-se demonstrar historicamente que ele [esse pensamento grego da *díke*] lhe veio por ocasião de sua meditação sobre a metafísica pré-platônica – em particular sobre a de Heráclito. [...] Os raros pensamentos capitais emitidos sobre a 'justiça' não foram publicados."[54] Ora, Foucault rastreia a história da *díke* entre o apolíneo Homero e o dionisíaco Sófocles.

– Em segundo lugar, Heidegger repensa a composição arbitrária e póstuma de *A vontade de poder* editada em 1906 e 1911, para reconstituir o mistério do itinerário rumo a essa vontade de poder e principalmente, apoiando-se em numerosos aforismos, mostrar que a noção de conhecimento é uma estrutura dela; a própria vontade de poder corresponderia a uma interpretação do destino do ser, o que anula sua verdade nietzschiana – isso Foucault não segue em nenhum momento.

51. F. Nietzsche, *Humain, trop humain,* § 262, ed. e trad. francesa A.-M. Desmousseaux, Paris, Mercure de France, 1904, p. 290.

52. F. Nietzsche, *La Naissance de la philosophie à l'époque de la tragédie grecque,* ed. citada, p. 211.

53. Cf. M. Foucault, *L'Herméneutique du dujet. Cours au Collège de France, 1981-1982,* ed. F. Gros, Paris, Gallimard-Seuil (col. "Hautes Études"), 2001, pp. 4-6 *et passim,* principalmente p. 164.

54. M. Heidegger, *Nietzsche, op. cit.,* t. I, livro III, p. 490.

Situação do curso

– Em terceiro lugar: "Se o pensamento da Vontade de Poder é o pensamento fundamental da metafísica nietzschiana e o último da metafísica ocidental, então é a partir da Vontade de Poder que convém determinar a essência do conhecimento, ou seja, a essência da verdade. [...] É por isso que em todos seus comportamentos o homem se atém à verdade de alguma maneira."[55] Assim, retomando o aforismo 515 de *A vontade de poder*, que se tornou [14 (152)] na edição Colli-Montinari[56]: "Vontade de poder como *conhecimento*, não 'conhecer', e sim esquematizar, impor ao caos regularidade e formas bastantes para atender a nossas necessidades práticas." Aforismo que Heidegger comenta assim: "Não 'conhecer', e sim esquematizar [...]. Isso quer dizer: conhecer não é 'conhecer' no pretenso sentido de reprodução receptiva, imitativa [...] no pensamento platônico-aristotélico essa concepção do conhecimento como esquematização está situada no mesmo âmbito de decisão, mesmo que Nietzsche não tenha 'tirado' *historicamente* de Aristóteles seu conceito de esquema, no decorrer de um exame de opiniões do passado."[57]

Ou seja, para Heidegger Nietzsche insere-se na tradição da metafísica e é seu resultado final, enquanto Foucault opõe dois paradigmas da vontade de saber: Aristóteles e Nietzsche. Ou ainda, na página 398, Heidegger lembra que "a determinação da verdade, que desde Platão e Aristóteles domina e penetra não só todo o pensamento ocidental, mas de modo geral a história do homem ocidental"[58], define-se como "retidão", *homoíosis* ou *adaequatio*[59]. A essa determinação da verdade ele opõe[60] uma nova interpretação da *Alétheia*, a partir do *a* privativo como desesquecimento, desocultação – conceito etimologicamente negativo.

A isso Foucault responde:

1 - deslocando essa separação heideggeriana da filosofia;

2 - analisando as relações entre *Díke* e a emergência de uma ordem do *kosmos*, a partir não de Heráclito – os primeiros tempos da metafísica ocidental, segundo Heidegger –, e sim de Hesíodo (o filósofo é Hesíodo,

---

55. M. Heidegger, *Nietzsche, op. cit.*, t. I, livro III, p. 388. (Cf. *supra*, p. 246.)

56. F. Nietzsche, *Œuvres philosophiques complètes*, ed. G. Colli & M. Montinari, trad. francesa J.-Cl. Hémery, Paris, Gallimard, t. XIV, 1977, p. 116.

57. M. Heidegger *Nietzsche, op. cit.*, t. I, livro III, p. 431.

58. M. Heidegger, *op. cit.*

59. *Ibid.*, p. 399.

60. Ver principalmente M. Heidegger, "Le retour au fondement de la métaphysique", *Revue des sciences philosophiques et théologiques*, XLIII (3, julho de 1959): "Ἀλήθεια poderia ser a palavra que dê uma indicação, ainda não experimentada, sobre a essência não pensada do *esse*. Se assim for, está claro que o pensamento por representação da metafísica jamais poderia alcançar essa essência da verdade. A verdade do ser permanece oculta para a metafísica no decurso de sua história, de Anaximandro a Nietzsche." (p. 413; trad. francesa R. Munier)

258   *Aulas sobre a vontade de saber*

escrevia Deleuze em seu *Nietzsche*, p. 2)[61], e principalmente da instauração da medida através das lutas sociais da Grécia: medida do tempo e a moeda como medida.

3 - Foucault não parte da filologia, e sim da história, sobretudo dos trabalhos de Vernant e Detienne; este, por sua vez, contorna totalmente Heidegger em *Os mestres da verdade*, obra que incontestavelmente alimentou a reflexão de Foucault.

4 - Os pré-socráticos estão praticamente ausentes, com exceção das referências feitas por Aristóteles em sua história da verdade. É pela análise dos sofistas que são pensadas aqui as relações da linguagem com a verdade, e não com o ser. As anotações conservadas de Hélène Politis mostram que Foucault explicitou oralmente esse deslocamento. Mas é na conferência na Universidade McGill que ele desenvolve mais claramente sua oposição à "ideologia do saber como efeito de liberdade". Em Foucault a essência da verdade não é a liberdade. Ele volta à afirmação de que "a verdade não é livre por natureza" em *A vontade de saber*, o primeiro tomo da *História da sexualidade* (p. 81 ss.)[62].

ESTABELECIMENTO DO TEXTO

1/ As *Aulas sobre a vontade de saber* foram estabelecidas a partir de manuscritos acroamáticos cuja paginação foi conservada na margem, à esquerda do texto. A pontuação e a disposição espacial – que às vezes tem forma de lista de pontos a desenvolver – foram modificadas a fim de tornar mais fluente a leitura. Os acréscimos de editor são raros e estão entre colchetes. Os caracteres gregos do manuscrito foram respeitados, mas frequentemente os textos eram citados de memória por Foucault, muito à vontade nessa língua, como ex-aluno da Ecole Normale Supérieure.

B. Knox, em seu *Œdipus at Thebes*[63], lembra que nessa época um texto erudito tinha de respeitar os caracteres gregos e que ele mesmo causara desagrado ao dirigir-se ao "Greekless reader". Nos anos 1980, Foucault utilizava tanto os caracteres latinos como os caracteres gregos quando redigia seus cursos. (A partir da gravação do curso oral, seus editores adotaram a transcrição em caracteres latinos.)

2/ Em 1970, tradicionalmente não se gravavam os cursos no Collège de France, que são propriedade do locutor. Os minicassetes não estavam

61. G. Deleuze, *Nietzsche et la Philosophie*, Paris, PUF, 1962.
62. Cf. aula sobre Nietzsche, *supra*, p. 199, nota 41.
63. B. Knox, *Œdipus at Thebes*, New Haven, Conn., Yale University Press/Londres, Oxford University Press, 1957.

Situação do curso 259

em uso; entretanto, uma gravação parcial de algumas aulas foi feita por Gilbert Burlet[64] em um aparelho Nagra, com permissão de Foucault. As fitas eram apagadas após as transcrições; portanto, infelizmente é impossível autentificá-las. Alguns fragmentos de transcrições foram utilizados no aparato crítico quando traziam um esclarecimento; nas notas, são indicados por um asterisco.

3/ Por ocasião de uma conferência em outro país, Foucault retirou do manuscrito de seu curso de 1970-1971 a aula sobre o paradigma nietzschiano da vontade de saber, proferida nas sessões de 23 de dezembro de 1970 e 6 de janeiro de 1971. Ela desapareceu de seus arquivos.

Compensada por várias alusões à concepção nietzschiana do conhecimento e da verdade, essa lacuna não desequilibra radicalmente a organização do curso. No entanto, a descoberta tardia das anotações precisas de Hélène Politis revelou a importância dessa ausência. Como Foucault sempre manifestou reservas com relação às publicações de anotações de ouvintes, preferimos incluir uma conferência proferida por ele em abril de 1971, portanto imediatamente depois do curso, e que retomava as principais articulações dessa aula.

Um quarto de folha com cabeçalho de seu hotel em Montreal, arrolando os *Leitmotiven* que pretendia desenvolver (lembrete que ele frequentemente escrevia no início de suas conferências), é o único elemento que permite situar essa conferência na McGill.

Uma nota de editor indica as principais diferenças, basicamente de ordem filosófica, com relação às anotações conservadas das aulas parisienses de dezembro de 1970 e janeiro de 1971.

4/ O último componente das *Aulas sobre a vontade de saber* é uma conferência redigida durante o verão de 1972 e proferida com o título: "O saber de Édipo" na Universidade Estadual de Nova York em Buffalo, depois na Universidade Cornell nesse mesmo ano e retomada no Rio de Janeiro em 1973. O arquivo Foucault contém ao todo sete versões diferentes dela.

64. Na órbita de Foucault, Gilbert Burlet é uma personalidade rara, o primeiro a propor que se gravassem os cursos no Collège de France; foi secundado nessa tarefa por Jacques Lagrange. Foi graças a ambos que o Collège de France e depois o centro Foucault puderam dispor de vários anos de gravações que serviram de base para estas edições. Gilbert Burlet, antilhano nascido no Vietnã, estudou teologia na pontifícia universidade jesuíta em Roma; depois, sucessivamente, direcionou-se para a Escola Nacional de Administração, tornou-se médico dos Hospitais de Paris e foi contratado como pesquisador no Instituto Pasteur de Tóquio e de Pequim. Participou também do seminário sobre Pierre Rivière. Quem realizou a transcrição foi Jacqueline Germé, também nascida no Vietnã; ela não assistia aos cursos e estudava chinês no Departamento de Línguas Orientais; era uma das estilistas de Paco Rabanne.

260   *Aulas sobre a vontade de saber*

Essa conferência desenvolve a décima segunda aula do curso de 1970-1971. Formalmente, desempenha com relação a esse curso aproximadamente o papel que desempenha o quadro *As meninas* com relação à teoria da representação em *As palavras e as coisas*. Isso porque ela identifica e recompõe todos os elementos constitutivos da transformação da verdade-prova jurídico-religiosa na Grécia arcaica em verdade-constatação político-jurídica da Grécia clássica, reconstituindo assim um dos processos mais importantes, segundo Foucault, na história da produção da verdade. Aproxima assim os dois cenários em que, segundo Foucault, atuavam a representação deleuziana, a metafísica e o teatro: metafísica da fantasia, do "simulacro liberto [que] é realizado ou imitado em dois cenários preferenciais: a psicanálise, que, por lidar com fantasias, um dia deverá ser entendida como prática metafísica; e o teatro, o teatro multiplicado, policênico, simultâneo, fragmentado em cenas que se ignoram e trocam sinais e onde, sem nada representarem (copiar, imitar), máscaras dançam, corpos gritam, mãos e dedos gesticulam."[65]

Filosoficamente, é difícil não aproximar esse *Saber de Édipo* e sua lei das metades da leitura que Hegel lhe dá quando faz de *A fenomenologia do espírito* ao mesmo tempo a verdadeira tragédia do espírito humano, cujo desvelamento final é a consciência de si ou "eu sempre o soube", e a história da dominação e da servidão: do tirano e do escravo.

De fato, é através da lei das metades verbais – falas mágico-religiosas dos deuses e dos adivinhos, falas dos soberanos, falas dos pastores – que a verdade se revela, menos por intercomunicação, como em Hegel, do que pelo conflito hierarquizado das interpretações, ao fim do qual a articulação entre o dizer e o ver convoca todos os poderes do corpo, todas as forças sociais, as baixas regiões do povo. *Pudenda origo*. Em Hegel a linguagem substituía Deus, Deus que Descartes ainda requeria para embasar suas certezas. Aqui, é o ver dos pastores, verdade objetivada que suplanta a veracidade do deus Apolo e de seu adivinho: testemunho que se articula menos com a percepção (e sua redescoberta pela fenomenologia) e mais com a história judicial e política dos procedimentos de veridicção. Estavam esses procedimentos já esquecidos por Aristóteles como estavam por Platão? Entretanto, não é o esquecimento, e sim o estatuto de tirano que Foucault propõe como constitutivo do saber de Édipo. Se esquecimento há, é bem menos esquecimento do ser que ocultação da história do poder pela tradição filosófica.

---

65. M. Foucault, "Theatrum philosophicum", *DE*, nº 80, art. citado, ed. 1994, p. 80/ "Quarto", vol. I, p. 948.

Situação do curso 261

As fontes

Geralmente é difícil reconstituir a imensa documentação em que Foucault sempre se baseou. Ela só é incorporada em seus manuscritos na fase terminal de edição, e nunca exaustivamente. De suas pesquisas preparatórias, Foucault só conservava citações precisas, com as fontes, em fichas independentes de formato 21/14, formato que adotara durante seus anos de estudo e depois abandonara, exceto aparentemente para este curso. Quase sempre uma citação por ficha, com exceção das referentes a este ano de ensino. Por essas fichas foi possível reconstituir a bibliografia, que nunca é mencionada no corpo do texto.

Entretanto, nem Detienne nem Moulinier figuram na documentação de Foucault. As anotações à margem de *Maîtres de vérité* atestam seu uso; quanto a Moulinier[66] (que mencionamos em nota), se as citações de Homero seguem sua ordem de aparecimento em *Le Pur et l'Impur*, a diferenciação, insuficiente nesse autor, entre a conspurcação grega e a conspurcação cristã sem dúvida explica que Foucault não tenha recopiado nada desse livro.

O *Aristóteles* de Aubenque[67], que conhecia bem a interpretação heideggeriana, serve de base a muitos comentários do estagirita apresentados por Foucault. Aubenque defende que o aristotelismo é menos um ramo derivado do platonismo do que uma resposta à sofística para além de Platão[68]. Alguns julgaram reconhecer em *O saber de Édipo* a contribuição do *Œdipus at Thebes* de Bernard Knox. Esse livro não foi utilizado por Foucault; ele o leu tardiamente, nos Estados Unidos, por sugestão de seus ouvintes. Para Knox, as decisões de Édipo são a expressão de seu caráter; suas "*self-made rules*" (versos 65, 69, 72, 77, 145, 287) são ao mesmo tempo a marca da tirania e, igualmente, de sua psicologia. Foucault, por sua vez, elimina toda interpretação psicologizante ligada à tradição do herói trágico. Temos nessa tragédia a formalização da sucessão dos regimes mágico-religiosos e judiciais de veridicção, em que Édipo toda vez sente uma ameaça a seu poder.

De acordo com as notas da ouvinte, o nome de Heidegger foi dito durante o curso e encontra-se mencionado na conferência sobre Nietzsche dada no Canadá. Em nenhum momento ele figura no manuscrito. É certo que a noção de desvelamento está presente; designa um momento da verdade: é quando o mundo foi posto em ordem pela medida que essa

---

66. L. Moulinier, *Le Pur et l'Impur dans la pensée des Grecs d'Homère à Aristote*, Paris, Librairie C. Klincksieck, 1952.

67. P. Aubenque, *Le Problème de l'Être chez Aristote*, Paris, PUF, 1966².

68. *Ibid.*, p. 96.

262 *Aulas sobre a vontade de saber*

ordem se desvela para a verdade, como *kósmos* e não como *phýsis*. "*Kós-mos* é uma palavra que tem um sentido político. É o reinado da justiça. Mais tarde *kósmos* designa a vida da natureza; mas se trata sempre de justiça e não de encadeamento dos efeitos e das causas", já escrevia Werner Jaeger[69].

69. W. Jaeger, *The Theology of the Early Greek Philosophers*, Oxford, at the Clarendon Press, 1947, p. 35. (Tradução M. F.)

Índices

Índice das noções

abertura heideggeriana: 194, 213.

ablução homérica: 152-4; v. ritos; *vs.* categorias jurídico-religiosas de purificação.

abstração (aparelho de –): 188 [Nietzsche].

ação jurídica (os dois tipos de –): 91.

acontecimento/s: 175
(– de coisas ditas): 44, 49n.36
(– do saber e conhecimento): 29, 30, 47n.1
(– enunciativo): 60-1, (– e prática judicial arcaica): 76, 134, 135, 137, 148; v. θεσμός
(– humanos): 167-8
(*acontecimento* transformado em *fato*: 168, 173, (– submetido ao jugo do fato constatado): 177, 178; v. significante
(fulguração do –): v. fulguração
(o conhecer, como puro –): 29.

acontecimento/s discursivo/s, de discurso: 56, 58, 165, 175, 179, 181n.19; v. materialidade.

adaequatio: 47, 48n.13, 257; v. verdade; v. Ἀλήθεια, ὁμοίωσις.

adivinhação: 219, 228-9, v. μαντεία, πρόνοια; v. Tirésias [Édipo rei].

adivinho: v. ajuste, "lei das metades"; escuta-obediência; v. Tirésias
(o –: lugar de crescimento de uma verdade semeada pelos deuses): 227
(mântica do –): 214; v. cego

(fala do –): 213, 215, 218; v. "ὀρθὸν ἔπος" oracular
(saber formulado pelo –): 218, 224

adivinho/s: 167, (– iguais dos chefes): 211-2, 228, 233, 236.

afirmação/afirmações
(– de verdade): 75, 81, 86-7, 91, 196-7; v. conhecimento
(afirmação-juramento e afirmação-constatação): 57.

agora: 243, v. ἀγορά.

agos [ἄγος]: 180n.7; v. conspurcação; v. Will.

ajustar, ajuste: 136, 139, 213-5, 217-8, 219-20, 233-4; v. fragmentos, "lei das metades"; v. σύμβολον
(– da oposição puro/impuro para a oposição inocente/criminoso): 162
(– da verdade-desafio à verdade-saber): 162
(– do oráculo ao testemunho): 112, 218
(– dos conceitos): 204.

Alétheia: 257n.60, v. Ἀλήθεια.

"*Alétheia*"/"*Léthe*": 19n.5, 48n.13, 88n.10, 103n.24, 250;
(–: desesquecimento): 257; v. verdade; v. Detienne.

alma/s: 17, 23, 62, 77; v. Aristóteles, Deleuze, Platão, Espinosa
(circulação das –): 251 [Deleuze]; v. Platão
(estado de – individual): 256; v. Nietzsche.

266

Aulas sobre a vontade de saber

alma sensitiva: 9; v. sensação;
v. Aristóteles.
analogia/s: 34, 79, 187; (– de uma
semelhança): 190.
(violência da –): 192; v. signo.
anfictiões (conselho dos –): 81, 88n.14,
91.
antropologia filosófica: 254.
antropológico (processo –): 131n12;
(noções "antropológicas"): 204.
aparência: 196, 198n.15, 252; v.
dinheiro, simulacro, sofistas,
sofística, vontade
(a –: o indefinido do verdadeiro):
196; (– do verdadeiro): 47
(– de raciocínio, raciocínio na
aparência): 37-40, 46-7, 52-3, 61;
v. Aristóteles, Susong
(nível da –): 186, (– e conhecimento):
186.
apofântica: 43-6; v. enunciado
declarativo; v. λóγος ἀπο–φαντικός;
v. Aristóteles
(a – ordena-se pelo ser no modo da
verdade): 62
(a –: deslocamento do ser para a
idealidade da significação): 59-62
(a –: emergência do sistema
verdadeiro/falso: 62; (–: campo da
verdade ou do erro das
proposições): 45
(a –: exclusão da materialidade do
discurso): 45, 61, 62
(discurso –): 59-63, 78.
apofântica *vs.* erística: 61.
apofântica *vs.* sofística: 61
(oposição: apofântica/crítica sofística
no saber ocidental): 61.
aprendizagem-mercadoria (exclu[são
do] tema da –): 16; v. Aristóteles.
aristocracia (destruição da – [pelo
absolutismo]): 106-7
(da – agrícola para a aristocracia
comerciante e manufatureira): 125.
arqueologia: 252
(– das práticas discursivas): 204.

arqueologia *vs.* genealogia: 254.
artesãos, artesanato (Grécia, sécs.
VII-VI, V a.C.): 112-6
(– e sistema de aliança): 113, 114,
124; v. Sólon
(– e transmissão do saber): 114.
ascetismo
(– e conhecimento objetivo): 24, 186,
199n.23
(o – como substituto do sacrifício):
164n.10; v. Nietzsche
(o –, regra de vontade): 24; v.
conhecimento.
assassinato/s: 151, 153, 158, 162, 165;
v. homicídio
(– de Laio): 167, 212-4, 218, 227,
237n.5 & n.14 [Édipo rei]; (– de
Sócrates): 171n.*
(efeitos do – e poder político): 163
(jurisdição do – [lei de Drácon]): 84,
158-61.
assassino/a (reconhecimento do – e
práticas de exclusão): 159-60, 212, 217
(sanha – do saber): 186.
Assembleia, assembleia do povo: 125,
143, 145
(– : *ecclesia*): 149n.18; v. Will.

cálculo/s, calcular: 49n.37, 95; v.
calendário, medida, moeda
(– de equivalência e substituibilidade
religiosa): 121; v. sacrifício.
calendário, sistema de cálculo do
tempo: 110-1; v. Hesíodo.
caos: 190, 192, 198n.6, 257; v.
interpretação, sensação/sensações;
v. Nietzsche.
castigo de ordem religiosa [Grécia
arcaica]: 67, 69-70; v. juramento
(– do ἄνομος): 169; v. crime,
conspurcação
(– do/s perjuro/s): 94, 125, 169;
([objeto do] –: γένος, parentela): 93.
categoria/s: 13, 38, 40, 41, 60, 61, 85,
131n.12 [Althusser], 183, 188
[Nietzsche], 191, 248

Índice das noções

(as grandes – da verdade não verdadeira): 195

(– jurídico-religiosas [de purificação]): 151-3; v. conspurcação.

causa formal, causa material e causa final do conhecimento: 12; v. ἐπιστήμη, σοφία, τέχνη.

cego

(o – que tudo vê): 215, (o adivinho –): 215, 218 [Édipo rei]

(o conhecimento – para a verdade): 187, (a ignorância – que procura saber): 219.

cegueira: 167, 169; v. Homero, Sófocles

(– [dos primeiros filósofos]): 31-3; v. Aristóteles

(– para o νόμος e impureza): 169-72.

cesura política/economia (aparência de –): 143-5, 146, 147; (– econômica e política): 180; v. εὐνομία, νόμος.

cidade: 83-6, 89n.22 & n.35, 93, 111-3, 115, 128-9, 133, 136, 140, 141, 148, 157, 159, 160, 162-3, 165, 167, 168, 171, 172, 206, 220, 222, v. πόλις; v. culto, moeda, conspurcação; v. δίκαιον, νόμος; v. Aristóteles, Drácon, Hesíodo, Édipo, Platão, Sólon, Sófocles

(– e ordem do mundo): 206

(– e poder popular): 171

(– e verdade): 209-38; (uma – sem verdade, [sem] princípio de divisão): 169

(– reta, [retificada]): 172, 179, 222, v. ὀρθός [Édipo rei]

(limites da – e centros de culto): 157

(mundo dos geômetras e mundo da –, séc. V a.C.), 101n.*.

Cidade-Estado (fundação da –): 107.

civilização/civilizações: 117-8, 148, 194

(– do ferro): 111

(– e história global): 251-2

(– europeia): 246, 255

(– grega): 108, δίκαιον καὶ ἀληθές

(– helenística): 67-8

(– urbana): 113, 116; v. Teágenes, Periandro, Polícrates.

classes censitárias: 141, 142, 144, 149n.17; v. Sólon.

coerção

(– da verdade, lógica): 31, 32, 41, 44-5, 68, 241, 250; v. Aristóteles

(– histórica imposta ao discurso verdadeiro: coerção edipiana): 173, 177, 178, 179-80, 219

(sistema de – e relações de dominação, de poder): 4, 5-6, 170, 173, 197.

coisa/s: 184, 185-6, 186, 191, 198n.16

(desvelamento da ordem das –): 169, 174

(estatuto de – e ruptura da relação significante): 58

(mentira das –): 192; v. interpretação

(violência feita às –): 194-5; v. verdade.

coisa em si e conhecimento: 186; v. Kant, Husserl, Nietzsche.

coisa escrita: 241.

coisa/s dita/s: 41, 44, 45, 46, 47, 49n.36, 57; ("guardiões das –"): 134.

colônias, colonização e deslocamento dos indivíduos: 65, 107, 110, 111, 113, 122, 123; v. comércio, moeda.

começo (saber dos ciclos e do –): 100; v. Hesíodo, Jaeger.

comércio: 17

(aparecimento do – terrestre e marítimo): 120

(– agrícola vs. – artesanal): 123

(– e artesanato): 140; v. Sólon

(– e origem da moeda [interpretações]): 120-1.

conceito/s: 203; v. diferença, raciocínio, silogismo

(– perigoso): 199n.25, v. Nietzsche

(ajuste dos –): 204

(imposição do –): 44

(lógica do – e da diferença): 46.

confissão: 219 [Édipo rei]

(– e técnica inquisitória: 77.

268   *Aulas sobre a vontade de saber*

conflito/s: v. juramento
(– de classes): 122, 123
(– e igualdade/desigualdade): 106, 109
(– entre parcialidades): 185; v. Nietzsche
(– teológico): 118n.8
(resolução dos – fora do aparelho jurídico): 71.
confronto: 220-1, 231, 242
(– igualitário e diferenciação social): 80
(quatro tipos de –): 70; v. pré-direito, risco/s, saber.
conhecimento: v. εἰδέναι, ἐπιστήμη, γνώμη; v. jogo; v. Nietzsche *vs.* Aristóteles e Kant, Platão
(– ascético, conhecimento segundo: superação do conhecimento para conhecer, suspensão do utilitário): 189, (– feliz e de pura contemplação): 14, 18, 21, (– e eliminação da vontade): 189
(– da ocasião médica): 102
(– da ordem): 172; v. pureza
(– de tipo comtiano ou positivista): 187, 188-9
(– diagnóstico): 200n.41
(– e interpretação): 192
(– e maldade (*detestari*): 184-6, 186, 206; v. Nietzsche
(– jurídico, filosófico, moral): 170n.*
(– objetivo): 186; v. ascetismo
(– perspectivo [sempre inacabado] *vs.* limite do –): 186, 243n.8 [Meyerson]
(– qualitativo e sensação): 8-9; v. prazer
(– real e aparência de conhecimento): 189, (o conhecimento para conhecer): 188
(– sensorial): 21, 205
(– supremo): 11, (– da/s causa/s): 11, 13, (– da essência): 11; v. σοφία
(– trágico): 199n.41
("órgãos de –"): 189 [Nietzsche]

(anterioridade do – sobre o desejo): 21, 22; (exterioridade do desejo com relação ao – [segundo Nietzsche e Freud]): 17
(atividade de – [humana e animal]): 10, 11-2, (modo de – específico do homem): 11-2
(base do –: o jogo das diferenças): 20n.17, 190, 191
(desejo de –): 4, 13-4, 22; v. desejo
(efeito de –): 29-30 (que se tornou forma normativa): 30; v. Sofistas
(essência do –): 247, 256; v. Heidegger
(natureza primeira do –): 189-90
(o – como acontecimento): 205, (– do querer): 206; (– como "invenção"): 205, (– como mentira): 192, 197; (– como meio de apropriar-se e de dominar): 204
(o – como preliminar à vontade de conhecer): 16
(o – como preliminar à vontade de saber *vs.* o conhecimento: efeito interior ao conhecer): 29
(o – como saber): 193; ("sede de saber" e –): 247 & n.23
(o – como sistema que dá conaturalidade ao desejo e ao saber): 11-2, 17
(o – e a vida, relação originária entre [hipótese]): 178; v. vontade de saber
(teoria do –): 29-30, 36, 242, 243, 244, 247; v. Heidegger, Marx.
conhecimento - verdade - prazer em Aristóteles: 10, 205.
conhecimento e regra da vontade: 24.
conhecimento e saber: 17; v. Aristóteles *vs.* Nietzsche e Freud.
conhecimento e verdade: 22, 198n.11
(precedência do conhecimento sobre a verdade): 187-9; (o conhecimento anterior à verdade [segundo Nietzsche]): 188; (parentesco [aristotélico] *vs.* desimplicação

Índice das noções 269

[nietzschiana]): 25, 188; (relação de apoio e de exclusão): 29.

conhecimento e vontade de poder: 192, 197.

conhecimento em si: 199n.25; (negação nietzschiana do –): 190.

conhecimento sem consciência, liberação da relação sujeito-objeto, negação do *cogito*: 190, 191-2, (conhecimento *vs.* utilidade): 185; v. Nietzsche.

conhecimento sem verdade: 187 (emergência do totalmente diferente): 188, 189, (– e domínio sobre as coisas): 188.

conhecimento-ignorância (dimensão do –): 211, 222-3, 228.

conhecimento-memória, conhecimento sem saber, mito da reminiscência: 16; v. Platão.

consciência: 16, 17, 35-6, 190, 193-4, (*vs.* inconsciência [de Édipo]): 231, 236; v. filosofia
(a – tomando consciência de si): 29
(– ocidental): 120
(– pura): 191.

"consciência da aparência": 198n.15 [Nietzsche].

conspurcação: 152-3, 158-61, 162, 163, 165-9, 180n.5, n.7 & n.11, 212, 213, 225, 229, 231; v. cidade, crime, puro/ impuro; *vs.* verdade
(– grega e conspurcação cristã): 261
(os três procedimentos de supressão da –): 230.

constatação [do acontecimento]: 57, 70, 76, 77, 173, 178, 227, 224, 242; v. verdade
(– das testemunhas): 173, 177.

consulta oracular: 230.

contemplação: 12, 13-4, 21
(a –: conhecimento do verdadeiro em si mesmo): 21; (felicidade da – teórica): 23, 205
(– e elisão do desejo): 18
(– estoica e – cartesiana): 26n.1.

contestação judicial ou pré-judicial: 68, 70, 72, 75, 85, 105, 134, 166, 206, 230; v. "escudo"; v. Hesíodo *vs.* Homero, Menelau/Antíloco.

continuidade (apofântica) *vs.* exclusão (sofística): 46.

contradição (uso sofístico da –): 57, 59-60, 189.

corifeu: 103n.28, 255; v. coro político, tirano; v. Andler.

coro político: 103n.28, 255; v. tirano; v. Andler, Nietzsche.

corpo social: 123
(o –: lugar de aplicação do poder): 143-4; v. Sólon.

correção social: 117, 129; v. moeda.

costume: 81, 93, 102n.2 (*thesmos*), 255 (*nómos*).

crematística (as duas formas de –): 130, v. Aristóteles [*Política*].

crime: 83-4, 93, 94, 152, 162, 163, 163, 165, 167-8, 170, 171
(– e castigo dos deuses): 94
(– e ignorância): 226 [Édipo rei]
(– e pureza: superposição jurídico-religiosa): 152, 162, 165
(ritual de supressão do –: exclusão-reparação, restituição): 153, 162-3, 165, 166, 168; v. "escudo", constatação, pureza/impureza, verdade; v. Drácon, Homero, Hesíodo, Sófocles.

criminoso (qualificação individual do –): 163, 165.

crise agrária (sécs. VII-VI a.C.): 109-11.

crítica
(apofântica *vs.* – sofística): 61
(– dos pressupostos gerais da filosofia): 19n.11; v. Deleuze
(– do conteúdo dos saberes extraídos da ciência): 25, 245.

culto
(– dionisíaco e ritos agrários): 155, 158
(– familiais reajustados como religião da cidade): 162

270   *Aulas sobre a vontade de saber*

(– familial e jogo das dívidas): 157.
culto estatal de Zeus, culto estatal (do
    culto familial ao –): 122, 156, 157,
    162; ("o culto dos deuses declina"):
    232 [Édipo rei].
culturalistas (erro dos – sobre o erro de
    Freud): 173, 177.

Decisão
    (– judicial, direito arcaico e direito
      clássico); 70-2, 79-80, 81-2, 91-2,
      97-8, 100, 108
    (poder de – política e classe
      censitária): 141.
decretos (prática de justiça e – dos
    deuses): 94, 96, 97, 106, 217-8, 228
    (justiça hesiódica), 232-235 (ajuste);
    v. tirano, verdade.
decretos-predições, decretos-profecias:
    226, 229; v. πρόνοια.
"delírio religioso": v. "hora oriental"; v.
    Andler, Nietzsche.
delito (constituição de uma moral do –):
    153.
democracia: 89n.34 [Aristóteles,
    Sólon], 103n.28 [Nietzsche], 114,
    118n.22, 146, 255; v. εὐνομία,
    ἰσονομία.
democratização da imortalidade da
    alma: 255.
desejo
    (o –: conhecimento diferido: 17
    (– *vs.* vontade): 6.
desejo de conhecer [Aristóteles] e
    desejo de felicidade [Espinosa]: 23.
desejo de conhecer: 4, 16, 17, (– e
    prazer da sensação): 8, (– *vs.*
    soberania do conhecimento): 6
    (exterioridade e violência do –): 16
    (fechamento do – no próprio
      conhecimento): 18
    (–, inserido na natureza por
      Aristóteles): 13
    (–: vontade de apropriação): 205.
desejo de conhecimento ou desejo de
    saber: 4, 6, 17; v. conhecimento e
    saber.

desejo de saber: 3-4, 6, 17, 21, 205; *vs.*
    herói trágico [Ésquilo, Sófocles], (– e
    φαντασία): 16.
desejo e conhecimento, saber: relação
    de englobamento, de conaturalidade:
    17 [Aristóteles], (– e verdade): 22, 23
    [Espinosa]; v. conhecimento.
desejo-vontade e conhecimento: relação
    de exterioridade: 23 [Nietzsche e
    Freud], 24-5 [Nietzsche].
desigualdade/s
    (– numérica entre as palavras e as
      coisas): 43
    (– socioeconômicas, de distribuição,
      sécs. VII-VI a.C.): 109, 133, 140,
      144, 145.
deslocamento
    (– do desejo para o prazer): 8, (do
      prazer sensível para o prazer
      especificamente humano): 10; v.
      Aristóteles
    (– do geral para o particular): 8
    (– do poder pela instauração do
      νόμος): 137, 174
    (– do ser para a idealidade da
      significação): 61; v. apofântica
    (– dos indivíduos e colonização): 110
    (– e efeito de redobramento): 81, 157
    (– sofístico e confusão: 45.
desmedida do tirano: 223, 232,
    238n.33; v. ὕβρις.
desrazão (a vida da –): 245n.15.
destino: 81, 221-2, 226 (determinado
    pelos deuses), 228, 232, (– próprio do
    tirano): 222-4, 228-9; v. Jocasta;
    μοῖρα, Τύχη [Édipo rei].
destruição da ilusão de conhecer: 195-6
    [Nietzsche], (– ou do
    conhecimento?): 243-4; v. verdade.
desvalorização [da moeda por Hípias]:
    129.
desvela[mento] das coisas em sua
    verdade: 128, 146; *vs.* juramento
    decisório.
"determinação ativa": processo de
    introdução da verdade nos fatos: 193;
    v. Nietzsche.

Índice das noções 271

determinação edipiana: 173, 177.
detestar, *detestari*: 24, 184, 185
[Nietzsche].
deus/es: *passim*
(– homéricos e deuses hesiódicos): 156.
dialética platônica: 248, 251-2.
diferença/s: 4, 10, 19n.8 & n.11,
20n.17, 25, 33, 39, 40, 41, 45, 45, 46,
49n.38 [Deleuze], 54, 55, 57, 59, 70,
105, 124, 133, 141-3 [Aristóteles,
Sólon], 184, 186-7, 190-2, 196,
200n.41; v. interpretação, jogo de
diferenças, signo; *vs.* semelhança; v./
vs. repetição
(a –, condição da apofântica): 45
(– [moral]: entre o vício e a virtude):
131n.7 [Plutarco], (– entre a
riqueza e a virtude): 132n.31
[Platão]
(supressão da –): 192 [Nietzsche]
(lógica do conceito da –: neutraliza a
materialidade do discurso): 46
(pensamento da –): 4
(– e idealidade do sentido): 45
(– sofística e manipulações): 41-2,
44-5, 54; (– de natureza entre
sofismas e raciocínios falsos): 38
[Aristóteles]
(– genéricas): 10-1.
diferenciação: 14-5, 56
(– material dos saberes): 237n.3
(– social substituindo o confronto
igualitário): 80; v. δίκη, δίκαιον,
δικάζειν [Hesíodo], θέμις
[Homero].
diferente: o totalmente diferente, "algo
totalmente diferente" [nietzchiano]:
188, 198n.4, 205
([o] – e [o] mesmo no jogo sofístico):
59; v. jogo.
Dike, díke, Díke: 87n.1, 88n.20, 89n.27,
103n.18, 256, 257, v. δίκη, Δδίη.
dionisíaco, dionisismo: 155, 156, 158;
v. culto.
direito
(– à vida eterna): 161
(– criminal): 164n.6.

direito grego: 83-6, 88n.2, n.9 & n.11,
89n.25, 93, 230
(– arcaico, pré-direito): 70, 74n.4 &
n.6-7, 110
(– clássico): 70; v. Gernet, Préau.
direitos políticos (hierarquia dos –):
121, 141; v. νόμος; *vs.* ἰσονομία.
disciplina/s: 5, 203.
discursivo/s: (acontecimento/s –): 56,
58, 175, 179, 181n.19; v.
acontecimento, materialidade.
discurso: v. *lógos*; v. λόγος
(– com pretensão científica): 4
(– de soberania e secreto): 147
(elementos do –): 43-5, 54-5.
discurso apofântico: v. λόγος
ἀποφαντκός
(–: diz o ser e o não-ser): 59-67
[– e exclusão da contradição]: v.
apofântica, enunciado declarativo,
proposição verdadeira.
discurso falso/verdadeiro: 46-7, 51, 62;
(papel da vontade de verdade no
discurso): 4.
discurso filosófico-científico
(fundamento[s do] –): 36, 62.
discurso judicial: v. κρίνειν, νόμος
(– e relação com a verdade): 65, 75-6,
81-2, 86, (– e relação com a
justiça): 86-7, 94, 100-1; (– e
discurso político): 86-7; (– e
discurso de saber): 117.
discurso poético: 33, 65.
discurso sofístico (discurso como coisa)
vs. discurso filosófico (como
significante): 36-7, 51, 56-7, 62; v.
sofismas; v. Dupréel, Grote, Gomperz
(materialidade do –): v. materialidade,
prática discursiva.
discurso/s filosófico/s: 6, 18, 24-34, 51;
v. significante
(anterioridade do – com relação a ele
mesmo): 35; v. historicidade da
filosofia
(eliminação do exterior do –): 35;
independência do – com relação à
política): 33-4; Aristóteles *vs.* Platão

272   *Aulas sobre a vontade de saber*

(elisão do desejo de saber no –): 6.
discussão/discussões
  (– dialética): 37
  (– e efeito de desconhecimento, séc.
    V a.C.): 138n.***; v. pedagogia e
    escrita
  (– pública): 137
  (– retórica e política): 34
  (– sofística/s): 37, 62.
disputatio: 37, 48n.22; v. Buridan.
dívida/s: 95, 96, 115-6, 122, 124, 127-8,
  (escravidão por –): 140
  (extinção das – pela εὐνομία de
    Sólon): 140.
divisão: 251-2 [Deleuze]: *vs.* diferença.
doação-contradoação (prestígio, depois
  cálculo da – [sociedade homérica]):
  95.
dominação: 4, 5, 17, 18, 59, 62, 191,
  193, 260; v. discussões, sofisma,
  Sofista, sofística
  (– de classe, sécs. VII-VI a.C.): 126
  (–, necessidade e conhecimento):
    192.
duelos [discursivos]: 34; v. discussão,
  luta.
duplo monstruoso: 217; v. Girard; v.
  metades.
dysnomia: 148n.8, v. δυσνομία; *vs.*
  eunomía.

Economia: 113-4; v. cesura; v. εὐνομία,
  νόμισμα
  (– de subsistência): 120
  (– e política): 142, 147
  (– interna de um discurso): 242
  (– mercantil e monetária): 120, 123-
    4, 127, 129, 132n.19, 142, 158.
educação: 11, 48n.18-19, 118n.16, 135,
  v. παιδεία
  (– e escrita: [proteção do νόμος):
    135.
elegia/s, *Elegia/s*: 140, 142, 149n.16; v.
  Sólon.
elementos de/do discurso: 43, 54; v.
  discurso, manipulação.

emergência
  (– do sentido, da verdade): 46, 62, 80,
    134, 136, 175, 241; v. coisa dita
  (lugar de – do saber): 137n.***; (– do
    λόγος e do sentimento trágico: a
    ἀγορά): 242-3.
enigma [e salvação da cidade]: 14-5,
  167, 212, 215, 219-20, 224-5, 236,
  238 [Édipo].
"enquête du pays": 230 & n.*, 233.
entimema, substituto do silogismo: 8, 9,
  20n.12.
Entstehung, emergência: 254; v.
  genealogia.
enunciação jurídica da verdade: 66.
enunciado declarativo/não declarativo:
  45, 60-1; v. apofântica *vs.* sofística.
enunciador de verdade: 66, 174n.*.
epístata: 71, 74n.9.
epistéme: 138n.a, 241n.2, 245, v.
  ἐπιστήμη.
epistemologia: v. operador/es.
época
  (– arcaica): 163, 166, 167-8
  (– clássica): 70, 71, 76, 133, 164n.8,
    166
  (– cristã): 127
  (– helenística): 71
  (– homérica): 110, 153.
Erfindung: 183, 198n.2, v. "invenção"
  [Nietzsche].
erística: 61; *vs.* apofântica.
erro/s [filosófico/s], não-verdade: 32,
  35, 37, 39, 40, 45, 47, 53, 60, 120,
  173, 177, 178, 187, 195-7, 198n.11;
  v. sistema de verdade, sistema de
  erros, sofisma/s, verdade [como]
  erro; v. também: jogo da aparência.
escassez material das palavras: 41-2,
  43, (– e pensamento da diferença):
  45, (– e sofisma): 41.
escolástica (tradição –): 37-8.
escravidão: 116, 113-4, 116, 127-8,
  131n.2, 140; v. dívida/s
  (papel dos argumentos pró ou contra
    a – nas lutas políticas): 113-4.

Índice das noções

escravo/s: 77, 84, 113-4, 142, 216, 224
(importação de – proibida sob
Periandro): 116
(interrogatório e testemunho do/s
escravo/s): 167, 212, 215, 218-21,
228, 231 & n.*, 234, 260; v. ajuste,
prova de verdade, "lei das
metades", testemunho; v. ἵστωρ.
escrita: 101, 107, 138; v. verdade
(a –: uma das formas possíveis do
νόμος): 136; (– e παιδεία): 136-8
& n.***
([instituição da –]): 73; v. λόγος,
νόμος, παιδεία.
(referência obrigatória à –): 73.
"escudo de Aquiles": v. hoplita/s; v.
Hesíodo vs. Homero
(cena do –): 71-2, 74n.10-11, 166.
escuta-obediência/submissão (do
adivinho): 226, (– dos mensageiros):
229, 232-3, (– de Édipo): 235; v. "lei
das metades".
escuta: v. ἀκούειν; v. cego, adivinho; v.
Jocasta, Édipo
(– da justiça): 98-9; v. Hesíodo
(– oracular): 218, (recusa da –): 223,
232, (– e saber): 225, 227-8, 235;
(vs. saber caracterizado pela
escuta): 211, 215.
esquecimento: 35, 55, 99, 234
(– da regra e perigo de violência):
153, 169
(– de Édipo): 260
(–: "Léthe"): 19n.5; (– vs. não
esquecimento, forma da verdade,
não esquecimento dos reis, dos
deuses): 80, 103n.24; v. saber,
verdade; v. também "Alétheia"; v.
Detienne
(memória sem – nem enigma): 15; v.
Aristóteles.
essência
(criminoso por –): 171; v. poder
popular
(– mercantil da moeda): 124.
essência da verdade: 200n.41, 257, 258.

essência da/s coisa/s: 184, 185, 186,
187-8.
essência do conhecimento e essência da
verdade: 243, 247, 256, 257; v.
Heidegger, Nietzsche.
essência do conhecimento: 243, 247,
256 [Heidegger]; (conhecimento
da –): 11, 257n.56.
Estado, estatal (aparelho –, instituição
do –. estrutura –): 71, 83, 93, 100,
101, 107, 128; v. cidade.
estoico/s: 46, 49n.40.
estrangeiro: 47, 152, 222 [Édipo], 233;
v. também: ablução, rito; v. Homero,
Platão, Sófocles.
eterno retorno: 132n.23, 200n.41; v.
Nietzsche.
ética/Ética: 9, 10, 20n.15, 26, 131n.14,
198n.7, 205; v. jogo; v. Aristóteles,
Ética
(– cristã): 127
(– da verdade, [da pureza]): 170, 194,
255
(indiferença –): 145.
eumólpidas (intérpretes –): 148n.4, v.
ἐξηγηταί Εὐμολπίδων.
eunomia: 148n.8, v. εὐνομία; v. nómos
vs. dysnomia; v. Homero, Hesíodo,
Sólon.
exclusão
(– constitutiva da separação inocente/
criminoso): 166, (– da separação
puro/impuro, verdadeiro/falso,
razão-desrazão): 162
(– da materialidade do discurso): 62,
(– no texto aristotélico): 16-7;
(definição por – de um exterior do
discurso filosófico): 36
(– dos Sofistas, do sofisma): 30, 47,
51, 52, 61, 245, (– do sujeito pela
sofística): 46
(– legal [pelo νόμος e do νόμος]),
(medidas de –): 162, (– e
individua[ção]): 166
(princípios de – e vontade de saber):
204

274 — Aulas sobre a vontade de saber

(regras de – e instituições de memória): 134, 166; v. conspurcação; v. θεσμός.

exegeta/s: 108, 135, 148n.4; v. ἐξηγηταί Εὐμολπίδων.

exercício da soberania: 70-1, 98.

exercício do poder [político]): 73, 101, 108, 124, 135, 137n.***, 142, 145, 217, 225, 234.

exílio
(– do criminoso): 84, 180n.2, (– do homicida involuntário): 160; v. exclusão, leis de Drácon, procedimentos de reparação, purificação
(– dos camponeses): 115
(– voluntário de Édipo): 216, 234n.*, 235.

exterioridade: 6, 17, 35; v. desejo, jogo, saber
(– do deus): 157.

Fábula
(– da verdade): 27n.8 [Nietzsche], 187
(– de Édipo): 177, 236
(– de Esopo): 248 [Nietzsche]
(– ocidental): 109; v. Mefistófeles.

fala/s: 72, 74n.7, 92, 108, 125, 146, 147, 169, 174
(– divinas, do adivinho e ὀρθὸν ἔπος): 213 [Édipo rei]
(– do filósofo): 33
(– enigmática e saber): 14; v. herói trágico; v. Ésquilo, Sófocles
(– que ensina e não profetiza): 15; v. Aristóteles
(–, escrita e pedagogia): 148n.v; v. também: poder, exclusão
(deslocamento da – do litigante para o juiz): 91; v. νόμος
(fala pública e fala privada): 63n.4; v. espaço político.

fala de soberania: 98; v. julgamento--medida.

fala de verdade, "fala verdadeira": 33-4, 75, 76 [Dumézil], 76-7 [segundo δικάζειν e κρίνειν], 99.

"fazedores de constituição" (séc. VI a.C.): 222.

felicidade: v. ἀγάπησις, εὐδαιμονία; v. Aristóteles, Espinosa
(– da cidade, dos homens): 85, 93; v. Hesíodo
(– da contemplação): 13
(– e hábito): 13; v. εὐδαιμονία e ἕξις
(– própria da ideia verdadeira): 23
(– sensorial): 23
(– teórica): 15.

"fetichismo": 120, 127, 131n.12; v. signo; v. Althusser, Marx.

ficção
(a cesura entre o político e o econômico como –): 144
(–, lugar fictício): 174, 178, 180; v. princípios da análise nietzschiana.

filosofia/s: 6, 18, 19n.7 [Aristóteles], 27n.3 [Nietzsche sobre Espinosa], 30, 38, 48n.16, 49n.38, 63n.1, 191, 198n.9, 205, 236, 253n.45; v. conhecimento, discurso, história, modelo, saber, verdade; vs. manipulações, sofisma, sofística
(– anteriores a Aristóteles, segundo Aristóteles): 30-7 [*Metafísica* A]
(– aparente e sem realidade: a sofística): 30
(condições de uma – sem pressupostos de nenhum tipo): 19n.11, (–: derrubar o platonismo): 251; v. Deleuze, Nietzsche
(–: conhecimento dos princípios primeiros e das causas finais), (– e desejo de conhecer): 13
(– do significado e da diferença): 59
(– ocidental até Nietzsche): 22
(–: vontade obscura de alcançar a sabedoria): 13 [Aristóteles].

Fogo heraclitiano (princípio do –): 31.

força/s
(– da cidade: a moeda): 129; v. νόμισμα
(– da verdade, força autônoma): 68
(– de produção): 148n.***.

Índice das noções

Fortuna (roda da –): 179, v. Τύχη
(alternância de – própria do herói
trágico): 222 [Édipo].
fragmento/s
(– de saber ajustados): 219; v. "lei das
metades"
(– de um símbolo cuja totalidade tem
valor de prova): 214-9; v.
σύμβολον.
fulguração do acontecimento: 96, 135,
177, 178.

Genealogia/s
(– do rei, dos ancestrais, dos deuses):
107, 145-6, 246-7; v. discurso de
soberania
(– do saber): 243, 249
(– nietzschiana do conhecimento):
243-4, 248, (– da moral): 189,
199n.23.
geometria: 101, 103n.30, 131n.7
[Licurgo]
(–: princípio de distribuição): 131n.7
[Plutarco].
gramática: 43, 48n.21, 53, 54, 55,
63n.7, 191.

Herói/s: 147, 159, 170n.*, 221
(– homérico): 162, 169
(– mitológicos): 222
(– trágico): 14, 222, 261; v. também:
estrangeiro; v. Édipo.
hierós [ιερος]: 180n.7.
hipotecas [extinção das –]: 140; v
εὐνομία; v. Sólon
hístor: 74n.12, v. ἵστωρ.
história "simbólica" de Édipo: 215; v.
fragmentos, "lei das metades".
história da filosofia: 32 ([segundo]
Aristóteles), 34-6, 205.
história da lógica: 46.
história da sofística: 30.
história das sociedades: 5.
história dos discursos verdadeiros: 5,
(– da verdade): 33-4.
história global e história geral: 252.

"história nova": 252 [Arqueologia do
saber].
história ocidental: 18.
historicidade da filosofia: 35.
homicídio
(– em legítima defesa): 84
(impureza qualitativa do – e exílio): 160
(– voluntário, involuntário): 160.
hoplitas (início séc. VII a.C.]: 105, 112,
115, 115, 118n.23.
hoplítico/a
estratégia – e ἀρετή): 112
(exército – de pequenos camponeses):
121, 125
(vitória –); 118n.23.

Ideal ascético: 199n.23-24; v.
Nietzsche.
idealidade do sentido: 45; v. diferença.
ideia de causalidade: 27n.8; v.
Nietzsche vs. Kant.
ideia verdadeira (adequação com a
felicidade): 7, 23; v. Espinosa.
idêntico (manter o – vs. lembrar-se da
ocasião): 98; v. memória contábil.
identidade
(– do sujeito no desejo e no
conhecimento): 22; v. verdade
(– material do enunciado, da coisa
dita, das palavras, dos nomes, dos
sons): 41, 45, 54; v. apofântica,
diferença, marca, repetição,
verdade; vs. sofisma
(– singular de cada filosofia por sua
relação diferencial com a verdade):
31.
ideologia: 25 [Nietzsche vs. Kant], 159.
"ideologia" do saber como efeito da
liberdade: 194 [Nietzsche], 200n.41,
258; v. liberdade.
ignorância
(a –: carência constitutiva da relação
com a verdade): 33, 35-6, (– cega):
219, 226, 228 [Édipo]
(– e multiplicidade dos saberes): 231
(escapar à –): 31, 32.

276 *Aulas sobre a vontade de saber*

igualdade
(– das possibilidades de vida eterna,
séc. VII a.C.): 161; v. Drácon
(– em direitos): 106, (– perante a lei):
89n.35, 149n.15, v. ἰσομοιρία.
ilusão/ilusões: 37, 178, 185, 187, 190,
191, 195-6, 197, 198n.13, 246; v.
vontade de saber; v. Nietzsche,
Shopenhauer.
imagem: 223, 236, 237n.7, 244, 251; v.
signo, sofisma, símbolo, tirano
(– da teoria e sensação): 12-3
(imagens da memória, matéria do
conhecimento): 11; v. também:
matéria, sons
(– moral do pensamento): 19-20n.11
[Deleuze].
imaginação: 20n.13 [Aristóteles]; v.
φαντασία.
imaterialidade do sentido: 46; *vs.*
materialidade da coisa dita.
imortalidade
(a – "para todos", conquista de
classe): 159 [Sólon];
(democratização da – da alma):
255.
impostos e rendas (impérios da Ásia,
Lídia): 100, 107 (na Grécia), 110,
121, 123, 127-8, 154.
imprecação: 68-70, 74n.7, 76, 87, 91,
93, 217; v. também: juramento.
impureza: 160-3, 166-8; v. exclusão,
homicídio; *vs.* acesso à verdade
(– qualitativa individual): 163, 165,
169
(–, relação com a lei e saber): 170.
impurezas: 151
(–: exclusões não realizadas): 168.
impuro
(categoria jurídico-religiosa do –): 151
(o –: o ἄνομος, coextensivo ao
νόμος, cego para o νόμος, excluído
do/e pelo νόμος): 169-70
(–: o que não tem acesso à verdade e
não pode ser tolerado [na cidade]):
163.

incesto: 181n.16, 216, 219 [Édipo rei];
v. "lei das metades", metade.
inconsciente
(Édipo, brasão do –?): 220, 236.
indiferença ética às riquezas: 145.
individualidade/s: 158, 161-2
(a – como forma da propriedade):
158-9
(– de fortuna [destino] do tirano):
222, 228 [Édipo rei]; v. Τύχη
(dispersão de individualidades e
filosofia): 34-5.
indivíduo (definição jurídica do –): 158.
injustiça: 85, 93, 94, 105, 132n.27
[Demóstenes], 144, 223; v. "reis
devoradores de presentes"; *vs.* justiça.
inquérito, investigação
(procedimentos de – [pré-direito e
direito gregos]): 230-4;
(procedimento judicial de –): 180,
245; v. leis de Drácon
(–, saber investigativo): 216, 218-9,
220, 235, 238n.31; v. "lei das
metades" Édipo rei].
Inquisição: 77; v. prova, procedimento
inquisitório.
instinto/s: 25, 178, 183, 185, 198n.8,
199n.24, 205, 248; (luta dos –): 24,
27n.3.
"instinto de conhecimento":
184,198n.13, 246 [Nietzsche]
(– e conhecimento, e intelecto, e
saber): 185-6, 206-7, 248.
instituição/instituições (na Grécia):
74n.4, 76, (– arcaicas): 206
(– do Estado): 128, 131n.7; (– da lei
escrita): 133; (– da moeda,
monetária): 117, 119, 120, 121,
124, 128, 129, 206; v. νόμισμα,
νόμος
(– judicial): 76; (– de uma justiça
com modelo religioso): 117
(tripla –: escrita, pedagogia,
discussão): 137n.***.
instituições de memória: 134; v. μνήμη.
intelecto: 184; v. instintos [Nietzsche].

Índice das noções

interesse
   (aliança por –): 116.
   (o – e o conhecimento): 186, 206; v.
      Nietzsche
interesses
   (conflito de – entre grupos de
      aristocratas): 113
   (– da classe rica): 123
   (o poder popular e seus –): 171.
interioridade
   (– do conhecimento): 18; v. saber
   (princípio da –): 35; v. filosofia.
interpretação/interpretações: 120-1,
   188, 189, 192-3, 246; v.
   conhecimento, paradigma, técnicas
   (a –: o que põe e impõe signos): 192
   (a –: violência feita ao caos): 192
      [Nietzsche]
   (– dos mistérios): 188
   (– e conhecimento): 192
   (– mercantilista da moeda): 120
   (método de – nietzschiano *vs.*
      aristotélico): 33, 200n.41, (–
      heideggeriana): 19n.2 [Fink], 246
invasão dórica: 101, 109.
"invenção" (a) do conhecimento: 183-8,
   197n.1, 205; v. *Erfindung*, verdade; v.
   Nietzsche.
investigação histórica: 3, 253.
isonomía, repartição igual: 89n.35,
   149n.10, v. ἰσονομία; v. Sólon.

jogo: 23, 33, 34, 46, 55, 59, 72, 87, 91,
   122, 126, 183 (espaço de –), 185,
   186, 206
   (– de dependência): 204
   (– de instintos, de impulsos, de
      desejos): 205; v. "invenção"
   (– entre a marca e o querer): 192
   ("– intramundano"): 253 [Fink].
jogo [processual] entre a recusa e a
   aceitação: 79-80; (– do juramento e
   do desafio de verdade): 75.
jogo coisificante dos signos: 192.
jogo da aparência: 196; (– de máscara):
   46.

jogo da verdade: 6; (jogo ético entre o
   honesto e o desonesto): 38; (inclusão
   histórica do sistema verdadeiro ou
   falso): 5; (exclusão do sistema
   platônico por Aristóteles): 16, 34;
   (exclusão do sofisma por Aristóteles:
   51.
jogo de aliança/s e de transação/
   transações: 157; (– do bom
   entendimento e da dívida restituída):
   106; (– da apropriação pelas famílias
   ricas): 155; (– das atribuições, das
   compensações, das reparações, das
   retribuições e das destituições): 84;
   (– dos créditos e ciclos do
   endividamento, dos empréstimos, das
   dívidas e dos pagamentos, e das
   rendas): 96, 124, 157; (– das
   despesas, dos retornos e das
   distribuições): 140; (– entre o
   rendimento e a caridade): 127; (– do
   sacrifício e de seus simulacros): 121.
jogo de diferenças: 190; v.
   conhecimento.
jogo de metades faltantes, "duplo jogo"
   do mecanismo simbólico: 217; v. "lei
   das metades"; v. σύμβολον.
jogo de prescrições: 203.
jogo do conhecimento
   (– com relação a ele mesmo: o
      desejo): 16-7; (– entre o
      conhecimento e o desejo): 35; (– da
      verdade com relação ao desejo e ao
      conhecimento): 22; (– de
      exterioridade entre o desejo e o
      saber): 17; (– entre saber, verdade,
      conhecimento): 19n.2.
jogo do olhar, da designação: 233.
jogo do λόγος: 137
   (–: jogo da/sobre a materialidade do
      discurso): 46, 47, (jogo da oposição
      dos discursos): 91; (–: entre a
      sucessão e a permutação): 43
   (–: jogo de palavras): 53-4, 221,
      (– etimológico): 220, (– das
      retorsões): 73.

278   *Aulas sobre a vontade de saber*

jogo entre a justiça e a recompensa: 93, 94; v. δίκη.

jogo entre o político e o econômico: 144; (– do poder): 128.

jogo entre os deuses e os homens: 155 [Homero]
(– entre a força da Τύχη e o poder do homem): 228-9 [Édipo rei].

jogo/s sofístico/s: 59, (jogo-desafio: oposição vencedor/vencido): 59, 70; (– do ser e do não-ser): 59, (– entre o desejo e o poder): 59; (jogos de sombras): 38.

jogos lógicos: 37, 39.

juiz: 69, 70-3, 79-84, 85-6, 87n.1, 88n.20, 91, 92; v. reis, juramento; v. ἀγών, κρίνειν; v. Hesíodo, Homero.

julgamento: 78
(validade do – e verdade do enunciado): 66, (*vs.* falsidade do –): 67; v. δικάζειν, κρίνειν
(– homérico): 73.

julgamento universal: 11; v. Aristóteles.

julgamento-medida (substituição do juramento decisório pelo –): 81-6, 97-8; v. também: δίκαιον καί ἀληθές.

jurador, cojurador: 69-71, 80; v. juramento, testemunha.

juramento
(– assertórico): 81, 206
(– decisório): 82, 96, 134, 163, 166, (– substituído pelo julgamento-medida): 97-8
(– homérico): 71
(o –, prova da verdade): 69
(– promissório): 81; v. legislação de Gortina
(– purgatório): 230, 232 [Édipo rei].

jurídico/s, jurídica/s: 71, 134; v. ação, exigência, práticas, rituais; v. δικάζειν, κρίνειν; v. Gernet, Glotz
(definição – do indivíduo): 158
(documentos, textos –): 65, 72
(enunciação – da verdade): 66; v. juramento
(formas –): 27n.4

(pensamento – [em Roma]): 85, (– na Grécia): 102n.2.

jurídico-política/políticos
(desapropriação da regra – [arcaica]): 137n.***; v. escrita
(estrutura – da cidade): 140; v. poder; v. νόμος
(procedimentos – de investigação [Grécia clássica]): 245.

jurisdição/jurisdições [diferenças entre –]: 78; v. Hesíodo
(– de Drácon): 159
(– de Gortina): 160-1
(– de Sólon): 159.

justiça: 73, 78-9, 80, 83 [Heródoto], 85-7, 92-100, 101, 103n.18, 105-6, 108, 117, 132n.26 [Sólon], 139-40, 143, 206, v. δίκη, Δίκη; v. juiz, julgamento, luta, lugar, metátese, sentença
(–: a sentença substituída pelo parecer): 99-100; ([distinção entre] a boa – e a má): 79-80, 106.

justiça aristocrática e guerreira (derrota da – pelo νόμος): 87.

justiça e política: 86; v. Empédocles, Sólon.

justiça e verdade: 103n.18, 108, 109, 128, 147, 206; v. δίκαιον καί ἀληθές, νόμος.

justiça hesiódica: 78-85, 92-100, 106, (– *vs.* justiça homérica): 92; v δίκαιον, κρίνειν
(– da medida comum [substituindo] a justiça do juramento-decisão, da regra): 97, 105-6, 128-9; (– dos retornos exatos): 105.
(– de modelo religioso): 117

justo (o): 108, v. δίκαιον καί ἀληθές (conduta –): 96; v. Hesíodo.
(– sem verdade): 109

Kósmos vs. *phýsis*: 257, 262 & n.69; v. Jaeger.

legislação, lei/s: 67, 70, 79, 81, 89n.22, 89n.35 (ἰσονομία)

Índice das noções 279

(– de Drácon: de reparação): 84, 160
(– de Filolau): 109
(– de Gortina, Creta): 72, 82, 87 (*vs.*
  natureza), 88n.8, 91, 92, 161; (o
  δικάζειν e o κρίνειν substituindo a
  lei de Gortina): 79-82; v. Dareste
(– de Sólon): 139-42, 159; v.
  εὐνομία, νόμος.
legislador/es: 86 ("fazedor de leis"),
  89n.32, 129, 156, 161; v. tiranos; v.
  Carondas, Drácon, Sólon, Zaleuco.
lei/s: v. legislação
  (– e ritual enunciativo): 134.
lei escrita: 73, 87, 102n.3, 116, 117
  (–: constituição política e discurso da
  ordem social): 133, 135; v.
  εὐνομία, νόμος, tirania
  (– e moeda): 133; v. νόμισμα, νόμος.
"lei das metades", mecânica das
  metades: 212, 238n.31; v. ajuste,
  fragmentos, metades; v. σύμβολον
  [Édipo rei].
[lei não escrita]: tradição oral (em nome
  de Apolo): 158-9; v. costume, ritos; v.
  δίκαιον, θέμις, θεσμός, ἵστωρ.
"*Léthe*": 19n.5, 48n.13, 88n.10. 103n.24
  [Detienne], 250; v. "*Alétheia*".
liberdade
  ("a liberdade é o ser da verdade"):
  194, 200n.41 [Heidegger].
língua: 94 [Hesíodo].
Linguagem: 11, 47n.2 [Aristóteles],
  49n.39 & n.41 [Platão], 138, 241,
  250, 255 [Andler], 258, 260, v. λόγος.
livre
  ("a verdade não é livre por
  natureza"): 258.
lógos: 138n.a, 241n.2, 243, v. λόγος; v.
  discurso.
loucura: 19n.8, 78, (– e ὕβρις):
  149n.12; (produção teatral da –):
  88n.5
  (povo e – dos reis): 93 [Hesíodo].
lustral (função – da verdade): 168.
luta/s: 4, 5, 24, 38, 44, 69, 70, 82, 91,
  113, 114, 118n.15, 125, 133,

138n.***, 141, 156, 161, 166, 175,
  178 (modelo nietzschiano), 186, 189,
  196, 198n.8, 199n.24; v. confronto,
  desafio, discussão, dominação, saber;
  v. ἀγών
  (– de saberes e de poderes): 236;
  (– entre saberes): 211
  (– políticas, séc. V a.C.): 113; (– de
  classes e tipo de discurso): 145,
  161, 174, 176.
luz (raio da – e da morte): 15; v. desejo
  de saber, saber transgressivo; v.
  Ésquilo, Sófocles.

Magistrado/s [Grécia arcaica]: 66;
  [Grécia clássica]: 102n.3, 149n.18,
  161.
maldade: v. conhecimento.
manipulação dos elementos do
  discurso: (– lógica *vs.* material,
  sofística, dos enunciados): 54, 56-7,
  59, 61.
manipulações monetárias: 129
  (desvalorização por Hípias).
mântica: 225, 226, 229, 230, 232,
  238n.31; v. adivinho; v. ἐκμαθεῖν,
  πρόνοια
  (metade –, parte –): 213, 214, (ajuste
  entre – e investigação): 233-5; v.
  fragmentos, "lei das metades".
marca
  (a –: identificador, multiplicador da
  relação): 191, (– de identidade e de
  realidade do objeto): 191
  (– monetária): 125, (comparação
  errônea entre – e signo linguístico
  desde Turgot): 125
  (perversão das marcas): 200n.41.
máscara: 171, 185 [Nietzsche], 251
  [Deleuze], 260; v. jogo.
masoquismo e desafio ordálico: 78.
matéria: 4, 17, 65, 84, 113, 122, 123; v.
  causa material
  (– do prazer sensorial): 13
  [Aristóteles]
  (– social da riqueza): 131n.18.

280 *Aulas sobre a vontade de saber*

materialidade: v. palavras/nomes,
escassez, sofisma
(– da coisa dita): 41, (emergência do
imaterial do sentido a partir da
materialidade da coisa dita): 46
(– das palavras): 41, (– e
acontecimento do enunciado): 60
(– dos símbolos): 44
(– sofística *vs.* apofântica): 55-6, 61.
materialidade do discurso: 42, 43, 45-7,
57, 61, (eliminação da –: condição da
apofântica): 45.
mecanismo político-religioso: 218; v.
σύμβολον.
medida: v. μέτρον; v. julgamento
(a – como cálculo e a medida como
norma, sécs. VII-VI a.C.): 119; v.
Sólon
(a – grega: o não-excesso): 120,
128-9
(– monetária): 106
(os quatro elementos de – hesiódica):
96-7; v. δίκαιον, κρίνειν; *vs.*
πλεονεξία.
memória: 11, 15, 16, 55, 80, 134-5, v.
μνήμη; v. sentença; v. κρίνειν
(– contábil, memória do idêntico e de
sua medida, [substituindo] a
memória exegética, memória da
regra ancestral): 97-8
(– do escravo): 220 [Édipo rei]
(– exata dos reis de justiça, memória
futura dos deuses): 80
(campo de –): 56
(instituições de –): 134.
mentira: 27n.4; v. Nietzsche
(– das coisas): 192; v. interpretação
(a verdade é –): 195
(a Vontade de Saber, fábrica [de] –):
178
(o conhecimento como –): 183, 192.
mestres de verdade, *Mestres de
verdade*: 19n.5, 48n.12-13, 63n.4,
64n.12, 74n.12, 87, 88n.10, 103n.24,
242n.8, 249 & n.31, 258, 261; v.
Detienne.

"mestre do eterno retorno": 20n.22.
metade/s: 179, 212-7, 237n.3 & n.7; v.
σύμβολον
(– "a mais"): 216; v. duplo
monstruoso
(mecânica [de] ajuste das –): 214,
216 ("– "narrativa"-"oráculo";
"incesto"-"assassinato",
"tebana"-"coríntia"); v. "lei das
metades".
metafísica, *Metafísica*: 6, 7-17, 19n.6 &
n.11, 20n.17, 27n.11, 30-2, 34-6, 45,
47n.3-6, 48n.9-10, n.14-15 & n.19,
49n.38 & n.42, 62, 64n.15, 200n.41,
205, 244; v. Aristóteles
(– clássica): 23, 206
(– nietzschiana): 247 [Heidegger]
(– ocidental): 89n.31, 247
[Heidegger]
(– pré-platônica): 256.
metátese do poder, função da moeda:
124; v. νόμισμα.
miaros [μιαρός]/*katharós* [καθαρός]:
180n.7; v. Will.
miasma: 180n.7, v. μίασμα; v. Will.
mistérios: 164n.11, 188; v. Dioniso,
Nietzsche.
mítico-religioso: (saber – das origens):
100-1.
mito: 103n.30; v. Vernant
(– da reminiscência): 16 [Platão]
(do – narrado à operação política):
126.
modelo (aristotélico e modelo
nietzschiano): 178; v. paradigma.
moeda: 106, 107, 116-7, 119-32, v.
νόμισμα
(– e lei escrita: papel complementar):
133
(– e rituais religiosos ou regulações
sociais: sacrifício e imposto): 121
(instituição da –): 119-30
(interpretação mercantilista da –):
120
(universalidade da –): 15.
moedas: 122-3.

moeda-medida: 127-9, v. μέτρον,
(– instrumento de retificação social):
127-8, 129, v. δίκαιον

moeda-signo (de uma mercadoria
ausente): 125-6, (signo monetário,
instrumento da dependência e da
defasagem entre o econômico e o
político): 121, 125-6, (– *vs.*
simulacro): 132n.23.

moeda-simulacro, [fator] de
substituições: 125-7, 130.

Moirai: 103n.17; v. μοῖρα.

moral
(a –: "manifestação antinatural"):
27n.10 [Nietzsche]
(– da ἀρετή): 117; (conhecimento –
da virtude): 170n.*
(– do delito): 153.

morfologia
("– da vontade de poder"): 198n.5
[Nietzsche]
("– da vontade de saber"): 3, 203, 246
(– do sofisma): 62.

morte: v. exclusão, exílio, purificação,
sangue, conspurcação; v. Laio,
Políbio, Sócrates
(efeitos econômicos e sociais da – e
individualidade): 161
(– recíproca: sanção do assassinato):
160
([relação]: –, conspurcação,
purificação: 161.

mundo: v. *kósmos*; v. também: ordem do
mundo.

"mundo-verdade (o)": 27n.8
[Nietzsche].

não-ser: 46-7, 58
(– do raciocínio aparente): 47
(– *vs.* ser): 59-60, 63n.9; v. jogos.

Natureza: 137 & n.*-***, 138, 145,
148n.1, 169, 184 [Nietzsche], 191,
194, v. φύσις v./*vs.* νόμος; v. παιδεία
(– das coisas): 127
(– e lei): 43, 66, 87, 136; (conduta
conforme com a natureza): 136
[Píndaro]

(trabalho e –): 103n.22; v. Hesíodo,
Vernant
(vias da – e da habilidade): 126; v.
signo monetário.

Necessidade/s: 22, 31, 204, 225
(a –): 188-9, 191, 192; v. Nietzsche
(– da verdade como princípio de
separação): 168; v. cidade.

neokantiano/s, neokantismo: 26, 27n.4
& n.11, 197n.1.

nietzschiano/a
(análise –): 25; v. princípios;
(comentário –): 19n.11; (modelo
–): 178; (paradigma – *vs.*
Aristóteles): 200n.41
(tarefa –: libertar-se da verdade): 196.

nómisma: 132n.24 [Will], 148n.1
[Laum], v. νόμισμα; v. moeda.

nómos: 102n.3, 117n.6, 1132n.24 &
n.37, 148n.1, n.5 & n.8, 177, 255; v.
νόμος
(o –): justa lei de distribuição): 206
(pontos de apoio do –): 137; v.
também: pureza, verdade; v.
εὐνομία.

nomóteta/s: 102n.3, 145, 172, 174n.*,
222.

norma: v. medida
(– e justiça): 98-99; *vs.* φύσις
(– e verdade): 194; v. Nietzsche.

o jogo: 4, (– de Foucault): 252-4; (– de
Platão): 251 [Deleuze], 254.

Objeto (o –: ponto de aplicação da
marca): 191.

ocultação: 126, 145, 176, 260.

oferendas *vs.* ofensas: 166; v. sacrifício.

ofício: 116, 132n.32 [Platão]
(– de Édipo): 238n.20; v. poder
(– de sofista): 36; v. τέχνη.

olhar
(– da justiça para o passado e dos
deuses que pairam acima do
futuro): 234
(– da testemunha): 232, 233
(– e escuta do adivinho cego): 215
[Édipo rei]

282 · *Aulas sobre a vontade de saber*

(– insustentável da verdade): 82
(– soberano: instrumento e emblema): 235 [Édipo rei].
ontologia
(– aristotélica): 47n.2; v. Aubenque, Dupréel
(– do sofisma): 57, (– e imputação de enunciado): 58
(– [nietzschiana]): 194, 250
(– pré-socrática): 58.
ontologia diferencialista e genealogia: 254; v. Deleuze, Foucault.
"operador/operadores epistemológico/s": 8; v. Lineu, Saussure.
operador/operadores filosófico/s: 7; v. Aristóteles, Descartes, Espinosa.
oposição/oposições: 4, 11, 48n.13, 59, 78-9, 91-2, 95, 115, 130n.1, 133, 136, 137, 139, 140, 147, 151, 161, 220
(– entre apofântica e crítica sofística): 60-1, 65, (– entre raciocínio verdadeiro ou falso e falsa argumentação): 52; v. Aristóteles
(– entre narrativas sagradas e coisas mostradas): 49n.36; v. Ramnoux
(– entre querer conhecer e bom conhecimento, entre conhecimento primário e conhecimento ascético): 188-9; v. Nietzsche
(– lógica e oposição filosófica): 61, 65
(– sofísticas): 58-9; v. jogo.
oráculo/s: 33, 145, 165, 216, 218, 219, 229, 232, 236, 238n.27; v. metade; v. Apolo, Sófocles
(escuta dos –): 223
(– sem testemunha): 213.
ordálio, ordálico: 76-7, 88n.3, 103n.18, 238n.28; v. Inquisição, masoquismo, juramento; v. Gernet, Glotz
(–: equivalente não verbal da fala verdadeira): 76, 91; (–: verdade-desafio): 97, 245.
ordem, *Ordem*: 9
(–, comando): 60

(conhecimento da – e pureza): 172
(– *do discurso*): 19n.1, 241, 242n.6
(– do tempo e ordem numérica): 101
(– justa e mensurável da dívida, das estações): 95 [Hesíodo]
("– moral do Universo"): 27n.3 [Nietzsche]
(– natural): 39-40, 43 [Aristóteles].
ordenação, ordenamento, ordem: v. medida; v. δίκαιον, νόμος
(– da cidade, do mundo manifesto, das coisas): 86, 96, 99, 105, 106, 108.
orfismo
(– e reforço das prescrições rituais): 154, 158
(o –: "novo espírito infundido"): 164n.8 [Moulinier].
"órgãos de conhecimento": 189 [Nietzsche].
oriental
"a hora oriental": 103n.28, 255; v. "delírio religioso"; v. Andler, Nietzsche
(origem – e origem religiosa): 122; v. rito/s
(saber –): 101, 176; v. Knox.
Oriente (empréstimos do – pela Grécia): 101, 107, 117, 131n.8, 149n.12, 180n.7; v. Will.
origem/origens: 7, 24, 36, 45, 75, 100, 101, 107, 112, 118n.10
(– da filosofia): 138n.a [Derrida]
(– da moeda, da moedagem): 120, 124, 131n.4 & n.14; v. Will
v. também: genealogia, *Ursprung*.
Outro Mundo: 63n.12; v. Susong.

Paideia: 118n.16; v. παιδεία; v. educação.
paixão/paixões: 189, 198n.3
("fazer do conhecimento a mais poderosa das –"): 27n.3 [Nietzsche]
(pura – de conhecer, "desinteresse"): 236.
palavras/nomes (escassez das –): 40-4, 45, 58; v. coisa dita, coisas, sofisma/s.

paradigma: v. modelo
  (– de um conhecimento cujo único
  fim é ele mesmo): 12
  (– nietzschiano *vs.* paradigma
  aristotélico): 200n.41; (–
  nietzschiano da vontade de saber);
  259
  (a sensação inútil como – da
  contemplação por vir): 13.
paradoxo/s:
  (– da vontade de verdade): 194-6
  (– do mentiroso): 48n.20, 49n.39; v.
  Eubúlides
  (– do pensamento pré-socrático): 59.
pedagogia: 117, 136, 138, 148, 194, v.
  παιδεία
  (a –, ponto de apoio do νόμος): 137,
  145
  (– e natureza): 138, 145.
penalidade na França, séc. XIX: 4, 207.
penas e castigos de ordem religiosa: 67;
  v. juramento; *vs.* punição.
pensamento: 6, 11, 25, 27n.2, 49n.42,
  55, 102n.2, 103n.30, 148n.6, 164n.1,
  172, 174n.*, 227, 244
  ("caminhos do – divino"): 14
  [Ésquilo]
  ("– da Vontade de Poder"): 247, 257
  [Heidegger]
  (– grego da δίκη e pensamento da
  justiça em Nietzsche): 256; (figuras
  do sábio, do poder popular, do
  tirano no – grego): 170-2
  (– grego: aristocrático): 171n.*,
  (– pré-socrático): 65, (do séc. VI
  a.C.): 138
  (– jurídico romano): 85
  (o – como efeito do extrapensamento,
  violência e ilusão): 190
  [Nietzsche]; (interpretações do –
  nietzschiano): 246
  (o – como lugar de aparecimento da
  verdade): 62; (– da verdade): 35
  (*O – do descontínuo*): 253n.47
  ("suposta afinidade do – com o
  verdadeiro"): 19n.11 [Deleuze].

percepção: 76, 184, 198
  (relação de – e enunciação jurídica da
  verdade): 66 [Demóstenes]
  (– visual): 184; v. testemunha.
"percepções sensíveis": 198n.11
  [Nietzsche].
pergunta (a): *quem*? 167, 172.
peripécia/s: 69, 72, 187
  (relações entre a – e o
  reconhecimento): 217 [Édipo rei],
  237n.1; v. σύμβολον.
perjuros/perjúrio: 79, 88n.14, 93, 94,
  125, 230; v. juramento; v. Hesíodo,
  Homero.
peste em Tebas (causa da –): 224 [Édipo
  rei].
phonê vs. *lekton*: 49n.40; v.
  significante; v. Diógenes Laércio,
  Sexto Empírico.
poder: 17, 185, 238n.19 [Nietzsche]
  (– da verdade): 68, 69, 82, (a verdade:
  "germe de –"): 76 [Dumézil]
  (– dos deuses): 69, 69-70, 156
  (– do olhar e da escuta do adivinho
  cego): 215 [Édipo rei]
  (– econômico [garantia] da
  imortalidade: desapropriação por
  Sólon): 159
  (– político e artesanato, sécs. VI-V
  a.C.): 116.
poder/poderes: 17, 71, 73, 89n.22,
  108-9, 146
  (– absoluto e aristocracia): 106-7
  (– de intimidação da verdade *vs.*
  poder de coerção): 68
  (metátese do –): 124, 126, v. moeda;
  (– que deriva do sacrifício:
  redistribuição): 122, 141
  (relações de –): 138, 255
  (símbolo do –, Grécia arcaica): 125.
poder do θεσμός: exerce-se no
  acontecimento: 134, (e – da
  memória): 134; v. exegetas.
poder dos cidadãos: 143; v. corpo
  social; v. πόλις
  (distribuição do –): 141, (– e εὐνομία
  vs. poder arcaico: diferenças): 142-3

284 *Aulas sobre a vontade de saber*

(–: substituto da riqueza): 141
v. classes censitárias, reforma/s de Sólon.
poder e medida (sécs. VII-VI a.C.): 111, (o poder mensurador da cidade): 119; v. hoplitas, povo; v. μέτρον.
poder político
(– de caráter militar): 115, 137n.***, 138-9; v. Cípselo, Ortágoras
(– e competência judicial): 73, 74n.7, v. pré-direito, v. ἵστωρ; (poder político-judicial): 73, 87, (– jurídico-político): 141; v. εὐνομία; v. Sólon
(integração das qualificações religiosas do indivíduo pelo novo –, sécs. VII-VI a.C.): 158
(–: poder de classe: manutenção do poder nas mãos dos grandes possuidores, dos ricos): 124, 128, 133; (–: poder popular, como crime [séc. IV a.C.]): 171; v. povo
(reivindicação de um –): 101; v. δίκαιον, κρίνειν.
poder régio: 147, 220
(epopeias revigorantes do –): 100
(estrutura política e mágico-religiosa do –): 100; *vs.* passagem doδικάζειν para o κρίνειν.
poder-saber (saber e exercício do poder): 100-1, 107, (– e controle da justiça): 101; (dissociação entre saber e poder: transformação grega): 108, 109; (poder do saber: Mefistófeles): 109; (poder-saber/sem saber de Édipo, poder político-religioso): 220 *et passim.*
poeta/s: 48n.12, v. θεῖος ἀνήρ; 103n.24 [Detienne]
(– aristocráticos): 118n.16; v. Marrou, Píndaro, Teógnis
(– da lei escrita): 87; v. reis de justiça.
política/s/político/s/*Política*: 63n.12, 89n.22, 115, 118n.11 & n.16, 129, 130, 130n.2, 132n.35 & n.37, 141; v. direitos, poder, regra; v. Aristóteles,

Cípselo, Sólon
(a –: aumento da individuação): 255
(autoridade – e medida monetária): 106
(– da cidade e poder judiciário): 86, 127; (ligação entre práticas judiciais, funções políticas e sacerdotais: relação com a verdade): 108; v. discurso, lutas, violência
(espaço –): 63n.4; v. fala pública e fala privada; v. Detienne
(função –): 114
(reviravoltas, transformações –, sécs. VII-VI a.C.): 113-8, 128
(soberania –, aparelho estatal e saber como instrumento político): 71, 107-8.
política e discurso filosófico: 33-4.
política e economia/econômica: v. moeda; v. εὐνομία, νόμος
(cesura entre o político e o econômico): 143-6; ([relação de] dependência defasada): 125-6, 144-5; (substituição da partilha econômica pela partilha política): 142.
pontuações teóricas: 4.
posição de existência e enunciado de atribuição: 58; v. ontologia; *vs.* Sofistas.
positivismo de Nietzsche, positivismo por preterição: 25, 200n.41.
positivista (crítica –): 25, 33; v. antropologia filosófica, história.
povo: 68, 116, 135, 159, 223, 226, 227, 229-31, 231, 255, v. δῆμος, λαός
(– e defesa da coletividade, início séc. VII a.C.): 112; v. hoplitas
(piedade e terror do –): 231-2, 233; v. ajuste; v. também "delírio religioso"
(tomada do poder pelo –): 87, 115, 135; v. loucura dos reis; v. Teágenes de Mégara.
prática religiosa (novo tipo de –, sécs. VII-VI a.C.): 166.

prática sofística: 51, 58.

prática/s discursiva/s: 62, 175, 203-4, 245, 250.

prazer: v. ἀγάπησις, ἡδονή
  (– da sensação, sensorial): 205,
    (– da/s sensação/sensações inútil/
    inúteis): 10, 21; v. diferença/s,
    verdade do conhecimento; v.
    Aristóteles
  (– da/s sensação/sensações e/vs.
    desejo de conhecer): 8-12, 13; v.
    Aristóteles [Ética nicomaqueia]
  (– da visão): 10; vs. intemperança; v.
    Aristóteles [Ética eudemeia]
  prazer-verdade-conhecimento: 22,
    205; (conhecimento dissociado do
    prazer e da felicidade): 206; v.
    maldade; v. Nietzsche.

pré-direito: 70, 71, 74n.4-5 & n.7, 230;
  v. Gernet.

predicado/s: 54, 196; v. verdade.

princípios
  (– [aristotélicos]): 11, 31, 35
  (os quatro – da análise nietzschiana):
    178-9

procedimento: v. juramento decisório e
  julgamento-medida
  (– de exclusão): 52
  (– de reparação): 73, 75, 162
  (– de veridicção): 260
  (– inquisitório): 233
  (– judicial, judicial de inquérito, séc.
    V a.C.): 180n.10, 211, 237n.8,
    238n.31
  (– religioso, oracular): 229, 232, (–
    do juramento purgatório): 230,
    233-4 [Édipo rei].

processo mágico-religioso: 159.

produção (forças de –): 137n.***.

profanação do conhecer para conhecer:
  188; v. Nietzsche.

profecia: 147, 213, 216
  (– de Tirésias): 219-20 [Édipo rei]
  (– do Centauro a Dejanira): 14
    [Traquínias]
  (decretos-profecias): 229

(testemunho visual e realização da –):
  179, 214; v. "lei das metades"
  [Édipo rei].

profeta (adivinho –): 212, 213; v.
  Tirésias.

proibição/proibições, proibido: 4, 14,
  171, 188, 194; v. lei, saber
  transgressivo, sistema
  (a – como substituto do sacrifício):
    154
  ("discurso –"): 241n.1.

proposição
  (– declarativa): 49n.42, v. λόγος
    ἀποφαντικός
  (– verdadeira, que exclui a
    contradição): 45-6, 60.

prova: v. βάσανος
  (– de verdade): 69, 71, 77, 78,
    231n.*; v. masoquismo, ordálio,
    juramento, suplício.

prova (direito arcaico): 8, 12, 13, 24,
  71, 74n.1 & n.6, 77, 88n.3, 213, 214,
  217, 222-3, 224, 238n.28, v.
  βάσανος; v. também: σημεῖον,
  σύμβολον.

"prova de conhecimento": 224 [Édipo
  rei].

prova do rochedo: 77, 88n.4.

proveniência, Herkunft, antigo
  pertencimento a um grupo: 253-4; v.
  genealogia.

punição: pelos tribunais: 67.

pureza: 160-1
  (a –: condição de acesso à lei): 169
  (a –: [ligação entre] saber e poder na
    cidade): 172
  (condições restritivas da –): 174n.*
  (pureza-desvelamento da ordem): 170.

pureza/impureza: separação ligada ao
  νόμος: 168-9.

purificação: 167
  (a –: rito arcaico): 151, 160, 160-1;
    vs. conspurcação
  (ritos de –): 151, 175; v. ritos
  (verdade do fato e –): 166, 168;
    v. verdade; v. também: exclusão,
    exílio.

286 *Aulas sobre a vontade de saber*

puro
(categoria do – em Homero): 151-3.
puro/impuro: 158, 161; v. impuro,
oposição
(–: ajuste com inocente/criminoso),
162-3, 164n.1 [Moulinier], 168.

Qualidade
(–, determinações materiais): 45
(– suprema: a medida): 99; v.
Hesíodo.

raciocínio/s: v. Aristóteles
(– dialético): 20n.12; v. silogismo
(– falso: aparências de raciocínio):
38, v. ψευδής συλλογισμός, (– e
raciocínios não verdadeiros, falsos
raciocínios): 38-40, 44
(– nem verdadeiro nem falso,
exclusão do sofisma): 47, 52-3
(– oratório/s): 20n.12; v. entimema
(– verdadeiro: [por] conceitos, *vs.*
sofisma [na] materialidade dos
símbolos): 44-5, (–: neutraliza o
caráter de acontecimento do
enunciado): 56.
Razão/desrazão: 162.
realidade
([contatação de] – do fato): 166, 168;
vs. impureza
(– ideal do λόγος): 47 [Aristóteles]
([interpretação] nietzschiana da –):
191; v. aparência, conhecimento.
(– material do enunciado): 57-8, 60;
v. materialidade
reconhecimento: 121, 127, 144-5, 174,
v. ἀναγνώρισις
(– e peripécia na tragédia): 237n.1.
(– refletido, através de uma luta entre
saberes: 211, 217, 237n.7
redistribuição/redistribuições: 124, 126,
127, 144, 161, 173-4; v. sacrifício,
substituição
(– das terras, das riquezas por
Licurgo, [parcial] por Cípselo, por
Sólon): 116, 121-2, 123, 140

[Sólon], 142 [Cípselo], (–: leitura
econômica, leitura religiosa): 123
(– do poder político: 137n.***, (– e
justiça, εὐνομία): 86, 142.
reforma/s: v. legislação, leis
(– de Cípselo em Corinto): 123
(– de Licurgo em Esparta): 114
(– de Sólon): 118n.13, 124, 141-4; v.
εὐνομία
(necessidade de –, séc. VI a.C.): 255
[Andler]
*Reforma do entendimento (Tratado
sobre a)*: 7, 19n.9, 23, 26 & n.1
[Espinosa].
refutação/refutações: 41, 53; v.
Aristóteles
(a –: raciocínio com contradição da
conclusão): 40
(– do silogismo): 41
(– sofística): 36, 47n.2; (*Refutações
sofísticas*): 30, 36, 37-40, 42, 44,
48n.19, 52-3.
região: v. χώρα; v. também:
investigação.
regra/s: 54, 92, 94, 106, 134-5; v.
exegetas
(– ancestral/ancestrais, tradicional/
tradicionais): 108, (– não escrita/s,
oral/orais): 134-5, (a memória e a
–): 135; v. θεσμός
(– de estabelecimento [processual] da
verdade): 65, 68, 73, 76, 80, 96-7,
99-100; v. δίκαιον καὶ ἀληθές,
δίκη, θέμις
(– de exclusão): 134
(– de uso das palavras): 55-6, (– de
manipulação): 54, 56, (– de
substituição): 54, 55
(– de vontade): 24; v. ascetismo
(– jurídico-política): 137n.***
(– jurídico-religiosa): 154.
rei/s de justiça: 80, 86-7, 98, 99-100,
106, 108.
reis devoradores de presentes: 78-9, 87,
105; v. δικάζειν; v. Hesíodo.
"relato": 216; v. "lei das metades".

Índice das noções   287

religião
(– da cidade): 162, v. cultos familiais,
(– reajustada [ao] novo poder, sécs.
VII-VI a.C.): 158.
reminiscência: 184
(mito da –, teoria da –): 16, (noção
platônica da –): 117n.8 [Andler].
reparação/reparações: 75, 83-4, 84-5, 86
(legislação da –): 84; v. Drácon
(o julgamento como –): 86.
repartição: 98, 117, 148n.1; v. sentença;
v. ἰσονομία
(– das coisas): 99
(justa – dos bens): 140, (– econômica
da riqueza): 141, (– dos poderes):
144; v. εὐνομία; v. Sólon.
repetição: 35, 146, 191, 250, 254; v.
retorno; *vs.* manutenção da ordem
(– da coisa dita): 41
(– e escassez): 45, 56, 132n.23
(relação recíproca de – e de
comentário): 35; v. filosofia/s
v. *Diferença e –*, sofismas; v.
Aristóteles, Deleuze.
restituição/restituições
(– e equilíbrio no sistema do
julgamento): 97, 163, 166
(medida da –): 106; v. distribuição
(tempos dos ciclos e das –): 96
[Hesíodo].
retórica/*Retórica*: 20n.12, 33; v.
Aristóteles.
retorno
(– da dívida e retorno das estações):
96, 97
v. eterno retorno, justiça dos retornos
exatos.
retorsão/retorsões: 70, 73, 74, 96; v.
punição, juramento
(substituição da – pela exclusão
legal): 162.
risco, correr o risco da verdade: 70, 76,
80, 81, 98, 99.
ritos: 163, 231
(– agrários): 155, (– rurais): 153-4; v.
Hesíodo

(– de ablução: ritos de ruptura):
151-2, 167, 175
(– de purificação: ruptura, depois
homogeneização do grupo): 151,
175
(– do poder): 125; v. marca monetária
(– funerários: subordinados ao νόμος,
sécs. VII-VI a.C.): 158-9
(esquema do – sacrifical): 122
(o rito abre lugar para a verdade):
168; v. função lustral da verdade.
rituais de saber: 219, 234.
ritual de investigação: 229.
ritual/rituais: 119, 121, 127, 130, 156,
168, 249; v. sacrifício, verdade; v.
δικάζειν
(– de supressão, de purificação): 153,
206; *vs.* crime, conspurcação
(– indo-europeu): 100
(acontecimento – e enunciação): 134,
(– e recitação): 145, 148
(atividade, fórmulas, instrumento,
procedimentos, prescrições –):
49n.36, 71, 91, 152, 154, 158, 162,
164n.10, 217, 217, 218.
ritualismo (intensificação do – na classe
popular, sécs. VII-VI a.C.): 153.

sabedoria: 12, 13, 39, 48n.11, 146, 173,
177, 184, 194, v. σοφία; v. Nestor,
Espinosa
(a –, lugar fictício): 171; v. proibição;
v. Nietzsche
(– aparente): 39; v. sofística; *vs.*
conhecimento supremo; v.
Aristóteles.
saber (o), v. também: γνώμη, τέχνη
(acontecimento do –): 30
(caráter secreto do – como serviço
estatal): 107-8, 114; v. instituições
de memória; *vs.* verdade
(– cosmológico): 100, (– cosmo- ou
teogônico ligado ao poder político):
107
(– da sexualidade, sécs. XVII-XIX): 3
(desejo de – e conhecimento): 3, 21,

288   *Aulas sobre a vontade de saber*

47n.1, 204, 205; (do –
ao conhecimento): 17;
v. conhecimento, desejo, natureza,
sensação, vontade de saber; v.
Nietzsche *vs*. Aristóteles
(deslocamento do –: do exercício do
poder ao controle da justiça, sécs.
VII-VI a.C.), (saber purificado da
lei): 178; (saber-virtude): 173; v.
sistema de coerções; v. νόμος
(ideologia do – como efeito da
liberdade): 200n.41; v. Nietzsche
(– oracular e saber investigativo): 101
(–: o conhecimento emancipado da
relação sujeito-objeto): 193; v.
Nietzsche
(– oriental: da origem, das
quantidades, do acontecimento):
101, 176
(– político, séc. V a.C.): 171, 236, (o
poder na prova do –): 221
(sede do –, *Erkenntnistrieb*): 248
(tipos de –): 211, 219 [Édipo rei], (os
três grandes – [assírios]): 100-1
(– transgressivo, saber trágico): 3, 14,
211.
saberes e "lei das metades": 211-35
[Édipo rei].
sábio/s: 26n.2, 63n.8, 108, 174n.*
(a figura do –): 170-1; (o lugar do –):
255; v. nomóteta
(exclusão do – pelo poder popular):
171n.*; v. Sócrates.
Sacrifício/s: 103n.17, 121, 122, 127,
128, 130, 131n.14, 152, 154, 155,
169; v. ascetismo, moeda
(– ao culto estatal de Zeus, estatal):
122-3, 157
(a proibição como substituto do –
suntuário): 154.
(– econômico): 142, 144
salvação [salvador]: 81, 220, 225, 231;
[– de reconhecimento]: 222.
sangue
(conspurcação [pelo] –): 161, 165,
169

(laços de –): 66; v. γένος
(preço do – e processo [judicial]): 72,
73, 160
(sujamento pelo –): 151, 162.
segredo: 33, 221, 225; v. sombra; *vs*.
γνώμη
(– dos deuses): 14
(– do poder eficaz: o saber): 108
(– fraturado): 186, 188-9; v.
conhecimento e maldade.
semântico (percurso do campo –): 138.
semelhança
(conhecimento e –): 190, 192; v.
Nietzsche
(semelhança/não-semelhança entre
as palavras e as coisas): 40-1, 58,
59-60.
sensação - conhecimento - prazer:
relação com a verdade: 8-13, 21-3,
178; *vs*. vontade de saber.
sensação/sensações: 6-18, 184, 190,
191, 197, v. αἴσθησις; Nietzsche *vs*.
Aristóteles
(a –: ato do conhecimento qualitativo,
atividade da alma sensitiva): 9; v.
desejo de conhecer
(a –: v./*vs*. saber desejado): 14
(– como paradigma da
contemplação): 12-3; v. ἀγάπησις
(– útil/úteis por natureza): 12, (– útil/
inútil): 10-1, (– inútil e prazer): 12,
21
(– visual e conhecimento): 9, (–
visuais e prazer): 6, 7, 8, 9.
sentença (do juramento à decisão do
juiz): 66, 71, 73, 78, 79, 80, 81, 82,
83, 84, 85, 88n.18 & n.20, 91, 92, 93,
94, 98, 99-100, 106, 108, 167; v. ação
jurídica: v. δικάζειν, κρίνειν.
ser/não-ser: 46-7, 52, 58-60, 63n.9; v.
essência, jogos; v. Aristóteles, Platão.
significante: 49n.40, 58, (sistema do –):
173, 178; (significante-significado):
62.
signo/s: 13, 40, 63n.3 & n.7, 71, 77, 85,
125-6, 129-30

Índice das noções 289

(o – como violência da analogia): 192
(tomar o – pela coisa): 120; v.
"fetichismo".
signo e símbolo: 132n.23.
signo e/*vs*. simulacro: 126, 127; v.
moeda, νόμισμα.
silêncio dos deuses: 226 [Édipo rei].
silogismo: 20n.12 & n.26, 41, 44, v.
συλλογισμός; *vs*. sofisma; v.
Aristóteles.
símbolo/s: 7, 19n.2, 39, 40, 44, 52, 72,
74n.7, 97, 126, 132n.23, 157, 213,
217, 243, v. σύμβολον
(– do poder na Grécia arcaica): 125
(mecanismo do –): 216.
simulacro: 47, 62, 121, 125-7, 130, 133,
142, 143, 144, 251, 260
(– religioso em sua forma): 144, v.
moeda; 132n.23
(– *vs*. signo e símbolo): v. Deleuze,
Klossowski.
sistema de verdade, sistema de erro/s:
173, 177, 194-6; v. Freud. Nietzsche.
sistema jurídico-religioso: 162, (– do
desafio-verdade): 96
(– substituído pelo sistema do
julgamento): 97, (sistema penal): 4.
sistema verdade - decisão judicial -
soberania política (transformações do
–): 71.
sistema/s de aliança: 110, 114.
sistema/s de medida: 97, 111, 119, 122.
soberania: 62, 70-1, 111; v. verdade
(– de Zeus, de sua lei): 71, 94, 106; v.
justiça hesiódica
(–, do juiz, jurídica, da lei): 71, 82,
86, 89n.35, 98, v. κρίνειν, v.
julgamento-medida, legislação de
Gortina, (– *vs*. soberania ilimitada e
selvagem): 71-3, 105
(exercício da – e desvelamento do
verdadeiro): 98.
soberania do conhecimento: 6; v./*vs*.
desejo de conhecer; v. Nietzsche.
soberania política: 71, 107, (– e saber:
dissociação): 108; v. justiça; v.
δίκαιον.

soberania régia (oriental) e práticas
mágico-religiosas: 107.
soberanos políticos e religiosos: 221,
229; v. rei/s, sujeito; v. ἄναξ,
βασιλεύς.
sofisma/s: 36-47, 48n.20, 51-9, 61, 62;
v. Aristóteles
(classificação de –): 53; v. também:
materialidade, escassez
(– e raciocínios falsos): 38, 44
(o –: imagem invertida de um
raciocínio): 41.
sofismas e Sofistas (dissociação entre
–, de Platão a Aristóteles): 36-8, 61-2.
sofista, Sofista/s, *Sofista (O)*: 18, 29-30
[*Eutidemo*], 33, 36, 39, 40, 41, 46-7,
49n.28, n.33 & n.41, 51-2, 54, 57-9,
61-3, 63n.1 & n.12, 64n.13-14, 71,
87, 98, 101n.*, 138, 242, 245 & n.14,
251, 258; v. Aristóteles, Antifonte,
Clínias, Platão
(o ofício de –): 36; v. τέχνη.
sofística: 18, 29, 30, 36-42, 47n.2,
48n.19 & n.24-27, 49n.29, n.34 &
n.37, 51-2, 55-6, 58, 59, 62, 63n.5,
245, 250, 261; v. exclusão, história,
jogo, materialidade, prática,
refutação; v. Aristóteles
(manipulação – da materialidade dos
enunciados, do discurso): 29, 30,
36-42, 61
(– *vs*. apofântica): 45-7, 61-2, 65.
sombra
(luz que é –): 33, (– e falta de saber):
33; v. símbolos
(– material do morto e processos
mágico-religiosos): 159
(sombra-resíduo *vs*. sombra cênica):
46
"sombras espessas" e "caminhos do
pensamento divino": 14 [Ésquilo]
"sombras de Deus": 184; *vs*. natureza,
φύσις [Nietzsche]
(– de raciocínio): 61, (– e
materialidade do discurso): 45-6.
sons articulados (os), matéria do
conhecimento: 11-2, v. φωνή.

290 *Aulas sobre a vontade de saber*

substituições: 126, 155, 254; v. moeda, simulacro; v. Deleuze.

sujeito
(– de conhecimento): 18, 199n.25, 203, 204; v. Nietzsche
(– de direito): 73, 161
(– falante): 51, 55-7, (ligação entre acontecimento discursivo e –): 58, 62 [*Eutidemo*]
(o –: ponto de emergência da vontade): 191
(unidade do – cognoscente): 17, 146.

sujeito do desejo
(identidade do sujeito do conhecimento e do – na relação com a verdade): 18, 22, v. conhecimento e saber; ([não-identidade do] sujeito do saber e do sujeito do desejo): 15.

sujeito-objeto (relação – e conhecimento): 189-90; v. saber.

suplício: 77 & n.*, 78, 91-2; v. prova, ordálio
(– dos escravos): 77.

Técnica/o: 107, 111, 114, 117, 203, 204, 250, 253, v. τέχνη
(– de interpretação): 33, 39-40; v. sofisma, sofística
(saber –, ofício –): 100-1.

teogonia/s, *Teogonia*: 96, 100, 102n.16, 103n.23, 145, 148n.9, 164n.13; v. Hesíodo.

teoria das causas: 30; v. Aristóteles.

"teoria do conhecimento": 242, 243, 246n.20, 247; v. Heidegger.

tesmóteta: 102n.3; v. θεσμός.

téssera: 216; v. fragmento/s, "lei das metades".

testemunha/s, testemunho: 8, 65, 66-8, 70, 71-3, 74 n.1 & n.8, 76, 77, 79, 110, 114, 155, 166, 173, 177, 206, 211, 214-5, 217-9, 227-33, 235, 236, 238n.31, 242, 260, v. ἵστωρ; v. lei de Gortina, procedimentos de veridicção, verdade

(fixação do sentido do –, constituição do – como objeto de uma inculpação possível): 67
(– ocular/es, visual/visuais): 74n.12, 179, 212, 232, 235; v. Detienne, Sófocles [Édipo rei]
(–, μνήμη e πρόνοια: ajuste): 234 [Édipo rei].

tirania/s: 107, 114, 117n.4, 118n.19, 119, 130n.2, 132n.19, 142, 220, 238n.34, 261
(– e instituição do νόμος como lei escrita): 117
([relação] – e tomada do poder pelo povo): 87, 116.

tirano/s: 89n.32, 103n.28, 112, 114, 116, 118n.13, n.19 & n.23, 119, 121, 122, 123, 124, 129, 131n.2-3 & n.6, 135, 139n.*, 142, 156, 161, 164n.15, 170, 171-2, 179, 216, 232-5, 237n.13, 238n.33, v. τύραννος; v. nomóteta; v. γνέμη, τέχνη; v. Cípselo, Ortágoras, Fídon; Laio, Édipo, Políbio
(destino do –, posição perigosa do – entre os deuses e a terra, características do –): 221-4, 228, 261
(– e advento da democracia): 255
(polemarcas que se tornaram –): 115
(saber do – e saber do adivinho): 228; v. ὁρᾶν.

tortura/s (séc. V a.C.): 221, 229, 231n.*, 234.

totalmente diferente: v. diferente.

trabalho: 113-4 (artesanato), 120 (urbanismo, cartografia)
("– antropológico"): 181n.18; v. Malinowski
(– assalariado): 124, 128; v. Sólon
(– de desimplicação): 25
(ordem do – e dos dias): 96, 99, 103n.22, 164n.13; v. Hesíodo, Vernant
(passagem do – manual ao trabalho artesanal): 131n.2
(– servil): 131n.2.

Índice das noções

tragédia grega: 3, 14, 18, 20n.22, 165, 167, 172, 180n.10, 209n.*, 211, 221, 224, 230, 231, 232, 234, 237n.1 & n.13, 243n.9, 247-8, 253n.45, 256n.52, 261; v. Aristóteles, Knox, Nietzsche, Sófocles.

trágico (herói –): 14, 222, 261; v. Fortuna; v. Τύχη.

transformação grega: 142; v. moeda; v. νόμισμα
(– da fulguração do acontecimento em fato constituído): 177
(– das práticas discursivas): 204, (– da fala): 215 [Édipo rei], 250.

transformação religiosa: das formas mítico-religiosas do poder: 155, 162, 255.

transformação/transformações política/s, sécs. VII-VI a.C.): 114-7, 123, 144-5
(– do sistema verdade - decisão judicial - soberania política): 71-3, 78-87, 98, 105, 108-10, 206, 260; (dupla –: discurso, dominação): 63.

transgressão: 188, 241
(– do saber): 189; v. Nietzsche
(o homem do excesso e da –: Édipo): 236.

universal, universalidade do desejo, do desejo de saber: 8, 87, 177; v. Nietzsche.

utilidade e conhecimento: 189-90, 198n.4; v. maldade; (conhecimento segundo *vs.* utilidade): 185, 189; v. Nietzsche.

Utilidade/inutilidade, não-utilidade das sensações: 6-8, 8, 10-2, 22, 205; v. sensações; v. também: natureza.

velamento: 80
(– *vs.* desvelamento): 128, 146, 170, 174.

verdade: 3-10, 18, 19n.5, 20n.26, 22, 30-6, 41, 44, 48n.12-13, 51, 59-61, 64n.12, 65-9, v. Ἀλήθεια, *Alétheia,* "*Alétheia*"
(a –, causa final da filosofia): 32; (uma certa relação com a –: causa formal de uma filosofia): 31
(a – como poder [no espaço do ἀγών]): 68-9
(a – como princípio de separação na cidade): 168
(a –, condição primordial da purificação): 168; (função lustral da –): 168; v. também: juramento, violência do sistema verdadeiro/ falso
(a – não pode ser predicado de si mesma): 195; v. Nietzsche
(a –, no fundamento do desejo de conhecer): 22-3; (a –, terceiro elemento entre o conhecimento e o desejo): 22
(efeito de –): 57, 58; v. sofisma/s
(essência da –): 88n.10, 200n.41, 247, 258
(inacabamento da –): 35; (carência constitutiva da relação com a –): 33
(invenção da –): 187, ("a verdade, uma espécie de erro"): 196; v. Nietzsche
(pertencimento entre a – e o conhecer na ideia verdadeira): 26; v. Espinosa
(risco da – e saber): 99, 108
(sol da –): 242.

verdade - saber - conhecimento
(vontade de verdade e/ou vontade de saber): 4; (verdade - conhecimento: relação de apoio e de exclusão): 29-30; (desimplicar verdade e conhecimento [Nietzsche]): 25
(verdade do conhecimento): 187, 192, 193, (– e prazer): 205; v. sensação/ sensações; v. Aristóteles, Nietzsche.

verdade e dispersão de individualidades (história da filosofia): 34-5.

verdade e exercício da soberania: 70-1.

verdade ordálica [direito arcaico] e verdade-saber [direito clássico]: 70-1, 97-9.

vida eterna (direito dos ricos à –): 159, 161.

292   *Aulas sobre a vontade de saber*

Vingança dos deuses: 79-81, 91-2, 98, 206, 230.

violência: 70, 94, 99, 111, 128, 132n.27, 140, 153, 185-6, 192, 193
(– do sistema verdadeiro/falso): 6,
(– do conhecer): 189,
(– interpretativa): 192; v. puro querer [Nietzsche]
(não-violência): 128.

virtude: 12, 15, 118n.16, 129, 131n.7, 132n.31, 194, v. ἀρετή; v. saber
(o conhecimento moral da –): 170n.*.

vizinho: 94-5, v. γείτων; v. Hesíodo.

vontade: 4, 161
("– de aparência"): 185, 188, 198n.19 [Nietzsche]
(– dos deuses, de Zeus): 85, 146, 174n.*, 212, 226, 235 [Édipo rei]
(– do poder popular): 171
(– do sujeito): 203; (– assertiva do sujeito falante): 57
(vontade de ironizar): 184 [Nietzsche].

vontade - conhecimento - verdade: 23.

vontade de conhecimento, de conhecer
(– e desejo, vontade de saber e desejo de conhecer): 4-5, 6, 13, 22
(– e instinto de verdade): 246; v. Nietzsche
(– irredutível ao conhecimento): 25, 184; v. Nietzsche; (o conhecimento antecedendo a –): 16, 29; v. Platão.

vontade de poder, *Vontade de poder*: 27n.8, 63n.1, 178, 197, 198n.5 & n.17-18, 199n.22, n.25, n.26-30,

n.33-37, n.39-40 & n.41, 243, 244, 246, 251, 256-7
(– e formas do conhecimento): 5, (como conhecimento): 243n.10, 246.
(–: vontade única e unidade do sujeito cognoscente): 17, 191-3; v. verdade, violência

vontade de saber e vontade de verdade: v. conhecimento, verdadeiro/falso
("morfologia da –"): 203, 246; (v./*vs.* vontade de verdade): 204
(sistema solidário –): 4-5, 8, (– e dominação): 5; Nietzsche *vs.* Aristóteles.

vontade de saber: 3-6, 153, 178, 204-5, 247, 257-8, 259; v. vontade de poder.

vontade de verdade: 4, 5, 193-5, 196-7, 204, 244, 246, 247; v. vontade de conhecer segundo Aristóteles; v. Kant, Platão
(– e sistema de exclusão): 4
(– *vs.* liberdade [segundo Nietzsche]): 193-4; v. vontade de poder.

vontade do verdadeiro: 5, (– *vs.* vontade de verdade): 200n.41, 243-4; v. Nietzsche.

vontade e representação: Nietzsche trabalhando Schopenhauer: 191.

vontades singulares [do tirano: Édipo]: 224.

Wissensgier, Wissenstrieb: 247 [Nietzsche]; v. Bianquis.

Índice dos termos gregos

ἀγάπησις: 8, 12, 13, 21
ἀγορά: 84, 160, 166, v. agora
ἀγών: 34, 69, 73, 74n.6, 82, 88n.17, 91,
   v. luta
αἴσθησις: 8, v. sensação
ἀκούειν: 211, 215, 226, 232; v.
   também: ὁρᾶν [Édipo rei]
Ἀλήθεια: 48n.12, 88n.10, 257n.60, v.
   Alêtheia, "Alétheia", verdade
ἀληθές: 108; v. δίκαιον καὶ ἀληθές
ἀναγνώρισις: 211; v. reconhecimento
ἄναξ: 221, 229, 230
ἄνομος: 169, 171; v. νόμος
ἀπόφανσις: 49n.42
ἀποφαντικός: v. λόγος ἀποφαντικός;
   v. apofântica
ἀρετή: 112, 117, 118n.16 & n.27, v.
   virtude
ἄριστος: 118n.16, 227, 238n.24
βάσανος: 213, 224 (βάσανῳ), 228
βασιλεύς: 221, v. rei
γείτων: 94; v. vizinho; v. Hesíodo
γένη: 107; v. γένος
γένος: 93, 97, 123, 158
γῆ: 224; v. também χώρα
γνώμη: 179, 225, 226, 229, 231, 234,
   236, 238n.20; v. conhecimento, saber;
   v. também: τέχνη
δῆμος: 112; v. povo; v. também: λαός
δικάζειν: 78, 78-81, 87, 91, 161; v./vs.
   κρίνειν; v. Hesíodo
δίκαιον: 83, 85-6, 88n.18, 92-7, 99,
   101, 105, 108, 129, 130; v. νόμος
δίκαιον καί ἀληθές: 83, 88n.19,
   97-100, 108, 128; v. ἀληθές

δίκη, Δίκη: 79 (δίκην), 83, 85, 92-4, 96
   (Δίκην), 99, 129, 130, 139, 223, v.
   justiça; v. νόμος
δίκης ἐπάκουε: 99 [Édipo rei]
δίκη–δίκαιον: 93
δυσνομία: 140; vs. εὐνομία
εἰδέναι: 8, 20n.13
Εἰρήνη [deusa]: 96 (Εἰρήνην), 139; v.
   Hesíodo [Teogonia]
ἐκμαθεῖν: 225
ἐξηγηταί Εὐμολπίδων: 135, 148n.4; v.
   exegetas
ἐξερευνᾶν: 216; v. inquérito
ἕξις: 13
ἐπιστήμη: 11, 12, 247, v. saber; v.
   τέχνη
ἔργα, erga: 96, 103n.17
εὐδαιμονία: 12, v. felicidade
Εὐνομία [deusa]: 96 (Εὐνομίην); v.
   Hesíodo [Teogonia]
εὐνομία: 87, 89n.33, 139-43, 146, 147,
   162; v. νόμος; v. νόμισμα; v. Drácon
   (– vs. τύραννος): 147, (– vs. ὕβρις):
   139
εὑρίσκειν: 227 [Édipo rei]
ἡδονή: 8, 12, v. prazer; v. ἀγάπησις
θεῖος ἀνήρ: 34, 48n.12; v. Hesíodo
Θέμις [deusa]: 96 (Θέμιν); v. Hesíodo
   [Teogonia]
θέμις: 93, 96
θεσμός: 92, 132-5; (– v./vs. νόμος):
   136-7
"θεῶν μαντεύματα": 228, 238n.27
   [Édipo rei]

294   *Aulas sobre a vontade de saber*

ἰσοδαίτης: 155, 156, 164n.12
ἰσομοιρία: 141, 149n.15
ἰσονομία: 87, 89n.35, 146, 147; v.
    Clístenes, Sólon
ἰστορείν: 233 [Édipo rei]
ἵστωρ: 73, 166, 167, 180n.4, v. *histor*
κρατεία: 221, 235
κρατεῖν: 221
κρίνειν: 78, *80-3*, 85, 86, 87, 96; v.
    δίκαιον; (– v./*vs.* δικάζειν): 91-2
    (características fundamentais do –):
    98
λαός: 112; v. povo; v. δῆμος
λεκτόν: 46, 49n.40, v. *lekton*
[λήθη]: v. *Léthe*, esquecimento
λόγος: 46, 47, 134, 135, 136, 137, 138,
    148, v. *logos*; v. θεσμός, νόμος,
    παιδεία: v. discurso, escrita, Sofistas,
    verdade
λόγος ἀποφαντικός: 47, 49n.42, 60; v.
    discurso apofântico
μανθανεῖν: 39, 41, 55
μαντεία: 225 (μαντείας); v. φάτις
    oracular
μέτρον: 128; v. medida; v. moeda; *vs.*
    πλεονεξία
μίασμα: 167, v. *miasma*
μνήμη: 16, 219, 234 [Édipo rei]
μοίρα: 228, v. *Moirai*: 103n.17
νεῖκος: 78, 82, 88n.17; v. também:
    ἀγών
νόμισμα: 133, 142, 147, 148 & n.1; v.
    moeda
νόμος: 41, 86, 87, 108, 117, 130, 133,
    135-8, 143, 144, 145-6, 147-8, 156,
    163, 169, v. *nómos*, v. legislação, lei;
    v. cesura
    (– como costume): 255; v. Andler; v./
    vs. θεσμός; *vs.* φύσις
    (– e saber-virtude, respeito ao
    νόμος): 173; (poder popular e
    não-respeito ao –): 171
    (ligação do – com o verdadeiro): 172
    (– *vs.* ἄνομος): v. exclusão, impuro
νόμος e εὐνομία: *139-40*, 146, 147,
    161-2

νόμος e νόμισμα: 147
νόμοι: 223
Νοῦς: 31
ὁμοίωσις: 185, 194
ὁρᾶν: 215, 232; v. também: ἀκούειν; v.
    testemunho
"ὀρθὸν ἔπος": 213, 215, 219, 222,
    237n.6; v. ajuste, oráculo, testemu-
    nho; v. também: πόλις [Édipo rei]
ὀρθὸς: 172, ὀρθῶσαι: 181n.15
ὅρρος: 238n.28; v. ordálio, juramento
παιδεία: 118n.27, 136, 138n.***; v.
    ἀρετή; v. também: escrita
πλεονεξία: 127; *vs.* μέτρον
πλῆθος: 223, 232
πλοῦτοι (οἱ) πολλοί (οἱ): 114
ποιόν: 9
πόλις: 143, v. cidade
(ἀδύπολις): 224 [Édipo rei]
πρόνοια: 226, 228, 229, 234, v.
    adivinhação; v. também: μνήμη
σημαινομένος: 64n.16
    (σημαινομένοις)
σημεῖον: 8, 13; v. Aristóteles
συλλογισμός, συλλογισμοι: 62; v.
    silogismo
    (ψευδής –): 38, v. raciocínio falso; v.
    Aristóteles
σοφία, causa final do conhecimento:
    11; conhecimento da causa: 39; v.
    Aristóteles
σοφιστική: 30, 39, v. sofística
σοφός: 224, v. sábio
σύμβολον: 179, 215-7, 218, 219, 234,
    237n.7, v. símbolo [Édipo rei]
τέχνη: 11, 12, 116, 179, 225, 228, 231,
    235, 238n.20; v. γνώμη
    (τέχνη τέκνης): 225
    (proximidade τέχνη–Τύχη): 228
τύραννος: 147, 221, v. tirano
Τύχη: 228
    (τὰ τῆς τύχης): 228
ὕβρις: 149n.12, 238n.33; v. τύραννος
    (– *vs.* εὐνομία): 139
φανερα: 213
φαντασία: 16

Índice dos termos gregos

φάτις oracular: 233
φωνή: 46; v. *phonê*
φύσις (φύσει): 6, 8, 13, 20n.13, 41, 148n.1, v. *phýsis*, v. natureza; *vs. νόμος*; *vs. kósmos*

χώρα: 224, 225, 235; v. γῆ
ψυχή: 62 (ψυχῇ)
Ὧαι: 96 (Ὧας); v. Hesíodo

Índice dos nomes de pessoas

Agamêmnon, mit.: 96, 151, 152; v. Homero [*Ilíada*]

Ájax, *Ajax*, mit., filho de Telamon: 15, 20n.21, 153; v. Homero [*Odisseia*], Sófocles [*Ajax*]

Albert, Henri: 20n.22, 198n.9 & n.13, 199n.23, 244n.12

Alexandre de Afrodísias [sécs. II-III d.C.]: 62, 64n.16

Althusser, Louis: 27n.13, 131n.12

Anaxágoras de Clazômenas: [~500-428 a.C.]: 31, 49n.42, 101n.*

Anaximandro de Mileto [sécs. VII-VI a.C.]: 99, 103n.30, 120, 131n.9, 257n.60

Andler, Charles: 20n.22, 27n.6, 63n.1, 255 & n.50

Andrewes, Anthony P.: 118n.15, 118n.23, 131n.3

Antifonte de Atenas [~480-411 a.C.]: 48n.11, 164n.19, 164n.22, 180n.6

Antíloco, mit.: 68, 166, 230; v. Homero [*Ilíada*]

Apolo, mit.: 63n.8, 81, 152, 156, 157, 165, 167, 179, 180n.2, 212-3, 215, 232, 237n.5, 256, 260; v. Febo; v. oráculo

Appuhn, Charles: 19n.9, 26n.1-2, 198n.7

Aquiles, mit.: 96, 151, 152; v. "escudo"; v. Homero [*Ilíada*]

Arato de Solos [~315-245 a.C.]: 85, 89n.28; v. Detienne

Aristófanes: 171

Aristóteles [~384-322 a.C.]: 6, 7-17, 19n.6-7, 20n.12-17, n.22-23 & n.25, 20n.26, 21-2, 23, 30-47, 47n.2-6, 48n.7-10, n.14-17, n.19 & n.24-27, 49n.29-31, n.34-35, n.37-38 & n.42, 51-63, 63n.1-2, n.5 & n.9-10, 64n.15-16, 86, 89n.22 & n.34, 115, 118n.11, n.16 & n.19, 129-30, 130-1n.2, 132n.34-36, 148n.1, 171, 175, 196, 200, 205, 237n.1, 241n.3, 247, 251, 257, 258, 260, 261n.66-67 pseudo-Aristóteles: 132n.36

Artaud, Antonin: 245 & n.15

Ártemis, mit.: 81; v. Glotz

Atena, mit.: 15, 152, 156

Aubenque, Pierre: 20n.26, 47n.2, 48n.16, 261 & n.67-68

Baldwin, James Mark: 37; v. Peirce

Bataille, Georges: 251

Becker, Aloys: 20n.11

Beistegui, Miguel de: 199n.31

Bertani, Mauro: Xn.5

Bertram, Ernst: 249n.34

Bianquis, Geneviève: 27n.8, 198n.5, 247 & n.24, 253n.45

Bieler, Ludwig: 48n.12

Biemel, Walter: 88n.10, 200n.a

Blanchot, Maurice: 251

Bollack, Jean: 238n.33

Bolle, Eric: 253n.47

Bonner, Robert Johnson: 74n.10

Bréhier, Émile: 49n.40

Brisset, Jean-Pierre: 57, 63n.7, 245

298   *Aulas sobre a vontade de saber*

Bücheler, Franz: 88n.8
Buridan, Jean [1292-1363]: 37, 48n.22
Burlet, Gilbert: XIn.8, 259 & n.64

Capelle, Jean: 237n.1
Carondas de Catânia [sécs. VII-VI
   a.C.], legislador: 87, 89n.32; v.
   eunomía
Cípselo [Kypselos, séc. VII a.C.], tirano
   de Corinto: 114, 115, 116, 118n.10,
   119, 121-4, 129, 142; v. moeda
Clagett, Marshall: 103n.27 & n.29
Clínias: 20n.24, 49n.28; v. Platão
   [*Eutidemo*]
Clístenes o Ateniense [Kleisthenes,
   segunda metade séc. VI a.C.], neto de
   Clístenes, o último tirano de Sicíone:
   89n.35, 117, 147, 149n.13 & n.15; v.
   isonomía
Colli, Giorgio: 27n.5, 199n.38, 251, 257
   & n.56
Corifeu (o): 230, 232-3 [Édipo rei]; v.
   corifeu; v. também: tirano
Coriscus/Coriscos de Cépsis: 53, 63n.2;
   v. Aristóteles, Robin
Coro (o): 15, 212, 213, 217, 218, 221,
   222, 223, 224, 227, 230, 232 [Édipo
   rei]
Creonte, mit., filho de Meneceu e irmão
   de Jocasta: 165, 172, 179, 212, 220,
   221, 223, 225, 227, 230-2, 234n.*,
   235, 238n.32 [Édipo rei]
Criseide, mit.: 152; v. v. Homero
   [*Ilíada*]
Croiset, Maurice: 87n.1
Cutrofello, Andrew: 248 & n.28

Dareste de La Chavanne, Rodolphe: 81,
   88n.12
Dario: 14; v. Ésquilo [*Os persas*]
Dastur, Françoise: 246n.19
De Waelhens, Alphonse: 88n.10, 200n.b
Defert, Daniel: IXn.1, XII, 19n.4, 201,
   239, 242n.7
Dejanira: 14; v. Sófocles [*Traquínias*]
Deleuze, Gilles: 19n.2, 19-20n.11,
   49n.38, 63n.7, 132n.23-24, 181n.20,

199n.31, 249 & n.32, 250-1 & n.40-2,
   252 & n.43, 253 & n.47, 254, 258 &
   n.61
Demóstenes [~384-322 a.C.]: 67, 74n.2,
   84, 87n.1, 132n.27
Derrida, Jacques: 19n.8, 138n.a,
   148n.2, 198n.3
Descartes, René: 7, 19n.8, 194,
   200n.41, 247, 260
Desmousseaux, Alexandre-Marie:
   256n.51
Detienne, Marcel: 19n.5, 48n.12-13,
   63n.4, 64n.12, 74n.12, 88n.10,
   89n.28, 103n.17 & n.24, 117n.1,
   237n.5, 242, 242-3n.8, 249 & n.31,
   258, 261
Devyver, André & Simone: 118n.16
Diógenes Laércio [Diogenes Laertios,
   séc. III d.C.]: 49n.40, 63n.11
Diomedes, mit.: 151, 152; v. Homero
   [*Ilíada*]
D'jeranian, Olivier: 63n.1
Drácon [séc. VII a.C.], legislador
   ateniense: 84, 87, 89n.22 & n.32,
   102n.3, 159-60, 166; v. *eunomía*,
   legislação, leis
Dresden, Arnold: 103n.26
Dumézil, Georges: 76, 88n.2, 242
Dunkle, J. Roger: 89n.36
Dupont-Roc, Roselyne: 237n.1
Dupréel, Eugène: 47n.2, 49n.33, 51,
   63n.1

Édipo, Édipo, mit.: 14, 87n.1, 165-9,
   172-3, 177, 180n.1, n.3, n.7-10 &
   n.11-13, 181n.15-16 & n.18, *209-38*,
   243, 244, 246n.19, 254, 259-60, 261
Ehrenberg, Victor: 103n.18, 148n.8,
   181n.14
Eletra, *Eletra*, mit.: 57, 63n.8; v.
   Eurípides
Empédocles [séc. V a.C.]: 86, 246
Ernout, Alfred: 74n.12
Espinosa [Baruch d'Espinoza]: 6, 7,
   19n.9, 23, 25-6 & n.1-2, 27n.3, 184,
   198n.7, 205

Ésquilo [~525-456 a.C.]: 14, 20n.18 & n.20, 63n.8, 82, 130n.1, 162 [*Oréstia*], 164n.20, 248

Eubúlides de Mileto [Euboulides, séc. IV a.C.]: 46, 49n.39; v. paradoxo do mentiroso

Euclides de Mégara: [~450-380 a.C.]: 49n.39

Eurípides [~480-406 a.C.]: 63n.8, 87n.1, 135, 155, 248 [*Eletra, Bacantes, Suplicantes*]

Ewald, François: IXn.1, Xn.5, XII, 19n.4, 201, 242n.7

Faligan, Ernest: 118n.8

Fausto, *Faust*/Faustus: 109, 117n.7-8; v. Faligan, Klossowski

Febo [Apolo], mit.: 212, 215, 218, 232, 237n.5 [*Édipo rei*]; v. Apolo

Festugière, André-Jean: 164n.11

Fídon [Pheidon, séc. VII a.C.], rei e depois tirano de Argos: 109, 115, 118n.23, 119, 130n.2

Filolau de Crotona [fim séc. VI - início séc. V a.C.]: 109 [cf. Diógenes Laércio]

Fink, Eugen: 19n.2, 253 & n.46

Finley, Moses I.: 89n.32, 118n.26, 131n.6, 164n.15

Flaubert, Gustave: 117n.7

Fontana, Alexandre: Xn.5, XII

Foucault, Michel: 19n.2-4 & n.6-10, 20n.11, n.15 & n.22, 26n.1, 27n.4, n.6 & n.9, 47n.1-2, 48n.12-13, 49n.36 & n.38, 63n.3, n.5 & n.7-8, 64n.12, 74n.4, 88n.5, n.10, & n.15, 89n.35, 103n.17, 117n.7, 118n.8 & n.27, 131n.7, n.9, n.15 & n.17, 132n.20 & n.23, 148n.2, 149n.13, 164n.1 & n.21, 180n.10, 197n.1, 198n.4, n.5, & n.8, 199n.33, 199-200n.41, 209, 237n.1, n.3, n.8-9 & n.13, 238n.22 & n.31, *241-62*

French, A.: 118n.13, n.18 & n.20

Freud, Sigmund: 17, 138n.a, 173, 177-8, 181n.17

Frisch, Hartvig: 88n.21, 89n.27 & n.32, 102n.4-5, 117n.6, 148n.3, 164n.16 & n.18

Garin, Eugenio: 48n.19

Gaudemet, Jean: 74n.10 & n.12, 88n.14, 102n.3

Gernet, Louis: 74n.2-4, n.6-7 & n.10, 81, 84, 88n.9 & n.11-12, 89n.23-25 & n.30, 92, 102n.2, 164n.19, 180n.6, 237n.11, 238n.28, 252

Gille, Bertrand: 131n.8

Girard, René: 237n.9

Glotz, Gustave: 74n.10, 77, 81, 88n.3 & n.15, 103n.18, 164n.6, 252

Gomperz, Theodor: 51, 63n.1

Granel, Gérard: 20n.11

Gros, Frédéric: 19n.3, 118n.8, 242n.5, 249n.30, 256n.53

Grote, George: 51, 63n.1

Haar, Michel: 246n.19

Hadot, Pierre: 249n.34

Haussoullier, Bernard: 88n.12

Hayduck, Michael: 64n.16

Hegel, Georg Wilhelm Friedrich: 197n.1, 244n.13, 253, 260

Heidegger, Martin: 20n.11, 27n.7 & n.11, 48n.13, 88n.10, 89n.31, 200n.41, 243 & n.10, 246, 247 & n.22, 249, 251 & n.39-40, 253, 255, 256 & n.54, 257, n.55 & n.57-60, 258, 261

Heinimann, Felix: 148n.5

Hémery, Jean-Claude: 27n.5, 257n.56

Héracles, mit.: 14

Heráclito de Éfeso [550-480 a.C.]: 49n.36 & n.42, 99, 247, 253n.45, 256, 257

Hermótimo de Clazômenas, mit.: 31; v. Aristóteles [*Metafísica*]

Heródoto [~484-425 a.C.]: 83, 88n.20, 89n.33, 119, 135, 148n.5, 238n.20 & n.22

Hesíodo [sécs. VIII-VII a.C.]: 34, 48n.12, 72, 74n.11, 78, 82, 85, 87,

300 *Aulas sobre a vontade de saber*

88n.6-7 & n.18, 89n.27, 91, 93-100,
102n.6-16, 103n.17, n.19-21 & n.23,
105-6, 117n.1-2 & n.6, 119, 125,
139-40, 148n.9, 153, 156, 164n.13,
180n.7 & n.11, 245, 256, 257; v.
eunomía, díkaion, díkazein, krínein
Héstia, mit.: 81; v. Glotz
Hignett, Charles: 131n.5
Hildenbrand, Hans: 19n.2, 253n.46
Hilgard, Alfredus: 48n.11
Hípias [m. ~490 a.C.], tirano de Atenas
[527-510]: 129; v. Michell, Will
Hípias menor, o Sofista: 48n.11,
49n.33; v. Dupréel, Homero
Hipócrates de Cós [~460-370 a.C.]: 136
Hipodamo de Mileto [~fim séc. V a.C.]:
120, 131n.8
Hirzel, Rudolf: 87n.1, 88n.19-20,
103n.18
Hölderlin, Friedrich: 245 & n.15
Homero: 33, 70, 71, 73, 74n.5, n.10 &
n.12, 85, 92, 94, 121, 132n.21, 134,
139, 148n.8, 151-3, 155, 163,
164n.1-5, 180n.7 & n.11, 256, 261 &
n.66 [*Ilíada, Odisseia*]
Husserl, Edmund: 186, 198n.3, 245n.16
Hyppolite, Jean: IX, 244n.13, 247n.23,
253

Jaeger, Werner Wilhelm: 48n.16,
103n.25, 118n.16, 131n.9, 149n.13,
262 & n.69
Jarry, Alfred: 251 & n.40
Jocasta, mit.: 179, 213-6, 218, 223, 226,
228 [Édipo rei]
Joly, Henri: 241 & n.2
Jolyclerc, Nicolas: 19n.10

Kahn, Charles H.: 103n.17 & n.30,
131n.9
Kant, Immanuel: 24-6, 27n.5 & n.8-12,
186, 189, 194, 197n.1, 247; v.
neokantismo; v. Heidegger, Nietzsche
Klossowski, Pierre: 89n.31, 118n.8,
132n.23, 198n.6 & n.8, 242n.4, 243
& n.10, 251

Kneale, Martha & Kneale, William: 36,
48n.17, n.19-20 & n.22, 49n.40,
63n.10, 64n.16
Knox, Bernard: 180n.10, 237n.8 &
n.13-14, 238n.22, n.31 & n.34, 258 &
n.63, 261
Kremer-Marietti, Angèle: 197n.1,
246n.20, 249 & n.33, 250

Lacan, Jacques: 102n.*
Lacouture, Jean: 241n.1
Lagrange, Jacques: IXn.1, XIn.8, 19n.4
Laio, rei de Tebas, mit.: 167, 179,
212-21, 227, 231n.*, 232 & n.*,
237n.13, 238n.30 [Édipo rei]; v.
basileús, assassinato, assassino,
symbolon
Lalande, André: 49n.32
Lallot, Jean: 237n.1
Laroche, Emmanuel: 149n.11
Latte, Kurt: 81, 88n.13
Laum, Bernhard: 131n.14, 132n.22,
148n.1
Leto [Leto], mit.: 81; v. Glotz
Lévêque, Pierre: 89n.35, 149n.13 &
n.15
Lévi-Strauss, Claude: 64n.12, 237n.1
Licofronte de Citera, escudeiro de Ájax,
mit.: 153; v. Homero [*Ilíada*]
Licurgo de Esparta [Lykourgos,
~390-324 a.C.], legislador: 114, 116,
131n.7; v. reforma
Lindenberg, Alex: 19n.2, 253n.46
Lineu/Linné, Carl von [Carl Linnæus,
1707-78]: 7, 19n.10
Linforth, Ivan Mortimer: 149n.13 &
n.16
Lusitanus, Abraham Zacutus [1557-
1642]: 88n.5
Luther, Wilhelm: 19n.5

Malinowski, Bronislaw: 181n.18
Maranda, Pierre: 237n.1
Marrou, Henri-Irénée: 48n.18, 118n.16
Martindale, Cyril Charlie: 88n.21
Marx, Karl: 124, 127, 131n.12 &
n.17-18, 244

Índice dos nomes de pessoas

Masqueray, Paul: 20n.19, 180n.1 & n.9,
214n.*, 237n.4 & n.7, 238n.16-17,
n.19, n.21, n.23-26, n.30 & n.32-33
Mazon, Paul: 20n.20, 74n.5 & n.11,
88n.6, 102n.6-7 & n.16, 103n.17,
117n.2, 164n.20, 238n.33
Meillet, Antoine: 74n.12
Menelau [Menelaos], mit.: 68, 79, 166,
230; v. Homero [Ilíada]
Mensageiro (o)/mensageiro de Corinto:
167, 214, 215, 221, 233 [Édipo rei]
Meyerson, Ignace: 243n.8
Michell, Humphrey: 117n.3, 131n.13,
132n.34
Montinari, Mazzino: 27n.5, 199n.38,
251, 257 & n.56
Mossé, Claude: 118n.22, 132n.28
Moulinier, Louis: 164n.1, n.6, n.8-9 &
n.20, 180n.5, n.7 & n.11, 181n.16,
261 & n.66
Mugler, Charles: 131n.10
Munier, Roger: 257n.60

Neleu [Neleus] de Cépsis, filho de
Coriscos: 63n.2; v. Robin
Nerval, Gérard de [Gérard Labrunie]:
245 & n.15
Nestor, mit.: 33, 48n.11, 89n.22; v.
Homero [Odisseia]
Neugebauer, Otto: 103n.26
Nietzsche, Friedrich Wilhelm: XI, 6, 17,
19n.2 & n.11, 20n.22, 22, 23, 24-6,
26n.*, 27n.3-10, 63n.1, 89n.31,
101n.*, 103n.28, 118n.8, 131n.9,
164n.10, 175, 178, *183-97*, 197-
200n.1-30 & 33-41, 205, 242-58
passim
Nilsson, Martin Persson: 110, 118n.13,
n.17 & n.24, 164n.7

Ortágoras [séc. VII a.C.], tirano de
Sicíone [Sikyon]: 115
Ostwald, Martin: 132n.37

Parmênides de Eleia [~515-440 a.C.]:
47, 247

Pastor (o)/pastor do Citéron: 172,
214-6, 233 [Édipo rei]
Pátroclo, mit.: 152; v. Homero [Ilíada]
Peirce, Charles Sanders: 37, 48n.23
Penélope, mit.: 152; v. Homero
[Odisseia]
Periandro [~627-585 a.C.], filho de
Cípselo, tirano de Corinto: 114, 116,
123
Péricles [Perikles, ~495-429 a.C.]:
181n.14, 238n.22
Perses [Pérse], irmão de Hesíodo:
88n.7, 99, 100, 106
Petitjean, Gérard: X
Píndaro [~518-438 a.C.]: 118n.16, 136,
148n.7
Pisístrato [Peisistratos, ~600-527 a.C.],
tirano de Atenas: 115, 116, 117, 156,
157
Platão: 16-7, 20n.24, 29, 30, 34, 37,
46-7, 49n.28 & n.41, 58, 61-2, 63n.6
& n.9, 64n.13-14, 82, 87n.1, 98, 115,
118n.21, 130n.2, 131n.10, 132n.31-
32, 138n.***, 171, 175, 186, 194,
200n.41, 205, 243, 245 & n.14, 247,
251 & n.39, 254, 257, 260, 261
[*Eutidemo, Leis, República, O
Sofista*]; v. filosofia: derrubar o
platonismo; v. Deleuze
Plutarco [Ploutarkhos, ~46-120 d.C.]:
131n.7, 140, 237n.2
Políbio: 167 [Édipo rei]; v. assassinato;
v. Édipo
Politis, Hélène: 26n.*, 102n.*, 118n.27,
176n.*, 197n.*, 199n.41, 258, 259
Pouillon, Jean: 237n.1
Préaux, Claire: 74n.1-2 & n.8

Radamanto [Rhadamanthus], mit.:
82n.*
Ramnoux, Clémence: 49n.36
Reinach, Théodore: 88n.12
Revel, Judith: 253n.47
Reymond, Auguste: 63n.1
Robin, Léon: 20n.12, n.14 & n.24,
49n.41, 63n.2, 64n.14, 118n.21,
132n.31-32, 241 & n.3, 245n.14

302   *Aulas sobre a vontade de saber*

Rohde, Erwin: 131n.9
Roussel, Raymond, *Raymond Roussel*:
   57, 63n.7, 245
Rubel, Maximilien: 132n.18
Ruzé, Françoise: 89n.22

Sacerdote (o)/o sacerdote de Apolo:
   167, 225, 227, 232 [Édipo rei]
[*Santo Antônio*] (*A tentação de*)/santo
   Antônio: 117n.7; v. Flaubert
Saussure, Ferdinand de: 7
Sautel, Gérard: 74n.6, 88n.3 & n.16,
   102n.2
Sauvagnargues, Anne: 253n.47
Scheider, Ricardus: 48n.11
Schelling, Friedrich Wilhelm Joseph
   von: 247
Schopenhauer, Arthur: 6, 186, 191, 205
Serviçal (o): 167, 179, 214, 219 [Édipo
   rei]
Sexto Empírico [sécs. II-III d.C.]:
   49n.40
Siger de Courtrai [~1309-41]: 37,
   48n.21
Sinclair, Thomas Alan: 148n.6
Smith, George: 74n.10
Sócrates: 42, 53, 89n.22, 138, 171n.*,
   175, 242, 248, 256
Sófocles: 14, 20n.19 & n.21, 87n.1,
   180n.1, n.3, n.7-10 & n.12, 181n.14,
   183, *209-38*, 246n.19, 256
Sólon [~638-558 a.C.], legislador de
   Atenas: 71, 86, 89n.34, 102n.3,
   115-7, 118n.13, n.18 & n.20, 119,
   122, 124, 128, 129, 130n.1, 132n.26,
   139, 140-4, 149n.13 & n.16, 159,
   169, 170, 222; v. *eunomía*
Steinwenter, Artur: 74n.10
Susong, Gilles: 63n.12

Tales de Mileto [~625-547 a.C.]: 31
Teágenes [séc. VII a.C.], tirano de
   Mégara: 115, 116
Teeteto: 47, 49n.41 [Platão, *O Sofista*]
Telêmaco, mit.: 153; v. Homero
   [*Odisseia*]

Têmis/Themis, mit.: 81, 87n.1, 88n.20,
   97, 103n.18; v. Hirzel, Glotz
Temístocles [~524-459 a.C.]: 126
Teoclímeno, mit.: 153, 164n.4; v.
   Homero [*Odisseia*]
Teógnis de Mégara [Theognis o
   Megareus, séc. VI a.C.]: 118n.16
Thomson, George Derwent: 130n.1
Thurot, Charles: 48n.21
Tirésias, mit.: 167, 179, 180n.9, 212-3,
   215, 219-20, 225-7, 230, 231,
   238n.24 [Édipo rei]
Tricot, Jules: 19n.6, 47n.3, 48n.24,
   49n.30, 118n.11 & n.16
Tucídides: 171
Turgot de l'Aulne [Anne Robert
   Jacques, 1727-1781]: 125, 132n.20

Uhlig, Gustavus: 48n.11
Ulisses, mit.: 33, 48n.11, 151, 152
Ure, Percy Neville: 117n.4, 118n.19 &
   n.24, 130n.2, 132n.19

Van der Waerden, Bartel Leendert:
   103n.26, 117n.5
Vernant, Jean-Pierre: 103n.17, n.22 &
   n.30, 117n.5, 131n.9, 237n.1 & n.10,
   243n.8-9, 258
Vidal-Naquet, Pierre: 19n.5, 89n.35,
   149n.13 & n.15, 242n.8
Vinogradov, Pavel Gavrilovich: 102n.3,
   148n.3-4
Vlastos, Gregory: 89n.35, 101n.*,
   103n.26, 131n.11, 132n.26-27, 139,
   149n.10, & n.13
Voilquin, Jean: 20n.15, 237n.1
Vuillemin, Jules: 27n.11, 246

Wahl, Jean: 251 & n.39
Wallerand, Gaston: 37
Wallies, Maximilianus: 64n.16
Walz, Georges: 27n.3
Will, Edouard: 89n.35, 118n.9-10, n.12,
   n.14, n.18 & n.25, 122, 131n.4-5, n.8
   & n.14-16, 132n.22 & n.24, 149n.12,
   n.14 & n.18, 164n.14, 180n.7, 252

Índice dos nomes de pessoas

Wolf, Eric: 88n.18, 89n.26 & n.29, 102n.4 & n.16
Wolff, Hans Julius: 74n.10
Wolfson, Louis: 57, 63n.7, 245

Xenócrates de Ácragas/de Agrigento: 136; v. Píndaro

Xenofonte [~430-355 a.C.]: 89n.33

Zaleuco de Locros [séc. VII a.C.], legislador: 87, 89n.32
Zênon de Eleia [~480-420 a.C.]: 63n.7
Zitelmann, Ernst: 88n.8

Impressão e acabamento:

tel.: 25226368